# MANUAL
## DE DIREITO TRIBUTÁRIO
# E FINANCEIRO
## APLICADO

CB008659

JOSÉ CARLOS CAROTA

# MANUAL
## DE DIREITO TRIBUTÁRIO
## E FINANCEIRO
# APLICADO

4ª Edição

Freitas Bastos Editora

*Copyright © 2023 by José Carlos Carota.*
Todos os direitos reservados e protegidos pela Lei 9.610, de 19.2.1998.
É proibida a reprodução total ou parcial, por quaisquer meios,
bem como a produção de apostilas, sem autorização prévia,
por escrito, da Editora.

Direitos exclusivos da edição e distribuição em língua portuguesa:
**Maria Augusta Delgado Livraria, Distribuidora e Editora**

**Direção Editorial:** *Isaac D. Abulafia*
**Gerência Editorial:** *Marisol Soto*
**Diagramação e Capa:** *Julianne P. Costa*

**Dados Internacionais de Catalogação na Publicação (CIP) de acordo com ISBD**

```
  C293m     Carota, José Carlos
               Manual de Direito Tributário e Financeiro Aplicado
            / José Carlos Carota. - 4. ed. - Rio de Janeiro, RJ :
            Freitas Bastos, 2023.
               512 p.; 15,5cm x 23cm.

               Inclui bibliografia e apêndice.
               ISBN: 978-65-5675-284-6

               1. Direito. 2. Direito Tributário. 3. Direito
            Financeiro. 4. Tributação I. Título.
  2023-897                                      CDD 343.8103
                                                CDU 351.72
```

Elaborado por Odilio Hilario Moreira Junior - CRB-8/9949

Índices para catálogo sistemático:
1. Direito 343.8103
2. Direito 351.72

**Freitas Bastos Editora**
atendimento@freitasbastos.com
www.freitasbastos.com

# PREFÁCIO

Caro leitor, meus parabéns, pois se está lendo é porque chegou até você este manual, pena eu não ter conhecido antes.

Vamos começar pelo começo, honrada e encantada com o convite para prefaciar esta quarta edição, veio a alegria e a responsabilidade de fazê-lo pela relevância do tema, alcance de público e por ser o autor quem é: um profissional de respeito, com um notório saber científico, humilde e generoso. E essa generosidade se reflete na forma como ele compartilha o conhecimento podendo ser notada a cada capítulo deste livro.

Autor de várias obras e artigos científicos sobre direito, contabilidade, administração e finanças, o Professor Doutor José Carlos Carota reúne toda sua experiência profissional e acadêmica para nos presentear com a 4ª edição do Manual de Direito Tributário e Financeiro Aplicado, que além de associar teoria e prática, compilou em sua obra uma gama de informações das mais abrangentes relacionadas ao direito tributário e financeiro, não se limitando a isso, pois traz conteúdos de direito e legislação, conceitos contábeis, administrativos e de gestão empresarial.

Depois da leitura, consegui mensurar a relevância do livro em si, e posso dizer que é uma obra completa. Senti não ter conhecido antes, pois teria me poupado um grande esforço, pois como advogada há 26 anos e professora universitária há 25 anos, durante essa minha jornada fui convidada para lecionar várias disciplinas e, dentre elas, direito tributário e financeiro para cursos de ciências contábeis, administração e comércio exterior e confesso que foi um grande desafio, por não ser à época uma área de minha aderência profissional. Para poder cumprir meu mister com excelência, tinha que realizar pesquisas em várias obras de autores diferentes, justamente por não encontrar em um só, conteúdo, legislação, exemplos e prática.

Vocês são privilegiados, aproveitem ao máximo. A obra está escrita de forma clara, os temas estão dispostos por meio de um desencadeamento lógico e didático, em diversos assuntos o autor além de apresentar os conceitos, indica a legislação pertinente, exemplos, casos práticos, tabelas e banco de questões para facilitar ainda mais a aprendizagem.

Muito se fala que o direito tributário e financeiro é enfadonho, cansativo e que muda o tempo todo, então, para que aprender algo assim? Para que a sociedade não sucumba, pois nas palavras do filósofo e historiador francês Joseph E. Renan "Os impostos têm limites naturais, além dos quais uma nação se deita para morrer ou se levanta para lutar". E como lutar contra isso? Com conhecimento, por isso o autor se preocupou em demostrar a existência de um sistema jurídico tributário e financeiro que possui uma estrutura firme, sólida, bem como, os meandros das leis tributárias que mudam com maior facilidade.

Grata pela estima e confiança, esta prefaciadora tem a alegria de convidar os leitores para sair do senso comum e se aprofundar no conhecimento que generosamente o autor compartilha.

**Giseli Passador**
**Advogada e Professora**
**Janeiro/2023**

# NOTA DO AUTOR – QUARTA EDIÇÃO

## MANUAL DE DIREITO TRIBUTÁRIO E FINANCEIRO APLICADO

O lançamento da terceira edição da obra Manual de Direito Tributário Financeiro Aplicado, transformou a obra em um verdadeiro manual de instruções para os aplicadores do direito, empresários, consultores e acadêmicos, pois efetivamente associa teoria & prática.

Nesta quarta edição além de atualizar a legislação tributária, inseri as diversas novidades legislativas relativas do regulamento do Imposto de Renda e a lei orçamentária, incluindo também diversos exemplos de aplicação de cálculos tributários de fácil compreensão.

O objetivo desta quarta edição vai além da atualização e revisão, a finalidade é abrir o entendimento e compreensão das questões tributárias e contribuir para a melhoria contínua dos resultados das empresas, assim como, colaborar com o desempenho da atividade profissional e acadêmica do leitor.

Desejo sucesso a todos, e muito obrigado!

*JOSÉ CARLOS CAROTA*

# LISTA DE ABREVIATURAS E SIGLAS

AIIM – Auto de Infração e Imposição de multa
ART – Artigo
BOVESPA – Bolsa de Valores do Estado de São Paulo
CADE – Conselho Administrativo de Defesa Econômica
CADIN – Cadastro de Inadimplentes
CARF – Conselho Administrativo de Recursos Fiscais
CC – Código Civil
CDA – Certidão da Dívida Ativa
CPC – Código de Processo Civil
CEE – Comunidade Econômica Europeia
CF – Constituição Federal
CIDE – Contribuição de Intervenção no Domínio Econômico
CND – Certidão Negativa de Débitos
CNPJ – Cadastro Nacional de Pessoa Jurídica
COFINS – Contribuição para Financiamento da Seguridade Social
CPP – Contribuição Previdenciária Patronal
CSLL – Contribuição Social sobre o Lucro Líquido
CT – Crédito Tributário
CTN – Código Tributário Nacional
CVM – Comissão de Valores Mobiliários
DCTF – Declaração de Débitos e Créditos Tributários Federais
DIFAL – Diferencial de Alíquotas
DNRC – Departamento Nacional de Registro do Comércio
EC – Emenda Constitucional
ECF – Escrituração Contábil Fiscal
EIRELI – Empresa Individual de Responsabilidade Limitada
EPP – Empresa de Pequeno Porte
FG – Fato Gerador
GARE – Guia Arrecadação Estadual
GNRE – Guia Nacional Recolhimento de Tributos Estaduais
FI – Fato Imponível

HI – Hipótese de incidência
ICMS – Imposto de Circulação de Mercadorias e Serviços
IE – Imposto de Exportação
II – Imposto de Importação
IN – Instrução Normativa
IPEA – Instituto de Pesquisa Econômica Aplicada
IPI – Imposto sobre Produtos Industrializados
IRPF – Imposto de Renda Pessoa Física
IRPJ – Imposto de Renda Pessoa Jurídica
LALUR – Livro de Apuração do Lucro Real
LC – Lei Complementar
LDO – Lei de diretrizes orçamentárias
LINDB – Lei de Introdução às normas do direito brasileiro
LO – Lei Ordinária
LOA – Lei do orçamento anual
LRF – Lei de Responsabilidade Fiscal
ME – Microempresa
MEI – Microempreendedor individual
MP – Medida Provisória
NFE – Nota Fiscal Eletrônica
NL – Notificação de Lançamento
OT – Obrigação tributária
PIB – Produto Interno Bruto
PIS – Programa de Integração Social
PPA – Plano Plurianual
RFB – Receita Federal do Brasil
RIPI – Regulamento do Imposto sobre Produtos Industrializados
RIR – Regulamento do Imposto de Renda
RPA – Regime Periódico de Apuração
S.A. – Sociedade Anônima
SCP – Sociedade em Conta de Participação
SELIC – Serviço Especial de Liquidação e Custódia
SLU – Sociedade Limitada Unipessoal
SPED – Serviço Público de Escrituração Digital
ST – Substituição Tributária
TIPI – Tabela do Imposto sobre Produtos Industrializados

# SUMÁRIO

PREFÁCIO ..........................................................................5
NOTA DO AUTOR - QUARTA EDIÇÃO ...............................7
LISTA DE ABREVIATURAS E SIGLAS.................................8

**1** O DIREITO TRIBUTÁRIO E O SISTEMA TRIBUTÁRIO NACIONAL .......................................................................21

**2** TRIBUTO ......................................................................30
2.1 ESPÉCIES DE TRIBUTOS ............................................32
   2.1.1 Impostos – Art. 16 CTN ........................................32
      2.1.1.1 Impostos Extraordinários – 154 inciso II CF e 76 CTN ...........................................................................35
      2.1.1.2 Imposto Residual – art. 154, Inciso I CF ............36
      2.1.1.3 Classificação dos impostos ...............................36
   2.1.2 Taxas – Art. 77 CTN ..............................................41
      2.1.2.1 TAXA DE PODER DE POLÍCIA – É o exercício regular do poder de polícia (Fiscalização) ...................43
      2.1.2.2 TAXA DE SERVIÇO PÚBLICO – CF 145, II, 77 e 79 CTN .........................................................................44
      2.1.2.3 TARIFA OU PREÇO PÚBLICO – Considerações Gerais..............................................................................46
   2.1.3 Contribuição de Melhoria – Art. 145 Inciso III CF e 81 CTN ........................................................................47
   2.1.4 Contribuições especiais – Art. 149 e 149-A da CF....49
   2.1.5 Empréstimo compulsório – Artigo 148 CF ............53

**3** PRINCÍPIOS CONSTITUCIONAIS TRIBUTÁRIOS ............55
3.1 PRINCÍPIO DA LEGALIDADE .......................................55
3.2 PRINCÍPIO DA ISONOMIA TRIBUTÁRIA – ARTIGO 150, II CF ..............................................................................57

3.3 PRINCÍPIO DA CAPACIDADE CONTRIBUTIVA – ARTIGO 145, § 1º CF ..................58
3.4 PRINCÍPIO DA IRRETROATIVIDADE DA LEI TRIBUTÁRIA – ART. 150 III CF ..................59
3.5 PRINCÍPIO DA ANTERIORIDADE – ARTIGO 150, III "b" CF ..................60
3.6 PRINCÍPIO DA VEDAÇÃO AO CONFISCO – ARTIGO 150, IV CF ..................61
3.7 PRINCÍPIO DA LIBERDADE DE TRÁFEGO – ARTIGO 150, V – CF ..................62
3.8 PRINCÍPIO DA UNIFORMIDADE GEOGRÁFICA – ARTIGO 151, I CF ..................62
3.9 PRINCÍPIO DA IMUNIDADE TRIBUTÁRIA – EXCLUSIVAMENTE NO ÂMBITO CONSTITUCIONAL ..................63
3.10 PRINCÍPIO DA SUPREMACIA DO INTERESSE PÚBLICO SOBRE O PARTICULAR ..................65

**4 FONTES DO DIREITO TRIBUTÁRIO ..................66**
4.1 CONSTITUIÇÃO FEDERAL ..................66
4.2 LEI COMPLEMENTAR ..................68
4.3 LEI ORDINÁRIA ..................70
4.4 LEI DELEGADA ..................71
4.5 MEDIDA PROVISÓRIA ..................72
4.6 TRATADOS INTERNACIONAIS ..................73
4.7 RESOLUÇÃO DO SENADO FEDERAL ..................75
4.8 DECRETO REGULAMENTAR ..................75
4.9 NORMAS COMPLEMENTARES ..................76
4.10 DECRETOS LEGISLATIVOS ..................77

**5 HIPÓTESE DE INCIDÊNCIA (HI), FATO GERADOR (FG) OU FATO IMPONÍVEL (FI) – ART. 114 A 118 CTN ..................80**

**6 OBRIGAÇÃO TRIBUTÁRIA – (OT) – 113 CTN ..................84**

**7 CAPACIDADE TRIBUTÁRIA ATIVA – 119 CTN ..................86**

**8** CAPACIDADE TRIBUTÁRIA PASSIVA – 126 CTN ............89

**9** CAPACIDADE ECONÔMICA – 145 § 1° CF ..................96

**10** O CTN E A LEI COMPLEMENTAR EM FACE À HIPÓTESE DE INCIDÊNCIA TRIBUTÁRIA ...........................98
10.1 MATERIAL .................................................................99
10.2 ESPACIAL ..................................................................99
10.3 TEMPORAL ................................................................99
10.4 PESSOAL....................................................................99
10.5 ASPECTO QUANTITATIVO ......................................101

**11** LANÇAMENTO – CARACTERÍSTICAS E FINALIDADES – 142 A 150 CTN ..................................................104
11.1 FINALIDADES DO LANÇAMENTO .......................105
11.2 MODALIDADES DE LANÇAMENTO.....................106
   11.2.1 Lançamento por Homologação – 150 CTN.........106
   11.2.2 Lançamento por Declaração (Misto) – Artigo 147 CTN ..............................................................................107
   11.2.3 Lançamento Direto ou de Ofício – 149 CTN........108

**12** CRÉDITO TRIBUTÁRIO – 139 CTN ........................111
12.1 SUSPENSÃO .............................................................111
   12.1.2 Depósito do montante em valor integral.....................115
   12.1.3 Reclamações e recurso administrativo .......................116
   12.1.4 Liminar em mandado de segurança ...........................117
   12.1.5 Liminar e tutela antecipada ........................................117
   12.1.6 Parcelamento ...............................................................117
12.2 HIPÓTESES DE EXTINÇÃO DO CRÉDITO TRIBUTÁRIO ....................................................................118
   12.2.1 Pagamento (Remição) ................................................119
   12.2.2 Compensação..............................................................119
   12.2.3 Transação ....................................................................121
   12.2.4 Remissão (Perdão) .....................................................122
   12.2.5 Prescrição e Decadência............................................124
      12.2.5.1 Decadência..........................................................124

12.2.5.2 Prescrição ............................................................126
12.2.6. Conversão do depósito em renda – Artigo 156 Inciso VI CTN ..............................................................129
12.2.7. Homologação do lançamento e do pagamento antecipado – art. 156 Inciso VII CTN.............................130
12.2.8 Extinção do crédito mediante consignação de pagamento – nos termos do art. 164 § II, e 156 inciso VIII CTN nas seguintes hipóteses .....................................131
12.2.9 Extingue o crédito tributário a decisão administrativa irreformável – É a decisão que não pode mais ser objeto de ação anulatória. Ver 156, inciso 9º CTN..............................132
12.2.10 Extingue o crédito tributário a decisão judicial transitada em julgado – art. 156, X CTN...........................132
12.2.11 Dação de pagamento em bens imóveis – art. 156 XI CTN..................................................................132
12.2.12 Pagamento indevido e restituição de indébito...........133
12.3 HIPÓTESES DE EXCLUSÃO DO CRÉDITO TRIBUTÁRIO – 175 CTN ...........................................................134
12.3.1 Isenção...........................................................................134
12.3.2 Anistia ...........................................................................136
12.3.3 Imunidade – Art. 150, inciso VI CF e artigo 9 CTN ..137

**13 PLANEJAMENTO TRIBUTÁRIO..........................................148**
13.1 PLANEJAMENTO TRIBUTÁRIO ..............................148
13.2 Elisão fiscal ........................................................................150
13.3 Evasão fiscal.......................................................................151
13.4 NORMA ELISIVA .............................................................152
13.5 EXEMPLO DE PLANEJAMENTO TRIBUTÁRIO ...158
13.5.1 Planejamento tributário federal – análises e proposições .............................................................................158
13.5.2 Demonstrativo de aplicação de planejamento tributário federal......................................................................159
13.5.3 Hipóteses e variáveis relativas ao desenvolvimento do demonstrativo da aplicação da tributação federal de uma sociedade limitada ...........................................................159
13.5.4 Análise comparativa entre o lucro real e o presumido ..161

13.5.5 Sugestão de adoção de um modelo tributário multifacetário .......................................................................162
13.5.6 Considerações iniciais para desenvolvimento da nova hipótese ........................................................................162
13.5.7 Desenvolvimento da nova sistemática de apuração – lucro presumido para a matriz em São Paulo e presumido para as filiais de Curitiba e Goiânia – terceira opção – sociedade em conta de participação ........................................166

## 14 TRIBUTOS FEDERAIS .............................................................167
### 14.1 IMPOSTO DE RENDA PESSOA JURÍDICA..............167
14.1.1 Fato Gerador ..........................................................168
14.1.2 Base de Cálculo......................................................169
14.1.3 Alíquotas.................................................................169
14.1.4 Prazo de Recolhimento..........................................170
14.1.5 Exemplo Prático de Cálculo de Imposto de Renda e Adicional ...........................................................................171
14.1.6 Distribuição de Lucros aos Sócios e Acionistas ....171
14.1.7 Omissão de Receita................................................172
### 14.2 LUCRO REAL .....................................................................176
14.2.1 Obrigatoriedade.....................................................181
14.2.2 Período de Apuração – Trimestral e Anual .................183
14.2.3 Alíquotas.................................................................184
14.2.4 Base de Cálculo Estimada Anual..............................185
14.2.5 Base de Cálculo Trimestral ...................................191
14.2.6 Exemplo de Determinação de Lucro Real e Cálculo do Imposto .......................................................196
### 14.3 LUCRO PRESUMIDO.....................................................199
14.3.1 Período de apuração..............................................203
14.3.2 Alíquota e Adicional..............................................203
14.3.3 Base de Cálculo......................................................203
14.3.4 Exemplo de Determinação do Lucro Presumido e Cálculo do Imposto .......................................................207
  14.3.4.1 Dados financeiros Relativos ao Primeiro Trimestre de 2022 ........................................................207

14.3.4.2 Demonstração do Lucro Presumido e Cálculo do Imposto.................................................................207
14.3.5 Deduções do Imposto Devido ...............................208
**14.4 LUCRO ARBITRADO**............................................**209**
14.4.1 Alíquota e Adicional......................................................210
14.4.2 Base de Cálculo.............................................................210
14.4.3 Exemplo de Determinação do Lucro Arbitrado e Cálculo do Imposto ..................................................................214
   14.4.3.1 Receita conhecida – dados do primeiro trimestre 2022........................................................................214
   14.4.3.2 Receita não conhecida – dados trimestrais................215
**14.5 CONTRIBUIÇÃO SOCIAL SOBRE O LUCRO LÍQUIDO – CSLL** ..............................................................**215**
14.5.1 Alíquota..........................................................................215
14.5.2 Base de Cálculo Anual e Trimestral...........................220
14.5.3 Base de Cálculo Estimada e Presumida ....................221
14.5.4 Exemplo do Cálculo da Contribuição Social sobre o Lucro Líquido .........................................................................221
   14.5.4.1 Exemplo de cálculo da CSLL trimestral – lucro real ...............................................................................222
   14.5.4.2. Exemplo do cálculo da CSLL em Reais R$ – lucro presumido e cálculo do imposto .........................222
**14.6 PROGRAMA DE INTEGRAÇÃO SOCIAL – PIS**.....**223**
14.6.1 Alíquota..........................................................................224
14.6.2 Base de Cálculo.............................................................224
14.6.3 Exemplo de Cálculo do PIS.........................................225
   14.6.3.1 Exemplo de cálculo de PIS cumulativo...................225
   14.6.3.2 Exemplo de cálculo de PIS não cumulativo ...........226
**14.7 CONTRIBUIÇÃO PARA FINANCIAMENTO DA SEGURIDADE SOCIAL – COFINS**............................**226**
14.7.1 Alíquotas........................................................................227
14.7.2 Base de Cálculo.............................................................227
14.7.3 Exemplo de Cálculo da COFINS................................227
   14.7.3.1 Exemplo de cálculo de COFINS cumulativo..........227
   14.7.3.2 Exemplo de cálculo de COFINS não cumulativo ..228

14.8 IMPOSTO SOBRE PRODUTOS INDUSTRIALIZADOS – IPI ..................229
   14.8.1 Alíquotas..................237
   14.8.2 Base de Cálculo..................237
   14.8.3 Fato Gerador..................238
   14.8.4 Sujeito Passivo..................238
   14.8.5 Exemplo de Cálculo do IPI..................239
   14.8.6 Substituição Tributária do IPI..................239
14.9 IMPOSTO DE IMPORTAÇÃO – II ..................240
   14.9.1 Ocorrência do Fato Gerador..................241
   14.9.2 Base de Cálculo..................243
   14.9.3 Exemplo de Cálculo do Imposto de Importação..................244
14.10 IMPOSTO DE EXPORTAÇÃO – IE ..................246
   14.10.1 Base de Cálculo..................247
   14.10.2 Alíquota..................247
14.11 CONTRIBUIÇÃO DE INTERVENÇÃO NO DOMINIO ECONÔMICO – CIDE ..................248
   14.11.1 Cide – Tecnologia..................248
      14.11.1.1 Incidência..................248
      14.11.1.2 Ampliação da base de Cálculo a partir de 01.01.2002..................249
      14.11.1.3 Alíquota..................249
      14.11.1.4 Pagamento..................249
      14.11.1.5 Destinação..................249
   14.11.2 CIDE – Combustíveis..................249
      14.11.2.1 Fato Gerador..................250
      14.11.2.2. Contribuintes..................250
      14.11.2.3 Apuração da Base de Cálculo..................250
      14.11.2.4 Alíquotas..................251
14.12 IMPOSTO SOBRE OPERAÇÕES FINANCEIRAS – IOF..................251
14.13 IMPOSTO TERRITORIAL RURAL – ITR..................253
14.14 IMPOSTO SOBRE GRANDES FORTUNAS – IGF..................256
14.15 CONTRIBUIÇÕES PARA A SEGURIDADE SOCIAL..................256

14.15.1 Contribuições Previdenciárias ................................258
14.16 FUNDO DE GARANTIA POR TEMPO DE
SERVIÇO – FGTS ................................................................262
14.16.1 Contribuintes e Alíquota ...........................................262

## 15 TRIBUTOS ESTADUAIS ....................................................264
15.1 IMPOSTO SOBRE A PROPRIEDADE DE
VEÍCULOS AUTOMOTORES – IPVA ................................264
15.2 IMPOSTO DE TRANSMISSÃO CAUSA MORTIS
E DOAÇÃO – ITCMD ........................................................265
15.3 IMPOSTO DE CIRCULAÇÃO DE
MERCADORIAS E SERVIÇOS – ICMS ..............................266
15.3.1 ICMS – Substituição Tributária – ST ...........................272
15.3.2 ICMS – DIFAL – Diferença de Alíquotas ....................278
15.3.3 Crédito de ICMS Sobre Ativo Imobilizado
(São Paulo) ............................................................................281

## 16 TRIBUTOS MUNICIPAIS ....................................................283
16.1 IMPOSTO SOBRE TRANSMISSÃO DE BENS
IMÓVEIS – ITBI .................................................................283
16.2 IMPOSTO PREDIAL E TERRITORIAL
URBANO – IPTU ................................................................286
16.3 IMPOSTO SOBRE SERVIÇOS DE QUALQUER
NATUREZA – ISS ...............................................................288

## 17 SIMPLES NACIONAL .......................................................295
17.1 CONCEITO ..................................................................295
17.2 DA OPÇÃO PELO SIMPLES NACIONAL .................296
17.3 NÃO PODEM OPTAR PELO SIMPLES
NACIONAL .........................................................................298
17.4 TRIBUTOS UNIFICADOS NO SIMPLES
NACIONAL .........................................................................301
17.5 LIMITES PARA ENQUADRAMENTO .....................304
17.6 PAGAMENTO MENSAL ............................................305
17.7 RECEITAS ALCANÇADAS PELO SIMPLES
NACIONAL .........................................................................305

17.8 GANHOS DE CAPITAL ..................................................305
17.9 DISTRIBUIÇÃO DE LUCROS E IRRF SOBRE
SERVIÇOS PRESTADOS..................................................306
17.10 CÁLCULO DO SIMPLES NACIONAL....................308
   Anexo I do Simples Nacional 2018 ..................................309
   Anexo II do Simples Nacional 2018.................................310
   Anexo III do Simples Nacional 2018 ...............................311
   Anexo IV do Simples Nacional 2018................................314
17.11 CONSIDERAÇÕES GERAIS RELATIVAS À LC
155/16 E 169/19 ...................................................................317

## 18 ADMINISTRAÇÃO TRIBUTÁRIA ...............................329
18.1 FISCALIZAÇÃO ............................................................330
18.2 DÍVIDA ATIVA..............................................................334
18.3 CERTIDÕES NEGATIVAS ...........................................338

## 19 PROCESSO ADMINISTRATIVO TRIBUTÁRIO ................340

## 20 A REPONSABILIDADE TRIBUTÁRIA, CIVIL E CRIMINAL DOS SÓCIOS E ADMINISTRADORES DAS SOCIEDADES LIMITADAS ......................................................344
20.1 A SOCIEDADE LIMITADA NO CÓDIGO CIVIL .. 344
20.2 RESPONSABILIDADE DOS SÓCIOS E
ADMINISTRADORES............................................................346
   20.2.1 Desconsideração da Pessoa jurídica
   *(Disregard of legal entity)* ..................................................348
20.3 CONCLUSÕES................................................................368

## 21 DIREITO FINANCEIRO.....................................................371
21.1 DEFINIÇÃO....................................................................371
21.2 FONTES E PRINCÍPIOS DO DIREITO
FINANCEIRO.........................................................................374
21.3 RECEITA PÚBLICA ......................................................377
   21.3.1 Fontes das Receitas Públicas...................................378
   21.3.2 Classificação das Receitas Públicas .......................383

21.4 DESPESA PÚBLICA ........................................................ 388
  21.4.1 Classificação das Despesas Públicas ..................... 389
  21.4.2 Execução das Despesas Públicas ......................... 392
21.5 LEI ORÇAMENTÁRIA ..................................................... 403
  21.5.1 Plano Plurianual (PPA) ........................................... 405
  21.5.2 Lei de Diretrizes Orçamentárias (LDO) ................ 407
  21.5.3 Lei do Orçamento (LOA) ....................................... 408
  21.5.4 Fiscalização e Controle Orçamentário ................. 411
21.6 IMPROBIDADE ADMINISTRATIVA ................................ 421
21.7 O PROCESSO LEGISLATIVO ORÇAMENTÁRIO .. 436
  21.7.1 Novo Regime Fiscal – Emenda Constitucional 95 ...... 438
21.8 DÍVIDA PÚBLICA ........................................................... 450

**BANCO DE QUESTÕES – DIREITO TRIBUTÁRIO E FINANCEIRO** ................................................................ **455**

**REFERÊNCIAS** ..................................................................... **493**

APÊNDICE A – Quadro sinótico – principais tributos federais e sua base de cálculo e alíquota ... 499
APÊNDICE B – Quadro sinótico – fundamentação legal dos principais tributos federais ..................... 501
APÊNDICE C – Quadro sinótico – destinação social dos principais tributos federais ..................... 503
APÊNDICE D – Cálculo da tributação pela sistemática do lucro real – primeira opção ................. 505
APÊNDICE E – Cálculo da tributação pela sistemática do lucro presumido – segunda opção ... 507
APÊNDICE F – Desenvolvimento da nova sistemática de apuração – Lucro presumido para a matriz em São Paulo e presumido para as Filiais de Curitiba e Goiânia – terceira opção ..................... 509

# DIREITO TRIBUTÁRIO

# 1 O DIREITO TRIBUTÁRIO E O SISTEMA TRIBUTÁRIO NACIONAL

Abrindo o entendimento do tema, podemos definir que o direito tributário é o ramo do direito público interno que estuda a relação jurídica entre o Estado e os Contribuintes, como também, a criação, limitação, fiscalização, cobrança e arrecadação dos tributos pelo Estado com a finalidade de custear suas despesas, realizar investimentos e cumprir sua função social[1]. Tem ampla relação com o direito constitucional, financeiro, internacional, trabalhista, processual, administrativo, seguridade social, direito do consumidor, penal e civil.

Nessa linha, Hugo de Brito Machado, conceitua o direito tributário como:

---

[1] José Carlos Carota define na p. 99 de sua obra *A função social das sociedades empresárias e o planejamento tributário federal* – a função social do tributo como: Compreende-se como função, neste contexto, um instituto e como social aquilo que concerne à sociedade, ao conjunto de cidadãos. Função social do tributo significa, assim, o papel a ser desempenhado pelo tributo, no que diz respeito ao interesse da sociedade, ao conjunto de cidadãos.

A Constituição Federal, em seu art. 6º, assegura aos cidadãos os direitos sociais relativos à educação, trabalho, saúde, moradia, lazer, segurança, alimentação, transporte, previdência social, proteção à maternidade e à infância, além de assistência aos desamparados. Para o Estado assegurar esses direitos sociais, deve ter uma fonte de renda, que é o tributo, principal origem de financiamento sustentável das atividades estatais, que inclui a exploração direta de atividades econômicas de interesse público ou segurança nacional. A arrecadação tributária deve permitir que o Estado cumpra suas funções essenciais: a) garantir os recursos necessários ao Estado para realização dos seus fins; b) ser instrumento de distribuição de renda; c) contribuir para minimizar as diferenças regionais.

É o ramo do Direito que se ocupa das relações entre o Fisco e as pessoas sujeitas à imposição tributária de qualquer espécie, limitando o poder de tributar e protegendo o cidadão contra os abusos desse poder.

O Direito de modo geral tem por finalidade promover o equilíbrio nas relações entre os que têm e os que não tem poder. Ou entre os que têm mais e os que têm menos poder. Sabido que o Estado é a maior expressão de poder que se conhece, fácil é concluir-se que o direito tributário tem por finalidade limitar o poder de tributar e proteger o cidadão contra os abusos desse poder.[2]

Nesse mesmo sentido, Paulo de Barros Carvalho, define que:

Direito tributário positivo[3] é o ramo didaticamente autônomo do direito, integrado pelo conjunto das proposições jurídico-normativas que correspondam, direta ou indiretamente à instituição, arrecadação e fiscalização de tributos. Compete à ciência do direito tributário descrever esse objeto, expedindo proposições declarativas que nos permitam conhecer as articulações lógicas e o conteúdo orgânico desse núcleo normativo, dentro de uma concepção unitária do sistema jurídico vigente.[4]

Destaca-se ainda a definição de Regina Helena Costa:

> O direito tributário situa-se no âmbito do direito público, vale dizer, insere-se no conjunto normativo que disciplina as relações jurídicas em que o Estado é parte. Em outras palavras, a presença do Estado numa relação jurídica impõe a incidência de regramento composto por normas de direito

---

[2] MACHADO, Hugo de Brito. *Curso de direito tributário*. São Paulo: Malheiros, 2016, p. 51.

[3] Direito Positivo é a denominação genérica, dada em oposição à de direito natural, no seu sentido de dever de consciência, para distinguir o conjunto de regras jurídicas em vigor, que se impõe às pessoas e às instituições, sob a coação ou sanção de força pública, em quaisquer dos aspectos que se manifeste. SILVA, de Plácido. *Vocabulário jurídico*. Rio de Janeiro: Forense, 1994.

[4] CARVALHO, Paulo de Barros. *Curso de direito tributário*. São Paulo: Saraiva, 2010, p. 47.

público, restando afastada a aplicação de normas de direito privado, senão em caráter meramente subsidiário.

É assim no direito tributário, porquanto, nas relações jurídicas que tem por objeto, o Estado assume o papel de Fisco e figura no polo ativo, ora para exigir tributos, ora para exigir a realização de determinados comportamentos dos sujeitos passivos, ora, ainda, para aplicar-lhes sanção diante do descumprimento da lei tributária.[5]

Sequencialmente, podemos entender que o sistema tributário nacional é composto basicamente pela Constituição Federal encontrando-se inserido no capítulo VI – Da Tributação e do Orçamento, artigos 145 a 169, e no Código Tributário Nacional que é a lei complementar 5.172/66 e demais legislação infraconstitucional, abrangendo o âmbito federal, estadual e municipal e até internacional.

O CTN no seu art. 2º destaca o referido conceito "O sistema tributário nacional é regido pelo disposto na Constituição, em leis complementares, em resoluções do Senado Federal e, nos limites das respectivas competências, em leis federais, nas Constituições e leis estaduais, e em leis municipais".

Kiyoshi Harada (2016, p. 327) define o sistema tributário nacional como:

> O Sistema Tributário Nacional é o conjunto de normas constitucionais de natureza tributária, inserido no sistema jurídico global, formado por um conjunto unitário e ordenado de normas subordinadas aos princípios fundamentais, reciprocamente harmônicos, que organiza os elementos constitutivos do Estado, que outra coisa não é senão a própria Constituição. O que existe, portanto, é um sistema parcial (sistema constitucional tributário) dentro de um sistema global (sistema constitucional).

---

[5] COSTA, Regina Helena. *Curso de direito tributário*. São Paulo: Saraiva, 2013, p. 32.

Desse modo, podemos afirmar que:
a) A Constituição Federal estabelece a competência tributária[6] que é o poder atribuído pela Carta Magna às pessoas políticas para que instituam seus próprios tributos. É o poder de tributar.
b) Criar tributo é direito da pessoa jurídica de direito público e uma vez criado tem que ser cobrado, é indisponível, e o exercício da competência é indelegável.
c) Portanto, a Constituição Federal não cria tributo, quem cria é a pessoa jurídica de direito público por lei. Em síntese, é um conjunto de normas jurídicas constitucionais que disciplinam a tributação abrangendo todas as quatro pessoas jurídicas de direito público interno, as quais têm poder legislativo. São os entes políticos que criam os tributos: União, Estado, Distrito Federal e Municípios.
d) A Limitação do poder de tributar encontra-se prevista nos artigos 145 a 152 da Constituição Federal. A finalidade é evitar arbitrariedades por parte do poder público. É estabelecido o poder para constituir tributos, assim como as imunidades tributárias são definidas.
e) O ente político que cria o tributo, cobra e fica com os recursos financeiros arrecadados – Reais R$.
f) Quem tem a competência tributária originária tem a capacidade ativa que é o poder dever de arrecadar tributos e ficar com o produto da arrecadação.
g) A capacidade ativa é delegável por quem a originariamente a detém, a qual é atribuível através de lei. A capacidade pode ser atribuída para outra pessoa política ou outra pessoa não política.
h) Capacidade significa o poder de arrecadar tributos e ficar com o produto que arrecada.

---

[6] Entenda-se a Competência Tributária como: as pessoas jurídicas de direito público que podem constituir e criar tributos que podem ser exigidos dos contribuintes pelo ente tributante.

i) Competência tributária é o poder atribuído pela Constituição Federal às Pessoas jurídicas de direito público interno para que instituam seus próprios tributos. O exercício da competência é faculdade.

Nessa ambiência, podemos ainda afirmar que a legislação tributária (lei) comporta quatro diferentes momentos desde a sua sanção[7] e publicação:
1. Vigência – é a lei que se mantém em vigor para ser aplicada. Ocorre com a publicação da respectiva.
2. Vigor – é a data que a lei prevê para que se cumpram as disposições e encargos nela estabelecidos.
3. Eficácia – condição da norma jurídica de produzir os desejados efeitos.
4. Validade[8] – significa que a norma jurídica está em consonância com o ordenamento jurídico. Mostra a qualidade do ato válido, ou legitimidade.

Ainda com relação ao tema da vigência da legislação tributária, Eduardo Sabbag (2011, p. 630, 631) afirma que:

> No concernente à vigência no tempo, prevalecerão as mesmas disposições legais que definem a vigência das normas jurídicas em geral, previstas na Lei de Introdução ao Código Civil **(LICC=LINDB)**. Ressalte-se que, "salvo disposição em contrário, a lei começa a vigorar em todo país quarenta e cinco dias depois de oficialmente publicada" (art. 1º, *caput*, **(LICC-LINDB)**. Do artigo supracitado, é possível se che-

---

[7] Sanção – É o ato que o chefe do Poder Executivo confirma a lei votada pelo legislativo, para levar à promulgação e à publicação. SILVA, de Plácido. *Vocabulário Jurídico*. Rio de Janeiro: Forense, 1994.

[8] Validade – De valia, de valer, mostra a qualidade de válido, ou de legítimo, que se atribui aos atos e às coisas, que se fizerem de conformidade com as leis, ou segundo suas regras. É a qualidade de todo ato, não viciado, nem atacado de defeito, que o torne nulo, ou ineficaz. Em princípio, a validade do ato jurídico, requer agente capaz, objeto lícito e a forma prescrita ou não defesa em lei. Silva, *Vocabulário jurídico*. Rio de Janeiro. Forense, 1994.

gar a algumas conclusões: 1º - a própria lei pode trazer em seu texto a data do início da sua vigência a expressão "salvo disposição em contrário" vale como "salvo se a lei estabelecer o início da própria vigência"; 2º - A lei entra em vigor 45 dias depois de publicada, quando não trouxer a data de vigência no seu bojo; 3º - Pode ocorrer, entre a publicação da lei e sua vigência, um espaço em que a lei existe, tem validade, mas é ainda inábil a produzir efeitos, pela ausência de vigência. Trata-se do período intitulado *vacatio legis*[9].

Em complemento ao tema da vigência da legislação tributária e o princípio da anterioridade tributária que se encontra positivado no artigo 150, inciso III, letras "b" e "c"[10] da CF, esclarecemos que os mesmos **são institutos distintos** que serão tratados nos capítulos seguintes.

Nesse mesmo contexto, em face à complexidade da legislação tributária é inevitável o surgimento de lacunas na legislação, e o CTN no seu artigo 108 e seguintes definem as regras de interpretação que a autoridade competente deverá aplicar em caso de ocorrência das mesmas:

> Art. 108. Na ausência de disposição expressa, a autoridade competente para aplicar a legislação tributária utilizará sucessivamente, na ordem indicada:
>
> I - a analogia;
> II - os princípios gerais de direito tributário;
> III - os princípios gerais de direito público;

---

[9] *Vacatio legis* – o tempo que medeia entre a publicação da lei e sua efetiva entrada em vigor. É o período destinado a dar amplo conhecimento da nova lei, estabelecendo a LICC, em seu artigo 1º, que tal prazo é de 45 dias se não houver disposição em contrário. LUIZ, Antonio Filiardi. *Dicionário de expressões latinas*. São Paulo: Atlas, 2002.

[10] É vedado cobrar tributos – b) no mesmo exercício financeiro em que haja sido publicada a lei que os instituiu ou aumentou; (Vide Emenda Constitucional nº 3, de 1993) c) antes de decorridos noventa dias da data em que haja sido publicada a lei que os instituiu ou aumentou, observado o disposto na alínea b; (Incluído pela Emenda Constitucional nº 42, de 19.12.2003).

IV - a equidade.

§ 1º O emprego da analogia não poderá resultar na exigência de tributo não previsto em lei.

§ 2º O emprego da equidade não poderá resultar na dispensa do pagamento de tributo devido.

Art. 109. Os princípios gerais de direito privado utilizam-se para pesquisa da definição, do conteúdo e do alcance de seus institutos, conceitos e formas, mas não para definição dos respectivos efeitos tributários.

Art. 110. A lei tributária não pode alterar a definição, o conteúdo e o alcance de institutos, conceitos e formas de direito privado, utilizados, expressa ou implicitamente, pela Constituição Federal, pelas Constituições dos Estados, ou pelas Leis Orgânicas do Distrito Federal ou dos Municípios, para definir ou limitar competências tributárias.

Art. 111. Interpreta-se literalmente a legislação tributária que disponha sobre:

I - suspensão ou exclusão do crédito tributário;

II - outorga de isenção;

III - dispensa do cumprimento de obrigações tributárias acessórias.

Art. 112. A lei tributária que define infrações, ou lhe comina penalidades, interpreta-se da maneira mais favorável ao acusado, em caso de dúvida quanto:

I - à capitulação legal do fato;

II - à natureza ou às circunstâncias materiais do fato, ou à natureza ou extensão dos seus efeitos;

III - à autoria, imputabilidade, ou punibilidade;

IV - à natureza da penalidade aplicável, ou à sua graduação.

Analisando o referido artigo, e com a finalidade de ampliar o raciocínio com relação às lacunas da lei e aos termos utilizados na legislação, definimos a seguir de forma breve os vocábulos de maior complexidade que envolvem a temática:

**ANALOGIA**[11] – Utilização de uma norma para resolver um caso semelhante[12]. É um método de integração jurídica das lacunas da lei.

**EQUIDADE**[13] – Forma justa de aplicação do direito. Solução do caso utilizando noções de justiça e igualdade.

Nesta linha de raciocínio não podemos deixar de destacar o artigo 5º da LINDB – "na aplicação da lei, o juiz atenderá aos fins sociais a que ela se dirige e às exigências do bem comum".

**PRINCÍPIOS GERAIS DE DIREITO** – É o fundamento, a base que irá informar e orientar as normas jurídicas. Os princípios têm as seguintes funções: informadora, normativa e interpretativa.

Da mesma forma, não poderíamos deixar de descrever os principais métodos de interpretação das normas jurídicas que também se encontram descritas nos artigos 107 a 112 do CTN:[14]

a) Gramatical
b) Lógica

---

[11] Artigo 4º LINDB – Quando a lei for omissa, o juiz decidirá o caso de acordo com a analogia, os costumes e os princípios gerais de direito.

[12] Analogia – Originado do grego, é expressão que significa semelhança ou paridade. Desse modo, significa a semelhança de casos, fatos ou coisas, cujas características se assemelham. E quando se trata de relações jurídicas, por esta semelhança e identidade, se mostram elas, por analogia subordinadas a um princípio ou princípios atribuídos aos casos análogos, se a lei não lhes prescreveu regra própria. Silva, Vocabulário jurídico. Rio de Janeiro. Forense, 1994.

[13] Equidade – No conceito atual, não é este o sentido de equidade, que não se confunde com justiça onde é aplicada. É compreendida como igualdade do que nos falam os romanos: *just est ars boni et aequ*i. E o bom, que vem do que é direito, está na reta razão ou na razão direta, pode ter complemento na razão absoluta ou no que é equitativo. É um abrandamento ou a benigna e humana interpretação da lei, para sua aplicação. E assim, a equidade não é a justiça. Compõe o conceito de uma justiça fundada na igualdade, na conformidade do próprio princípio jurídico e em respeito aos direitos alheios. Silva, De Plácido E. *Vocabulário Jurídico*. Rio de Janeiro: Forense, 1994.

[14] MARTINS, Sérgio Pinto. *Instituições de direito público e privado*. São Paulo: Atlas, 2015, p. 21, 22.

c) Teleológica[15] ou finalística
d) Sistemática
e) Extensiva ou ampliativa
f) Restritiva ou limitativa
g) Histórica
h) Autêntica
i) Sociológica[16]
j) Hermenêutica[17] jurídica
k) Literal[18]

Vale a pena destacar o artigo 111 do CTN que menciona que a legislação que disponha sobre a suspensão ou exclusão do crédito tributário, outorga de isenção e sobre a dispensa do cumprimento de obrigações acessórias, deve ser interpretada de forma literal.

---

[15] Teleológico – Leva em conta a finalidade e o objetivo da norma. Traduz-se, no campo tributário e em outros ramos do direito, na interpretação econômica ou na interpretação funcional. TORRES, Ricardo Lobo. *Curso de direito financeiro e tributário*. Rio de Janeiro, Renovar: 2013, p. 154.

[16] Sociologia – Formado do latim *socius* (sócio) e do grego *logos* (tratado), designa a ciência que tem por objeto estudar as condições de existência e o desenvolvimento das sociedades humanas. A Sociologia, em cujo âmbito se integram, a Política, o Direito e a Economia, é igualmente chamada de ciência social, merecendo na classificação de Augusto Conte a designação de Física Social. Silva, *Vocabulário jurídico*. Forense, Rio de Janeiro, 1994.

[17] Hermenêutica – Do Latim *Hermeneutica (*que interpreta ou que explica), é empregado na técnica jurídica para assinalar o meio ou o modo por que se devem interpretar as leis, a fim de que se tenha delas o exato sentido ou o fiel pensamento do legislador. Na hermenêutica jurídica, assim, estão encerrados todos os princípios e regras que devam ser judiciosamente utilizados para a interpretação do texto legal. Silva, *Vocabulário jurídico*. Rio de Janeiro. Forense, 1994.

[18] Literal – Do latim *litteralis* (formado de letras, relativo às letras), significa que é conforme à letra ou feito por letras. Mas em acepção jurídica, literal é relativo ao que se apresenta por escrito ou que está escrito, dando, pois, nítida ideia de texto, contrato ou escritura. SILVA, de Plácido. *Vocabulário jurídico*. Rio de Janeiro: Forense, 1994.

# 2 TRIBUTO

Tributo é uma prestação de dar, de pagar. Não se trata de obrigação de fazer ou não fazer. Tributo é o objeto da relação jurídico tributária entre o Estado e o Contribuinte. O tributo tem por objetivo carrear para os cofres do Estado recursos financeiros para o seu custeio, investimentos e satisfação das necessidades da coletividade.
A definição de tributo encontra-se no artigo 3º do CTN:

> Tributo é toda prestação pecuniária compulsória, em moeda ou cujo valor nela se possa exprimir, que não constitua sanção de ato ilícito, instituída em lei e cobrada mediante atividade administrativa plenamente vinculada.

E o sistema tributário encontra-se positivado no artigo 2º do CTN:

> O sistema tributário nacional é regido pelo disposto na <u>Emenda Constitucional nº 18, de 1º de dezembro de 1965</u>, em leis complementares, em resoluções do Senado Federal e, nos limites das respectivas competências, em leis federais, nas Constituições e em leis estaduais, e em leis municipais.

Referido artigo pode ser interpretado da seguinte forma:
a) É toda prestação – É o objeto da obrigação tributária, ou seja, aquilo que o devedor está obrigado a cumprir a fim de se livrar da obrigação assumida. A prestação tanto pode consistir na entrega de uma coisa, como na prática ou execução de um ato.[19]
b) Pecuniária – Expressão monetária para qualificar tudo o que se concerne a dinheiro.
c) Compulsória – Não facultativa, sinônimo de obrigação.
d) Em moeda ou cujo valor nela se possa exprimir – Expresso em moeda local – Reais – R$.

---

[19] SILVA, de Plácido. *Vocabulário jurídico*. Rio de Janeiro: Forense, 1994.

e) Que não constitua sanção (aprovação) de ato ilícito e que não seja penalidade (sansão). Tributo não é multa. Machado (2016, 59), interpreta o conceito da seguinte maneira:

> O tributo distingue-se da penalidade exatamente porque esta tem como hipótese de incidência um ato ilícito, enquanto a hipótese de incidência do tributo é sempre algo lícito.
>
> Não se conclua, por isto, que um rendimento auferido em atividade ilícita não está sujeito ao tributo. Nem se diga que admitir a tributação de tal rendimento seria admitir a tributação do ilícito.
>
> Quando se diz que o tributo não constituiu sanção de ato ilícito, isto que dizer que a lei não pode incluir na hipótese de incidência tributária o elemento ilicitude.

Ainda com relação ao tema esclarece-se que eventual multa imposta pelo fisco ao contribuinte não é tributo, é na realidade uma penalidade.

f) Instituído em Lei – É o princípio da legalidade tributária que é a característica do Estado de direito. É um preceito constitucional constante no artigo 5º inciso II e artigo 150 inciso I, da Constituição Federal.

g) Cobrado mediante atividade administrativa plenamente vinculada – O ato administrativo **vincula** o administrador público à lei. Não há qualquer possibilidade de avaliação de conveniência e oportunidade pelo agente público. Nesse sentido podemos classificar o ato administrativo como discricionário e vinculado[20]. É o lançamento tributário que ocorre conforme o art. 142 CTN:

---

[20] Hely Lopes Meirelles define na p. 149, 150 de sua obra *Direito administrativo brasileiro* o conceito de: Ato Administrativo Vinculado: são aqueles para os quais a lei estabelece os requisitos e condições de sua realização; e o Ato Administrativo Discricionário: são os que a administração pode praticar com liberdade de escolha de seu conteúdo, de seu destinatário, de sua conveniência, de sua oportunidade e o modo de sua realização.

> Compete privativamente à autoridade administrativa constituir o crédito tributário pelo lançamento, assim entendido o procedimento administrativo tendente a verificar a ocorrência do fato gerador da obrigação correspondente, determinar a matéria tributável, calcular o montante do tributo devido, identificar o sujeito passivo e, sendo o caso, propor a aplicação da penalidade cabível.

Ainda com relação ao tributo, destacamos sua natureza jurídica que se encontra positivada no artigo 4º do CTN:

> A natureza jurídica específica do tributo é determinada pelo fato gerador da respectiva obrigação, sendo irrelevantes para qualificá-la: I – a denominação e demais características formais adotadas pela lei; II – a destinação legal do produto da sua arrecadação.

## 2.1 ESPÉCIES DE TRIBUTOS:

De acordo com o artigo 145, 149 e 195 da Constituição Federal, os tributos são classificados como: Impostos, Taxas, Contribuição de Melhoria, Contribuições Especiais e Empréstimo Compulsório. A seguir, descrevemos abaixo os respectivos:

### 2.1.1 Impostos – Art. 16 CTN

Imposto é uma espécie de tributo cuja obrigação tem por fato gerador uma situação desvinculada e independente de qualquer prestação ou atividade estatal específica, relativa ao contribuinte – art. 16 CTN. A obrigação de pagar imposto não se origina de nenhuma atividade específica do Poder Público relativa ao contribuinte. O fato gerador do dever jurídico de pagar imposto é uma situação da vida do contribuinte, relacionada a seu patrimônio, independente do agir do Estado.[21]

---

[21] MACHADO, Hugo de Brito. *Curso de direito tributário*. São Paulo, Malheiros, 2016, p. 303.

O fato gerador do imposto depende de característica ou situação do contribuinte. É tributo não vinculado a qualquer procedimento do Estado e independe de qualquer atividade estatal.

A Competência para instituir qualquer imposto é privativa dos entes públicos, portanto, é indelegável.

Existe ainda, a Competência Residual para a União, que pode mediante lei complementar instituir outros impostos não cumulativos e que não tenham fato gerador e base de cálculo próprios dos impostos já discriminados na Constituição Federal – art. 154, inciso I.

No Brasil, a competência tributária para instituir impostos está descrita na Constituição federal nos artigos abaixo descritos distribuídos nas correspondentes esferas:

## IMPOSTOS DA UNIÃO – ARTIGO 153 CF

IPI – Imposto sobre produtos industrializados
IOF – Imposto sobre operações financeiras
II – Imposto de importação
IE – Imposto de exportação
IR – Imposto de Renda e proventos de qualquer natureza – Pessoa Física e Pessoa Jurídica
ITR – Imposto territorial rural
ISGF – Imposto sobre grandes fortunas – nos termos da lei complementar

Ainda com relação à União, destacam-se ainda dois impostos federais que eventualmente podem ser criados mediante lei complementar de acordo com o artigo 154 da Constituição Federal:
Imposto Residual
Imposto Extraordinário de Guerra (IEG)

## IMPOSTOS DOS ESTADOS E DISTRITO FEDERAL - ARTIGO 155 CF

ICMS – Imposto de circulação de mercadorias e serviços
ITCMD – Imposto de transmissão de bens causa mortis e doação de quaisquer bens e direitos
IPVA – Imposto sobre a propriedade de veículos automotores

## IMPOSTOS DOS MUNICÍPIOS - ARTIGO 156 CF

ISS – Imposto sobre serviços
IPTU – Imposto predial e territorial urbano
ITBI – Imposto de transmissão de bens inter vivos a qualquer título

Os referidos impostos ainda podem ser classificados de outra maneira, a saber:
**IMPOSTOS SOBRE O COMÉRCIO EXTERIOR**: II, IE
**IMPOSTOS SOBRE A PRODUÇÃO E CIRCULAÇÃO:** IPI, ICMS, IOF, ISS
**IMPOSTOS SOBRE O PATRIMÔNIO**: IR, IPTU, ITR, ITCMD, ITBI, ISGF

Observação: Os Impostos **II, IE, IPI e IOF, não se submetem ao princípio da anterioridade.**
No tocante a alteração das alíquotas dos respectivos, as mudanças podem ser feitas por ato do poder executivo que é o Decreto[22] do Presidente da República que não pode inovar em matéria tributária.

---

[22] Decreto – Derivado do latim *decretum* (decisão, determinação, resolução, julgamento), revela toda decisão ou resolução, tomada por uma pessoa ou por uma instituição, a quem se conferem poderes especiais e próprios para decidir ou julgar, resolver ou determinar, Em sentido técnico, pois, o decreto, em qualquer conceito em que seja tido, implica necessariamente a existência de autoridade da pessoa ou instituição, que o formulou, em virtude do que possui o mesmo força para impor a decisão, solução, resolução, ordem ou determinação, que nele, decreto, se contém. SILVA, de Plácido. *Vocabulário jurídico*. Rio de janeiro: Forense, 1994.

Destaque-se que o princípio da anterioridade tem uma exceção, que é o da anterioridade nonagesimal ou noventena do IPI que será abordada nos capítulos seguintes.

Para estes quatro impostos também se aplica a política da extrafiscalidade, (utilização do tributo para disciplinar comportamento ou incentivar ou reduzir o seu consumo), que são reguladores de mercado. Seguem também o princípio da seletividade e essencialidade, teoricamente quanto mais necessário o produto, menor a sua alíquota.

### 2.1.1.1 Impostos Extraordinários – 154 inciso II CF e 76 CTN

Em caso de guerra externa pode ser instituído por lei ordinária ou medida provisória, e o fato gerador pode ser qualquer um, admitindo-se até bitributação[23], porém, o produto arrecadado é vinculado. Referido tributo poderá ser suprimido gradativamente, cessadas as causas de sua criação, exemplo: guerra externa.

Pode ocorrer a surgimento de um *Bis in Idem*[24] que ocorre quando a mesma pessoa política exige por duas vezes do mesmo sujeito passivo o mesmo tributo sob a mesma hipótese de incidência. É inconstitucional, porém existe *bis in idem* constitucional, que se verifica quando em caso de guerra externa a União instituir imposto extraordinário que repete o imposto ordinário.

---

[23] Bitributação – Quando duas autoridades diferentes, igualmente competentes, exorbitando uma delas das atribuições que lhe são conferidas, decretam impostos que incidem, seja sob o mesmo título ou sob nome diferente, sobre a mesma matéria tributável, isto é, ato ou objeto. SILVA, de Plácido E. *Vocabulário jurídico*. Rio de Janeiro: Forense, 1994. Em síntese a bitributação ocorre quando duas pessoas políticas distintas da mesma natureza ou não, exigem o tributo do mesmo sujeito passivo sob a mesma hipótese de incidência.

[24] É a expressão de aplicação, propriamente, em matéria de direito fiscal. Significa imposto repetido sobre a mesma coisa, ou matéria já tributada. *Bis*, repetição, *in idem*, sobre o mesmo. O imposto *bis in idem*, é, assim, o segundo imposto, de nome diferente, mas advindo da mesma autoridade e caindo sobre o mesmo objeto já tributado, SILVA, de Plácido. *Vocabulário jurídico*. Rio de Janeiro: Forense, 1994.

Referido imposto é obrigatoriamente temporário, devendo ser suprimido quando cessar a causa que motivou sua criação.

### 2.1.1.2 Imposto Residual – art. 154, Inciso I CF

A Constituição Federal concedeu à União, em matéria de competência tributária, a denominada competência residual, consistente na possibilidade de criação, mediante lei complementar, de impostos não previstos no texto constitucional, desde que sejam não cumulativos e não tenham fato gerador ou base de cálculo próprios dos discriminados na Constituição.[25]

### 2.1.1.3 Classificação dos impostos

Podemos classificar os impostos em:

**A - IMPOSTO REAL** – é aquele que leva em conta as características da coisa. Ex.: o IPVA leva em conta a propriedade do veículo automotor e o valor do bem. O IPTU incide sobre a propriedade urbana, independente de quem é o dono da coisa.

**B - IMPOSTO PESSOAL** – Leva em conta a característica pessoal do contribuinte. Ex.: Imposto de Renda Pessoa Física – quanto maior a renda maior a alíquota do imposto. É a Tabela Progressiva do Imposto de Renda pessoa física em vigor de 04/2015 até 12/2022.

| DE R$ | ATÉ R$ | ALÍQUOTA | DEDUÇÃO R$ |
|---|---|---|---|
| 0,00 | 1.903,98 | ISENTO | 0,00 |
| 1.903,99 | 2.826,65 | 7,50% | 142,80 |
| 2.826,66 | 3.751,05 | 15,00% | 354,80 |
| 3.751,06 | 4.664,68 | 22,50% | 636,13 |
| ACIMA DE 4.664,68 | | 27,50% | 869,36 |

**C - IMPOSTO DIRETO** – É o contribuinte original quem paga o imposto. Origina-se da renda e patrimônio do indivíduo.

---

[25] MORAES, Alexandre de. *Direito constitucional*. São Paulo: Atlas, 2015, p. 908.

Ex.: IPVA é pago pelo proprietário do veículo diretamente para o Estado.

**D - IMPOSTO INDIRETO** – A pessoa prevista para pagar é um terceiro que não é o contribuinte. A incidência origina-se do consumo de mercadorias e serviços. Ex.: ICMS – quem paga na realidade é o consumidor final do produto, mas quem recolhe o imposto é a empresa que efetuou a venda para o consumidor destacando o imposto na nota fiscal de venda.

**E - IMPOSTO FIXO** – Aquele que independe de qualquer cálculo, é um valor fixo em moeda local. Ex.: ISS anual para advogados em São Paulo – não tem alíquota sobre a base de cálculo. É um valor fixo pago por um determinado período de tempo.

**F - IMPOSTO PROPORCIONAL** – Tem alíquota fixa, e o que modifica é a base de cálculo do imposto. Ex.: IPI, ICMS e o ISS quando incide sobre a receita.

**G - IMPOSTO PROGRESSIVO** – A alíquota varia de acordo com a base de cálculo. Ex.: Tabela do IRPF (art. 153 § 2º, I CF), IPTU progressivo (art. 156 § Iº e 182 § 4º CF) – em função do valor venal do imóvel EC 29 – Também pode ter alíquota diferenciada em função do uso e localização, o ITR com alíquotas progressivas – artigo 153 § 4º, I CF, a seguir transcrito:

> 4º O imposto previsto no inciso VI do *caput*: (Redação dada pela Emenda Constitucional nº 42, de 19.12.2003)
> I - será progressivo e terá suas alíquotas fixadas de forma a desestimular a manutenção de propriedades improdutivas; (Incluído pela Emenda Constitucional nº 42, de 19.12.2003)
> II - não incidirá sobre pequenas glebas rurais, definidas em lei, quando as explore o proprietário que não possua outro imóvel; (Incluído pela Emenda Constitucional nº 42, de 19.12.2003)
> III - será fiscalizado e cobrado pelos Municípios que assim optarem, na forma da lei, desde que não implique redução do imposto ou qualquer outra forma de renúncia fiscal. (Incluído pela Emenda Constitucional nº 42, de 19.12.2003) (Regulamento)

**H - IPTU PROGRESSIVO NO TEMPO** – Artigo 182 § 4º inciso II CF

Existe somente se o contribuinte descumprir a determinação legal – Estatuto da cidade lei 10.257/01. Começa a ocorrer anualmente aumento da alíquota do IPTU até chegar a 15% em no máximo 5 anos. Eventualmente, pode ocorrer até a desapropriação, para melhor entendimento, transcrevemos o referido artigo 182 da CF:

> § 4º É facultado ao Poder Público municipal, mediante lei específica para área incluída no plano diretor, exigir, nos termos da lei federal, do proprietário do solo urbano não edificado, subutilizado ou não utilizado, que promova seu adequado aproveitamento, sob pena, sucessivamente, de:
> I - parcelamento ou edificação compulsórios;
> II - imposto sobre a propriedade predial e territorial urbana progressivo no tempo;
> III - desapropriação com pagamento mediante títulos da dívida pública de emissão previamente aprovada pelo Senado Federal, com prazo de resgate de até dez anos, em parcelas anuais, iguais e sucessivas, assegurados o valor real da indenização e os juros legais.

**I - IMPOSTO SELETIVO** – Aquele que leva em conta a essencialidade do produto. Não visa somente à arrecadação, mas também corrigir distorções. Quanto maior for a essencialidade do produto tecnicamente menor será a alíquota, e maior quando o Estado tiver interesse em reduzir o consumo de determinado produto. Ex.: IPI cigarro que possui alíquota máxima.

**J - IMPOSTO CUMULATIVO** – Cobrado a cada período de tempo o valor integral do imposto sem aproveitar o crédito da etapa anterior. Ex.: ISS – é calculado uma porcentagem (alíquota) sobre o valor total do serviço prestado que é a base de cálculo do tributo.

**K - IMPOSTO NÃO CUMULATIVO** – Tem o desconto do crédito que foi pago pelo contribuinte na etapa anterior. Ex.: ICMS e IPI.

A fim de facilitar o entendimento, segue um exemplo prático: a Indústria "X" adquire matéria-prima para produzir seu produto principal através da nota fiscal "xxx" com o valor total de R$ 1.000,00, sendo que na nota está destacado R$ 180,00 a título de ICMS, portanto o valor da mercadoria é de R$ 820,00 e o imposto pago destacado na nota fiscal foi de R$ 180.00 o qual ficara contabilizado como crédito de ICMS na contabilidade da indústria "X".

No momento em que a empresa "X" efetuar a venda de seu produto principal que contém a matéria-prima adquirida anteriormente, ela irá emitir uma nota fiscal de venda "yyy" pelo valor de R$ 2.000,00 destacando um ICMS no valor de R$ 360,00 relativo à venda da mercadoria.

Tendo por base que o ICMS é um imposto não cumulativo, ou seja, a empresa pode tomar o crédito do ICMS dos insumos utilizados na produção, portanto, ela a indústria "X" irá efetuar um recolhimento para o fisco de somente R$ 180,00 (R$ 360,00 a débito da nota de venda menos R$ 180,00 a crédito da nota fiscal de compra de insumos). A seguir demonstramos de forma gráfica o respectivo exemplo:

| HISTÓRICO | VALOR TOTAL DA NOTA FISCAL R$ | VALOR DO PRODUTO R$ | ICMS DESTACADO NA NF DE COMPRA A CRÉDITO R$ | ICMS DESTACADO NA NF DE VENDA A DÉBITO R$ |
|---|---|---|---|---|
| Compra de Matéria-prima | 1.000,00 | 820,00 | 180,00 | 0 |
| Venda de Produto Acabado | 2.000,00 | 1.640,00 | 0 | 360,00 |
| SALDO DO IMPOSTO A PAGAR (360,00 – 180,00) | | | | 180,00 |

**L - NÃO VINCULADOS** – São os exigidos de forma divorciada de qualquer atividade estatal que se relacione com o contribuinte. A arrecadação não tem destinação específica. São cobrados por situação que decorrem do próprio contribuinte. A CF no seu artigo 165 Inciso IV proíbe que o legislador vincule a receita de impostos a órgão, fundo ou despesa.

**M – IMPOSTO VINCULADO** – O tributo é vinculado a despesa que o criou. Exemplo: Empréstimo Compulsório e Contribuição de Melhoria.

**N - IMPOSTOS QUANTO À COMPETÊNCIA** – Federais, Estaduais, Distritais e Municipais.

**O - QUANTO À SUA FUNÇÃO – OS IMPOSTOS PODEM SER:**

**FISCAIS** – O Estado arrecada para satisfazer as necessidades da sociedade e custear as suas atividades, gastos e investimentos. A finalidade é meramente arrecadatória. Ex.: IRPJ.

**EXTRAFISCAIS** – Interfere no domínio econômico incentivando ou restringindo determinadas atividades ou consumo de produtos, tendo uma finalidade econômica, política e social. Ex.: Imposto de Importação, Imposto de Exportação, IPI, IOF.

**PARAFISCAIS** – São contribuições especiais no interesse de categorias econômicas ou profissionais. A finalidade é o custeio da atividade paraestatal[26]. É a delegação legal da capacidade para cobrar e administrar os tributos que se encontra fundamentada no artigo 7º e 8º do CTN abaixo descrito. São Tributos vinculados que não pertencem diretamente ao Estado. Ex.: OAB, INSS, SESC.

> Art. 7º A competência tributária é indelegável, salvo atribuição das funções de arrecadar ou fiscalizar tributos, ou

---

[26] Paraestatal – Se refere às entidades de natureza econômica ou de qualquer outra natureza econômica ou de qualquer outra ordem, como cultural, disciplinar, que embora não se mostrando como organizações integrantes da administração pública, entendem-se instituídas pela vontade do Estado e sob sua proteção e dependência. As entidades ou instituições paraestatais, dizem-se propriamente autarquias. SILVA, de Plácido e. *Vocabulário jurídico*. Rio de Janeiro: Forense, 1994.

de executar leis, serviços, atos ou decisões administrativas em matéria tributária, conferida por uma pessoa jurídica de direito público a outra, nos termos do § 3º do artigo 18 da Constituição.

§ 1º A atribuição compreende as garantias e os privilégios processuais que competem à pessoa jurídica de direito público que a conferir.

§ 2º A atribuição pode ser revogada, a qualquer tempo, por ato unilateral da pessoa jurídica de direito público que a tenha conferido.

§ 3º Não constitui delegação de competência o cometimento, a pessoas de direito privado, do encargo ou da função de arrecadar tributos.

Art. 8º O não-exercício da competência tributária não a defere a pessoa jurídica de direito público diversa daquela a que a Constituição a tenha atribuído.

Com a finalidade de ampliar a compreensão do tema, destacamos a diferença entre fiscalidade e parafiscalidade mencionada na obra de Torres (2013, p. 186):

> Enquanto a fiscalidade se caracteriza pela destinação dos ingressos ao Fisco, a parafiscalidade consiste na sua destinação ao Parafisco, isto é, órgãos que, não pertencendo ao núcleo da administração do Estado, são paraestatais incumbidos de prestar serviços paralelos e essenciais através de receitas paraorçamentárias. Demais disso, o fenômeno da parafiscalidade não se fundamenta na capacidade contributiva, mas na solidariedade social e no interesse de grupos sociais.

## 2.1.2 Taxas – Art. 77 CTN

A taxa tem por fato gerador o exercício regular do poder de polícia[27], ou a sua utilização, efetiva ou potencial, de serviço público

---

[27] Poder de Polícia – Denominação dada a um dos poderes, que atribuem ao Estado, a fim de que se possa estabelecer, em benefício da própria ordem social e

específico e divisível, prestado ao contribuinte ou posto a sua disposição.

A taxa é uma espécie de tributo que envolve uma atividade estatal específica em relação ao contribuinte, em razão da prestação de serviço público, específico e divisível, ou do poder de polícia (estatal).[28] As taxas dividem-se em:
a)  de poder de polícia
b)  de serviço público: específico, divisível, efetivos ou potenciais.

> **Específico** – Não pode ser genérico, identificável.
> **Divisível** – Individualizado para atribuição de custo da atividade
> **Efetivo** – Colocado à disposição do contribuinte e pode ser utilizado a qualquer título.
> **Potencial** – Colocado à disposição do contribuinte sendo de utilização obrigatória, e seja colocado à disposição mediante atividade administrativa

A competência para instituição da taxa é comum entre os entes tributários.

---

jurídica, as medidas, mesmo restritivas aos direitos individuais, que se tornem necessárias à manutenção da ordem, da moralidade, da saúde pública ou que venham garantir e assegurar a própria liberdade individual, a propriedade pública e particular e o bem-estar coletivo. Fundado na autoridade de denominação, inerente à essência do Estado, o poder de polícia se apresenta como uma necessidade, para que possa o Estado cumprir sua missão de defensor e propugnador dos interesses gerais, reprimindo os excessos e prevenindo as perturbações à ordem jurídica e social. SILVA, de Plácido. *Vocabulário jurídico*. Rio de Janeiro: Forense, 1994.

[28] MARTINS, Sérgio Pinto. *Manual de direito tributário*. São Paulo: Atlas, 2005, p. 110.

## 2.1.2.1 TAXA DE PODER DE POLÍCIA – É o exercício regular do poder de polícia (Fiscalização)

É a atividade do poder público que limita ou disciplina a liberdade individual. Ex.: Emissão de alvará de construção e funcionamento, taxa de fiscalização ambiental, taxa de fiscalização de anúncio, taxa de vigilância sanitária, taxa de licença localização e publicidade. Segue a abaixo algumas características:

- Definição artigo 78 CTN a seguir transcrito
- Restringe ou disciplina interesses individuais a fim de prevalecer os interesses coletivos da sociedade
- Se exterioriza em atos de fiscalização da administração pública
- Pode ser: Vinculado – aquele cuja prática exerce a estrita observância do requisito da lei
- Discricionário – A autoridade competente tem de levar em conta a conveniência do interesse público envolvido.

A taxa de poder de polícia tem como fundamento o artigo 78 do CTN determinando que:

> Considera-se poder de polícia a atividade da administração pública que, limitando ou disciplinando direito, interesse ou liberdade, regula a prática de ato ou a abstenção de fato, em razão de interesse público concernente à segurança, à higiene, à ordem, aos costumes, à disciplina da produção e do mercado, ao exercício de atividades econômicas dependentes de concessão ou autorização do Poder Público, à tranquilidade pública ou ao respeito à propriedade e aos direitos individuais ou coletivos.
>
> Parágrafo único: considera-se regular o exercício do poder de polícia quando desempenhado pelo órgão competente nos limites da lei aplicável, com observância do processo legal e, tratando-se de atividade que a lei tenha como discricionária, sem abuso ou desvio de poder.

Nesse mesmo sentido, Harada (2015, p. 7) conceitua a Taxa de Poder de Polícia como:

Poder de Polícia outra coisa não é senão o poder de regulamentação de que está investido o Estado. É discricionário, mas tem por limite a lei.

Sinteticamente, podemos conceituá-lo como sendo a atividade inerente do poder público que objetiva, no interesse geral intervir na propriedade e na liberdade dos indivíduos, impondo-lhes comportamentos comissivos ou omissivos no limite da lei.

A Constituição Federal, em vários de seus dispositivos, refere-se à manifestação desse poder de polícia (artigos 145, II, 1704, 174, 182, 192, 193 etc.).

## 2.1.2.2 TAXA DE SERVIÇO PÚBLICO – CF 145, II, 77 e 79 CTN

Hugo de Brito Machado define a taxa de serviço público como:

> Entendemos o serviço público toda e qualquer atividade prestacional realizada pelo Estado, ou por quem fizer suas vezes, para satisfazer de modo concreto de forma direta, necessidades coletivas.[29]

Com relação às taxas, o CTN determina as respectivas em seus artigos 79 e 80:

> Art. 79. Os serviços públicos a que se refere o artigo 77 consideram-se:
>
> I - utilizados pelo contribuinte:
> a) efetivamente, quando por ele usufruídos a qualquer título;
> b) potencialmente, quando, sendo de utilização compulsória, sejam postos à sua disposição mediante atividade administrativa em efetivo funcionamento;

---

[29] MACHADO, Hugo de Brito. *Curso de direito tributário*. São Paulo, Malheiros, 2016, p. 440.

> II - específicos, quando possam ser destacados em unidades autônomas de intervenção, de utilidade, ou de necessidades públicas;
> III - divisíveis, quando suscetíveis de utilização, separadamente, por parte de cada um dos seus usuários.
>
> Art. 80. Para efeito de instituição e cobrança de taxas, consideram-se compreendidas no âmbito das atribuições da União, dos Estados, do Distrito Federal ou dos Municípios, aquelas que, segundo a Constituição Federal, as Constituições dos Estados, as Leis Orgânicas do Distrito Federal e dos Municípios e a legislação com elas compatível, competem a cada uma dessas pessoas de direito público.

A Taxa de serviço público não pode ter a mesma base de cálculo do imposto. Os requisitos encontram-se positivados no art. 145, inciso II CF:

> Art. 145. A União, os Estados, o Distrito Federal e os Municípios poderão instituir os seguintes tributos:
>
> I - impostos;
> II - taxas, em razão do exercício do poder de polícia ou pela utilização, efetiva ou potencial, de serviços públicos específicos e divisíveis, prestados ao contribuinte ou postos a sua disposição;
> III - contribuição de melhoria, decorrente de obras públicas.

1. O serviço deve ser específico.
2. O serviço deve ser divisível e específico. A cobrança da taxa será individualizada. A Taxa leva em conta os seguintes critérios: a) Quem usa mais paga mais; b) Quem usa menos paga menos; c) Quem não usa paga o mínimo.

Portanto, ainda com relação às taxas podemos afirmar que:
- O uso pressupõe proporcionalidade.
- Serviço efetivo – aquele utilizado pelo contribuinte. Se usar paga. Ex.: Custas judiciais, Taxa de emissão de passaporte.

- Serviço potencial – Colocado à disposição. Se não usar também paga. Ex.: Coleta de lixo (Súmula Vinculante 19).
- A disponibilidade do serviço ensejará exigência de taxa, que é o custo para a administração pública deixar o serviço à disposição.
- Diferença entre taxa e tarifa: a taxa é tributo compulsório e a tarifa está remunerando um contrato (acordo de vontades). Ver Súmula 545 STJ Taxa/Tarifa.
- Pedágio – A Constituição Federal deu tratamento específico no artigo 150 inciso V – "estabelecer limitações ao tráfego de pessoas ou bens, por meio de tributos interestaduais ou intermunicipais, ressalvada a cobrança de pedágio pela utilização de vias conservadas pelo Poder Público". É a conservação da via. Primeiramente conserva, e depois cobra o pedágio. É taxa de serviço de conservação de Estrada. Existem duas correntes distintas a respeito do tema:
Pedágio é Taxa -> liberdade de tráfego. Ver 150 inc. V CF – Exceção pedágio
Pedágio é Tarifa -> Só paga se quiser passar por aquela via é direito administrativo

## 2.1.2.3 TARIFA OU PREÇO PÚBLICO – Considerações Gerais

Entendemos a tarifa quando o Estado, via de regra, presta serviços por meio de concessionários de serviços públicos, onde a remuneração (preço público - prestação pecuniária) é paga diretamente pelo usuário ao concessionário, sendo a sua utilização facultativa e decorrente de relação contratual.
- O preço público remunera os serviços públicos prestados por concessionários, os quais se sujeitam ao regime de direito privado.
- O administrador público age como se fosse empresa. Explora o patrimônio estatal. É instituído ou majorado por decreto. Artigo 175 § único inciso II CF:

> Art. 175. Incumbe ao Poder Público, na forma da lei, diretamente ou sob regime de concessão ou permissão, sempre através de licitação, a prestação de serviços públicos.
>
> Parágrafo único. A lei disporá sobre:
> I - o regime das empresas concessionárias e permissionárias de serviços públicos, o caráter especial de seu contrato e de sua prorrogação, bem como as condições de caducidade, fiscalização e rescisão da concessão ou permissão;
> II - os direitos dos usuários;
> III - política tarifária;
> IV - a obrigação de manter serviço adequado.

- Não se submete aos princípios constitucionais tributários. Ex.: Princípio da anterioridade, via de regra, o imposto se submete ao princípio.
- Preço público é marcado pela facultatividade, quem usa paga na proporção.
- Já o tributo é cobrado de forma compulsória. Preço público advém de contrato de adesão. O tributo decorre da lei.
- Tarifa só em efetiva utilização, quem não usa não paga. Não existe tarifa menor, só proporcional. Não instituída por lei, só por decreto, deriva de contrato de adesão. Ex.: Serviço água / esgoto e energia elétrica, tarifa postal, tarifa serviço transporte público coletivo – custeia-se por tarifa. Serviço compulsório.
- Não se pode cobrar tributo para entrar e sair do Município / Estado.
- Zona Azul cartão de estacionamento (São Paulo) é Preço. É aluguel de espaço na rua.

### 2.1.3 Contribuição de Melhoria – Art. 145 Inciso III CF e 81 CTN

É um tributo vinculado, cujo fato gerador é a valorização de imóvel do contribuinte, decorrente de obra pública.[30] Pode ser cobrada

---

[30] MACHADO, Hugo de Brito. *Curso de direito tributário*. São Paulo, Malheiros, 2016, p. 449.

pela União, Estados, Distrito Federal e Municípios, no âmbito de suas atribuições, e é instituída para fazer face ao custo das obras públicas de que decorra valorização imobiliária, tendo como limite total a despesa realizada e como limite individual o acréscimo de valor que da obra resultar para cada contribuinte beneficiado com o projeto. Portanto, decorre de obra pública conforme artigo 81 do CTN[31], possuindo as seguintes características:

- Fundamentação legal: art. 145, inciso 3º, da Constituição Federal e artigo 81 CTN.
- Fato Gerador: Obra pública e a valorização imobiliária do imóvel do contribuinte
- Artigo 82 CTN – É o procedimento a seguir descrito na nota de rodapé[32]

---

[31] Art. 81 do CTN – A contribuição de melhoria cobrada pela União, pelos Estados, pelo Distrito Federal ou pelos Municípios, no âmbito de suas respectivas atribuições, é instituída para fazer face ao custo de obras públicas de que decorra valorização imobiliária, tendo como limite total a despesa realizada e como limite individual o acréscimo de valor que da obra resultar para cada imóvel beneficiado.

[32] Art. 82. A lei relativa à contribuição de melhoria observará os seguintes requisitos mínimos:
I - publicação prévia dos seguintes elementos:
a) memorial descritivo do projeto;
b) orçamento do custo da obra;
c) determinação da parcela do custo da obra a ser financiada pela contribuição;
d) delimitação da zona beneficiada;
e) determinação do fator de absorção do benefício da valorização para toda a zona ou para cada uma das áreas diferenciadas, nela contidas;
II - fixação de prazo não inferior a 30 (trinta) dias, para impugnação pelos interessados, de qualquer dos elementos referidos no inciso anterior;
III - regulamentação do processo administrativo de instrução e julgamento da impugnação a que se refere o inciso anterior, sem prejuízo da sua apreciação judicial.
§ 1º A contribuição relativa a cada imóvel será determinada pelo rateio da parcela do custo da obra a que se refere a alínea c, do inciso I, pelos imóveis situados na zona beneficiada em função dos respectivos fatores individuais de valorização.
§ 2º Por ocasião do respectivo lançamento, cada contribuinte deverá ser notificado do montante da contribuição, da forma e dos prazos de seu pagamento e dos elementos que integram o respectivo cálculo.

- Deve ser decorrente de obra pública
- Necessita Individualização da valorização imobiliária
- Não pode cobrar mais do que o custo da obra
- DL 195/67 – obras públicas suscetíveis de contribuição de melhoria – Diretrizes gerais da contribuição – rol taxativo
- Conjunto habitacional Singapura não é obra pública
- Obra – prevalece material sobre o serviço
- Serviço – prevalece o serviço sobre o material
- No recapeamento de ruas não há incidência de contribuição de melhoria. É conservação
- A administração pública só pode cobrar depois da obra concluída.
- Limite individual é a valorização do imóvel – É o teto
- Limite global – Custo globalizado da obra. Total arrecadado não pode ultrapassar o custo.

## 2.1.4 CONTRIBUIÇÕES ESPECIAIS – ART. 149 E 149-A DA CF

A Contribuição Social é o tributo destinado a custear atividades específicas que não são inerentes à função do Estado. Referidas contribuições sociais podem ser de intervenção no domínio econômico, de interesses de categorias profissionais ou econômicas e contribuição para o custeio da seguridade social.[33]

Para melhor esclarecimento transcrevemos o referido artigo da CF:

> Art. 149. Compete exclusivamente à União instituir contribuições sociais, de intervenção no domínio econômico e de interesse das categorias profissionais ou econômicas, como instrumento de sua atuação nas respectivas áreas, observado o disposto nos arts. 146, III, e 150, I e III, e sem prejuízo do previsto no art. 195, § 6º, relativamente às contribuições a que alude o dispositivo.

---

[33] MARTINS, Sérgio Pinto. *Manual de direito tributário*. São Paulo: Atlas, 2005, p. 125.

§ 1º A União, os Estados, o Distrito Federal e os Municípios instituirão, por meio de lei, contribuições para custeio de regime próprio de previdência social, cobradas dos servidores ativos, dos aposentados e dos pensionistas, que poderão ter alíquotas progressivas de acordo com o valor da base de contribuição ou dos proventos de aposentadoria e de pensões. (Redação dada pela Emenda Constitucional nº 103, de 2019) (Vigência)

§ 1º-A. Quando houver deficit atuarial, a contribuição ordinária dos aposentados e pensionistas poderá incidir sobre o valor dos proventos de aposentadoria e de pensões que supere o salário-mínimo. (Incluído pela Emenda Constitucional nº 103, de 2019) (Vigência)

§ 1º-B. Demonstrada a insuficiência da medida prevista no § 1º-A para equacionar o déficit atuarial, é facultada a instituição de contribuição extraordinária, no âmbito da União, dos servidores públicos ativos, dos aposentados e dos pensionistas. (Incluído pela Emenda Constitucional nº 103, de 2019) (Vigência)

§ 1º-C. A contribuição extraordinária de que trata o § 1º-B deverá ser instituída simultaneamente com outras medidas para equacionamento do déficit e vigorará por período determinado, contado da data de sua instituição. (Incluído pela Emenda Constitucional nº 103, de 2019) (Vigência)

§ 2º As contribuições sociais e de intervenção no domínio econômico de que trata o *caput* deste artigo: (Incluído pela Emenda Constitucional nº 33, de 2001)

I - não incidirão sobre as receitas decorrentes de exportação; (Incluído pela Emenda Constitucional nº 33, de 2001)

II - incidirão também sobre a importação de produtos estrangeiros ou serviços; (Redação dada pela Emenda Constitucional nº 42, de 19.12.2003)

III - poderão ter alíquotas: (Incluído pela Emenda Constitucional nº 33, de 2001)

a) ad valorem, tendo por base o faturamento, a receita bruta ou o valor da operação e, no caso de importação, o valor aduaneiro; (Incluído pela Emenda Constitucional nº 33, de 2001)

b) específica, tendo por base a unidade de medida adotada.

(Incluído pela Emenda Constitucional nº 33, de 2001)
§ 3º A pessoa natural destinatária das operações de importação poderá ser equiparada a pessoa jurídica, na forma da lei. (Incluído pela Emenda Constitucional nº 33, de 2001)
§ 4º A lei definirá as hipóteses em que as contribuições incidirão uma única vez. (Incluído pela Emenda Constitucional nº 33, de 2001)
Art. 149-A Os Municípios e o Distrito Federal poderão instituir contribuição, na forma das respectivas leis, para o custeio do serviço de iluminação pública, observado o disposto no art. 150, I e III. (Incluído pela Emenda Constitucional nº 39, de 2002)
Parágrafo único. É facultada a cobrança da contribuição a que se refere o caput, na fatura de consumo de energia elétrica. (Incluído pela Emenda Constitucional nº 39, de 2002)

É necessária Lei Complementar para definir o Fato Gerador, Base de Cálculo e Contribuinte.

As contribuições não se submetem ao princípio da anterioridade conforme o artigo 195 § 6º da Constituição Federal. Somente podem ser exigidas 90 dias após a data da publicação da lei que houver instituído ou modificado. É a anterioridade mitigada -> STF

√ Basicamente as Contribuições Especiais são:
√ Social – artigo 195 Constituição Federal – Exemplo: PIS, Cofins, CSLL
√ CIDE – Intervenção no Domínio Econômico, artigo 177, § 4º CF. É extrafiscal – estimula ou desestimula determinada atividade – ver CIDE lei 10.336/01 – Só a União institui a contribuição conforme transcrito no referido artigo:

§ 4º A lei que instituir contribuição de intervenção no domínio econômico relativa às atividades de importação ou comercialização de petróleo e seus derivados, gás natural e seus derivados e álcool combustível deverá atender aos seguintes requisitos: (Incluído pela Emenda Constitucional nº 33, de 2001)

I - a alíquota da contribuição poderá ser: (Incluído pela Emenda Constitucional nº 33, de 2001)
a) diferenciada por produto ou uso; (Incluído pela Emenda Constitucional nº 33, de 2001)
b)reduzida e restabelecida por ato do Poder Executivo, não se lhe aplicando o disposto no art. 150,III, *b*; (Incluído pela Emenda Constitucional nº 33, de 2001)
II - os recursos arrecadados serão destinados: (Incluído pela Emenda Constitucional nº 33, de 2001)
a) ao pagamento de subsídios a preços ou transporte de álcool combustível, gás natural e seus derivados e derivados de petróleo; (Incluído pela Emenda Constitucional nº 33, de 2001)
b) ao financiamento de projetos ambientais relacionados com a indústria do petróleo e do gás; (Incluído pela Emenda Constitucional nº 33, de 2001)
c) ao financiamento de programas de infra-estrutura de transportes. (Incluído pela Emenda Constitucional nº 33, de 2001)

√ Parafiscal – de interesse de categorias profissionais e econômicas.
√ Para custeio do serviço de iluminação pública. É Contribuição de acordo com o artigo 149-A. A competência é privativa dos municípios e Distrito Federal.

Vale ressaltar que as **Contribuições Sociais** previstas no artigo 149 e 195 da CF relativo ao INSS, (as quais não seguem o princípio da anterioridade) incidem em quatro hipóteses distintas:
1. Dos empregadores: a) sobre o lucro (CSLL); b) sobre o faturamento. Ex.: PIS, COFINS; c) Sobre a Folha de Pagamento (PIS em casos específicos), d) contribuição previdenciária patronal.
2. Dos trabalhadores e demais segurados da previdência, não incidindo sobre aposentadoria – INSS sobre salários, contribuição parte do empregado e autônomos.

3. Concurso de prognósticos.
4. Dos Importadores (PIS e COFINS).

## 2.1.5 Empréstimo compulsório – Artigo 148 CF

Empréstimo compulsório é tributo vinculado à despesa que o fundamentou e deve obedecer ao regime jurídico tributário. Um tributo restituível, mas sempre um tributo, como tal devendo ser tratado.[34]

É de competência privativa da união com vinculação da receita. É lei complementar. Pode ser definido qualquer fato gerador e pode ser utilizado pela União nos seguintes casos:
  a) Despesas extraordinárias – tais como, guerra externa, calamidade pública – Pode ocorrer até a bitributação.
  b) Investimento público relevante em caráter urgente de interesse nacional.

Compreendemos que o empréstimo compulsório é na realidade, um empréstimo forçado que o Estado impõe ao contribuinte, o qual será restituído em moeda corrente de forma integral no futuro com as devidas correções, sob pena de caracterizar-se um confisco nos termos do artigo 150 incisos IV da CF.

Não podemos deixar de destacar o artigo 15 do CTN que prevê:

> Art. 15. Somente a União, nos seguintes casos excepcionais, pode instituir empréstimos compulsórios:
>
> I - guerra externa, ou sua iminência;
> II - calamidade pública que exija auxílio federal impossível de atender com os recursos orçamentários disponíveis;
> III - conjuntura que exija a absorção temporária de poder aquisitivo.
>
> Parágrafo único. A lei fixará obrigatoriamente o prazo do empréstimo e as condições de seu resgate, observando, no que for aplicável, o disposto nesta Lei.

---

[34] CARRAZZA, Roque Antônio. *Curso de direito constitucional tributário*. São Paulo: Malheiros, 2002, p. 497.

Entendemos que os incisos I e II do referido artigo foram revogados, pois a CF de 1988 exige a existência de lei complementar para instituição dos respectivos, quanto ao inciso III o mesmo não foi recepcionado pela carta magna, porém o parágrafo único continua em vigor, pois é norma geral em matéria tributária.

# 3 PRINCÍPIOS CONSTITUCIONAIS TRIBUTÁRIOS

A tributação em qualquer âmbito deve seguir os princípios Constitucionais os quais visam à proteção do contribuinte limitando o poder de tributar dos entes políticos.

Alexandre de Moraes (2015, p. 916) define a limitação do poder de tributar como:

> A limitação constitucional ao exercício estatal do poder de tributar é essencial à garantia de segurança jurídica e dos direitos individuais, em especial o de propriedade, evitando abusos e arbitrariedades e permitindo uma relação respeitosa entre o Fisco e o cidadão.

A seguir serão descritos os princípios constitucionais tributários:

## 3.1 PRINCÍPIO DA LEGALIDADE

Nenhum tributo poderá ser instituído ou aumentado, a não ser através da lei que o estabeleça. Fundamento: Artigo 150, inciso I CF "Sem prejuízo de outras garantias asseguradas ao contribuinte, é vedado à União, Estados, Distrito Federal e Municípios: exigir ou aumentar tributo sem lei que o estabeleça" e Artigo 97 CTN e o artigo 5º inciso II CF "Ninguém será obrigado a fazer ou deixar de fazer alguma coisa senão em virtude de lei".

Sergio Pinto Martins conceitua o princípio da legalidade como:

> O princípio da legalidade esclarece que não haverá tributo sem prévia determinação legal (*nullum tributum sine praevia lege*) ou *no taxation without representation*, dos ingleses, enfim, o direito dos contribuintes consentirem – só eles – pelo voto de seus representantes eleitos, na declaração ou majoração de tributos.

A lei tem de definir o fato gerador, a base de cálculo e o contribuinte do tributo (art. 97 CTN). O objetivo primordial do direito é regular condutas, evitando o arbítrio. A lei deve descrever o fato jurídico e a relação obrigacional, caracterizando a tipicidade tributária.[35]

Nessa ambiência, destacamos abaixo os artigos 97 e 98 do CTN que descrevem de forma taxativa o rol de elementos que deve conter a lei que criar ou modificar ou aumentar um tributo:

> **Art. 97.** Somente a lei pode estabelecer:
>
> I - a instituição de tributos, ou a sua extinção;
> II - a majoração de tributos, ou sua redução, ressalvado o disposto nos artigos 21, 26, 39, 57 e 65;
> III - a definição do fato gerador da obrigação tributária principal, ressalvado o disposto no inciso I do § 3º do artigo 52, e do seu sujeito passivo;
> IV - a fixação de alíquota do tributo e da sua base de cálculo, ressalvado o disposto nos artigos 21, 26, 39, 57 e 65;
> V - a cominação de penalidades para as ações ou omissões contrárias a seus dispositivos, ou para outras infrações nela definidas;
> VI - as hipóteses de exclusão, suspensão e extinção de créditos tributários, ou de dispensa ou redução de penalidades.
> § 1º Equipara-se à majoração do tributo a modificação da sua base de cálculo, que importe em torná-lo mais oneroso.
> § 2º Não constitui majoração de tributo, para os fins do disposto no inciso II deste artigo, a atualização do valor monetário da respectiva base de cálculo.
> **Art. 98.** Os tratados e as convenções internacionais revogam ou modificam a legislação tributária interna, e serão observados pela que lhes sobrevenha.

---

[35] MARTINS, Sérgio Pinto. *Manual de direito tributário*. São Paulo: Atlas, 2005, p. 83.

As exceções a estas regras acima citadas encontram-se nos artigos:
- √ 153 parágrafo 1º CF – II, IE, IPI, IOF – impostos extrafiscais – a alíquota é alterada por decreto do poder executivo[36] dentro do limite legal. Ver Exceção da noventena do IPI (a seguir descrita nos capítulos posteriores)
- √ 97 parágrafo 2º CTN – Majoração de tributo só por lei. Atualização monetária da base de cálculo não precisa de lei.
- √ 62 Parágrafo 2º CF – Medida Provisória para majorar impostos, somente produzirá efeito no exercício seguinte, se houver sido convertida em lei até o último dia daquele em que foi editada. Exceção artigos, 153, I, II, IV, V e 154, II.
- √ 177 Parágrafo 4º CF, inciso "b"– CIDE – redução de alíquota pode ser feito por decreto, porém majoração não pode.

## 3.2 PRINCÍPIO DA ISONOMIA TRIBUTÁRIA – ARTIGO 150, II CF

Tratar igual os iguais perante a lei, e diferente os diferentes na medida de suas diferenças. É a garantia de tratamento uniforme que também é prevista no *caput* do artigo 5º da CF que define que todos são iguais perante a lei.

Hugo de Brito Machado conceitua o princípio como:

> O princípio da igualdade é a projeção, na área tributária, do princípio geral da isonomia jurídica, ou princípio pelo qual todos são iguais perante a lei. Apresenta-se aqui como garantia de tratamento uniforme, pela entidade tributante, de

---

[36] Decreto Executivo – Assim se diz de todo ato expedido pelo governo ou poder executivo, determinando medidas administrativas ou impondo ordens sem o caráter de regra comum. Dessa forma, os decretos executivos indicam-se a forma por que o poder executivo pratica os atos de sua competência necessários ao cabal desempenho de suas atribuições constitucionais. Assim sendo, a rigor, por decretos do executivo ou decretos executivos se entende tudo o que é ordenado pelo poder executivo, como legitimo órgão executor das leis, administrador dos negócios do Estado e diretor de suas funções políticas, indispensáveis à segurança de sua própria existência e de sua soberania. Silva, De Plácido E. *Vocabulário Jurídico*. Rio de Janeiro: Forense, 1994.

quantos se encontrem em condições iguais. Como manifestação desse princípio temos, em nossa Constituição, a regra de uniformidade dos tributos federais em todo o território nacional.

Não fere o princípio da igualdade – antes, o realiza com absoluta adequação – o imposto progressivo. Realmente, aquele que tem maior capacidade contributiva deve pagar imposto maior, pois só assim estará sendo igualmente tributado. A igualdade consiste, no caso, da proporcionalidade da incidência à capacidade contributiva, em função da utilidade marginal da riqueza.[37]

## 3.3 PRINCÍPIO DA CAPACIDADE CONTRIBUTIVA – ARTIGO 145, § 1º CF

A Constituição Federal determina que sempre que possível, os impostos terão caráter pessoal e serão graduados segundo a capacidade econômica do contribuinte. Neste sentido, vale a pena destacar a lei 8.021/90 que determina a personalização e individualização do contribuinte para fins fiscais. A regra destina-se somente aos Impostos.

Ricardo Lobo Torres conceitua a capacidade contributiva, como:

> A capacidade contributiva se subordina à ideia de justiça distributiva. Manda que cada um pague o imposto de acordo com a sua riqueza, atribuindo conteúdo ao vetusto critério de que a justiça consiste em dar a cada um o que é seu e que se tornou uma das "regras de ouro" para se obter a verdadeira justiça distributiva. Existe igualdade no tributar cada qual de acordo com a sua capacidade contributiva, mas essa tributação produz resultados desiguais por se desigualarem as capacidades contributivas individuais.
>
> Capacidade contributiva é capacidade econômica do contribuinte, como, aliás, prefere a CF/88, mantendo a tradi-

---

[37] MACHADO, Hugo de Brito. *Curso de direito tributário*. São Paulo: Malheiros, p. 38.

ção da CF/46 e coincidindo, também, com a Espanha. É capacidade de pagar (*ability do pay*) como dizem os povos da língua inglesa. Significa que cada um deve contribuir na proporção de suas rendas e haveres independente de sua eventual disponibilidade financeira.[38]

Nesta linha, o artigo 145 § 1º da CF, determina que:

> Sempre que possível, os impostos terão caráter pessoal e serão graduados segundo a capacidade econômica do contribuinte, facultado à administração tributária, especialmente para conferir efetividade a esses objetivos, identificar, respeitados os direitos individuais e nos termos da lei, o patrimônio e as atividades econômicas do contribuinte.

O princípio tem como escopo o atingimento da justiça social, repartindo os encargos do Estado na proporção das possibilidades de cada contribuinte. Note-se que o texto se refere corretamente à capacidade econômica do contribuinte, que corresponde à capacidade contributiva[39], e não a capacidade financeira, que tem outro significado.

## 3.4 PRINCÍPIO DA IRRETROATIVIDADE DA LEI TRIBUTÁRIA – ART. 150 III CF

A Lei deve estar em vigor na ocorrência do fato gerador, mesmo que revogada posteriormente. A lei não prejudicará o direito adquirido, o ato jurídico[40] perfeito e a coisa julgada. Fundamento: 150 III CF, 144 CTN e 5º, XXXVI CF, exceção o artigo 106 do CTN. Em síntese, é vedado cobrar tributos em relação a fatos ge-

---

[38] TORRES, Ricardo Lobo. *Curso de direito financeiro tributário*. Rio de Janeiro: Renovar, 2013, p. 93, 94.
[39] HARADA, Akiyoshi. *Direito financeiro e tributário*. São Paulo: Atlas, 2015, p. 401.
[40] Ato Jurídico – Dentro do conceito que lhe dá a lei civil, assim se entende todo ato lícito, que tenha o objetivo imediato de adquirir, resguardar, transferir, modificar ou extinguir direito. SILVA, de Plácido. *Vocabulário jurídico*. Rio de Janeiro: Forense, 1994.

radores ocorridos antes da vigência da lei que os houver instituído ou aumentado.

Para melhor esclarecimento, demonstramos abaixo a sistemática de surgimento do crédito tributário:

> HI –> FI –> OT = Lançamento Tributário e Crédito Tributário

HI – Hipótese de Incidência (lei)
FI – Fato Imponível ou Fato Gerador do tributo
OT – Obrigação Tributária
CT – Crédito Tributário com o respectivo lançamento

## 3.5 PRINCÍPIO DA ANTERIORIDADE – ARTIGO 150, III "B" CF

A lei que instituir ou majorar tributo só entra em vigor no próximo exercício financeiro. É o princípio da não surpresa. É a segurança jurídica do contribuinte.

O princípio da anterioridade em encontra-se descrito no artigo 150, inciso III, letra "b" da CF, onde é vedada a cobrança de tributos no mesmo exercício financeiro em que houver sido publicada a lei que os instituiu ou aumentou, porém, a EC 42/2003 acrescentou a alínea "c" ao inciso II do referido artigo, vedando a cobrança de tributos antes de decorridos 90 dias da data em que haja sido publicada a lei que os instituiu ou aumentou observado o disposto na alínea "b".

Existem, porém, exceções ao princípio da anterioridade:
– Artigo 150 § 1º CF – II, IE, IOF, IPI e o imposto extraordinário (Imposto extraordinário de Guerra – IEG – art. 154, inciso II CF) – não se sujeitam ao princípio da anterioridade. A EC 42/2003 modificou o art. 150, inciso III, "c" da CF mencionando que todos os entes políticos estão proibidos

de cobrar tributos antes de decorridos 90 dias da data em que sido publicada a lei que os instituiu ou aumentou. Exceção no parágrafo primeiro do mesmo artigo definindo que a anterioridade nonagesimal não se aplica para o IOF, II, IE, impostos extraordinários e empréstimo compulsório. Observa-se que o IPI se encontra abrangido pela noventena.

Considerações relevantes com relação às exceções ao princípio da anterioridade:
- √ 62 § 2º CF – Medida Provisória para os impostos acima citados
- √ 148, inciso I e II CF – Empréstimos compulsórios para despesas extraordinárias e investimento público de caráter urgente. Entra em vigor no próximo exercício financeiro mediante Lei Complementar – ver artigo 150 III, b, CF.
- √ 195 § 6º – Anterioridade nonagesimal ou mitigada. São as Contribuições sociais – *Vacatio Legis* – A lei que institui ou modifica somente entra em vigor 90 dias após sua publicação.
- √ 177 § 4º – I "b" CF – Alíquota CIDE – Redução ou restabelecimento por decreto do poder executivo.

## 3.6 PRINCÍPIO DA VEDAÇÃO AO CONFISCO – ARTIGO 150, IV CF

A Constituição Federal estabelece que é vedado à União, Estados, Distrito Federal e Municípios, utilizar tributo com efeito de confisco. Não obstante, seja problemático o entendimento do que seja um tributo com efeito de confisco, certo é que o dispositivo constitucional pode ser invocado sempre que o contribuinte entender que o tributo, no caso, está confiscando os bens. Cabe ao Judiciário dizer quando e quanto um tributo é confiscatório.[41]

---

[41] MACHADO, Hugo de Brito. *Curso de direito tributário*. São Paulo: Malheiros, 2016, p. 41.

Também observamos este princípio no artigo 5º inciso XXII da CF que assegura o direito individual à propriedade privada.

É irrefutável que retira parcela de poder aquisitivo do contribuinte – é subjetivo.

## 3.7 PRINCÍPIO DA LIBERDADE DE TRÁFEGO – ARTIGO 150, V – CF

Referido artigo veda às diversas entidades tributantes o estabelecimento de limitações ao tráfego de pessoas ou bens, por meio de tributos interestaduais ou intermunicipais. O princípio também é decorrente do artigo quinto, inciso XV da CF – da livre locomoção no território nacional. Vale a pena ressaltar que a lei não se aplica a circulação de mercadorias interestaduais e intermunicipais.[42]

## 3.8 PRINCÍPIO DA UNIFORMIDADE GEOGRÁFICA – ARTIGO 151, I CF

A União não pode tratar Estado, Município e Distrito Federal de forma distinta. A Constituição Federal impede a União de instituir tributo que não seja uniforme em todo o território nacional, ou ainda, que implique em distinção ou preferência entre os respectivos membros federativos, admitida a concessão de incentivos fiscais destinados a promover o equilíbrio socioeconômico entre as diferentes regiões do país.

Exceção – para desenvolvimento de determinada região do País – Exemplo: Zona Franca de Manaus que é uma região sob incentivos tributários, os quais estão assegurados na CF até o ano 2073 de acordo com a Emenda Constitucional 83 de 05.08.2014.[43]

---

[42] MACHADO, Hugo de Brito. *Curso de direito tributário*. São Paulo: Malheiros, 2016, p. 43.

[43] CAROTA, José Carlos, DOMANICO FILHO, Roberto. *Gestão corporativa – teoria e prática*. Rio de Janeiro: Freitas Bastos, 2015, p. 186.

## 3.9 PRINCÍPIO DA IMUNIDADE TRIBUTÁRIA – EXCLUSIVAMENTE NO ÂMBITO CONSTITUCIONAL

Como já vimos anteriormente A Constituição Federal estabelece a competência tributária que é o poder de atribuído pela Carta Magna às pessoas políticas para que instituam seus próprios tributos. É o poder de tributar, porém, encontramos na imunidade tributária uma exceção. Neste sentido Roque Antônio Carrazza define a imunidade tributária como:

> Noutras palavras, a competência tributária é desenhada também por normas negativas, que veiculam o que se convencionou chamar de imunidades tributárias. A imunidade tributária é um fenômeno de natureza constitucional. As normas constitucionais, que, direta ou indiretamente, tratam do assunto fixam, por assim dizer, a incompetência das entidades tributantes para onerar, com exações certas pessoas, seja em função de sua natureza jurídica, seja porque coligadas a determinados fatos, bens ou situações.[44]

O artigo 150, inciso VI CF determina que a regra seja válida para impostos, tais como: imunidade recíproca entre órgãos públicos, templos de qualquer culto, porém, só para o local do culto(?), partido político, entidades sindicais de trabalhadores, fonogramas e videofonogramas musicais produzidos no Brasil por autores brasileiros, assistência social, livros jornais e periódicos e o papel para impressão.

Ressaltamos que a lei 9.715/98 alterada pela medida provisória 2.158 em seu artigo 13 determina as entidades que devem contribuir com o PIS tendo como base de cálculo a folha de salários:

> Art. 13. A contribuição para o PIS/PASEP será determinada com base na folha de salários, à alíquota de um por cento, pelas seguintes entidades:
>
> I - templos de qualquer culto;

---

[44] CARRAZZA, Roque Antônio. *Curso de direito constitucional tributário*. São Paulo: Malheiros, 2002, p. 623.

II - partidos políticos;
III - instituições de educação e de assistência social a que se refere o art. 12 da Lei nº 9.532, de 10 de dezembro de 1997;
IV - instituições de caráter filantrópico, recreativo, cultural, científico e as associações, a que se refere o art. 15 da Lei nº 9.532, de 1997;
V - sindicatos, federações e confederações;
VI - serviços sociais autônomos, criados ou autorizados por lei;
VII - conselhos de fiscalização de profissões regulamentadas;
VIII - fundações de direito privado e fundações públicas instituídas ou mantidas pelo Poder Público;
IX - condomínios de proprietários de imóveis residenciais ou comerciais; e
X - a Organização das Cooperativas Brasileiras - OCB e as Organizações Estaduais de Cooperativas previstas no art. 105 e seu § 1º da Lei nº 5.764, de 16 de dezembro de 1971.

Neste sentido destacamos ainda as **Imunidades Extravagantes** positivadas na CF que inclui outros tributos (além dos impostos), conforme se observa nos itens abaixo:

I. Artigo 153 § 3º, inciso III e IV – IPI para Produtos Exportados e terá impacto reduzido para aquisição de bens de capital
II. Artigo 5º XXXIV e LXXII – imunidade para taxas e certidões e custas da ação popular, *habeas corpus e habeas data*
III. Artigo 150 § 2º – Autarquias e fundações instituídas pelo poder público
IV. Artigo 155 § 2º, X, "a" e parágrafo 3º CF – ICMS – Produtos Exportados
V. Artigo 156 § 2º, inciso I – ITBI inter vivos – incorporação de imóveis ao patrimônio da empresa, ou ainda, operações empresariais de fusão, cisão e incorporação
VI. Artigo 184 parágrafo 5º – Imóveis desapropriados para reforma agrária
VII. Artigo 195 parágrafo 7º – imunidade contribuição social entidades de beneficência e assistência social

VIII. Artigo 150, inciso VI, "e" CF – imunidade dos CDs e DVDs musicais – EC 75/13.

## 3.10 PRINCÍPIO DA SUPREMACIA DO INTERESSE PÚBLICO SOBRE O PARTICULAR

Referido princípio destaca o interesse público prevalecendo sobre o interesse privado, onde a existência do Estado somente tem sentido quando o mesmo protege o interesse da sociedade. É um princípio geral de direito em qualquer sociedade.

Regina Helena Costa destaca que:

> O princípio da supremacia do interesse público sobre o particular, também conhecido como princípio da finalidade pública ou do interesse coletivo, predica que a atuação estatal somente pode voltar-se ao alcance de resultados de interesse público e, na hipótese de eventual conflito entre interesse coletivo e interesse particular, a prevalência será sempre do primeiro, exatamente por sua natureza supra-individual.
>
> Na seara tributária, a supremacia do interesse público sobre o particular pode ser traduzida, singelamente na convivência harmônica entre aquela realização de arrecadação fiscal e o respeito aos direitos dos contribuintes.
>
> Implícito no ordenamento jurídico, dele deriva, o princípio da indisponibilidade do interesse público, que, no contexto em análise, impõe-se ao legislador e ao administrador, especialmente no trato de institutos cuja aplicação resulta no manejo do crédito tributário, tais como a isenção, a compensação, a transação a remissão e a anistia.[45]

---

[45] COSTA, Regina Helena. *Curso de direito tributário*. São Paulo: Saraiva, 2013, p. 79.

# 4 FONTES DO DIREITO TRIBUTÁRIO

As fontes que instituem e dão origem aos tributos em nosso ordenamento jurídico podem ser dívidas em materiais (ou reais) e formais:[46]

**Fontes Materiais ou Reais** – É o pressuposto de fato que compõe a norma jurídica definidora do fato gerador da obrigação tributária e conforme o art. 114 do CTN, o fato gerador da obrigação tributária principal é a situação definida em lei como necessária e suficiente à sua ocorrência. A situação é sempre um fato, descrito de forma abstrata e genérica na norma legal, que, uma vez ocorrida em concreto opera-se o fenômeno da subsunção do fato à hipótese legal prevista, isto é, gera a obrigação de pagar tributo.

**Fontes Formais** – são os atos normativos ou conjunto de normas que dão nascimento ao direito tributário. As fontes formais são constituídas pelas normas constitucionais e pelos atos normativos referidos no artigo 59 da CF, quais sejam: emendas à CF, leis complementares, leis ordinárias, leis delegadas, medidas provisórias, decretos legislativos, resoluções, tratados e convenções internacionais.

A seguir, descrevemos as fontes do Direito Tributário:

## 4.1 CONSTITUIÇÃO FEDERAL

É na Constituição Federal que se encontra positivada nos artigos 145 a 162 (do sistema tributário nacional) a fundamentação jurídica para a criação dos tributos, sua respectiva competência e repartição tributária. É a principal e mais importante fonte do direito tributário.

Na definição de Regina Helena Costa:

Extraem-se duas consequências relevantes para a adequada compreensão dos parâmetros a serem observados pelo legislador e administrador tributário.

---

[46] HARADA, Akiyoshi. *Direito financeiro e tributário*. São Paulo: Atlas, 2015, p. 317.

A primeira consiste no fato de que, se a Constituição Federal é rígida, por contemplar um processo especial para sua modificação, mais complexo do que aquele previsto para a elaboração de uma lei ordinária, tal rigidez transmite-se ao sistema tributário nacional, que somente pode ser modificado em sua estrutura básica, por meio de emenda constitucional (art. 60 CF). E a segunda consequência a qual toda modificação, a ser implementada no plano infraconstitucional, deverá atentar às balizas preestabelecidas na lei maior, o que resulta na restrita liberdade outorgada aos legisladores ordinário e complementar para dispor sobre a tributação, e, obviamente, em nenhuma liberdade outorgada ao administrar nessa seara.[47]

Ainda com referência a CF, não podemos deixar de destacar a Emenda Constitucional, que efetivamente pode alterar o texto da carta magna. Nesse sentido, Eduardo Sabbag afirma que:

A Constituição Federal, ao refletir a realidade social do País e acompanhar sua evolução, deve prever, em seu próprio texto, a forma pela qual pode ser alterada, o que deve se dar por meio de emenda constitucional. As emendas constitucionais, uma vez aprovadas, incorporam-se à Constituição Federal, com igual hierarquia, passando a ter a mesma força das normas constitucionais preexistentes, aliás, a Constituição Federal, como se sabe, não cria tributos, ela define competências para fazê-lo. Assim também suas emendas.[48]

Com referência a competência tributária, Luis Eduardo Schoueri, afirma:

Nesse passo, basta considerar que o texto constitucional prevê a existência de tributos e delineia quem serão as pessoas jurídicas de direito público que poderão instituí-los. O

---

[47] COSTA, Regina Helena. *Curso de direito tributário*. São Paulo: Saraiva, 2013, p. 38.
[48] SABBAG, Eduardo. *Manual de direito tributário aplicado*. São Paulo: Saraiva, 2011, p. 575.

tema da competência é extremamente relevante, especialmente quando o Estado adota a forma federal. Assim, no Brasil o texto constitucional previu estrutura federal, onde se identificam a União, os Estados e o Distrito Federal. Embora haja quem levante dúvidas se os municípios participam, enquanto tais, do pacto federativo, o constituinte houve por bem conferir também a eles uma parcela de competência tributária. Pois bem, é na Constituição Federal que se sabe quem pode instituir qual tributo.[49]

## 4.2 LEI COMPLEMENTAR

Regra que contempla uma matéria a ela entregue de forma exclusiva e que, em consequência, repele normações heterogêneas, aprovadas mediante um quórum próprio de maioria absoluta. Na verdade, a lei complementar vai integrar a eficácia da norma constitucional. Não existe relação hierárquica entre lei complementar e lei ordinária, o que existe são matérias reservadas a cada espécie normativa que devem ser respeitadas pelo legislador.

A lei complementar tem quórum especial de votação previsto pela Constituição em seu artigo 69. Somente pode ser aprovada por maioria absoluta[50] dos membros das duas Casas do Congresso Nacional.[51]

Basicamente, traz normas gerais ou até institui em matéria tributária, como podemos observar nos artigos abaixo descritos, todos da Constituição Federal:

- √ 146 – Fato Gerador, Base de Cálculo e Contribuinte definidos em lei
- √ 148 – Fonte Instituidora empréstimos compulsórios – LC
- √ 154, I – Instituição de Impostos de competência residual da união – LC

---

[49] SCHOUERI, Luis Eduardo. *Direito tributário.* São Paulo: Saraiva, 2011, p. 65.
[50] Maioria absoluta – 50% +1 de todos os membros da casa e Maioria simples (artigo 47 CF) – 50% + 1 dos membros presentes.
[51] MARTINS, Sérgio Pinto. *Manual de direito tributário.* São Paulo: Atlas, 2005, p. 48.

√ 195 § 4º – Competência residual para instituir contribuição social – LC

Para melhor entendimento do tema, transcrevemos abaixo o teor do artigo 146 da CF:

> Art. 146. Cabe à lei complementar:
>
> I - dispor sobre conflitos de competência, em matéria tributária, entre a União, os Estados, o Distrito Federal e os Municípios;
> II - regular as limitações constitucionais ao poder de tributar;
> III - estabelecer normas gerais em matéria de legislação tributária, especialmente sobre:
> a) definição de tributos e de suas espécies, bem como, em relação aos impostos discriminados nesta Constituição, a dos respectivos fatos geradores, bases de cálculo e contribuintes;
> b) obrigação, lançamento, crédito, prescrição e decadência tributários;
> c) adequado tratamento tributário ao ato cooperativo praticado pelas sociedades cooperativas.
> d) definição de tratamento diferenciado e favorecido para as microempresas e para as empresas de pequeno porte, inclusive regimes especiais ou simplificados no caso do imposto previsto no art. 155, II, das contribuições previstas no art. 195, I e §§ 12 e 13, e da contribuição a que se refere o art. 239. (Incluído pela Emenda Constitucional nº 42, de 19.12.2003)
> Parágrafo único. A lei complementar de que trata o inciso III, d, também poderá instituir um regime único de arrecadação dos impostos e contribuições da União, dos Estados, do Distrito Federal e dos Municípios, observado que: (Incluído pela Emenda Constitucional nº 42, de 19.12.2003)
> I - será opcional para o contribuinte; (Incluído pela Emenda Constitucional nº 42, de 19.12.2003)

II - poderão ser estabelecidas condições de enquadramento diferenciadas por Estado; (Incluído pela Emenda Constitucional nº 42, de 19.12.2003)
III - o recolhimento será unificado e centralizado e a distribuição da parcela de recursos pertencentes aos respectivos entes federados será imediata, vedada qualquer retenção ou condicionamento; (Incluído pela Emenda Constitucional nº 42, de 19.12.2003)
IV - a arrecadação, a fiscalização e a cobrança poderão ser compartilhadas pelos entes federados, adotado cadastro nacional único de contribuintes. (Incluído pela Emenda Constitucional nº 42, de 19.12.2003)
Art. 146-A. Lei complementar poderá estabelecer critérios especiais de tributação, com o objetivo de prevenir desequilíbrios da concorrência, sem prejuízo da competência de a União, por lei, estabelecer normas de igual objetivo. (Incluído pela Emenda Constitucional nº 42, de 19.12.2003)

## 4.3 LEI ORDINÁRIA

A lei ordinária difere da lei complementar pelo fato desta ter quórum especial para votação conforme artigo 47 da CF. A lei ordinária é aprovada no Congresso Nacional por maioria simples, ou seja, não necessita de maioria absoluta. O fundamento encontra-se no artigo 59, inciso III e 61 da CF. Também é fonte Instituidora de Tributos.

Harada (2015, p. 318) define a lei ordinária como:

> As leis ordinárias são aqueles atos normativos que prescindem da maioria absoluta para sua aprovação e que, de forma geral, correspondem às normas que criam e majoram os tributos. Constituem fontes por excelência não só do direito tributário, como também do próprio direito como ciência jurídica. Como se sabe, a Constituição não cria tributos, apenas outorga competência impositiva. As leis ordinárias de cada ente tributante é que instituem os tributos. Excepcionalmente, a Constituição impõe a criação de tributos por meio de lei complementar, como é o caso do imposto sobre

grandes fortunas (art. 153, VII), daquele imposto decretado, pela União, no exercício de sua competência residual (art. 154, I), do empréstimo compulsório (art.) e das contribuições sociais previstas no § 4º do art. 195.

Destaca-se ainda Alexandre de Moraes (2015, p. 697) que especifica as diferenças entre a lei complementar e a lei ordinária:

> São duas diferenças entre lei complementar e lei ordinária. A primeira é material, uma vez que somente poderá ser objeto de lei complementar a matéria taxativamente prevista na Constituição Federal, enquanto as demais matérias deverão ser objeto de lei ordinária. Assim, a Constituição Federal reserva determinadas matérias cuja regulamentação, obrigatoriamente, será realizada por lei complementar. A segunda é formal e diz respeito ao processo legislativo, na fase de votação. Enquanto o quórum para aprovação da lei ordinária é de maioria simples (art. 47), o quórum para aprovação da lei complementar é de maioria absoluta (art. 69), ou seja, o primeiro número inteiro subsequente à divisão dos membros da Casa Legislativa por dois. Note-se que, nas votações por maioria absoluta, não devemos nos fixar no número dos presentes, mas sim no número total dos integrantes da casa legislativa. Portanto, a maioria absoluta é sempre um número fixo, independentemente dos parlamentares presentes.

## 4.4 LEI DELEGADA

É um ato normativo originário do Poder Executivo. As leis delegadas serão elaboradas pelo Presidente da República, que deverá solicitar delegação do Congresso Nacional. A delegação é feita por meio de resolução do Congresso Nacional, que especificará seu conteúdo e forma de exercício, conforme o art. 68 e 69 da Constituição Federal abaixo transcrito, possuindo o mesmo patamar que a Lei ordinária.[52]

---

[52] MARTINS, Sérgio Pinto. *Manual de direito tributário*. São Paulo: Atlas, 2005, p. 51.

> Art. 68. As leis delegadas serão elaboradas pelo Presidente da República, que deverá solicitar a delegação ao Congresso Nacional.
>
> § 1º Não serão objeto de delegação os atos de competência exclusiva do Congresso Nacional, os de competência privativa da Câmara dos Deputados ou do Senado Federal, a matéria reservada à lei complementar, nem a legislação sobre:
> I - organização do Poder Judiciário e do Ministério Público, a carreira e a garantia de seus membros;
> II - nacionalidade, cidadania, direitos individuais, políticos e eleitorais;
> III - planos plurianuais, diretrizes orçamentárias e orçamentos.
> § 2º A delegação ao Presidente da República terá a forma de resolução do Congresso Nacional, que especificará seu conteúdo e os termos de seu exercício.
> § 3º Se a resolução determinar a apreciação do projeto pelo Congresso Nacional, este a fará em votação única, vedada qualquer emenda.
> Art. 69. As leis complementares serão aprovadas por maioria absoluta.

Harada (2016, 319) conceitua a lei delegada como:

> As leis delegadas só diferem das ordinárias por seu processo legislativo. São elaboradas pelo Presidente da República, após obtida a delegação do Congresso Nacional, na forma do art. 68 da CF. Ocupam a mesma posição hierárquica das leis ordinárias. O Congresso Nacional, ao autorizar o Chefe do Executivo a baixar uma lei, deverá, por meio de Resolução, especificar seu conteúdo e as condições de seu exercício (§ 2º, do art. 68). As matérias arroladas no § 1º, do art. 68, não comportam delegação.

## 4.5 MEDIDA PROVISÓRIA

Em caso de relevância e urgência, o Presidente da República poderá adotar medidas provisórias, com força de lei, devendo submetê-las de imediato ao Congresso Nacional. Uma vez editada, a medida provisória permanecerá em vigor pelo prazo de 60 dias e será submetida, imediatamente, ao Poder Legislativo, para apreciação, nos termos dos 12 incisos do art. 62 da CF incluídos pela EC 32/01, que disciplinam o processo legislativo especial das medidas provisórias.[53]

O artigo 62 § 2º e 3º da CF foi modificado de acordo com a nova redação da EC 32/2001, onde é vedada a possibilidade de reedição de medida provisória. Estabelece também a perda da eficácia da MP não convertida em lei no prazo de 60 dias, prorrogável por mais 60 dias respeitadas às restrições do art. 150 inciso III "b" CF. Para melhor entendimento transcrevemos abaixo o artigo 62 parágrafo 2º com a nova redação:

> A medida provisória que implique instituição ou majoração de impostos, exceto os previstos nos artigos, 153, I, II, IV, V e 154, II, só produzirá efeitos no exercício financeiro seguinte se houver sido convertida em lei até o último dia daquele em que foi editada.

## 4.6 TRATADOS INTERNACIONAIS

Serão os tratados internacionais fontes de direito tributário quando forem: aprovados por decreto legislativo[54] e promulgados por decreto do Presidente da República.

---

[53] MORAES, Alexandre de. *Direito constitucional*. São Paulo: Atlas, 2015, p. 701.

[54] Decreto Legislativo – Assemelha-se ao Decreto do Executivo. É ato de ordem administrativa, da mesma natureza dos decretos executivos, tendente a ordenar matéria de interesse da própria instituição. Entanto, em sentido amplo, compreende todas as deliberações ou resoluções do Poder Legislativo, porque, em regra, surge como uma resolução, em que se consagra uma medida qualquer de caráter administrativo ou político, para, após ser sancionada, converter-se em decreto legislativo. Entanto, o decreto legislativo tal como o executivo, não se confunde com a lei. Não tem por função estabelecer direito novo, nem possui a natureza e caráter orgânico, que é elementar na lei, embora se exteriorize sob a mesma forma, que se dá a lei. *Silva. Vocabulário jurídico. Rio de Janeiro, Forense, 1994.*

A Ratificação é o ato pelo qual o poder executivo, devidamente autorizado pelo órgão para isso designado na lei interna, confirma um tratado ou declara que este deve produzir seus devidos efeitos. Antes da ratificação o tratado não constitui ato jurídico perfeito e acabado: a ratificação é o que completa e lhe dá força obrigatória.

Estabelece o artigo 84 incisos, VII, VIII da Constituição Federal que é de competência privativa do Presidente da República celebrar tratados, convenções e atos internacionais (art. 49 inciso I CF) sujeitos a referendo do Congresso Nacional que em caso de aprovação elabora o Decreto Legislativo, de acordo com o artigo 59 inciso VI da CF.[55]

Os tratados também encontram fundamento no artigo 98 do CTN:

> Os tratados e as convenções internacionais revogam ou modificam a legislação tributária interna, e serão observados pela que lhes sobrevenha.

Nesse sentido destacamos ainda o artigo 5º § 2º da CF:

> Os direitos e garantias expressos nesta Constituição não excluem outros decorrentes do regime e dos princípios por ela adotados, ou dos tratados internacionais em que a República Federativa do Brasil seja parte.

Nessa mesma linha, o artigo 4º, incisos I e IX da CF definem que:

> A República Federativa do Brasil rege-se, nas suas relações internacionais, pelos seguintes princípios: I – independência nacional, IX Cooperação entre os povos para o progresso da humanidade.

O tratado ratificado pelo Congresso Nacional se transforma em decreto legislativo. Sobrepõe-se ao direito interno. Ex.: Tratado

---

[55] MARTINS, Sérgio Pinto. *Manual de direito tributário*. São Paulo: Atlas, 2005, p. 52.

Mercosul relativos aos impostos relativos à importação e exportação de mercadorias entre os países membros.

## 4.7 RESOLUÇÃO DO SENADO FEDERAL

As resoluções são atos normativos utilizados para regular matéria de competência do Congresso Nacional e de suas casas, tendo efeitos internos.

O inciso V do art. 52 da Constituição prevê que o Senado Federal pode autorizar operações externas de natureza financeira, de interesse da União, dos Estados, do Distrito Federal e dos Municípios, o que é feito por resolução.

A Resolução do Senado Federal estabelece:
a) alíquotas do ICMS em relação às operações de circulação de mercadorias e prestação de serviços, interestaduais e de exportação;
b) alíquotas mínimas nas operações internas em matéria de ICMS (art. 155, § 2º, IV, a, da Constituição);
c) alíquotas máximas nas operações da alínea anterior para resolver conflito específico que envolva interesse dos Estados (art. 155, § 2º, inciso V, b, da Constituição).

As alíquotas máximas do imposto de transmissão *causa mortis* e doação (artigo 155, § 1º, inciso IV CF) são fixadas pelo Senado Federal, como também as alíquotas mínimas do IPVA (artigo 155 § 6º), o que é feito por resolução.[56]

## 4.8 DECRETO REGULAMENTAR

Os decretos são atos normativos a serem editados exclusivamente pelo Chefe do Poder Executivo. Visam regulamentar a lei para seu fiel cumprimento. Não podem inovar o texto legal, quer ampliando, quer restringindo seu alcance e conteúdo.[57]

---

[56] MARTINS, Sérgio Pinto. *Manual de direito tributário*. São Paulo: Atlas, 2005, p. 52.
[57] HARADA, Kiyoshi. *Direito financeiro e tributário*. São Paulo: Atlas, 2015, p. 324.

Regulamenta a lei que instituiu o tributo. É a aplicação prática. Hugo de Brito conceitua o decreto como:

> Decreto e regulamento podem ser tomados como sinônimas. O decreto é ato do chefe do poder executivo, enquanto o regulamento é ato a este encaminhado pelo Ministro de Estado da área respectiva, no caso de tributação pelo Ministro da Fazenda, e aprovado por decreto. Na prática a diferença é apenas na forma.[58]

Complementando o artigo 99 do CTN define que:

> O conteúdo e alcance dos decretos restringem-se aos das leis em função das quais sejam expedidos, determinados com observância das regras de interpretação estabelecidas nesta lei.

## 4.9 NORMAS COMPLEMENTARES

As normas complementares são formalmente os atos administrativos, normativos, portarias etc.

Diz-se que são complementares porque se destinam a complementar o texto das leis, dos tratados e convenções internacionais e decretos. Limitam-se a complementar. Não podem inovar ou de qualquer forma modificar o texto da norma que complementam. Além de não poderem invadir o campo da reserva legal. Devem observância também aos decretos e regulamentos, que se colocam em posição superior porque editados pelo Chefe do Poder Executivo, e a este os que editam as normas complementares estão subordinados.

As normas complementares têm como fundamento o artigo 100 CTN conforme descrito abaixo:[59]

---

[58] MACHADO, Hugo de Brito. *Curso de direito tributário.* São Paulo: Malheiros, 2016, p. 88.
[59] MACHADO, Hugo de Brito. *Curso de direito tributário.* São Paulo: Malheiros, 2016, p. 89.

São normas complementares das leis, dos tratados e das convenções internacionais e dos decretos:

I – os atos normativos expedidos pelas autoridades administrativas.
II – as decisões dos órgãos singulares ou coletivos de jurisdição administrativa a que a lei atribua eficácia normativa.
III – as práticas reiteradamente observadas pelas autoridades administrativas.
IV – os convênios que entre si celebraram a União, os Estados, o Distrito Federal e Municípios.
Parágrafo único. A observância das normas referidas neste artigo exclui a imposição de penalidades, a cobrança de juros de mora e a atualização do valor monetário da base de cálculo do tributo.

## 4.10 DECRETOS LEGISLATIVOS

Instrumento de competência privativa do Congresso nacional para ser utilizado em caso de rejeição de Medida Provisória, conforme previsto no art. 62, parágrafo 3º a 12 da CF, a seguir descritos:

§ 3º As medidas provisórias, ressalvado o disposto nos §§ 11 e 12 perderão eficácia, desde a edição, se não forem convertidas em lei no prazo de sessenta dias, prorrogável, nos termos do § 7º, uma vez por igual período, devendo o Congresso Nacional disciplinar, por decreto legislativo, as relações jurídicas delas decorrentes. (Incluído pela Emenda Constitucional nº 32, de 2001)
§ 4º O prazo a que se refere o § 3º contar-se-á da publicação da medida provisória, suspendendo-se durante os períodos de recesso do Congresso Nacional. (Incluído pela Emenda Constitucional nº 32, de 2001)
§ 5º A deliberação de cada uma das Casas do Congresso Nacional sobre o mérito das medidas provisórias dependerá de juízo prévio sobre o atendimento de seus pressupostos constitucionais. (Incluído pela Emenda Constitucional nº 32, de 2001)
§ 6º Se a medida provisória não for apreciada em até quarenta e cinco dias contados de sua publicação, entrará em regime de urgência, subsequentemente, em cada uma das Casas do Congresso Nacional, ficando sobrestadas, até que se ultime a votação, todas

> as demais deliberações legislativas da Casa em que estiver tramitando. (Incluído pela Emenda Constitucional nº 32, de 2001)
> § 7º Prorrogar-se-á uma única vez por igual período a vigência de medida provisória que, no prazo de sessenta dias, contado de sua publicação, não tiver a sua votação encerrada nas duas Casas do Congresso Nacional. (Incluído pela Emenda Constitucional nº 32, de 2001)
> § 8º As medidas provisórias terão sua votação iniciada na Câmara dos Deputados. (Incluído pela Emenda Constitucional nº 32, de 2001)
> § 9º Caberá à comissão mista de Deputados e Senadores examinar as medidas provisórias e sobre elas emitir parecer, antes de serem apreciadas, em sessão separada, pelo plenário de cada uma das Casas do Congresso Nacional. (Incluído pela Emenda Constitucional nº 32, de 2001)
> § 10. É vedada a reedição, na mesma sessão legislativa, de medida provisória que tenha sido rejeitada ou que tenha perdido sua eficácia por decurso de prazo. (Incluído pela Emenda Constitucional nº 32, de 2001)
> § 11. Não editado o decreto legislativo a que se refere o § 3º até sessenta dias após a rejeição ou perda de eficácia de medida provisória, as relações jurídicas constituídas e decorrentes de atos praticados durante sua vigência conservar-se-ão por ela regidas. (Incluído pela Emenda Constitucional nº 32, de 2001)
> § 12. Aprovado projeto de lei de conversão alterando o texto original da medida provisória, esta manter-se-á integralmente em vigor até que seja sancionado ou vetado o projeto. (Incluído pela Emenda Constitucional nº 32, de 2001)

O decreto legislativo também é utilizado para aprovação de tratados e convenções internacionais nos moldes do artigo 49, inciso I, CF.

Harada (2015, 321) define o decreto legislativo como:

> São instrumentos normativos de igual hierarquia da lei ordinária, editados privativamente pelo Congresso Nacional para aprovação de tratados e convenções internacionais (art. 49, I, CF). São instrumentos idôneos, também, para sustar os atos normativos do Poder Executivo que exorbitam do poder regulamentar ou dos limites da delegação legislativa. Servem, outrossim, para fixar, a cada exercício financeiro, a

remuneração do Presidente e do Vice-Presidente da República e dos Ministros de Estado. Para o direito tributário interessa mais de perto os decretos legislativos aprovando convenções internacionais para evitar dupla tributação do imposto de renda, ou para estatuir isenções reciprocas de impostos federais, estaduais e municipais em determinadas circunstâncias.

# 5 HIPÓTESE DE INCIDÊNCIA (HI), FATO GERADOR (FG) OU FATO IMPONÍVEL (FI) – ART. 114 A 118 CTN

O fato gerador (FG) é a situação de fato ou de direito definida em lei que dá ensejo à obrigação tributária, incidindo o tributo. É a situação necessária, pois sem ela não nasce à obrigação tributária principal ou acessória. É a concretização da hipótese de incidência prevista em lei. É suficiente porque basta a sua ocorrência para o tributo ser devido[60] pelo contribuinte para o Estado.

A validade dos atos jurídicos não interessa para o fisco, o que interessa são os fatos sujeitos a tributação.

A própria Constituição Federal destaca no seu artigo 146, inciso III "a", assim como o artigo 146-A, o fato gerador como:

> **Art. 146** Cabe à lei complementar
>
> III - estabelecer normas gerais em matéria de legislação tributária, especialmente sobre:
> a) definição de tributos e de suas espécies, bem como, em relação aos impostos discriminados nesta Constituição, a dos respectivos fatos geradores, bases de cálculo e contribuintes;
> b) obrigação, lançamento, crédito, prescrição e decadência tributários;
>
> **Art. 146-A.** Lei complementar poderá estabelecer critérios especiais de tributação, com o objetivo de prevenir desequilíbrios da concorrência, sem prejuízo da competência de a

---

[60] MARTINS, Sérgio Pinto. *Manual de direito tributário*. São Paulo: Atlas, 2005, p. 156.

União, por lei, estabelecer normas de igual objetivo. (Incluído pela Emenda Constitucional nº 42, de 19.12.2003)

Ampliando o raciocínio: A hipótese de incidência (HI) é a situação abstrata, hipotética, descrita na lei para a incidência do tributo. É uma simples previsão legal. A hipótese de incidência é a descrição na lei do fato gerador ou fato imponível. É um Fenômeno de subsunção[61] ou adequação da HI ao fato concreto.

Exemplo: O Imposto sobre a propriedade de veículos automotores – IPVA, positivado na lei, prevê que se um contribuinte tiver a propriedade de um veículo, ele deve contribuir com o imposto. Desta forma, com a aquisição do veículo surge a obrigação tributária de pagar o IPVA passível de cobrança pelo fisco, através do lançamento, constituindo assim o crédito tributário.

> **HI FG(FI) –> = OT** (obrigação tributária) à Lançamento tributário = CT (tributo + penalidade) = Crédito Tributário[62]

Existe outra corrente destacando que, a lei descreve a hipótese de incidência, e que uma vez concretizada a referida hipótese, surge então o denominado fato imponível. Neste sentido Torres (2013, 246-247) afirma:

> O CTN e a maior parte da doutrina brasileira empregam a expressão "fato gerador" para designar assim a situação abstrata definida em lei como a sua ocorrência no plano concreto. Em língua portuguesa não há expressões que indiquem, sem ambiguidade, a dimensão normativa e a concreta do fato gerador. Gerald Ataliba (op. cit., p. 75) propôs a expressão "hipótese de incidência" para a descrição genérica e "fato imponível" para o fato concretamente ocorrido

---

[61] Subsunção – Adequação de uma conduta ou um fato concreto a uma norma jurídica.
[62] Entenda-se o Crédito Tributário como o direito que o Fisco tem de exigir do contribuinte o cumprimento da obrigação tributária.

no mundo fenomênico; mas, sem prévia convenção, o "fato imponível" pode ser tomado na acepção abstrata, o que não resolve o problema linguístico.

Ainda com relação ao Fato Gerador, existe outra expressão engajadora de divergências com relação ao tema a qual é citada na obra de Regina Helena Costa:

> Diversos autores a tem rechaçado, em razão de sua equivocidade, uma vez que tanto traduz a situação hipotética, estampado na norma legal, quanto a concretização dessa situação hábil a fazer surgir a obrigação tributária. Vale dizer o legislador emprega a mesma expressão para designar realidades distintas.
>
> Assim ao mencionar-se a expressão fato gerador, faz-se necessário esclarecer em que sentido se a esta empregando, especificando-o: fato gerador *in abstracto* para a hipótese normativa, ou fato gerador *in concreto* para a situação efetivamente ocorrida.
>
> Daí por que boa parte da doutrina hoje utiliza outras expressões para designar tais situações: Fato Gerador *in abstracto*, é assim substituído pela expressão hipótese de incidência ou hipótese tributária, que não deixam dúvidas quanto ao conceito a que se refere o da situação hipotética. E o Fato Gerador *in concreto*, é designado por **fato imponível**, ou fato jurídico tributário, de modo a designar a situação aperfeiçoada no plano concreto.[63]

Os artigos 114 a 117 do CTN – definem o fato gerador como a hipótese de incidência – **É previsão abstrata, e quando ocorre em concreto chama-se fato imponível (ou fato gerador).** É a situação definida em lei como necessária e suficiente à sua ocorrência.

> Art. 114. Fato gerador da obrigação principal é a situação definida em lei como necessária e suficiente à sua ocorrência.

---

[63] COSTA, Regina Helena. *Curso de direito tributário.* São Paulo: Saraiva, 2013, p. 198.

> Art. 115. Fato gerador da obrigação acessória é qualquer situação que, na forma da legislação aplicável, impõe a prática ou a abstenção de ato que não configure obrigação principal.
> Art. 116. Salvo disposição de lei em contrário, considera-se ocorrido o fato gerador e existentes os seus efeitos:
> I - tratando-se de situação de fato, desde o momento em que o se verifiquem as circunstâncias materiais necessárias a que produza os efeitos que normalmente lhe são próprios;
> II - tratando-se de situação jurídica, desde o momento em que esteja definitivamente constituída, nos termos de direito aplicável.
> Parágrafo único. A autoridade administrativa poderá desconsiderar atos ou negócios jurídicos praticados com a finalidade de dissimular a ocorrência do fato gerador do tributo ou a natureza dos elementos constitutivos da obrigação tributária, observados os procedimentos a serem estabelecidos em lei ordinária. (Incluído pela LCp nº 104, de 2001)
> Art. 117. Para os efeitos do inciso II do artigo anterior e salvo disposição de lei em contrário, os atos ou negócios jurídicos condicionais reputam-se perfeitos e acabados:
> I - sendo suspensiva a condição, desde o momento de seu implemento;
> II - sendo resolutória a condição, desde o momento da prática do ato ou da celebração do negócio.

Complementando, o artigo 118 do CTN realiza a interpretação da Hipótese de Incidência e do fato gerador, a seguir transcrito:

> Art. 118. A definição legal do fato gerador é interpretada abstraindo-se:
>
> I - da validade jurídica dos atos efetivamente praticados pelos contribuintes, responsáveis, ou terceiros, bem como da natureza do seu objeto ou dos seus efeitos;
>
> II - dos efeitos dos fatos efetivamente ocorridos.

# 6 OBRIGAÇÃO TRIBUTÁRIA – (OT) – 113 CTN

Obrigação – É aquilo que não pode deixar de ser feito. É o dever relacionado com o tributo. É uma relação jurídica entre duas pessoas, em que o sujeito ativo tem o direito de exigir do sujeito passivo uma prestação.

Tudo que se impõe até chegar ao pagamento (ou eventualmente até após o pagamento) é OT acessória, e sua inobservância gera penalidade pecuniária e transforma a OT acessória em OT principal.

O artigo 113 CTN abaixo transcrito define que as obrigações tributárias são independentes entre si e denominam-se: principais e acessórias.

> Art. 113. A obrigação tributária é principal ou acessória.
>
> § 1º A obrigação principal surge com a ocorrência do fato gerador, tem por objeto o pagamento de tributo ou penalidade pecuniária e extingue-se juntamente com o crédito dela decorrente.
>
> § 2º A obrigação acessória decorre da legislação tributária e tem por objeto as prestações, positivas ou negativas, nela previstas no interesse da arrecadação ou da fiscalização dos tributos.
>
> § 3º A obrigação acessória, pelo simples fato da sua inobservância, converte-se em obrigação principal relativamente à penalidade pecuniária.

**OT PRINCIPAL** – Conforme o artigo 114 do CTN, entende-se que o fato gerador da obrigação tributária principal é a situação definida em lei como necessária à sua ocorrência e tem por objeto o pagamento de tributo ou penalidade. A Natureza Jurídica é a OBRIGAÇÃO DE DAR os recursos financeiros (R$) ao fisco e decorre da lei. O objeto é o pagamento do tributo ou penalidade imposta.

**OT ACESSÓRIA** – De acordo com o artigo 115 CTN é qualquer situação que na forma da legislação aplicável, impõe a prática ou abstenção de ato que não configure a obrigação principal. O seu objeto é não patrimonial. A Natureza Jurídica é OBRIGAÇÃO DE FAZER OU NÃO FAZER ou tolerar. São deveres administrativos. A OT acessória visa a principal. Objeto: Prestação positiva ou negativa – em função da fiscalização ou arrecadação. Exemplo: elaboração do livro diário, declaração de imposto de renda pessoa física, emissão de NFE etc.

**Em caso do contribuinte não cumprir uma obrigação acessória, eventualmente ela pode converter-se em obrigação principal**, pois neste caso poderá haver uma penalidade como, por exemplo: multa por atraso de entrega na declaração e imposto de renda pessoa física. Neste caso a multa que deverá ser paga pelo contribuinte é uma obrigação tributária principal.

# 7 CAPACIDADE TRIBUTÁRIA ATIVA – 119 CTN

É aquele que tem o direito de exigir o cumprimento da obrigação tributária nos moldes do art. 119 CTN, a seguir descrito: "**Sujeito ativo** da obrigação é a pessoa jurídica de direito público, titular da competência para exigir o seu cumprimento".

Ainda neste sentido destacamos os artigos 6º e 7º do CTN os quais se referem à atribuição constitucional da competência tributária:

> Art. 6º A atribuição constitucional de competência tributária compreende a competência legislativa plena, ressalvadas as limitações contidas na Constituição Federal, nas Constituições dos Estados e nas Leis Orgânicas do Distrito Federal e dos Municípios, e observado o disposto nesta Lei.
>
> Parágrafo único. Os tributos cuja receita seja distribuída, no todo ou em parte, a outras pessoas jurídicas de direito público pertencerá à competência legislativa daquela a que tenham sido atribuídos.
>
> Art. 7º A competência tributária é indelegável, salvo atribuição das funções de arrecadar ou fiscalizar tributos, ou de executar leis, serviços, atos ou decisões administrativas em matéria tributária, conferida por uma pessoa jurídica de direito público a outra, nos termos do § 3º do artigo 18 da Constituição.
> § 1º A atribuição compreende as garantias e os privilégios processuais que competem à pessoa jurídica de direito público que a conferir.
> § 2º A atribuição pode ser revogada, a qualquer tempo, por ato unilateral da pessoa jurídica de direito público que a tenha conferido.

§ 3º Não constitui delegação de competência o cometimento, a pessoas de direito privado, do encargo ou da função de arrecadar tributos.

Art. 8º O não-exercício da competência tributária não a defere a pessoa jurídica de direito público diversa daquela a que a Constituição a tenha atribuído

É o poder dever de arrecadar tributos e ficar com o produto da arrecadação. É delegável e pode ser atribuída para a outra pessoa política ou não política (parafiscalidade).

É o sujeito ativo da obrigação tributária, a pessoa jurídica de direito público, titular da competência para exigir o seu cumprimento.

A delegação de capacidade pode ser atribuída a outras pessoas para taxas e contribuições; para impostos não. Delegação significa: Concessão, Permissão e Autorização, a seguir descritos (Silva, 1994):

AUTORIZAÇÃO – Em qualquer sentido jurídico que lhe dê, autorização significa sempre a permissão ou consentimento dado ou manifestado por certa pessoa, seja física ou jurídica, pública ou privada, para que se pratique ato ou se faça alguma coisa, que não seriam legalmente válidos sem essa formalidade.

CONCESSÃO – Derivado do latim *concessio* de *concedere*, significa o ato de conceder. E, assim, em acepção ampla, significa outorga, autorização, licença ou permissão, em virtude do que se atribuiu a uma pessoa o direito ou a faculdade de realizar um negócio ou vários negócios, praticar um ato ou vários atos ou executar um serviço ou vários serviços.

PERMISSÃO – Derivado do latim *permissio*, do verbo *permittire* (permitir, consentir, autorizar), na terminologia jurídica entende-se o consentimento, a autorização ou a licença, para que se faça alguma coisa, que não é do nosso direito, ou para cuja execução ou a prática se exija o consentimento ou a autorização do poder público, como formalidade ou como exigência preliminar.

Entenda-se a parafiscalidade como atribuição de capacidade tributária ativa da pessoa política para pessoa não política, então se denominando parafiscal.

## Pode ser um ente parafiscal:
Pessoa Jurídica de direito público – Ex.: INSS, OAB, CRC, CRM –> É a contribuição parafiscal que o sujeito passivo realiza.

Pessoa Jurídica de direito privado – Ex.: Nova Dutra, via oeste, Infraero.

Pessoa Física – Exemplo: Cartório.

## NÃO CONFUNDIR COM:
**FISCALIDADE** – Consiste na função essencial do tributo que consiste em trazer receita aos cofres públicos.

**EXTRAFISCALIDADE** – O Estado usa o tributo com finalidade diversa da fiscalidade, utilizando o tributo para estimular ou desestimular o consumo. Ex.: Aumento do Imposto de Importação com a finalidade de proteger a indústria nacional.

# 8 CAPACIDADE TRIBUTÁRIA PASSIVA - 126 CTN

O sujeito passivo é o contribuinte pessoa física ou pessoa jurídica que responde pela obrigação tributária. O CTN no seu artigo 121 define o sujeito passivo como:

> Art. 121. Sujeito passivo da obrigação principal é a pessoa obrigada ao pagamento de tributo ou penalidade pecuniária.
>
> Parágrafo único. O sujeito passivo da obrigação principal diz-se:
> I - contribuinte, quando tenha relação pessoal e direta com a situação que constitua o respectivo fato gerador;
> II - responsável, quando, sem revestir a condição de contribuinte, sua obrigação decorra de disposição expressa de lei.
> Art. 122. Sujeito passivo da obrigação acessória é a pessoa obrigada às prestações que constituam o seu objeto.
>
> Art. 123. Salvo disposições de lei em contrário, as convenções particulares, relativas à responsabilidade pelo pagamento de tributos, não podem ser opostas à Fazenda Pública, para modificar a definição legal do sujeito passivo das obrigações tributárias correspondentes.

Observa-se que o CTN faz a distinção entre o sujeito passivo direto que é aquele que tem relação pessoal e direta com o fato gerador (art. 121, I CTN), e o sujeito passivo indireto que é o terceiro responsável em lei pelo pagamento do tributo (art. 121 p. II CTN).

Ainda com relação ao sujeito passivo o CTN prevê a solidariedade tributária entre os contribuintes nos termos dos artigos 124 e 125 do CTN, a saber:

> Art. 124. São solidariamente obrigadas:
>
> I - As pessoas que tenham interesse comum na situação que constitua o fato gerador da obrigação principal;
> II - as pessoas expressamente designadas por lei.
>
> Parágrafo único. A solidariedade referida neste artigo não comporta benefício de ordem.
>
> Art. 125. Salvo disposição de lei em contrário, são os seguintes os efeitos da solidariedade:
>
> I - o pagamento efetuado por um dos obrigados aproveita aos demais;
> II - a isenção ou remissão de crédito exonera todos os obrigados, salvo se outorgada pessoalmente a um deles, subsistindo, nesse caso, a solidariedade quanto aos demais pelo saldo;
> III - a interrupção da prescrição, em favor ou contra um dos obrigados, favorece ou prejudica aos demais.

Interpretação – basta que o contribuinte pratique o Fato Gerador (ou Fato Imponível) para tornar-se o sujeito passivo da obrigação tributária. O artigo 126 do CTN determina que,

> A capacidade tributária passiva independe: I – da capacidade civil das pessoas naturais; II – de achar-se a pessoa natural sujeita a medidas que importem privação ou limitação do exercício de atividades civis, comerciais ou profissionais, ou da administração direta de seus bens ou negócios; III – de estar à pessoa jurídica regularmente constituída, bastando que configure uma unidade econômica ou profissional.

O sujeito passivo da obrigação tributária principal é a pessoa obrigada ao pagamento de tributo ou penalidade pecuniária. – O artigo 121 e 122 do CTN parágrafo único, enfatiza que:

> I – Contribuinte – é aquele que pratica o Fato Gerador. Ex.: Contribuinte IPVA

II – Responsável – Não tem relação com o Fato Gerador, mas a lei diz que sim. Ex.: Filho que não tem dinheiro para pagar o IPTU. Ver 134, Inciso I CTN – responsável pelo menor

A responsabilidade tributária pode ser:
a) Por Transferência – Transfere-se ao responsável. Ex.: *De cujus*.[64] – transfere a responsabilidade ao espólio.
b) Por Substituição – Ex.: Imposto de Renda Retido na Fonte – IRRF – o funcionário que recebe o salário é quem efetivamente paga o imposto, mas quem recolhe o tributo aos cofres públicos é a empresa que efetuou a retenção do tributo na fonte na ocasião do pagamento do salário. Ver artigo 150 § 7º CF.
c) Transmissão de bens imóveis – artigo 130 CTN – O adquirente se torna responsável por todos os tributos pretéritos, exceto se havia prova de quitação de tributos. Em leilão a responsabilidade não é do adquirente, pois os tributos são deduzidos no lanço mínimo. Transmissão de bens móveis – Remição, Transmissão causa mortis. – Artigo 131 CTN – o espólio é o responsável até a data da abertura da sucessão. Via de regra, sempre o adquirente é o responsável. Na sucessão o Fato Gerador é até a partilha e deve ser paga até o limite do quinhão.
d) Aquisição de estabelecimento comercial ou fundo de comércio. 133 CTN – A responsabilidade é Integral e Subsidiária[65] – do alienante e do adquirente. O adquirente adquire todas as dívidas tributárias.

---

[64] *De Cujus* – Locução latina, que se traduz aquele ou aquela que..., utilizada não somente para indicar que a sucessão está aberta, como para significar a pessoa falecida, sendo, assim equivalente ao morto, ao falecido, ao sucedido. SILVA, De Plácido E. *Vocabulário jurídico*. Rio de Janeiro: Forense, 1994.

[65] Responsabilidade Subsidiária: entende-se a que vem reforçar a responsabilidade principal, desde que não seja esta suficiente para atender os imperativos da obrigação assumida. Silva. De Plácido E. *Vocabulário jurídico*. Rio de Janeiro, 1994.

e) Fusão, Transformação, Incorporação e Extinção da Pessoa Jurídica – CTN 132 – A pessoa jurídica de direito privado que resultar de fusão, transformação ou incorporação de outra, ou em outra, é responsável pelos tributos devidos até a data do ato pelas pessoas jurídicas de direito privado fusionadas, transformadas ou incorporadas, como, por exemplo: I) Fusão A + B = C que é o responsável pelos tributos; II) Transformação mudança do tipo societário – Ex.: alteração de Sociedade Anônima para limitada que passa a ser o responsável tributário; III) Incorporação A + B = A, onde A incorpora B e passa a ser o responsável. Com a finalidade de facilitar o entendimento transcrevemos abaixo o artigo 133 do CTN:

> Art. 133. A pessoa natural ou jurídica de direito privado que adquirir de outra, por qualquer título, fundo de comércio ou estabelecimento comercial, industrial ou profissional, e continuar a respectiva exploração, sob a mesma ou outra razão social ou sob firma ou nome individual, responde pelos tributos, relativos ao fundo ou estabelecimento adquirido, devidos até à data do ato:
>
> I - integralmente, se o alienante cessar a exploração do comércio, indústria ou atividade;
>
> II - subsidiariamente com o alienante, se este prosseguir na exploração ou iniciar dentro de seis meses a contar da data da alienação, nova atividade no mesmo ou em outro ramo de comércio, indústria ou profissão.
>
> § 1º O disposto no *caput* deste artigo não se aplica na hipótese de alienação judicial: (Incluído pela LCp nº 118, de 2005)
>
> I – em processo de falência; (Incluído pela LCp nº 118, de 2005)
>
> II – de filial ou unidade produtiva isolada, em processo de recuperação judicial.(Incluído pela LCp nº 118, de 2005)
>
> § 2º Não se aplica o disposto no § 1o deste artigo quando o adquirente for: (Incluído pela LCp nº 118, de 2005)

I – sócio da sociedade falida ou em recuperação judicial, ou sociedade controlada pelo devedor falido ou em recuperação judicial; (Incluído pela LCp nº 118, de 2005)
II – parente, em linha reta ou colateral até o 4o (quarto) grau, consanguíneo ou afim, do devedor falido ou em recuperação judicial ou de qualquer de seus sócios; ou (Incluído pela LCp nº 118, de 2005)
III – identificado como agente do falido ou do devedor em recuperação judicial com o objetivo de fraudar a sucessão tributária. (Incluído pela LCp nº 118, de 2005)
§ 3º Em processo da falência, o produto da alienação judicial de empresa, filial ou unidade produtiva isolada permanecerá em conta de depósito à disposição do juízo de falência pelo prazo de 1 (um) ano, contado da data de alienação, somente podendo ser utilizado para o pagamento de créditos extraconcursais ou de créditos que preferem ao tributário. (Incluído pela LCp nº 118, de 2005)

f) Extinção: Os sócios extinguem a empresa e o eventual sócio remanescente que fica é o responsável mesmo sobre outra razão social. Ainda com relação à extinção de sociedades destacamos a responsabilidade de terceiros envolvidos no processo de extinção:
Responsabilidade de Terceiros – 134 CTN a seguir descrito – Somente se o terceiro interveio no Fato Gerador.

Art. 134. Nos casos de impossibilidade de exigência do cumprimento da obrigação principal pelo contribuinte, respondem solidariamente com este nos atos em que intervierem ou pelas omissões de que forem responsáveis:

I - os pais, pelos tributos devidos por seus filhos menores;
II - os tutores e curadores, pelos tributos devidos por seus tutelados ou curatelados;
III - os administradores de bens de terceiros, pelos tributos devidos por estes;
IV - o inventariante, pelos tributos devidos pelo espólio;
V - o síndico e o comissário, pelos tributos devidos pela massa falida ou pelo concordatário;

VI - os tabeliães, escrivães e demais serventuários de ofício, pelos tributos devidos sobre os atos praticados por eles, ou perante eles, em razão do seu ofício;
VII - os sócios, no caso de liquidação de sociedade de pessoas.

Parágrafo único. O disposto neste artigo só se aplica, em matéria de penalidades, às de caráter moratório.

Responsabilidade Pessoal dos sócios e administradores – 135 CTN – Só existe em caso de infração de lei ou excesso de poder do contrato social ou estatuto, e o inciso III destaca que, nesse caso, os diretores, gerentes e representantes legais da Pessoa Jurídica respondem pessoalmente. Somente o sócio que tem poder de mando é que tem responsabilidade. Ver a Lei de sonegação fiscal 4.729/65.

Ex. Contador que deixa de recolher tributo – ele é pessoalmente responsável? A resposta é "depende" – somente se houver fraude.

Na responsabilidade por infração do contribuinte destacamos os artigos – 136, 137 e 138 CTN que definem a responsabilidade objetiva[66],

> Art. 136. Salvo disposição de lei em contrário, a responsabilidade por infrações da legislação tributária independe da intenção do agente ou do responsável e da efetividade, natureza e extensão dos efeitos do ato.
>
> Art. 137. A responsabilidade é pessoal ao agente:
>
> I - quanto às infrações conceituadas por lei como crimes ou contravenções, salvo quando praticadas no exercício regular de administração, mandato, função, cargo ou emprego, ou no cumprimento de ordem expressa emitida por quem de direito;
> II - quanto às infrações em cuja definição o dolo específico do agente seja elementar;

---

[66] Entendemos a responsabilidade objetiva como aquela decorrente de violação de direito ou prática de ato ilícito.

III - quanto às infrações que decorram direta e exclusivamente de dolo específico:
a) das pessoas referidas no artigo 134, contra aquelas por quem respondem;
b) dos mandatários, prepostos ou empregados, contra seus mandantes, preponentes ou empregadores;
c) dos diretores, gerentes ou representantes de pessoas jurídicas de direito privado, contra estas.

Art. 138. A responsabilidade é excluída pela denúncia espontânea da infração, acompanhada, se for o caso, do pagamento do tributo devido e dos juros de mora, ou do depósito da importância arbitrada pela autoridade administrativa, quando o montante do tributo dependa de apuração.

Parágrafo único. Não se considera espontânea a denúncia apresentada após o início de qualquer procedimento administrativo ou medida de fiscalização, relacionados com a infração.

# 9 CAPACIDADE ECONÔMICA – 145 § 1º CF

É o mesmo que ter capacidade contributiva. O contribuinte é que dá causa ao fato gerador da obrigação tributária. Toda pessoa que der causa a um fato gerador de tributo, tem capacidade contributiva ou econômica.

O artigo 145 da CF é claro ao definir:

> Art. 145. A União, os Estados, o Distrito Federal e os Municípios poderão instituir os seguintes tributos:
>
> I - impostos;
> II - taxas, em razão do exercício do poder de polícia ou pela utilização, efetiva ou potencial, de serviços públicos específicos e divisíveis, prestados ao contribuinte ou postos a sua disposição;
> III - contribuição de melhoria, decorrente de obras públicas.
>
> § 1º Sempre que possível, os impostos terão caráter pessoal e serão graduados segundo a capacidade econômica do contribuinte, facultado à administração tributária, especialmente para conferir efetividade a esses objetivos, identificar, respeitados os direitos individuais e nos termos da lei, o patrimônio, os rendimentos e as atividades econômicas do contribuinte.
>
> § 2º As taxas não poderão ter base de cálculo própria de impostos.

Não confundir capacidade econômica com disponibilidade financeira. O Imposto leva em conta a capacidade contributiva (econômica) do contribuinte e não a sua capacidade financeira.

A título de exemplo, um contribuinte efetua a venda de um imóvel e obtém lucro imobiliário na transação. Conforme a legislação do IRPF ele deve pagar o imposto sobre o lucro imobiliário até o último dia útil do mês seguinte, independente se recebeu ou não valor da venda do imóvel. Para o fisco a capacidade econômica situa-se quando efetivamente a venda com lucro ocorreu (regime de competência[67]), surgindo então à obrigação tributária, independente do pagamento do tributo.

Nessa linha Roque Carrazza destaca que:

> Os impostos, quando ajustados à capacidade contributiva, permitem que os cidadãos cumpram, perante a comunidade, seus deveres de solidariedade política, econômica e social. Os que pagam este tipo de exação devem contribuir para as despesas públicas não em razão daquilo que recebem do Estado, mas de suas potencialidades econômicas. Com isso, ajudam a remover os obstáculos de ordem econômica e social que limitam, de fato, a liberdade e igualdade dos menos afortunados.[68]

---

[67] Regime de Competência – Princípio contábil pelo qual os ingressos e os custos são atribuídos ao exercício a que pertencem, embora recebidos e pagos em outros exercícios. Sá, Lopes., Sá Ana Maria. *Dicionário de Contabilidade*. São Paulo: Atlas, 2009.
[68] CARRAZZA, Roque Antônio. *Curso de direito constitucional tributário*. São Paulo: Malheiros, 2002, p. 75.

# 10 O CTN E A LEI COMPLEMENTAR EM FACE À HIPÓTESE DE INCIDÊNCIA TRIBUTÁRIA

Cabe à lei complementar regulamentar o dispositivo constitucional que a exige, como, por exemplo, o CTN. Ressaltando ainda que sua aprovação deve ser feita por maioria absoluta das duas Casas do Congresso Nacional e a diferença entre lei ordinária e a lei complementar é somente o *quorum* para aprovação.

A Lei complementar é nacional e subordina a União, Estado, Município e Distrito Federal. Todos os entes políticos devem se pautar na lei que não institui imposto, ela dispõe sobre a hipótese de incidência genérica dos tributos.

A hipótese de incidência específica é aquela que institui o tributo. É a lei específica da União, Estado, Município e Distrito Federal.

Em grande parte, o CTN atende a exigência do dispositivo constitucional, é a lei 5.172/66, é lei ordinária, mas foi recepcionada pela CF 67 e passou ter força de lei complementar. Para alterar o CTN é necessária lei complementar conforme a CF. Nessa linha, podemos afirmar que:

- √ Poder de Tributar – É a Competência tributária. Quem tem são as pessoas políticas, competência esta que é indelegável.
- √ O poder de tributar é limitado e regrado nos moldes do art. 150 CF – Disciplinado por regramentos constitucionais: 1 - Princípios constitucionais tributários, e 2 - Imunidades tributárias.
- √ Toda vez que o dispositivo constitucional exigir regulamentação, será por lei complementar, e quando se tratar de limitação ao poder de tributar será ordinária.

Nessa ambiência destacamos a seguir os aspectos da hipótese (tem aspectos por que é una e indivisível) de incidência tributária:

| |
|---|
| **10.1 - Material** |
| **10.2 - Espacial** |
| **10.3 - Temporal** |
| **10.4 - Pessoal – Sujeito ativo / passivo** |
| **10.5 - Quantitativo ou quantificado – depende da base de cálculo e alíquota** |

## 10.1 MATERIAL

Retrata a matéria tributável. É a situação que se pretende tributar. É o Fato gerador (FG) em si mesmo. Determina o FG do tributo ou a matéria tributável.

Fato gerador abstrato (quando previsto em lei) ou concreto (quando ocorre o fato). O FG se exterioriza por intermédio do verbo. Ex.: ter a propriedade

## 10.2 ESPACIAL

Descreve o local de ocorrência do fato gerador. Ex.: IPTU é a zona urbana do município e o ITR a propriedade rural.

## 10.3 TEMPORAL

Retrata o momento da ocorrência do fato gerador, é quando ocorre o lapso temporal. Não confundir aspecto temporal com momento da exigibilidade do tributo. Ex.: Imposto de Importação – o FG é a entrada da mercadoria no Brasil e o momento de exigibilidade é o momento do desembaraço aduaneiro, portanto, são dois momentos distintos.

## 10.4 PESSOAL

De um lado o sujeito ativo e de outro o passivo.

Sujeito ativo é a pessoa jurídica de direito público titular da competência para exigir seu cumprimento. Quem tem capacidade tributária ativa, pode ser também pessoa jurídica de direito privado. Ex.: Tabelião. Ente político ou parafiscal

Sujeito Passivo é a pessoa que deve cumprir a obrigação tributária.

Contribuinte é o sujeito passivo direto que deu causa ao FG do tributo, e o responsável tributário é o sujeito passivo indireto que as pessoas que embora não dando causa ao fato gerador se submete conjunta ou isoladamente por determinação legal ao cumprimento da obrigação tributária. Pode ser:

**1 - Por transferência** – a legislação tributária permite a fazenda optar por exigir o tributo do contribuinte ou do responsável da obrigação, e manifesta-se de 3 formas, ver abaixo descritas:

1.1- Legal – ocorre nos casos enumerados na legislação específica do tributo.

Ex.: ICMS transportador responde solidariamente com o comerciante em relação à mercadoria transportada sem a Nota Fiscal. O fisco pode exigir o tributo do sujeito passivo ou do transportador. Neste caso a transferência é legal por solidariedade.

1.2- Solidariedade – No caso da solidariedade (e também da sucessão) a previsão esta prevista no CTN artigos 134 e 135 – Ex.: Pai em relação ao filho menor.

1.3- Sucessão – O comprador que adquire imóvel se torna responsável tributário por sucessão do proprietário anterior. CTN 129 ao 133 CTN.

**2 - Substituição** – o sujeito passivo direto é excluído da relação tributária – A fazenda só cobra do responsável (substituto) Ex.: Caso do IRRF e do IOF. O Tributo é retido pela fonte pagadora e recolhido diretamente a Fazenda Pública pelo ente que realizou a retenção.

Todo caso de retenção na fonte há substituição tributária. O empregado aufere salário, porém é o empregador quem retém na fonte o imposto de renda e posteriormente efetua o recolhimento aos cofres públicos.

## 10.5 ASPECTO QUANTITATIVO

Retrata o quantum devido a título de tributo. Para apurarmos o aspecto quantitativo são necessários dois elementos: base de cálculo e alíquota.

**Base de Cálculo** – É o valor econômico que se atribui ao bem objeto da tributação sobre a qual se aplica a alíquota para calcular a quantia a ser paga. Dimensão da materialidade do tributo. Tudo que exterioriza riqueza é passível de tributação. Exemplo: Salário Recebido

**Alíquota** – É o percentual (ou eventualmente valor fixo) que incide sobre a base de cálculo e que determina o montante do tributo devido. Exemplo: alíquota do IRPF do salário recebido

**Base Calculada** – É o montante quantitativo devido ao Estado a título de tributo decorrente da relação jurídico tributária. É a base de cálculo multiplicada pela alíquota do imposto.

Exemplo:

| ICMS | VALOR EM R$ |
|---|---|
| BASE DE CÁLCULO | 1.000.000,00 |
| ALÍQUOTA | 18% |
| BASE CALCULADA IMPOSTO DEVIDO | 180.000,00 |

**Observações:**
a) A própria CF ao retratar cada imposto já estabelece a hipótese de incidência genérica. O artigo 156 CF estabeleceu que o IPTU recai sobre a propriedade, logo, a lei complementar não poderá dar um alcance maior a este artigo.
b) O CTN no artigo 32 extrapolou a CF ao estabelecer que o IPTU tem como fato gerador do domínio útil e a posse, uma vez que a CF se refere tão somente a propriedade. Para aclarar o entendimento, transcrevemos a seguir o referido artigo:

> Art. 32. O imposto, de competência dos Municípios, sobre a propriedade predial e territorial urbana tem como fato gerador a propriedade, o domínio útil ou a posse de bem

imóvel por natureza ou por acessão física, como definido na lei civil, localizado na zona urbana do Município.

§ 1º Para os efeitos deste imposto, entende-se como zona urbana a definida em lei municipal; observado o requisito mínimo da existência de melhoramentos indicados em pelo menos 2 (dois) dos incisos seguintes, construídos ou mantidos pelo Poder Público:

I - meio-fio ou calçamento, com canalização de águas pluviais;
II - abastecimento de água;
III - sistema de esgotos sanitários;
IV - rede de iluminação pública, com ou sem posteamento para distribuição domiciliar;
V - escola primária ou posto de saúde a uma distância máxima de 3 (três) quilômetros do imóvel considerado.

§ 2º A lei municipal pode considerar urbanas as áreas urbanizáveis, ou de expansão urbana, constantes de loteamentos aprovados pelos órgãos competentes, destinados à habitação, à indústria ou ao comércio, mesmo que localizados fora das zonas definidas nos termos do parágrafo anterior.

Art. 33. A base do cálculo do imposto é o valor venal do imóvel.

Parágrafo único. Na determinação da base de cálculo, não se considera o valor dos bens móveis mantidos, em caráter permanente ou temporário, no imóvel, para efeito de sua utilização, exploração, aformoseamento ou comodidade.

Art. 34. Contribuinte do imposto é o proprietário do imóvel, o titular do seu domínio útil, ou o seu possuidor a qualquer título.

c) O inquilino não pode ser responsável pelo pagamento do IPTU perante o Fisco, pois ele não é proprietário.

d) A base de cálculo será sempre o valor do bem objeto da tributação. Ex.: IPTU valor venal[69] do imóvel.
e) A CF determina que a LC estabeleça os contribuintes do tributo. Só pode ser contribuinte aquele que realiza o fato gerador.
f) A LC não tem total autonomia para instituir à hipótese de incidência genérica (A CF já estabeleceu a HI genérica).

---

[69] Valor Venal – É o valor da venda, ou o valor mercantil, isto é, o preço por que as coisas foram, são ou possam ser vendidas (Silva, 1994).

# 11 LANÇAMENTO – CARACTERÍSTICAS E FINALIDADES – 142 A 150 CTN

Lançamento tributário é o procedimento administrativo tendente a verificar a ocorrência do fato gerador da obrigação correspondente, identificar o sujeito passivo, determinar a matéria tributável e calcular ou por outra forma definir o montante do crédito tributário, aplicando, se for o caso, a penalidade cabível.[70]

É o ato jurídico administrativo vinculado e obrigatório indispensável à exigibilidade do crédito tributário. Com o lançamento ocorre a constituição definitiva do crédito tributário.

Regina Helena Costa define, em sua obra (2013, p. 238), o lançamento como:

> Ocorrido o fato gerador descrito na hipótese de incidência tributária, nasce a obrigação de pagar o tributo correspondente e, desse modo, instalado o liame obrigacional, o direito do fisco de exigi-lo (crédito) e o dever do sujeito passivo de atendê-lo (débito).

A **notificação de lançamento** (NL) é o ato jurídico administrativo indispensável à eficácia do lançamento e é pôr este ato que a fazenda dá ciência ao sujeito passivo sobre o tributo que foi lançado e é exigido. Sem a notificação, o lançamento é nulo. Não constitui o crédito tributário, mas declara sua existência para fins de exigibilidade. Não é ato constitutivo, mas sim, ato declaratório.

Sua natureza jurídica pode ser: Declaratório ou Constitutivo e quanto à modalidade de lançamento, dividem-se em:

---

[70] MACHADO, Hugo de Brito. *Curso de direito tributário*. São Paulo: Malheiros, 2016, p. 276.

| Misto ou por declaração | 147 CTN |
|---|---|
| Direto ou de ofício | 149 CTN |
| Por homologação | 150 CTN |

## 11.1 FINALIDADES DO LANÇAMENTO

a) Determinar a matéria tributável e definir qual é o objeto da tributação.
b) Verificar a ocorrência do fato gerador.
c) Verificar a ocorrência do Fato Gerador (concreto e imponível). Se o sujeito passivo se amoldou a hipótese de incidência, ou seja, se ocorreu à materialização da hipótese de incidência.
d) Calcular o montante do tributo devido no aspecto quantitativo, base de cálculo e a alíquota. É a aplicação da alíquota sobre a base de cálculo. Determina-se o chamado *quantum debeatur*.
e) Identificar o sujeito passivo o contribuinte ou responsável tributário (não deu causa, mas tem que cumprir a obrigação tributária).
f) Propor aplicação da penalidade cabível. O AIIM é lançamento. Penalidade não se propõe e sim se impõem.
g) É da competência privativa da autoridade administrativa. Ninguém pode fazer senão a autoridade administrativa competente. Quem determina a competência é a lei.
h) É procedimento (conjunto de atos) administrativo vinculado. Que pôr sua vez é uma sequência de atos administrativos culminando com o ato principal que é a exigibilidade do tributo.
i) De acordo com a doutrina – Lançamento é ato <u>jurídico-administrativo</u> dentro do procedimento de exigibilidade do tributo e a notificação de lançamento é a informação para que o sujeito passivo pague o tributo.
j) É ato vinculado – É ato regrado. Pressupõe o cumprimento de todos os requisitos previstos em lei.

k) É ato obrigatório – É o que não pode deixar de ser feito. É imprescindível a exigibilidade tributária. Se não efetuar o lançamento gera decadência.
l) Tributo é bem público, portanto, indisponível. Pode implicar em responsabilidade do agente omisso.
m) O Lançamento só pode ser alterado por: 1. Impugnação do Sujeito Passivo; 2. Recurso de Ofício para instância superior caso a impugnação seja favorável; 3. Iniciativa de ofício autoridade nos casos previstos do artigo 149 CTN.

## 11.2 MODALIDADES DE LANÇAMENTO

O CTN prevê três modalidades de lançamentos distintas a seguir descritas:

### 11.2.1 Lançamento por Homologação – 150 CTN

A legislação tributária pode atribuir ao sujeito passivo o dever de prestar informações a fazenda pública e apurar o montante do tributo devido, recolhendo-o aos cofres públicos sem que haja qualquer manifestação por parte da autoridade administrativa competente.

O tributo é recolhido sem o lançamento, ou seja, é antecipado aos cofres públicos.

O lançamento será o ato jurídico administrativo que irá ratificar o autolançamento do sujeito passivo. A homologação ocorre no ato de fiscalização. É pagamento antecipado do tributo, também denominado autolançamento.

Ainda com relação ao lançamento por homologação, o CTN define no seu artigo 150 que:

> Art. 150. O lançamento por homologação, que ocorre quanto aos tributos cuja legislação atribua ao sujeito passivo o dever de antecipar o pagamento sem prévio exame da autoridade administrativa, opera-se pelo ato em que a referida autoridade, tomando conhecimento da atividade assim exercida pelo obrigado, expressamente a homologa.

Parágrafo 1 – O recolhimento extingue o crédito sob condição resolutória de ulterior homologação de lançamento.

Parágrafo 2 – Não influem sobre a obrigação tributária quaisquer atos anteriores à homologação, praticados pelo sujeito passivo ou por terceiro, visando à extinção total ou parcial do crédito.

Parágrafo 3 – Os atos a que se refere ao parágrafo anterior serão, porém, considerados na apuração do saldo porventura devido e, sendo o caso, na imposição de penalidade ou sua graduação.

Caso o sujeito passivo tenha recolhido valor menor do que efetivamente devido e a fazenda pública em ato de fiscalização constatar a irregularidade, a autoridade competente homologará o valor recolhido e imporá AIIM (lançamento direto ou de ofício) sobre a diferença apurada, exigindo-se sobre esta as penalidades cabíveis.

Parágrafo 4 – Se a lei não estabelecer prazo à homologação, será ele de cinco anos, a contar da ocorrência do fato gerador; expirado esse prazo sem que a Fazenda Pública, tenha se pronunciado, considera-se homologado o lançamento e definitivamente extinto o crédito, salvo se comprovada a ocorrência de dolo, fraude ou simulação.

Expirado o prazo do art. 149 § único[71] do CTN sem pronunciamento da fazenda, considera-se extinto e homologado. Ex.: IR, ICMS, IPI, ISS, IOF, CONTRIBUIÇÃO PREVIDENCIÁRIA, COFINS, PIS.

## 11.2.2 Lançamento por Declaração (Misto) – Artigo 147 CTN

A lei atribui ao sujeito passivo o dever de prestar informações à fazenda para que, a respectiva com base em tais dados apure o mon-

---

[71] Art. 149 § único CTN – A revisão do lançamento só pode ser iniciada enquanto não extinto o direito da fazenda pública.

tante do tributo devido, realize o lançamento e notifique o contribuinte para impugnar ou pagar o tributo. O sujeito passivo declara, e o fisco constitui o Crédito Tributário. O lançamento por declaração se aperfeiçoa depois de prestadas as declarações do contribuinte, ocasião em que o fisco irá analisar os respectivos dados estão corretos e de acordo com a legislação. Ex.: Primeira notificação do ITR, ITBI.

Com o objetivo de facilitar o entendimento transcrevemos abaixo os artigos 147 e 148 do CTN,

> Art. 147. O lançamento é efetuado com base na declaração do sujeito passivo ou de terceiro, quando um ou outro, na forma da legislação tributária, presta à autoridade administrativa informações sobre matéria de fato, indispensáveis à sua efetivação.
>
> § 1º A retificação da declaração por iniciativa do próprio declarante, quando vise a reduzir ou a excluir tributo, só é admissível mediante comprovação do erro em que se funde, e antes de notificado o lançamento.
>
> § 2º Os erros contidos na declaração e apuráveis pelo seu exame serão retificados de ofício pela autoridade administrativa a que competir a revisão daquela.
>
> Art. 148. Quando o cálculo do tributo tenha por base, ou tome em consideração, o valor ou o preço de bens, direitos, serviços ou atos jurídicos, a autoridade lançadora, mediante processo regular, arbitrará aquele valor ou preço, sempre que sejam omissos ou não mereçam fé as declarações ou os esclarecimentos prestados, ou os documentos expedidos pelo sujeito passivo ou pelo terceiro legalmente obrigado, ressalvada, em caso de contestação, avaliação contraditória, administrativa ou judicial.

### 11.2.3 Lançamento Direto ou de Ofício – 149 CTN

Nesta hipótese a fazenda realiza o lançamento com base em informações constantes dentro da própria administração pública, baseado em dados e cadastros e junto ao próprio sujeito passivo mediante ato de fiscalização, independente de qualquer atuação do sujeito passivo. Existem três hipóteses:

1ª – Hipótese 149 inciso I

Quando a legislação assim o determine. A Fazenda faz o lançamento com base em informações internas. Ex.: IPTU, IPVA, Taxas, Contribuição de melhoria.

2ª – Hipótese 149 inciso II ao VIII

O contribuinte se submete por homologação (calcula e recolhe) e por declaração (presta informações à Fazenda). São as atitudes do sujeito passivo. Ex.: ITBI, que é recolhido no momento da escritura de compra e venda de imóvel.

3ª – Hipótese 149 inciso IX – Decorre de um lançamento já efetuado de forma irregular. A autoridade faz o lançamento de forma imprópria, o superior anula o ato e impõe novo lançamento.

Para questionar administrativamente o prazo é até a data do vencimento do tributo.

A fim de complementar o entendimento transcrevemos abaixo o referido artigo do CTN:

> Art. 149. O lançamento é efetuado e revisto de ofício pela autoridade administrativa nos seguintes casos:
>
> I - quando a lei assim o determine;
> II - quando a declaração não seja prestada, por quem de direito, no prazo e na forma da legislação tributária;
> III - quando a pessoa legalmente obrigada, embora tenha prestado declaração nos termos do inciso anterior, deixe de atender, no prazo e na forma da legislação tributária, a pedido de esclarecimento formulado pela autoridade administrativa, recuse-se a prestá-lo ou não o preste satisfatoriamente, a juízo daquela autoridade;
> IV - quando se comprove falsidade, erro ou omissão quanto a qualquer elemento definido na legislação tributária como sendo de declaração obrigatória;
> V - quando se comprove omissão ou inexatidão, por parte da pessoa legalmente obrigada, no exercício da atividade a que se refere o artigo seguinte;

VI - quando se comprove ação ou omissão do sujeito passivo, ou de terceiro legalmente obrigado, que dê lugar à aplicação de penalidade pecuniária;

VII - quando se comprove que o sujeito passivo, ou terceiro em benefício daquele, agiu com dolo, fraude ou simulação;

VIII - quando deva ser apreciado fato não conhecido ou não provado por ocasião do lançamento anterior;

IX - quando se comprove que, no lançamento anterior, ocorreu fraude ou falta funcional da autoridade que o efetuou, ou omissão, pela mesma autoridade, de ato ou formalidade especial.

Parágrafo único. A revisão do lançamento só pode ser iniciada enquanto não extinto o direito da Fazenda Pública.

# 12 CRÉDITO TRIBUTÁRIO – 139 CTN

É o montante devido pelo sujeito passivo a fazenda pública a título de tributo. Decorre da obrigação tributária principal e tem a mesma natureza desta e surge com o fato gerador. É o líquido devido pelo contribuinte.

Nessa linha Hugo de Brito Machado, define que:

> Em primeiro lugar, a lei descreve a hipótese de incidência em que o tributo é devido. É a hipótese de incidência. Concretizada essa hipótese pela ocorrência do fato gerador, surge à obrigação tributária, vale dizer, o vínculo jurídico por força do qual o particular se sujeita a ter contra ele feito um lançamento tributário.[72]

Entretanto, existem três hipóteses previstas no CTN que afetam o crédito tributário, as quais serão analisadas a seguir:

| 12.1 | Artigo 151 CTN – Suspensão da exigibilidade |
| --- | --- |
| 12.2 | Artigo 156 CTN – Extinção do crédito tributário |
| 12.3 | Artigo 175 CTN – Exclusão do crédito tributário |

## 12.1 SUSPENSÃO

A suspensão do crédito tributário significa adiar o vencimento, e pode ocorrer nos seguintes casos:

**12.1.1 – Moratória** – É a prorrogação do prazo para pagamento do crédito tributário, com ou sem parcelamento.[73] É concedida atra-

---

[72] MACHADO, Hugo de Brito. *Curso de direito tributário*. São Paulo: Malheiros, 2016, p. 175,176.
[73] MACHADO, Hugo de Brito. *Curso de direito tributário*. São Paulo: Malheiros, 2016, p. 189.

vés da lei, porém é necessário verificar se é Lei Complementar ou Lei Ordinária (a lei que criou inicialmente o tributo). A moratória nos moldes artigos 152, 153, 154 CTN é concedida em caráter geral ou individualizado, a saber:

CARÁTER GERAL – Diz respeito a uma determinada região ou a uma determinada categoria de contribuintes de acordo com a previsão legal, abrangendo a totalidade ou segmentos da sujeição passiva do tributo.

É concedida independente de requerimento do interessado. Basta a lei concedendo à moratória. É direito adquirido e não pode ser revogado antes de findar o seu tempo.

CARÁTER INDIVIDUALIZADO – É determinada pela lei, levando-se em conta as condições pessoais e particularidades de cada sujeito passivo. A Lei deve ser impessoal e genérica, devendo enumerar os requisitos, e também determinar a autoridade competente para expedir o despacho de concessão. A administração concede o benefício aos que se enquadrarem aos parâmetros da lei e o requisitarem. Depende de requerimento do interessado. Não gera direito adquirido e é concedida caso a caso.

Pode ser revogada a qualquer tempo, basta o sujeito passivo descumprir os requisitos da lei e também pode ser anulada se o sujeito passivo a obtiver de forma irregular.

É ato administrativo vinculado. Atendidos os requisitos a autoridade é obrigada a conceder. É a fórmula: Lei + Despacho da autoridade competente.

A fim de facilitar o entendimento da moratória transcrevemos abaixo os artigos 151 a 155-A do CTN:

> Art. 151. Suspendem a exigibilidade do crédito tributário:
>
> I - moratória;
> II - o depósito do seu montante integral;
> III - as reclamações e os recursos, nos termos das leis reguladoras do processo tributário administrativo;
> IV - a concessão de medida liminar em mandado de segurança.

V – a concessão de medida liminar ou de tutela antecipada, em outras espécies de ação judicial; (Incluído pela LCp nº 104, de 2001)
VI – o parcelamento. (Incluído pela LCp nº 104, de 2001)
Parágrafo único. O disposto neste artigo não dispensa o cumprimento das obrigações assessórios dependentes da obrigação principal cujo crédito seja suspenso, ou dela consequentes.

Art. 152. A moratória somente pode ser concedida:

I - em caráter geral:

a) pela pessoa jurídica de direito público competente para instituir o tributo a que se refira;
b) pela União, quanto a tributos de competência dos Estados, do Distrito Federal ou dos Municípios, quando simultaneamente concedida quanto aos tributos de competência federal e às obrigações de direito privado;

II - em caráter individual, por despacho da autoridade administrativa, desde que autorizada por lei nas condições do inciso anterior.

Parágrafo único. A lei concessiva de moratória pode circunscrever expressamente a sua aplicabilidade à determinada região do território da pessoa jurídica de direito público que a expedir, ou a determinada classe ou categoria de sujeitos passivos.

Art. 153. A lei que conceda moratória em caráter geral ou autorize sua concessão em caráter individual especificará, sem prejuízo de outros requisitos:

I - o prazo de duração do favor;
II - as condições da concessão do favor em caráter individual;
III - sendo caso:

a) os tributos a que se aplica;
b) o número de prestações e seus vencimentos, dentro do prazo a que se refere o inciso I, podendo atribuir a fixação

de uns e de outros à autoridade administrativa, para cada caso de concessão em caráter individual;

c) as garantias que devem ser fornecidas pelo beneficiado no caso de concessão em caráter individual.

Art. 154. Salvo disposição de lei em contrário, a moratória somente abrange os créditos definitivamente constituídos à data da lei ou do despacho que a conceder, ou cujo lançamento já tenha sido iniciado àquela data por ato regularmente notificado ao sujeito passivo.

Parágrafo único. A moratória não aproveita aos casos de dolo, fraude ou simulação do sujeito passivo ou do terceiro em benefício daquele.

Art. 155. A concessão da moratória em caráter individual não gera direito adquirido e será revogado de ofício, sempre que se apure que o beneficiado não satisfazia ou deixou de satisfazer as condições ou não cumprira ou deixou de cumprir os requisitos para a concessão do favor, cobrando-se o crédito acrescido de juros de mora:

I - com imposição da penalidade cabível, nos casos de dolo ou simulação do beneficiado, ou de terceiro em benefício daquele;
II - sem imposição de penalidade, nos demais casos.

Parágrafo único. No caso do inciso I deste artigo, o tempo decorrido entre a concessão da moratória e sua revogação não se computa para efeito da prescrição do direito à cobrança do crédito; no caso do inciso II deste artigo, a revogação só pode ocorrer antes de prescrito o referido direito.

Art. 155-A. O parcelamento será concedido na forma e condição estabelecidas em lei específica. (Incluído pela LCp nº 104, de 2001)

§ 1º Salvo disposição de lei em contrário, o parcelamento do crédito tributário não exclui a incidência de juros e multas. (Incluído pela LCp nº 104, de 2001)

§ 2º Aplicam-se, subsidiariamente, ao parcelamento as disposições desta Lei, relativas à moratória. (Incluído pela LCp nº 104, de 2001)

§ 3º Lei específica disporá sobre as condições de parcelamento dos créditos tributários do devedor em recuperação judicial. (Incluído pela LCp nº 118, de 2005)

§ 4º A inexistência da lei específica a que se refere o § 3º deste artigo importa na aplicação das leis gerais de parcelamento do ente da Federação ao devedor em recuperação judicial, não podendo, neste caso, ser o prazo de parcelamento inferior ao concedido pela lei federal específica. (Incluído pela LCp nº 118, de 2005).

## 12.1.2 Depósito do montante em valor integral

É a garantia judicial em ação contra a fazenda, e em consequência a fazenda esta impedida de executar a dívida. Súmula 112 STJ o depósito deve ser integral e em dinheiro. Fundamento: lei de cobrança judicial da dívida ativa – Lei 6.830/80 artigos, 9, 32, 38.

O sujeito passivo pode depositar o montante do crédito tributário, com o fim de suspender a exigibilidade do tributo, ou do dever jurídico de fazer o pagamento antecipado que o depositante (contribuinte) considera indevido. O depósito pode ser: a) prévio, isto é, anterior à constituição definitiva do crédito; b) posterior, quando feito depois da constituição definitiva do crédito. Se prévio, não impede a marcha do processo administrativo de lançamento, mas impede a cobrança do crédito respectivo. Impede a exigibilidade. Se posterior, suspende a exigibilidade do crédito.[74]

Caso a fazenda obtenha êxito na respectiva ação o depósito se converterá em renda para o Estado.

**Observação**: atenção para os Honorários de sucumbência para o sujeito passivo em caso de conversão do depósito em renda em virtude do êxito da fazenda.

---

[74] MACHADO, Hugo de Brito. *Curso de direito tributário*. São Paulo Malheiros, 2016, p. 125.

Na eventualidade do contribuinte necessitar de uma **Certidão Negativa de Débitos** – CND emitida pela autoridade administrativa que poderá ser utilizada para participação em licitações, ou ainda, comprovar sua idoneidade financeira, o depósito em montante integral permitirá que a autoridade emita uma **Certidão Positiva com Efeitos negativos** destacando que o contribuinte esta discutindo um tributo, porém o valor da demanda esta garantido por fiança, depósito ou penhora conforme previsto no artigo 205 a 208 do CTN.[75] Destacamos ainda a existência de outras duas modalidades de certidões emitidas pelo poder público: a) certidão positiva, que descreve os débitos do contribuinte, e b) certidão negativa, que declara que o contribuinte não possui débitos junto ao fisco.

### 12.1.3 Reclamações e recurso administrativo

Não confundir com contencioso administrativo. É vedado o depósito prévio na esfera administrativa.

Dispõe o inciso III do art. 151 do CTN que suspendem a exigibilidade do crédito tributário as reclamações e recursos, nos termos das leis reguladoras do processo tributário administrativo. Feito o lançamento para constituir o crédito tributário, a autoridade administrativa deve notificar o sujeito passivo, que poderá apresentar reclamações e recursos. Ex.: recebimento da notificação do IPTU com prazo para reclamação de 30 dias.

O Decreto 70.235/1972 dispõe sobre o processo administrativo fiscal. A Lei 9.784/99 regula o processo administrativo no âmbito da administração pública federal. Nas esferas estaduais e municipais, cada ente de direito público pode ter legislação específica regulando o processo administrativo tributário.[76]

---

[75] O art. 205 CTN prescreve que a lei pode exigir que a prova da quitação de tributos seja feita por certidão negativa de débitos, expedida pelo órgão da administração pública competente a pedido do interessado. Nos termos do art. 206, surte o mesmo efeito de certidão negativa aquela em que conste a existência de créditos não vencidos, em curso de cobrança executiva em que tenha sido efetivada a penhora, ou cuja exigibilidade esteja suspensa – É a certidão positiva com efeitos negativos.

[76] MARTINS, Sérgio Pinto. *Manual de direito tributário*. São Paulo: Atlas, 2005, p. 188.

## 12.1.4 Liminar em mandado de segurança

Suspende enquanto perdurar a liminar com ou sem depósito. O Mandado de Segurança pode ser Preventivo ou Repressivo para impedir a execução fiscal. Também suspende a exigibilidade a liminar em ação cautelar, ou em qualquer outro tipo de ação, bem como o deferimento de uma antecipação de tutela nos moldes do artigo 151, V do CTN.

Prevê o inciso LXIX do art. 5º da Constituição Federal o mandado de segurança para proteger direito líquido e certo, não amparado por *habeas corpus ou habeas data,* quando o responsável pela ilegalidade ou abuso do poder for autoridade pública ou agente de pessoa jurídica no exercício das atribuições do poder público.[77]

O Contribuinte tem 120 dias, a contar da ciência do ato abusivo praticado pela autoridade fiscal, para impetrar o mandado de segurança e para concessão da liminar que será concedida em caráter provisório se estiverem presentes os seguintes requisitos: *fumus boni juris* e *periculun in mora.*[78]

## 12.1.5 Liminar e tutela antecipada

O inciso V, do art. 151 CTN, com a redação da LC, 104/2001, estabelece que suspende a exigibilidade do crédito tributário a concessão de medida liminar ou de tutela antecipada, em outras espécies de ação judicial.[79]

## 12.1.6 Parcelamento

É a divisão em prestações da dívida tributária do contribuinte já vencida. O parcelamento será concedido na forma e condição

---

[77] MARTINS, Sérgio Pinto. *Manual de direito tributário.* São Paulo: Atlas, 2005, p. 188.
[78] *Fumus boni juris e periculun in mora* – Respectivamente: Fumo do bom direito e perigo na demora. LUIZ, Antonio Filiardi,. *Dicionário de expressões latinas.* São Paulo: Atlas, 2002.
[79] MARTINS, Sérgio Pinto. *Manual de direito tributário.* São Paulo: Atlas, 2005, p. 189.

estabelecida em lei específica (art. 155-A CTN).[80] É causa de suspensão. A lei específica é a de cada ente tributante, isto, é, federal, estadual, distrital ou municipal. São aplicadas subsidiariamente ao parcelamento as regras relativas à moratória do CTN.

## 12.2 HIPÓTESES DE EXTINÇÃO DO CRÉDITO TRIBUTÁRIO

Na extinção do crédito tributário, o mesmo deixa de existir por algum dos motivos previstos na legislação. O devedor fica liberado da obrigação tributária. Põe fim ao vínculo obrigacional da obrigação tributária nos moldes do art. 156 CTN.

Nessa ambiência Torres acrescenta:

> O CTN desenha, no art.156, o elenco das causas de extinção do crédito tributário. Mas a enumeração não é exaustiva, eis que outras figuras, previstas inclusive no Código Civil, podem extinguir o crédito tributário. A confusão, que extingue a obrigação desde que na mesma pessoa se confundem as qualidades de credor e devedor (art. 381), pode ocorrer no direito tributário, como, por exemplo, nos casos que o ente tributante tenha recebido a herança jacente ou tenha estatizado empresas privadas. A morte do devedor, que não deixa bens, extingue o crédito tributário. Mas a novação, que se dá quando o devedor contrai com o credor nova dívida para extinguir a anterior, quando novo devedor sucede ao antigo, ficando este quite com o credor ou quando, em virtude da obrigação nova, outro credor é substituído ao antigo, ficando o devedor quite com este (art. 360 Código Civil), não se aplica, em virtude do seu caráter dispositivo, ao direito tributário, rigidamente pelo princípio da legalidade.[81]

---

[80] MARTINS, Sérgio Pinto. *Manual de direito tributário*. São Paulo: Atlas, 2005, p. 189.
[81] TORRES, Ricardo Lobo. *Curso de direito financeiro e tributário*. Rio de Janeiro: Renovar, 2013.

A seguir, apresentamos as hipóteses de extinção[82] do crédito tributário:

### 12.2.1 Pagamento (Remição)

É definido como a satisfação pelo sujeito passivo do débito do tributo em face do sujeito ativo da obrigação.[83] Pode ser feito de três formas, nos moldes dos artigos 157 a 163 do CTN:
1. Moeda corrente – artigo 143 CTN
2. Cheque – mediante compensação do mesmo – O fisco não executa cheque, só a Certidão da Dívida Ativa porque ele o Fisco não é credor quirografário.
3. Em estampilha. Cigarro e bebida. Extinção ocorre com destruição do selo.

### 12.2.2 Compensação

É o encontro de dívidas ou contas. Tem como pressuposto a existência de duas relações jurídicas diferentes, em que o credor de uma é devedor de outra e vice-versa, surge como dívida vinculada, regida que é pelo princípio da estrita legalidade.[84] Fundamento 170 CTN e depende de lei que o autorize. Deve ser crédito tributário, líquido e certo.[85]

Quando existe lei autorizando a compensação denomina-se compensação administrativa.

---

[82] Extinção – Derivado do latim *extinctio de exstinguere* (extinguir, apagar, estancar, caducar, deixar de ser válido, exprime o vocábulo a terminação ou o fim. Assim, extinção traz consigo o sentido de tudo que se acabou, que se finou ou deixou de existir, seja o direito, seja a obrigação, seja a coisa. SILVA, De Plácido. *Vocabulário jurídico*. Rio de Janeiro: Forense, 1994.

[83] BASTOS, Celso Ribeiro. *Curso de direito financeiro e de direito tributário*. São Paulo: Saraiva, 1991, p. 218.

[84] BASTOS, Celso Ribeiro. *Curso de direito financeiro e de direito tributário*. São Paulo: Saraiva, 1991, p. 219.

[85] Costuma-se dizer *líquido e certo*, para aludir à liquidez de alguma coisa. É frase redundante, pois o que é líquido já é certo: líquido é o certo determinado ou apurado. O certo é que não pode ser líquido. Silva, De Plácido. E. *Vocabulário Jurídico*. Rio de Janeiro: Forense, 1994.

A título de exemplo podemos mencionar o sistema PER DCOMP da Receita Federal – Pedido Eletrônico de Restituição, Ressarcimento ou Reembolso e Declaração de Compensação relativo aos tributos federais que podem ser utilizados pelo contribuinte.

Caso a compensação seja vincenda a fazenda pode aplicar redutor de 1% a.m. até o vencimento da dívida.

A lei complementar 104/01, introduziu no CTN o artigo 170-A, determinando que:

É vedada a compensação mediante o aproveitamento de tributo, objeto de contestação judicial pelo sujeito passivo, antes do trânsito em julgado da respectiva decisão judicial.

Nesse diapasão não podemos deixar de destacar que em caso do contribuinte recolher de forma indevida ou equivocada determinado tributo, ele tem direito a restituição, fato este que não se confunde com a compensação, conforme os artigos 165 a 169 do CTN

> Art. 165. O sujeito passivo tem direito, independentemente de prévio protesto, à restituição total ou parcial do tributo, seja qual for a modalidade do seu pagamento, ressalvado o disposto no § 4º do artigo 162, nos seguintes casos:
>
> I - cobrança ou pagamento espontâneo de tributo indevido ou maior que o devido em face da legislação tributária aplicável, ou da natureza ou circunstâncias materiais do fato gerador efetivamente ocorrido;
> II - erro na edificação do sujeito passivo, na determinação da alíquota aplicável, no cálculo do montante do débito ou na elaboração ou conferência de qualquer documento relativo ao pagamento;
> III - reforma, anulação, revogação ou rescisão de decisão condenatória.
>
> Art. 166. A restituição de tributos que comportem, por sua natureza, transferência do respectivo encargo financeiro somente será feita a quem prove haver assumido o referido encargo, ou, no caso de tê-lo transferido a terceiro, estar por este expressamente autorizado a recebê-la.

Art. 167. A restituição total ou parcial do tributo dá lugar à restituição, na mesma proporção, dos juros de mora e das penalidades pecuniárias, salvo as referentes a infrações de caráter formal não prejudicadas pela causa da restituição.

Parágrafo único. A restituição vence juros não capitalizáveis, a partir do trânsito em julgado da decisão definitiva que a determinar.

Art. 168. O direito de pleitear a restituição extingue-se com o decurso do prazo de 5 (cinco) anos, contados:
I - nas hipótese dos incisos I e II do artigo 165, da data da extinção do crédito tributário; (Vide art 3 da LCp nº 118, de 2005)
II - na hipótese do inciso III do artigo 165, da data em que se tornar definitiva a decisão administrativa ou passar em julgado a decisão judicial que tenha reformado, anulado, revogado ou rescindido a decisão condenatória.

Art. 169. Prescreve em dois anos a ação anulatória da decisão administrativa que denegar a restituição.

Parágrafo único. O prazo de prescrição é interrompido pelo início da ação judicial, recomeçando o seu curso, por metade, a partir da data da intimação validamente feita ao representante judicial da Fazenda Pública interessada.

## 12.2.3 Transação

Refere-se à negociação, ajuste, acordo. Ato pela qual as partes, fazendo-se concessões reciprocas, extinguem obrigações litigiosas ou duvidosas.

Determina o art. 840 do Código Civil que é lícito aos interessados prevenir ou terminarem litígio mediante concessões mútuas.

A lei poderá facultar nas condições que estabeleça, aos sujeitos ativo e passivo da obrigação tributária, celebrar transação que, mediante concessões mútuas, importe em terminação do litígio e consequente extinção do crédito tributário – art. 171 CTN a seguir descrito.[86]

> Art. 171. A lei pode facultar, nas condições que estabeleça, aos sujeitos ativo e passivo da obrigação tributária celebrar transação que, mediante concessões mútuas, importe em determinação de litígio e consequente extinção de crédito tributário.
>
> Parágrafo único. A lei indicará a autoridade competente para autorizar a transação em cada caso.

Em síntese:
- Depende de lei que a autorize e pressupõe concessões mútuas, entre a fazenda pública e o sujeito passivo para extinguir o Crédito Tributário.
- A lei deve designar a autoridade administrativa que deverá efetuar de forma individualizada com o sujeito passivo.
- É inconstitucional face ao princípio da isonomia e da indisponibilidade do tributo.
- A única forma que existe é o parcelamento do débito.
- Uma corrente que diz que o parcelamento é moratória, mas não prevalece, na realidade o que ocorre é a novação e executa-se o termo de confissão de dívidas.

### 12.2.4 Remissão (Perdão)

A fazenda perdoa a dívida do sujeito passivo sempre através de Lei Complementar ou Ordinária, dependendo da lei que instituiu o tributo. A lei pode autorizar a autoridade administrativa a conceder, por despacho fundamentado, remissão total ou parcial do crédito tributário – art. 172 CTN a seguir descrito:

> A lei pode autorizar a autoridade administrativa a conceder, por despacho fundamentado, remissão total ou parcial do crédito tributário, atendendo:

---

[86] MARTINS, Sérgio Pinto. *Manual de direito tributário*. São Paulo: Atlas, 2005, p. 202.

I - à situação econômica do sujeito passivo;
II - ao erro ou ignorância escusáveis do sujeito passivo, quanto à matéria de fato;
III - à diminuta importância do crédito tributário;
IV - a considerações de equidade, em relação com as características pessoais ou materiais do caso;
V - a condições peculiares a determinada região do território da entidade tributante.

Parágrafo único. O despacho referido neste artigo não gera direito adquirido, aplicando-se, quando cabível, o disposto no artigo 155.

Considerações gerais relativas à Remissão:
- Quem concede a remissão, é somente quem tem competência para instituir o tributo.
- A Lei específica que regula a matéria exclusivamente para o ente tributante é o art. 150 § 6º CF.
- Pode ser total à alcança todo o crédito tributário, ou parcial à alcança parte do crédito.
- Pode alcançar todos os tributos do sujeito passivo ou parte.
- Se a lei não for específica significa que alcança todos.
- O benefício pode ser em caráter geral e alcança a totalidade da sujeição passiva, ou uma parcela destas (segmento). Não há requerimento do interessado e gera direito adquirido.
- Pode ser individualizada, alcança caso a caso contribuinte por contribuinte, o interessado tem que requerer. O sujeito passivo tem que cumprir os requisitos que a lei determina, o benefício será conferido por despacho administrativo e a autoridade tem poder vinculado e não discricionário. Não gera direito adquirido. Ex.: sujeito passivo consegue benefício de forma irregular.

## 12.2.5 Prescrição e Decadência

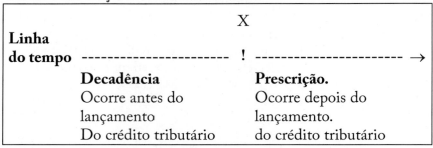

Onde "X" é o momento do lançamento tributário, portanto:

Lançamento + notificação do respectivo = constituição do crédito tributário (OT)

### 12.2.5.1 Decadência

É a perda do direito material. A fazenda pública não pode mais cobrar e o sujeito passivo não pode pagar. Implica em extinção do crédito tributário por decurso de tempo. Impede que exista o lançamento. O que gera a decadência é a ausência de lançamento. Artigo 150 § 4º e 173 CTN.

Nesse sentido, o artigo 150 § 4º CTN define que se **não houver homologação em 5 anos,** extingue o tributo. Ex.: IPI, ICMS.

> Art. 150. O lançamento por homologação, que ocorre quanto aos tributos cuja legislação atribua ao sujeito passivo o dever de antecipar o pagamento sem prévio exame da autoridade administrativa, opera-se pelo ato em que a referida autoridade, tomando conhecimento da atividade assim exercida pelo obrigado, expressamente a homologa.
>
> § 1º O pagamento antecipado pelo obrigado nos termos deste artigo extingue o crédito, sob condição resolutória da ulterior homologação ao lançamento.
>
> § 2º Não influem sobre a obrigação tributária quaisquer atos anteriores à homologação, praticados pelo sujeito passivo ou por terceiro, visando à extinção total ou parcial do crédito.

§ 3º Os atos a que se refere o parágrafo anterior serão, porém, considerados na apuração do saldo porventura devido e, sendo o caso, na imposição de penalidade, ou sua graduação.

§ 4º Se a lei não fixar prazo a homologação, será ele de cinco anos, a contar da ocorrência do fato gerador; expirado esse prazo sem que a Fazenda Pública se tenha pronunciado, considera-se homologado o lançamento e definitivamente extinto o crédito, salvo se comprovada a ocorrência de dolo, fraude ou simulação.

De acordo com o artigo 173 CTN – A fazenda tem o prazo de 5 anos para constituir o Crédito Tributário via lançamento, **contados do primeiro dia do exercício seguinte** àquele em que o lançamento poderia ter sido efetuado (conta-se a partir do fato gerador), com lançamento direto ou de ofício por declaração.

Na contagem do prazo devemos levar em consideração o período de graça pró fisco, ou seja, 5 anos, mais o período de graça. Ex.: IRPJ, IPTU.

Para lançamento com vício formal 5 anos, a partir da decisão para realizar lançamento.

O prazo de 5 anos começa a ser contado da data que a fazenda notifica o sujeito passivo para que preste informações necessárias ao lançamento. A notificação feita dentro do período de graça prejudica o contribuinte e conta-se a partir daí o prazo.

**Prazo decadencial não se suspende ou interrompe-se.** Se entendermos que por acaso interrompe o prazo teremos então dívida perpétua, e o objetivo da decadência é evitar obrigação perpétua.

Basicamente, 5 anos a contar do Fato Gerador ou 5 anos do exercício financeiro seguinte. Se o fisco não constituir o Crédito Tributário ocorre a homologação tácita.

Para melhor entendimento descrevemos abaixo a íntegra do artigo 173 CTN:

O direito de a Fazenda Pública constituir o crédito tributário extingue-se após cinco (cinco) anos, contados:

I - do primeiro dia do exercício seguinte àquele em que o lançamento poderia ter sido efetuado;
II - da data em que se tornar definitiva a decisão que houver anulado, por vício formal, o lançamento anteriormente efetuado.

Parágrafo único. O direito a que se refere este artigo extingue-se definitivamente com o decurso do prazo nele previsto, contado da data em que tenha sido iniciada a constituição do crédito tributário pela notificação, ao sujeito passivo, de qualquer medida preparatória indispensável ao lançamento.

### 12.2.5.2 Prescrição

É o desaparecimento do direito de ação por não tê-la promovido o titular do direito no tempo hábil. É o prazo para o exercício do direito de ação.[87] É a perda do direito de ação do Estado de cobrar o Crédito Tributário do contribuinte.

A Fazenda Pública tem o direito, mas não pode exigir, exercitar, não pode cobrar, mas eventualmente pode ocorrer o pagamento. Entretanto, se o sujeito passivo pagar não cabe repetição de indébito[88].

O prazo prescricional é de 5 anos contados da constituição definitiva (lançamento + notificação) do crédito tributário 174 e 156 inciso V do CTN.

Se a lei não especificar prazo para pagamento, o prazo é de 30 dias a contar da data da notificação de lançamento.

Enquanto houver impugnação pendente por parte do contribuinte não conta o prazo prescricional, só conta após a decisão desfavorável ao contribuinte.

---

[87] BASTOS, Celso Ribeiro. *Curso de direito financeiro e de direito tributário*. São Paulo: Saraiva, 1991, p. 220.
[88] Medida processual onde um contribuinte requer a devolução junto ao Fisco de uma quantia paga indevidamente nas hipóteses previstas no artigo 165 do CTN.

Hely Lopes Meirelles define a prescrição na p. 623 de sua obra como:

> Prescrição é a perda da ação pelo transcurso do prazo para seu ajuizamento ou pelo abandono da causa durante o processo. Não se confunde com a decadência ou caducidade, que é o perecimento do direito pelo não exercício no prazo fixado em lei. A prescrição admite suspensão e interrupção pelo tempo e forma legais; a decadência ou caducidade não permite qualquer paralisação da fluência do seu prazo uma vez iniciado.

Súmula 153 TFR – Constituído, no quinquênio, através de AIIM ou notificação de lançamento, o crédito tributário, não há falar em decadência, fluindo, a partir daí, em princípio, o prazo prescricional, que, todavia, fica em suspenso até que sejam decididos os recursos administrativos.

A única forma do fisco cobrar é a execução fiscal (lei 6.830/80 lei de execução fiscal) – qualquer problema, utilizar o Mandado de Segurança.

**INTERROMPE A PRESCRIÇÃO** – art. 174 CTN: a) Citação Válida; b) pelo protesto judicial; c) por qualquer ato judicial que constitua em mora o devedor; d) por qualquer ato inequívoco, ainda que extrajudicial, que importe reconhecimento do débito pelo devedor.[89]

**Interromper a prescrição significa apagar o prazo já decorrido, o qual recomeçará seu curso novamente (ou seja, a contagem retoma de seu início).**

Assim, constituído definitivamente o crédito tributário, daí começa o curso da prescrição. Se depois de algum tempo, antes de completar-se o quinquênio, ocorre uma das hipóteses de interrupção acima citadas, o prazo já decorrido **fica sem efeito e a contagem dos cinco anos volta a ser iniciada novamente.**

---

[89] MACHADO, Hugo de Brito. *Curso de direito tributário*. São Paulo: Malheiros, 2016, p. 227.

Conta-se a partir da data do despacho do juiz que determina a citação na execução da dívida ativa. Ver lei de execução fiscal.

A fazenda tem cinco anos para executar, caso contrário ocorre à prescrição.

O sujeito passivo pode interromper o prazo prescricional se reconhecer a dívida 174 CTN. Ex.: Pedido de parcelamento.

No lançamento por homologação não existe prescrição, só decadência.

**SUSPENSÃO DA PRESCRIÇÃO** – Art. 151 CTN significa paralisar o seu curso, enquanto perdurar a causa da suspensão. **O prazo já decorrido perdura, e uma vez desaparecida a causa da suspensão o prazo continua em curso (ocorre uma interrupção temporária do prazo).**

Constituem causa da suspensão da prescrição aquelas que suspendem a exigibilidade do crédito tributário definitivamente constituído.[90] Exemplo: moratória, depósito em mandado de segurança.

Ainda falando em prescrição e decadência, vale lembrar que o artigo 195 do CTN destaca a obrigatoriedade da guarda dos livros e documentos, assim como os artigos 37 e 38 da lei 9.430/96:

> **Art. 195.** Para os efeitos da legislação tributária, não têm aplicação quaisquer disposições legais excludentes ou limitativas do direito de examinar mercadorias, livros, arquivos, documentos, papéis e efeitos comerciais ou fiscais, dos comerciantes industriais ou produtores, ou da obrigação destes de exibi-los.
>
> Parágrafo único. Os livros obrigatórios de escrituração comercial e fiscal e os comprovantes dos lançamentos neles efetuados serão conservados até que ocorra a prescrição dos créditos tributários decorrentes das operações a que se refiram.

---

[90] MACHADO, Hugo de Brito. *Curso de direito tributário*. São Paulo: Malheiros, 2016, p. 227.

**37.** Os comprovantes da escrituração da pessoa jurídica, relativos a fatos que repercutam em lançamentos contábeis de exercícios futuros, serão conservados até que se opere a decadência do direito de a Fazenda Pública constituir os créditos tributários relativos a esses exercícios.

**Arquivos Magnéticos**

**Art. 38.** O sujeito passivo usuário de sistema de processamento de dados deverá manter documentação técnica completa e atualizada do sistema, suficiente para possibilitar a sua auditoria, facultada a manutenção em meio magnético, sem prejuízo da sua emissão gráfica, quando solicitada.

## 12.2.6. Conversão do depósito em renda – Artigo 156 Inciso VI CTN

Ocorre quando o sujeito passivo ingressa com ação contra a fazenda pública e para evitar execução efetua o depósito judicial, por consequência suspende a exigibilidade do crédito tributário.

Se a decisão for desfavorável ao sujeito passivo o depósito é convertido em renda para a fazenda pública. Caso a decisão transite em julgado e seja favorável ao contribuinte, este irá levantar o valor previamente depositado.[91]

Importante destacar, que em caso de perda provavelmente haverá incidência de honorários advocatícios.

Regina Helena Costa, (2013, p. 279), destaca que:

> Desse modo, a nosso ver, vencido o contribuinte em ação na qual efetuou o depósito do tributo impugnado, dever ser instado a manifestar-se quanto à sua intenção de efetuar o respectivo pagamento, na modalidade "conversão do depósito em renda".
>
> Caso não pretenda fazê-lo, optando pelo direito que lhe é assegurado pelo ordenamento jurídico de submeter-se à

---

[91] MARTINS, Sérgio Pinto. *Manual de direito tributário*. São Paulo: Atlas, 2005, p. 209.

execução forçada, poderá requerer o levantamento do depósito, cabendo ao juízo intimar previamente o Fisco dessa postulação. Essa é a oportunidade para o Fisco, em garantia do seu crédito, de requerer seja procedida a penhora do valor depositado, viabilizando a execução fiscal.

## 12.2.7. Homologação do lançamento e do pagamento antecipado - art. 156 Inciso VII CTN

Se o Fisco não homologar em 5 anos, nos termos do artigo 150 § 1º e 4º do CTN (ver art. 173 § único CTN[92]) decai o direito do fisco exigir o tributo. A homologação pode ser expressa ou tácita. A seguir transcrevemos o referido artigo:

> Art. 150 - O lançamento por homologação, que ocorre quanto aos tributos cuja legislação atribua ao sujeito passivo o dever de antecipar o pagamento sem prévio exame da autoridade administrativa, opera-se pelo ato em que a referida autoridade, tomando conhecimento da atividade assim exercida pelo obrigado, expressamente a homologa.
>
> § 1º O pagamento antecipado pelo obrigado nos termos deste artigo extingue o crédito, sob condição resolutória da ulterior homologação ao lançamento.
>
> § 2º Não influem sobre a obrigação tributária quaisquer atos anteriores à homologação, praticados pelo sujeito passivo ou por terceiro, visando à extinção total ou parcial do crédito.
>
> § 3º Os atos a que se refere o parágrafo anterior serão, porém, considerados na apuração do saldo porventura devido e, sendo o caso, na imposição de penalidade, ou sua graduação.
>
> § 4º Se a lei não fixar prazo à homologação, será ele de cinco anos, a contar da ocorrência do fato gerador; expirado esse prazo sem que a Fazenda Pública se tenha pronunciado,

---

[92] Período de graça pró-fisco.

considera-se homologado o lançamento e definitivamente extinto o crédito, salvo se comprovada a ocorrência de dolo, fraude ou simulação.

## 12.2.8 Extinção do crédito mediante consignação de pagamento – nos termos do art. 164 § II, e 156 inciso VIII CTN nas seguintes hipóteses:

A consignação em pagamento constitui-se em uma ação judicial promovida pelo sujeito passivo em face ao sujeito ativo para garantir o seu direito de pagar livrando-se das consequências jurídicas de um eventual inadimplemento. Pode ocorrer nos seguintes casos:

a) O Sujeito passivo se propõe a pagar e a fazenda se recusa a receber
b) O Sujeito passivo se propõe a pagar um valor e a fazenda se recusa a receber aquele valor
c) A fazenda condiciona o recebimento de um tributo ao pagamento de um outro que o sujeito passivo não se propõe ao pagamento.
d) A fazenda condiciona o recebimento do tributo ao cumprimento de obrigação acessória
e) Condiciona o recebimento ao cumprimento de obrigação ilegal
f) Conflito de competência. O contribuinte deposita o maior valor – Ex.: Terreno limítrofe entre 2 municípios. É o caso da Pluritributação que ocorre quando mais de duas pessoas políticas distintas exigem tributo do mesmo sujeito passivo sob a mesma hipótese de incidência. É inconstitucional.

A extinção ocorrerá quando a consignação for acolhida, ou seja julgada. Se a decisão for desfavorável ao sujeito passivo o mesmo ficara condenado ao pagamento do tributo mais acréscimos que a lei permitir.

Só não há ocorrência de multa quando o sujeito passivo se propõe a pagar e a fazenda diz que não existia dívida.

## 12.2.9 Extingue o crédito tributário a decisão administrativa irreformável – É a decisão que não pode mais ser objeto de ação anulatória. Ver 156, inciso 9° CTN

É a decisão administrativa irreformável favorável ao contribuinte que não cabe mais recurso na esfera administrativa e que não possa mais ser objeto de ação anulatória. Se o próprio fisco entendeu que não tem razão, falta interesse de agir para impetrar recurso. Entretanto, se houver ilegalidade a decisão pode ser modificada.

Judicialmente a decisão administrativa pode ser cancelada por: Ação Civil Pública e Ação Popular.

## 12.2.10 Extingue o crédito tributário a decisão judicial transitada em julgado – art. 156, X CTN

É a decisão judicial transitada em julgado que favorece o sujeito passivo concluindo pela improcedência do crédito tributário. Não cabe mais recurso.

É a invalidade do crédito tributário, culminando em coisa julgada material, extinguindo por consequência a obrigação tributária.

## 12.2.11 Dação de pagamento em bens imóveis – art. 156 XI CTN

A dação em pagamento ocorre quando o devedor entrega ao credor coisa diversa de dinheiro, em substituição à prestação devida, visando à extinção da obrigação – Código Civil art. 356.[93]

O art. 156 do CTN faz referência à dação em pagamento de bens imóveis, na forma prevista em lei. LC 104 – somente pode ocorrer a dação de bens imóveis com lei autorizando.

---

[93] MARTINS, Sérgio Pinto. *Manual de direito tributário*. São Paulo: Atlas, 2005, p. 211.

## 12.2.12 Pagamento indevido e restituição de indébito[94]

É o pagamento (recolhimento) indevido realizado pelo contribuinte a título de tributo. O contribuinte tem o direito de pleitear a sua restituição nos termos dos artigos 165 a 169 do CTN abaixo descritos:

> **Art. 165.** O sujeito passivo tem direito, independentemente de prévio protesto, à restituição total ou parcial do tributo, seja qual for a modalidade do seu pagamento, ressalvado o disposto no § 4º do artigo 162, nos seguintes casos:
>
> I - cobrança ou pagamento espontâneo de tributo indevido ou maior que o devido em face da legislação tributária aplicável, ou da natureza ou circunstâncias materiais do fato gerador efetivamente ocorrido;
> II - erro na edificação do sujeito passivo, na determinação da alíquota aplicável, no cálculo do montante do débito ou na elaboração ou conferência de qualquer documento relativo ao pagamento;
> III - reforma, anulação, revogação ou rescisão de decisão condenatória.
>
> **Art. 166.** A restituição de tributos que comportem, por sua natureza, transferência do respectivo encargo financeiro somente será feita a quem prove haver assumido o referido encargo, ou, no caso de tê-lo transferido a terceiro, estar por este expressamente autorizado a recebê-la.
>
> **Art. 167.** A restituição total ou parcial do tributo dá lugar à restituição, na mesma proporção, dos juros de mora e das penalidades pecuniárias, salvo as referentes a infrações de caráter formal não prejudicadas pela causa da restituição.

---

[94] Indébito – do latim *indebitus* (que não é devido), exprime, na terminologia jurídica, aquilo que se pagou sem ser devido, ou indevidamente. O indevido ou indébito mostra, por essa forma, o cumprimento de obrigação indevidamente, ou a que, juridicamente não se estava obrigado. Silva, De Plácido E. *Vocabulário jurídico*. Rio de Janeiro: Forense, 1994.

Parágrafo único. A restituição vence juros não capitalizáveis, a partir do trânsito em julgado da decisão definitiva que a determinar.

Art. 168. O direito de pleitear a restituição extingue-se com o decurso do prazo de 5 (cinco) anos, contados:

I - nas hipótese dos incisos I e II do artigo 165, da data da extinção do crédito tributário; (Vide art 3 da LCp nº 118, de 2005)
II - na hipótese do inciso III do artigo 165, da data em que se tornar definitiva a decisão administrativa ou passar em julgado a decisão judicial que tenha reformado, anulado, revogado ou rescindido a decisão condenatória.

Art. 169. Prescreve em dois anos a ação anulatória da decisão administrativa que denegar a restituição.

Parágrafo único. O prazo de prescrição é interrompido pelo início da ação judicial, recomeçando o seu curso, por metade, a partir da data da intimação validamente feita ao representante judicial da Fazenda Pública interessada.

## 12.3 HIPÓTESES DE EXCLUSÃO DO CRÉDITO TRIBUTÁRIO - 175 CTN

Excluem o Crédito Tributário a **isenção, anistia e imunidades**. Não se permite o surgimento do Fato Gerador, não deixa materializar a hipótese de incidência, porém a exclusão do crédito tributário não dispensa o cumprimento das obrigações acessórias dependentes da obrigação principal cujo crédito seja excluído, ou dela consequentes.

São formas de exclusão do crédito tributário:

### 12.3.1 Isenção

Isenção é a dispensa pela lei de tributo devido. Ocorre o fato gerador da obrigação tributária, porém a lei dispensa seu pagamento (art.175, I, CTN). Para haver isenção, é necessário que exista lei dispensando o pagamento do tributo.[95]

O Código Tributário Nacional não tomou partido na controvérsia doutrinária e, no artigo 175, I, dispõe que a isenção exclui o crédito tributário, colocando a isenção tributária ao lado da anistia, que também é uma das causas excludentes do crédito tributário. Geraldo Ataliba (1978, p. 328-329) afirma ser a isenção tributária uma dispensa legal do pagamento do tributo devido.

OUTRAS DEFINIÇÕES:
1. É a dispensa legal do pagamento do tributo. Aliomar Baleeiro Corrente aceita pela STF e Fazenda. Suspende a eficácia da lei que tributou.
2. Consiste na não incidência legalmente qualificada. Souto Maior.
3. É predominante.

A isenção não pode ser dispensa legal. É fruto da lei. Paulo de Barros. A lei isencional atinge regra que é hipótese de incidência, matriz tributária subtraindo um dos seus critérios.

Á isenção é sempre concedida por Lei e segundo o artigo 179 CTN[96] e pode ser em caráter geral ou individual:

CARÁTER GERAL – Alcança a totalidade da sujeição passiva do Fato Gerador ou de uma parcela desta. Concedido independente de requerimento dos interessados, ou qualquer formalidade adicional.

CARÁTER INDIVIDUAL – Concedido caso a caso mediante despacho administrativo da autoridade competente designada pela lei. Só concedido mediante requerimento. O contribuinte tem que atender os requisitos legais.

---

[95] MARTINS, Sérgio Pinto. *Manual de direito tributário*. São Paulo: Atlas, 2005, p. 211.
[96] Artigo. 179 CTN - A isenção, quando não concedida em caráter geral, é efetivada, em cada caso, por despacho da autoridade administrativa, em requerimento com o qual o interessado faça prova do preenchimento das condições e do cumprimento dos requisitos previstos em lei ou contrato para sua concessão.

A isenção normalmente deriva de lei Complementar ou Ordinária da pessoa político competente ao tributo que se refere à lei. Existem hipóteses de isenção sem Lei, a saber:

ICMS 155 § 2º inciso 12 letra "g" Constituição Federal. A isenção do ICMS é concedida por intermédio de convênio firmado perante o CONFAZ nos termos da LC 24/75. Não é por lei estadual.

Artigo 151 inciso III CF – proíbe que a união conceda isenção de tributos que não sejam de sua competência.

Artigo 195 § 7º CF – São isentas de contribuição para a seguridade social as entidades beneficentes de assistência social que atendam as exigências em lei. São Isenções na CF que na realidade são imunidades.

### 12.3.2 Anistia

É a exclusão do crédito tributário, no que diz respeito somente a **penalidades pecuniárias**, como multa. Atinge apenas as infrações cometidas antes da vigência da lei que a concede. Pode a anistia ser concedida em caráter geral, abrangendo penalidades, sem qualquer condição.

A anistia difere da remissão que é o perdão da dívida, pelo fato de o crédito tributário já estar constituído. Abrange tanto o tributo, como a penalidade. A anistia envolve apenas a penalidade cometida conforme o art. 180 a 182 do CTN.[97]

É forma de exclusão do crédito. Apenas da penalidade. É forma extintiva da punibilidade. Perdoa apenas a penalidade e não atinge o Crédito Tributário.

Concedido somente através de lei da pessoa política que tem a competência.

Ainda com referência ao artigo 180, incisos I, II do CTN, não se aplica a anistia aos atos qualificados em lei como crimes ou contravenções e aos que, mesmo sem essa qualificação, sejam praticados com dolo, fraude ou simulação pelo sujeito passivo ou por

---

[97] MARTINS, Sérgio Pinto. *Manual de direito tributário*. São Paulo: Atlas, 2005, p. 214.

terceiro em benefício daquele, salvo disposição em contrário, às infrações resultantes de conluio entre duas ou mais pessoas naturais ou jurídicas.

As limitações constitucionais ao poder de tributar são exteriorizadas por princípios e imunidades art. 150 CF.

### 12.3.3 Imunidade – Art. 150, inciso VI CF e artigo 9 CTN

Imunidade é o obstáculo decorrente da regra da Constituição Federal à incidência de regra jurídica de tributação. O que é imune não pode ser tributado. A imunidade impede que a lei defina como hipótese de incidência tributária aquilo que é imune. É a limitação da competência tributária.[98]

Pressupõe restrição ao poder de tributar, limitação constitucional ao poder de tributar. A Constituição estadual não pode dar imunidade. É clausula pétrea STF. Portanto, é vedado instituir tributos:

**A** – União, Estados, Distrito Federal e Municípios não podem instituir impostos sobre o patrimônio, a renda e os serviços um dos outros. É imunidade recíproca. Art. 150 inciso VI "a" CF. e art. 9, inciso IV, "d" CTN. A seguir descrevemos os respectivos:

| | |
|---|---|
| **Impostos sobre o patrimônio** | IPTU, ITR, IPVA |
| **Impostos sobre a transmissão** | ITCMD, ITBIV |
| **Imposto sobre a renda** | IR |
| **Imposto sobre serviços** | ISS, ICMS |

A imunidade também se estende as autarquias e fundações desde que cumpram as seguintes cláusulas:
1 – Instituída pelo poder público por lei;
2 – Mantida pelo poder público;
3 – Devem se ater as suas finalidades institucionais.

---

[98] MACHADO, Hugo de Brito. *Curso de direito tributário*. São Paulo: Malheiros, 2016, p. 287, 288.

A imunidade reciproca não se aplica quando o ente imune se submete ao cumprimento de obrigação de direito privado – art. 150 § 3º CF Ex.: Empresa de economia mista – Exemplo: Petrobrás.

Não pode cobrar preço público ou tarifa pela atividade realizada.

Não se aplica a Pessoa Jurídica ou Física não imune que adquirir de pessoa imune um bem imóvel.

**B** – É vedado instituir impostos sobre templos de qualquer natureza art. 150, VI "b" CF e art. 9 inciso IV, "b" CTN. O artigo 8º da Instrução normativa 1.700 da RFB destaca que "Não *estão sujeitos ao IRPJ os templos de qualquer culto.*

É a Proteção de liberdade de crença religiosa. Também se aplica ao patrimônio, renda, serviços da atividade essencial ou que dela decorrem.

Pode incidir imposto sobre bens pertencentes à igreja, desde que não sejam instrumentos do culto.

**C** – Entidades Imunes: Art. 150, VI, "c"
– Entidade sindical do trabalhador, sendo que sindicato patronal não tem imunidade. A Central sindical tem imunidade.
– Partidos políticos.
– O artigo 9º da Instrução Normativa 1.700 da RFB especifica as regras da imunidade com relação aos Partidos Políticos e Entidades sindicais dos trabalhadores:

> Art. 9º Não estão sujeitos ao IRPJ os partidos políticos, inclusive suas fundações, e as entidades sindicais dos trabalhadores, sem fins lucrativos, desde que:
>
> I - Não distribuam qualquer parcela de seu patrimônio ou de suas rendas, a qualquer título;
> II - Apliquem seus recursos integralmente no País, na manutenção de seus objetivos institucionais; e
> III - mantenham escrituração de suas receitas e despesas em livros revestidos de formalidades capazes de assegurar sua exatidão.
>
> Parágrafo único. Na falta de cumprimento do disposto neste artigo ou no inciso II do *caput* do art. 11, a autoridade

competente poderá suspender o benefício na forma prevista no art. 172 do RIR.

– Instituições de educação e instituições de assistência social e fomento a educação e ao assistencialismo, porém a Constituição Federal impõe duas condições: a) não podem ter fim lucrativo. O lucro auferido deve ser reinvestido b) devem cumprir o que prevê o artigo 14 CTN – a seguir descrito:

> Art. 14. O disposto na alínea c do inciso IV do artigo 9º é subordinado à observância dos seguintes requisitos pelas entidades nele referidas:
>
> I – Não distribuírem qualquer parcela de seu patrimônio ou de suas rendas, a qualquer título; (Redação dada pela LCp nº 104, de 2001)
> II - aplicarem integralmente, no País, os seus recursos na manutenção dos seus objetivos institucionais;
> III - manterem escrituração de suas receitas e despesas em livros revestidos de formalidades capazes de assegurar sua exatidão.
>
> § 1º Na falta de cumprimento do disposto neste artigo, ou no § 1º do artigo 9º, a autoridade competente pode suspender a aplicação do benefício.
>
> § 2º Os serviços a que se refere a alínea c do inciso IV do artigo 9º são exclusivamente, os diretamente relacionados com os objetivos institucionais das entidades de que trata este artigo, previstos nos respectivos estatutos ou atos constitutivos.

Ainda com referência as Instituições de Educação e Assistência Social, o artigo 10º da IN 1.700/17 da RFB complementa o entendimento das regras para concessão do benefício:

> Art. 10. Não estão sujeitas ao IRPJ as instituições de educação e as de assistência social, sem fins lucrativos.

§ 1º Para efeitos do disposto neste artigo, considera-se imune a instituição de educação ou de assistência social que presta os serviços para os quais foi instituída e os coloca à disposição da população em geral, em caráter complementar às atividades do Estado, sem fins lucrativos.

§ 2º Considera-se entidade sem fins lucrativos a que não apresenta superavit em suas contas ou, caso o apresente em determinado exercício, destine o referido resultado, integralmente, à manutenção e ao desenvolvimento dos seus objetivos sociais.

§ 3º Para o gozo da imunidade as instituições a que se refere este artigo estão obrigadas a atender aos seguintes requisitos:

I - não remunerar, por qualquer forma, seus dirigentes pelos serviços prestados, exceto no caso de associações, fundações ou organizações da sociedade civil, sem fins lucrativos, cujos dirigentes poderão ser remunerados, desde que atuem efetivamente na gestão executiva e desde que cumpridos os requisitos previstos nos arts. 3º e 16 da Lei nº 9.790, de 23 de março de 1999, respeitados como limites máximos os valores praticados pelo mercado na região correspondente à sua área de atuação, devendo seu valor ser fixado pelo órgão de deliberação superior da entidade, registrado em ata, com comunicação ao Ministério Público, no caso das fundações; <u>(Redação dada pelo(a) Instrução Normativa RFB nº 1.881, de 03 de abril de 2019)</u>
II - aplicar integralmente seus recursos na manutenção e no desenvolvimento dos seus objetivos sociais;
III - manter escrituração completa de suas receitas e despesas em livros revestidos das formalidades que assegurem a respectiva exatidão;
IV - conservar em boa ordem, pelo prazo de 5 (cinco) anos contados da data da emissão, documentos que comprovem a origem de suas receitas, a efetivação de suas despesas e a realização de quaisquer outros atos ou operações que venham a modificar sua situação patrimonial;

V - apresentar, anualmente, Escrituração Contábil Fiscal (ECF) de acordo com o disposto na Instrução Normativa RFB nº 1.422, de 19 de dezembro de 2013;
VI - assegurar a destinação de seu patrimônio a outra instituição que atenda às condições para gozo da imunidade, no caso de incorporação, fusão, cisão ou de encerramento de suas atividades, ou a órgão público; e
VII - cumprir outros requisitos estabelecidos em lei específica, relacionados com o funcionamento da entidade.

§ 4º A vedação estabelecida no inciso I do § 3º não alcança a hipótese de remuneração de dirigente, em decorrência de vínculo empregatício, pelas Organizações da Sociedade Civil de Interesse Público (Oscip), qualificadas segundo as normas estabelecidas na Lei nº 9.790, de 23 de março de 1999, e pelas Organizações Sociais (OS), qualificadas consoante os dispositivos da Lei nº 9.637, de 15 de maio de 1998, desde que a referida remuneração não seja superior, em seu valor bruto, ao limite estabelecido para a remuneração de servidores do Poder Executivo Federal.

§ 5º A vedação a que se refere o inciso I do § 3º não impede:

I - a remuneração de diretores não estatutários que tenham vínculo empregatício com a entidade; e
II - a remuneração de dirigentes estatutários, desde que o valor bruto da remuneração seja inferior a 70% (setenta por cento) do limite estabelecido para a remuneração de servidores do Poder Executivo Federal.

§ 6º A remuneração dos dirigentes estatutários referidos no inciso II do § 5º deverá obedecer às seguintes condições:

I - nenhum dirigente remunerado poderá ser cônjuge ou parente até 3º (terceiro) grau, inclusive afim, de instituidores, sócios, diretores, conselheiros, benfeitores ou equivalentes da instituição de que trata o *caput* deste artigo; e
II - o total pago a título de remuneração para dirigentes, pelo exercício das atribuições estatutárias, deve ser inferior a 5 (cinco) vezes o valor correspondente ao limite individual estabelecido no inciso II do § 5º.

§ 7º O disposto nos §§ 5º e 6º não impede a remuneração do dirigente estatutário ou do diretor que, cumulativamente, tenha vínculo estatutário e empregatício com a entidade, exceto se houver incompatibilidade de jornadas de trabalho.

Art. 11. A imunidade de que tratam os arts. 8º a 10:

I - é restrita aos resultados relacionados com as finalidades essenciais das entidades neles mencionadas; e

II - não exclui a atribuição, por lei, às entidades neles referidas, da condição de responsáveis pelo imposto que lhes caiba reter na fonte e não a dispensa da prática de atos, previstos em lei, assecuratórios do cumprimento de obrigações tributárias por terceiros.

Com referência as Entidades Beneficentes de Assistência Social e Associações e Fundações, a mesma IN também especifica as regras no artigo 12 e 13:

Art. 12. A entidade beneficente de assistência social certificada na forma prevista no Capítulo II da Lei nº 12.101, de 27 de novembro de 2009, fará jus à isenção do pagamento da CSLL desde que atenda às disposições contidas nessa Lei, notadamente quanto aos seguintes requisitos:

I - não percebam seus diretores, conselheiros, sócios, instituidores ou benfeitores remuneração, vantagens ou benefícios, direta ou indiretamente, por qualquer forma ou título, em razão das competências, funções ou atividades que lhes sejam atribuídas pelos respectivos atos constitutivos, exceto no caso de associações assistenciais ou fundações, sem fins lucrativos, cujos dirigentes poderão ser remunerados, desde que atuem efetivamente na gestão executiva, respeitados como limites máximos os valores praticados pelo mercado na região correspondente à sua área de atuação, devendo seu valor ser fixado pelo órgão de deliberação superior da entidade, registrado em ata, com comunicação ao Ministério Público, no caso das fundações;

II - aplique suas rendas, seus recursos e eventual superavit integralmente no território nacional, na manutenção e desenvolvimento de seus objetivos institucionais;

III - possua certidão negativa ou certidão positiva com efeito de negativa de débitos relativos aos tributos administrados pela RFB e apresente certificado de regularidade do Fundo de Garantia do Tempo de Serviço (FGTS);
IV - mantenha escrituração contábil regular que registre as receitas e despesas e a aplicação em gratuidade, de forma segregada, em consonância com as normas expedidas pelo Conselho Federal de Contabilidade;
V - não distribua resultados, dividendos, bonificações, participações ou parcelas do seu patrimônio, sob qualquer forma ou pretexto;
VI - conserve em boa ordem, pelo prazo de 10 (dez) anos, contado da data da emissão, os documentos que comprovem a origem e a aplicação de seus recursos e os relativos a atos ou operações realizados que impliquem modificação da situação patrimonial;
VII - cumpra as obrigações acessórias estabelecidas na legislação tributária; e
VIII - apresente as demonstrações contábeis e financeiras devidamente auditadas por auditor independente legalmente habilitado nos Conselhos Regionais de Contabilidade quando a receita bruta anual auferida for superior ao limite fixado pela Lei Complementar nº 123, de 2006.

**Art. 13.** São isentas do IRPJ e da CSLL as instituições de caráter filantrópico, recreativo, cultural e científico e as associações civis que prestam os serviços para os quais foram instituídas e os colocam à disposição do grupo de pessoas a que se destinam, sem fins lucrativos.

§ 1º Não estão abrangidos pela isenção do IRPJ os rendimentos e ganhos de capital auferidos em aplicações financeiras de renda fixa ou de renda variável.

§ 2º Será definitivo o imposto sobre a renda retido na fonte de instituição isenta, sobre rendimento de aplicações financeiras de renda fixa e de renda variável ou pago sobre os ganhos líquidos mensais.

§ 3º Às entidades isentas aplicam-se as disposições do § 2º e dos incisos I a V do § 3º, ambos do art. 10, ressalvado o disposto no § 4º desse mesmo artigo.

§ 3º-A. As fundações de apoio às Instituições de Ensino Superior e as Instituições Científica, Tecnológica e de Inovação (ICTs) poderão remunerar o seu dirigente máximo que: (Incluído(a) pelo(a) Instrução Normativa RFB nº 1.881, de 03 de abril de 2019)

I - seja não estatutário e tenha vínculo empregatício com a instituição; ou (Incluído(a) pelo(a) Instrução Normativa RFB nº 1.881, de 03 de abril de 2019)

II - seja estatutário, desde que receba remuneração inferior, em seu valor bruto, a 70% (setenta por cento) do limite estabelecido para a remuneração de servidores do Poder Executivo federal. (Incluído(a) pelo(a) Instrução Normativa RFB nº 1.881, de 03 de abril de 2019)

§ 4º As entidades que deixarem de satisfazer as condições previstas nos incisos I a V do § 3º do art. 10 perderão o direito à isenção, observado o disposto nos §§ 5º a 13.

§ 5º Constatado que a entidade beneficiária de isenção deixou de cumprir requisito ou condição previsto nos incisos I a V do § 3º do art. 10, o Auditor-Fiscal da Receita Federal do Brasil expedirá notificação fiscal, na qual relatará os fatos que determinam a suspensão do benefício, indicando inclusive a data da ocorrência da infração.

§ 6º A entidade poderá, no prazo de 30 (trinta) dias da ciência da notificação, apresentar as alegações e provas que entender necessárias.

§ 7º O Delegado ou o Inspetor da RFB decidirá sobre a procedência das alegações e, sendo essas improcedentes, expedirá o ato declaratório suspensivo do benefício e dará ciência à entidade.

§ 8º Será igualmente expedido o ato suspensivo se decorrido o prazo previsto no § 6º sem qualquer manifestação da parte interessada.

§ 9º A suspensão do benefício terá como termo inicial a data da prática da infração.

§ 10. Efetivada a suspensão:

I - a entidade interessada poderá, no prazo de 30 (trinta) dias da ciência, apresentar impugnação ao ato declaratório; e
II - o Auditor-Fiscal da Receita Federal do Brasil lavrará auto de infração, se for o caso.

§ 11. A impugnação relativa à suspensão do benefício deverá ser apresentada com observância das demais normas do Processo Administrativo Fiscal regulado pelo Decreto nº 70.235, de 6 de março de 1972.

§ 12. A impugnação e o recurso apresentados pela entidade não terão efeito suspensivo em relação ao ato declaratório contestado.

§ 13. Caso seja lavrado auto de infração, as impugnações contra o ato declaratório e contra a exigência de crédito tributário serão reunidas em um único processo, para serem decididas simultaneamente.

**D** – É vedado instituir impostos sobre livros, jornais, periódicos e o papel destinado à sua impressão art. 150, VI "d".

Fundamento artigo 5º e 9º CF – É a garantia da liberdade de expressão e pensamento.

**E** – É vedado instituir impostos sobre fonogramas e videofonogramas musicais produzidos no Brasil, contendo obras musicais ou literomusicais de autores brasileiros e/ou obras em geral interpretadas por artistas brasileiros bem como os suportes materiais ou arquivos digitais que os contenham, salvo na etapa de replicação industrial de mídias ópticas de leitura a laser. A regra constitucional tem como objetivo a valorização do artista brasileiro e de seu produto musical – art. 150, inciso VI CF.

**F** – Imunidades para fins de reforma agrária art. 184 § 5º CF.

São isentas de impostos federais, estaduais e municipais as operações de transferências de imóveis desapropriados para fins de reforma agrária.

**G** – Exceções:

G1) Imunidades de taxas – Exceção à regra dos Impostos – A CF no seu artigo 5º inciso XXXIV determina que:

> São a todos assegurados, independentemente do pagamento de taxas: a) o direito de petição aos Poderes Públicos em defesa de direitos ou contra ilegalidade ou abuso de poder;
>
> b) a obtenção de certidões em repartições públicas, para defesa de direitos e esclarecimento de situações de interesse pessoal;

Como também no inciso LXXII e LXXIII

> LXXII - conceder-se-á *"habeas-data":*
>
> a) para assegurar o conhecimento de informações relativas à pessoa do impetrante, constantes de registros ou bancos de dados de entidades governamentais ou de caráter público;
>
> b) para a retificação de dados, quando não se prefira fazê-lo por processo sigiloso, judicial ou administrativo;
>
> LXXIII - qualquer cidadão é parte legítima para propor ação popular que vise a anular ato lesivo ao patrimônio público ou de entidade de que o Estado participe, à moralidade administrativa, ao meio ambiente e ao patrimônio histórico e cultural, ficando o autor, salvo comprovada má-fé, isento de custas judiciais e do ônus da sucumbência;

G2) Imunidade da contribuição social sobre o lucro líquido – as receitas de exportação são imunes de contribuição social, tais como COFINS nos termos do artigo 149 § 2º, inciso I da CF:

> Compete exclusivamente à União instituir contribuições sociais, de intervenção no domínio econômico e de interesse das categorias profissionais ou econômicas, como instrumento de sua atuação nas respectivas áreas, observado o disposto nos arts. 146, III, e 150, I e III, e sem prejuízo do

previsto no art. 195, § 6º, relativamente às contribuições a que alude o dispositivo.

§ 2º As contribuições sociais e de intervenção no domínio econômico de que trata o *caput* deste artigo: (Incluído pela Emenda Constitucional nº 33, de 2001)

I - não incidirão sobre as receitas decorrentes de exportação; (Incluído pela Emenda Constitucional nº 33, de 2001)

# 13 PLANEJAMENTO TRIBUTÁRIO

Neste capítulo, será estudado o conceito de planejamento tributário aplicável às sociedades empresárias brasileiras, considerando o fato de que, devido à globalização, concorrência internacional e o atual cenário econômico nacional, as empresas encontram-se obrigadas a trabalhar com uma margem de lucro reduzida, o que, na prática, significa obrigatoriamente uma redução de gastos, incluindo-se principalmente uma economia tributária, que deverá ser feita de maneira licita, não colocando em risco o empreendimento, sendo óbvio, que todos estes atos devem ser abrangidos por uma segurança jurídica.

A justificativa deste item leva em conta a elevada carga tributária existente no Brasil aliada aos recordes de arrecadação que observamos mensalmente, como também, a complexidade da legislação tributária que adota um número excessivo de leis e sucessivas alterações legislativas, assim como no tocante ao cumprimento das obrigações principais e acessórias com relação aos tributos que em média, demandam 2.600[99] horas anuais por parte das empresas para apurar e pagar os tributos.

## 13.1 PLANEJAMENTO TRIBUTÁRIO

Nessa linha o planejamento tributário é uma expressão utilizada para representar o conjunto de procedimentos adotados pelo contribuinte. Procura eliminar, reduzir ou diferir para o momento mais oportuno a incidência dos tributos. Assim, quando se faz referência ao planejamento tributário, não se está tratando apenas do procedimento intelectual para metodologias ou desenvolvimento de ideias voltadas à redução da carga tributária, mas também à sua implementação.

---

[99] Matéria divulgada no Jornal *O Estado de São Paulo*, caderno B6 em 19.11.2011.

Consoante essa premissa, a implementação de planejamentos tributários pode representar um novo dimensionamento das atividades negociais do contribuinte. Estabelecem-se formas para sua exteriorização, por meio de adoção de nova moldura jurídica às transações comerciais, logísticas, operacionais etc. Trata-se de atividades que ultrapassam, muitas vezes, o plano estritamente formal das relações jurídicas e da formação dos contratos, para afetar as atividades da empresa nos diversos segmentos em que se desenvolvem (SILLOS, 2005, p. 10).

Nesse sentido, os planejamentos tributários não são instrumentalizados apenas por meio de adoção de negócios jurídicos atípicos ou indiretos, mas passam também pela escolha do melhor local para se construir uma fábrica (seja no país ou fora dele). Visam obter favores fiscais, concedidos pelos governos, à adoção do melhor porto de importação de mercadorias (para fazer frente a benefícios voltados aos impostos aduaneiros), à escolha da melhor forma de financiamento de suas atividades (contribuição de capital pelos sócios ou empréstimos subsidiados) etc., que podem levar o contribuinte a significativas economias de tributos.

A respeito desse assunto, Andrade Filho (2011, p. 804) tece algumas considerações.

> O planejamento tributário tem no princípio da eficiência a sua justificação ética e axiológica. Assim, ligado à ideia de eficiência, o planejamento tributário é direito subjetivo de qualquer pessoa. O planejamento tributário visa, em última análise, otimizar, nos marcos da ordem jurídica, o montante de encargos tributários a serem suportados por uma pessoa natural ou coletiva. Assim, por exemplo, ele tem em mira casos em que a legislação prevê a possibilidade de escolha entre regimes de tributação que podem levar a uma carga tributária menor; é aquilo que os tributaristas espanhóis denominam "economia de opção", que pode ser explícita ou tácita. Exemplos clássicos existem na legislação do Imposto de Renda brasileiro em relação à: (a) possibilidade de certas empresas optarem pela tributação com base no lucro presumido ou com base no lucro real; e (b) possibilidade

que as pessoas físicas têm de considerar certos rendimentos como tributados exclusivamente na fonte, como é o caso de alguns ganhos financeiros.

Ainda nesta linha de raciocínio, cita-se a definição de Claudemir Malaquias (2011, p. 393).

> O vocábulo "planejamento" é empregado para designar a ação de organizar ou projetar cenários futuros com certa antecedência e sob certas premissas técnicas. A expressão "planejamento tributário" sob o aspecto semântico implica a ideia de ação preventiva, de algo que é cuidadosamente engendrado com o objetivo de atingir determinado resultado, que neste caso é a economia de imposto. Essa expressão também é empregada como sinônimo de liberdade de ação e a realização de uma escolha entre duas ou mais possibilidades igualmente válidas. Trata-se de uma seleção entre várias alternativas oferecidas pelo ordenamento jurídico no que diz respeito a distintas hipóteses de incidência tributária.

Diante do escopo de planejamento tributário, separam-se os procedimentos lícitos (elisão tributária), destinados à economia dos tributos, daqueles executados por meio de práticas ilícitas – (evasão tributária). (SILLOS, 2005, p. 10-11).

## 13.2 ELISÃO FISCAL

A elisão fiscal qualifica-se como procedimento **lícito** realizado pelo contribuinte para reduzir a carga tributária. Nesses procedimentos, enquadrar-se-iam os destinados a agir sobre os negócios realizados **antes do fato gerador**, visando evitar seu enquadramento à hipótese de incidência dos tributos e, consequentemente, dando origem ao nascimento da obrigação tributária.

Os procedimentos elisivos atuam sobre os elementos da obrigação tributária (material, espacial, pessoal, quantitativo e temporal), de modo que se obtenha uma imposição tributária menos gravosa do que seria em outras circunstâncias de fato ou de direito.

Quando se fala em elisão tributária, evidencia-se a questão relativa à licitude da adoção pelo contribuinte de procedimentos e negócios jurídicos, com a finalidade de reduzir sua carga tributária, ainda que esse seja o único objetivo da transação (SILLOS, 2005, p. 12).

A elisão fiscal, ao contrário da evasão, não se compadece com a fraude ou simulação, ou ainda, qualquer outra figura representativa de ação ou omissão ilícita, de acordo com a norma jurídica positivada (ANDRADE FILHO, 2009, p. 165).

## 13.3 EVASÃO FISCAL

Por evasão fiscal compreendem-se as práticas **ilícitas** adotadas pelo contribuinte com o objetivo de evadir-se ao cumprimento da obrigação tributária relacionada ao pagamento do tributo. Entende-se que tais práticas são aquelas estabelecidas nas leis nº 8.137/90 e nº 4.502/64, que trazem as hipóteses tipificadas como crime contra a ordem tributária e os conceitos de sonegação[100] fiscal, fraude[101] e conluio (ajuste entre duas pessoas físicas ou jurídicas para evitar o pagamento de tributo). Também devem ser enquadrados como hipóteses de evasão fiscal os negócios jurídicos nulos ou anuláveis devido a vício de vontade, estatuído na legislação civil, como a simulação (SILLOS, 2005, p. 13).

---

[100] O art. 71 da Lei 4.502/64 define sonegação como toda ação ou omissão dolosa tendente a impedir ou retardar, total ou parcialmente, o conhecimento por parte da autoridade fazendária: a) da ocorrência do fato gerador da obrigação tributária principal, sua natureza ou circunstâncias materiais; b) das condições pessoais do contribuinte suscetíveis de afetarem a obrigação tributária principal ou o crédito tributário correspondente.

[101] Plácido Silva (1994) define a Fraude da seguinte forma: "Entende-se geralmente como o engano malicioso ou a ação astuciosa, promovidos de má-fé, para ocultação da verdade ou fuga do cumprimento do dever. Nestas condições, a fraude traz consigo o sentido de engano, não como se evidencia no dolo, em que se mostra a manobra fraudulenta para induzir outrem à prática de ato, de que lhe possa advir prejuízo, mas o engano oculto para furtar-se o fraudulento ao cumprimento do que é de sua obrigação ou para logro de terceiros".

Nesse contexto da simulação, destaca-se o conceito de Andrade Filho (2009, p. 169).

> Simulação é conceito normativo delineado no parágrafo primeiro do art. 167 do Código Civil. De acordo com o referido preceito, haverá simulação nos negócios jurídicos quando: I – aparentem conferir ou transmitir direitos a pessoas diversas daquelas às quais realmente se conferem, ou transmitem; II – contiverem declaração, confissão, condição ou cláusula não verdadeira; III – os instrumentos particulares forem antedatados, ou pós-datados.

A evasão tributária significa a forma **ilícita** de evitar a satisfação da obrigação tributária, e elisão significa a forma **lícita** de evitar ou minorar a incidência dos tributos. A evasão significa que já há dever do contribuinte em satisfazer a obrigação tributária, porém, a ocultou, enquanto na elisão busca-se evitar o surgimento desta OT (CARVALHO, 2004, p. 58).

## 13.4 NORMA ELISIVA

A legalidade da prática de atos e negócios jurídicos acontece mediante a escolha adequada de ações ou omissões lícitas. Estas, não viciadas, são sempre anteriores aos fatos geradores dos tributos. A finalidade é alcançar a redução ou mesmo a eliminação da carga tributária incidente sobre determinada operação. Trata-se de um tema que há muito gera debates no meio especializado da matéria tributária.

A discussão ganhou fôlego a partir da promulgação da LC 104/2001 que, alterando a norma que trata do momento da ocorrência do fato gerador da obrigação principal (art. 116, CTN), acrescentou-lhe um parágrafo único.

> Parágrafo único. A autoridade administrativa poderá desconsiderar atos ou negócios jurídicos praticados com a finalidade de dissimular a ocorrência do fato gerador do tributo ou a natureza dos elementos constitutivos da obrigação tributária, observados os procedimentos a serem estabelecidos em lei ordinária.

Não havia antes dessa, qualquer outra norma com o mesmo sentido e amplitude. A técnica da antielisividade específica[102], no entanto, foi historicamente difundida nas normas tributárias brasileiras. Em um passado não muito distante, há notícias de tentativas infrutíferas de incorporação de normas antielisivas de caráter geral no ordenamento jurídico nacional.

No caso da LC 104/2001, o caminho seguido pelo legislador foi de inserir, via lei complementar, um comando que permite à autoridade administrativa reconstituir os elementos que compõem a obrigação tributária a partir da constatação da prática de atos dissimuladores da ocorrência do fato gerador ou da natureza dos elementos constitutivos da obrigação tributária.

A única restrição imposta à ação da administração tributária é que haja disciplina do procedimento a ser adotado para reinterpretar os efeitos da dissimulação, conceito-chave para deslinde do conteúdo da norma antielisão (VAZ, 2005, p. 274-275). Enquanto nenhuma regulação existia, os mais eminentes doutrinadores da área se posicionaram majoritariamente pela inconstitucionalidade da norma em questão. Tal entendimento decorria essencialmente do fato de que a antielisividade pretendida pela LC 104/2001 ofendia frontalmente a Constituição Federal. Ela não respeitava o princípio da estrita legalidade e da tipicidade cerrada em matéria tributária (previsto no art. 150, Inciso I da Constituição Federal e refletido no CTN, em seu art. 97), sem falar do conflito absoluto com outras normas do próprio sistema tributário.

Outra crítica que se fez ao dispositivo é que a norma era absolutamente desnecessária, posto que já existiam no ordenamento jurídico dispositivos suficientes para combater e autorizar a desconsideração dos atos simulados e dissimulados.

---

[102] Paulo Cesar Risca Vaz (2005) afirma, em relação à antielisividade específica, que: "Poder-se-ia escrever um livro inteiro dedicado somente sobre esse assunto. A antielisividade específica — que é como qualifico, para fins desse breve e despretensioso artigo, a técnica empregada por normas que procuram combater a elisão de forma pontual e claramente direcionada, é uma prática absolutamente arraigada no quotidiano tributário brasileiro".

Na opinião de Ives Gandra da Silva Martins (2004), tal dispositivo fere a Constituição Federal no seu mais prestigiado princípio, que é o da estrita legalidade pertinente ao direito tributário. Com efeito, o art. 150, inciso I, da Constituição Federal versado está com a seguinte dicção.

> Art. 150. Sem prejuízo de outras garantias asseguradas ao contribuinte é vedado à União, aos Estados, ao Distrito Federal e aos Municípios: I — exigir ou aumentar tributos sem lei que o estabeleça.

Exterioriza-se, portanto, garantia fundamental, que é cláusula pétrea, à luz do parágrafo quarto, inciso IV, do art. 60: "Parágrafo quarto: Não será objeto de deliberação a proposta de emenda tendente a abolir: IV — os direitos e garantias individuais."

O princípio da legalidade, no próprio texto da lei suprema, já fora consagrado no mais relevante artigo da Constituição, aquele que garante os direitos individuais, função primacial do Estado de Direito. Segue o artigo 5º inciso II, sobre esse tema: "II — Ninguém será obrigado a fazer ou deixar de fazer alguma coisa senão em virtude de lei".

Em todos os espaços geográficos e períodos históricos, o tributo é destinado não apenas a fazer do Estado um prestador de serviços públicos, mas um mantenedor de privilégios e benefícios exclusivamente a favor dos detentores do poder. É que, sabiamente, o constituinte, ao mesmo tempo em que assegurou ao Estado os recursos que se auto-outorga, garantiu ao contribuinte, que, sem lei, não há possibilidade de exigência tributária (MARTINS, 2004, p. 451-453).

A norma antielisão veio permitir que o fisco impusesse tributos e penas fora da lei, desconsiderando a lei aplicável, escolhendo o instrumento que lhe permita arrecadar mais. Dessa maneira, configura-se a hipótese de operação mais onerosa, mesmo que a menos onerosa tenha sido utilizada, dentro da lei.

Pretendeu-se fechar as brechas legais, não da maneira legítima, por meio do Congresso, com projetos de lei, mas pela ação da fiscalização. Ora, as brechas na legislação ou existem – e não há o que contestar se o contribuinte atuar no campo não disciplinado, a salvo de tributo ou pagando menor carga tributária –, ou não existem – e a atuação do contribuinte em desconformidade com a disciplina aplicável caracteriza infração à lei.

O novo Código Civil permite a adoção da figura que desconsidera a pessoa jurídica, hospedando teoria de há muito tempo aplicável nos conflitos judiciais e conformada em sólida jurisprudência, mas no campo do direito privado (art. 50) e no artigo 133 do Código de Processo Civil.

À evidência, se determinada relação jurídica for desconsiderada no direito civil, terá seu reflexo no campo do direito tributário. Isso acontece porque as instituições de direito privado não podem ser alteradas pelo direito tributário, mas devem ser por ele respeitadas, podendo, no máximo, definir seus efeitos.

Martins (2004) afirma que o parágrafo único do art. 116 é inconstitucional, por ferir o princípio da estrita legalidade. Não há espaço para a figura desconsiderava no direito tributário brasileiro. À evidência, se ocorrer a desconsideração no direito privado, esta desconsideração do Código fundada no direito Civil terá reflexo no direito tributário, não como relação tributária autônoma, mas como consequência da norma permissiva do Código Civil. Paulo Vaz (2005, p. 296) manifesta-se sobre a questão.

> Com efeito, precedentes judiciais e administrativos tem corroborado a ideia de que, mesmo em face da LC 104/01, os atos ligados a um planejamento não poderão ter seus efeitos jurídicos e tributários ilegitimados se esses atos forem praticados em observância à estrita legalidade, vale dizer, formulados dentro da lei e das formas legais permitidas e não eivadas de simulação, dolo, ou fraude, e envolverem operações que apresentem consistência econômica. A LC 104/01 veio apenas enfatizar esses requisitos de validade do planejamento, que, na verdade, sempre se impuseram.
>
> Não haverá simulação ou dissimulação se as partes existem, praticam efetivamente os atos formalizados, obtém

os efeitos pretendidos por meio desses próprios atos, estão habilitadas a praticá-los, inexistem impedimentos legais e seguem as formalidades exigidas. Não haverá fraude se os atos praticados são lícitos, e não haverá sonegação fiscal se os atos são anteriores a ocorrência do fato gerador (não se destinam, portanto, a ocultar do conhecimento do Fisco fato gerador ocorrido). Observa-se estará, nesses casos, a estrita legalidade citada anteriormente.

No que se refere à norma antielisiva e à liberdade do contribuinte, Marcus Abraham (2007, p. 228) também emite sua visão.

> Há muito se manifestou a Suprema Corte Americana, no célebre caso Gregory vs Helvering (1935), conforme transcreve Carlos M. Guiulani Founrouge: *cualquiera puede arreglar sus asuntos de tal modo que su impuesto se alo más reducido posible; no esta obligado a eligir la fórmula más productiva para la riaorería; ni aun existe el deber patriótico de elevar sus próprios impuestos*

É possível afirmar que existem três correntes distintas a respeito da norma antielisiva.

A **primeira corrente** atribuiu ao parágrafo único do art. 116 do CTN nenhum efeito. Vale dizer que o dispositivo citado não inovou na Ordem Tributária, já que a hipótese de simulação tem previsão expressa no art. 149 do CTN, inciso VII. Como a norma antielisão intenciona proibir a dissimulação, que nada mais é que a simulação relativa, então a nova norma não alcançou o fim a que se destinava: proibir a elisão.

Ademais, pela literalidade do texto, constata-se que a norma antielisão estaria abraçando as hipóteses ilícitas de redução de impostos. Em outras palavras, não seria caso de elisão e sim de fraude. Compreende-se, nesse sentido, que dissimular a ocorrência do fato gerador é, na verdade, ocultar sua ocorrência. O fato gerador já teria acontecido, mas o contribuinte estaria ocultando, disfarçando, encobrindo sua ocorrência ao fisco.

A **segunda corrente**, capitaneada por Ives Gandra da Silva Martins e Alberto Xavier (2004), defende a inconstitucionalidade da LC 104/2001. Considera a norma antielisiva uma violação ao princípio da legalidade estrita, instaurando-se uma completa insegurança nos negócios praticados pelo contribuinte. Preconiza a tese de que, se essa norma fosse considerada constitucional, ela estaria autorizando a interpretação econômica no direito brasileiro. Isso poderia deferir ao fisco o dever de tributar duas situações jurídicas distintas, reveladoras de mesmo conteúdo econômico e de igual capacidade contributiva.

A **terceira corrente** de pensamento adota posições menos radicais e mais ponderadas, asseverando que o critério de interpretação da norma deve ser orientado pela busca do pluralismo de valores com equilíbrio entre liberdade, justiça e segurança jurídica. Tendo em vista este posicionamento, dois regimes de antielisão podem ser compreendidos no modelo ventilado na LC 104/2001. O primeiro consiste na previsão de norma antielisiva geral disposta no CTN associada à legislação ordinária meramente procedimental dos membros da federação. O **segundo** dispõe a norma antielisiva de maneira genérica no CTN e deixa ao legislador de cada ente federativo a tarefa de elaborar a norma antielisiva específica que contenha a lista dos negócios imponíveis ao fisco, prestigiando o pacto federativo, que atualmente vem sendo esquecido. Nesse passo, algumas condições são necessárias à aplicação da norma antielisiva geral. No primeiro regime, considera-se constitucional a norma antielisiva geral desde que, cumulativamente, atenda aos seguintes requisitos: a) o intérprete faça uso da técnica de ponderação dos interesses na solução do conflito; b) a justificativa para intervenção do fisco seja bem clara e definida, usando critérios objetivos, à luz da transparência que deve existir nas relações entre fisco e contribuinte; c) obedeça à lei ordinária de cada ente federativo exigida em seu texto (lei meramente procedimental); d) exista ampla defesa, contraditório e controle do ato de desconsideração, sob pena de se atribuir um poder sem sua contrapartida (*checks and balances*). No segundo regime, desde que a lei ordinária exigida de cada ente federativo contenha a lista de situações antielisivas (lei contendo norma antielisiva específica), acrescentando-se, ainda, as condições a, b e d (ESTRELLA, 2004 p. 132-133).

## 13.5 EXEMPLO DE PLANEJAMENTO TRIBUTÁRIO

Neste tópico será demonstrado um caso de planejamento tributário federal simulando a aplicação em um grupo de empresas de origem nacional, visando à redução da carga tributária do IRPJ. Referido exemplo foi desenvolvido na obra "A função social das sociedades empresárias e o planejamento tributário federal".[103]

A seguir segue o exemplo:

### 13.5.1 Planejamento tributário federal - análises e proposições

É preciso considerar, antes de tudo, que o objetivo deste *case* é apresentar uma nova possibilidade de aplicação do planejamento tributário federal visando à redução da carga tributária da sociedade empresária. A meta é maximizar os resultados financeiros para que a empresa possa crescer de modo sustentável e, efetivamente, exercer sua função social perante a sociedade.

Neste contexto, será apresentado um demonstrativo destinado à sociedade limitada, revelando uma forma diversa para aplicação da legislação tributária federal. Assim, buscam-se opções jurídicas e fiscais para que a empresa possa decidir pela tributação adequada. Vislumbra-se ainda que, com o exercício deste planejamento fiscal, seja possível reduzir a carga tributária e exercer a função social da companhia perante sócios, sociedade e Estado. A ideia é, enfim, dar prosseguimento aos projetos organizacionais de investimento e desenvolvimento de novos negócios, com a devida segurança jurídica e responsabilidade social.

---

[103] CAROTA, José Carlos. *A função social das sociedades empresárias e o planejamento tributário federal*. São Paulo: Allprint, 2013, p. 131-136.

## 13.5.2 Demonstrativo de aplicação de planejamento tributário federal

Será criada uma hipótese, com desenvolvimento de um demonstrativo de cálculo, aplicando-se a legislação tributária federal em uma sociedade limitada. Sucessivamente, será realizada uma comparação entre a sistemática de apuração do lucro real e do lucro presumido, analisando-se as diferenças da carga tributária.

O *case* apresentará ainda uma terceira e nova opção não convencional de aplicação da legislação tributária federal. Objetivará reduzir legalmente os gastos com os tributos, para que a empresa possa cumprir seu papel junto a sociedade e respectivos sócios.

## 13.5.3 Hipóteses e variáveis relativas ao desenvolvimento do demonstrativo da aplicação da tributação federal de uma sociedade limitada

Inicialmente, é necessário estabelecer as premissas de elaboração dos cálculos tributários, para aplicar a legislação tributária relativa ao lucro real e presumido. Em seguida, desenvolve-se a terceira opção, não convencional, de aplicação da legislação, com a finalidade específica de reduzir a incidência dos tributos. Portanto, seguem abaixo as hipóteses e variáveis adotadas para efeito de elaboração dos cálculos de apuração, adiante apresentados:

A empresa Refrigerantes Acme Ltda.[104] é uma sociedade empresária do tipo limitada que foi constituída na cidade de São Paulo e tem como objetivo definido em seu contrato social a comercialização de bebidas. O projeto terá início na capital paulista para, em seguida, no mesmo ano, abrir novas filiais em Curitiba e Goiânia. Suas atividades empresariais começarão em 01.01.2022, e seu plano

---

[104] Denominação de sociedade empresária fictícia.

de negócios[105] e de orçamento[106] para o primeiro ano de atividade já foi definido. Porém, devido ao elevado gasto com tributos apresentado no orçamento, os sócios precisam de uma nova opção em termos de tributação a ser aplicada na empresa, para evitar um prejuízo econômico e social. Assim, apresenta-se uma nova alternativa, utilizando-se o planejamento tributário que assegure a competitividade da empresa e a continuidade dos negócios, além da função social do empreendimento.

Para iniciar o estudo relativo à tributação, seguem os dados preliminares definidos para o primeiro ano de atividade da Refrigerantes Acme, abrangendo a matriz e todas as filiais da empresa. Tais informações servirão de base para as três opções tributárias que serão apresentadas posteriormente.

| CONTA | VALOR |
|---|---|
| - Vendas previstas em São Paulo: | R$ 40.000.000,00 |
| - Vendas previstas em Goiânia: | R$ 20.000.000,00 |
| - Vendas previstas em Curitiba: | R$ 20.000.000,00 |

---

[105] Entende-se o *business plan*, ou plano de negócios empresariais, como um planejamento que deve conter uma previsão para os próximos anos do que efetivamente a empresa planeja a médio e longo prazo. Explico-me: a empresa define suas metas, compromissos, prazos e os eventuais riscos e oportunidades e como pretende estar posicionada para os próximos anos, descrevendo todas as fases de como fazer para chegar ao seu objetivo almejado. Para tanto, esse plano é dividido em capítulos, onde se podem inserir as informações de acordo com a estratégia adotada nos planos de Marketing, Produção, Vendas, Recursos Humanos, Financeiro, Investimentos, Rentabilidade, Cenário Atual e Futuro, Estratégias de Negócios etc. É claro que tudo deve manter uma sequência lógica que permita ao leitor entender como funciona a empresa e o que se planeja para o futuro (CAROTA e DOMANICO FILHO, 2011, p. 75).

[106] Welsh (1983) define que o orçamento de uma empresa (plano de lucro) consiste em um plano administrativo abrangendo todas as fases das operações para um período futuro. É uma expressão formal das políticas, planos, objetivos e metas da alta administração para a empresa como um todo. Os objetivos de receita são expressos no orçamento de vendas; as metas de despesas são expressas no orçamento de despesas. Ambos devem ser alcançados para que se possa obter o lucro líquido e o retorno sobre o investimento planejado.

| CONTA | VALOR |
|---|---|
| - Total de vendas previsto: | R$ 80.000.000,00 |
| - Custo da mercadoria vendida: | R$ 40.000,000,00 |
| - Outros custos de comercialização: | R$ 6.000.000,00 |
| - Despesas administrativas/comerciais: | R$ 4.000.000,00 |
| - Encargos sociais INSS folha de salários: | R$ 4.000.000,00 |
| - **Lucro previsto antes da aplicação do IRPJ e CSLL:** | R$ 26.000.000,00 |

### 13.5.4 Análise comparativa entre o lucro real e o presumido

Comparando as duas sistemáticas de apuração relativas ao lucro real e presumido, descritas nos apêndices "D" e "E", verifica-se que existe uma economia tributária favorável para a empresa no valor de R$ 5.898.000,00. Basta trocar o lucro real pelo lucro presumido, ou seja, uma vantagem de mais de 50%. Porém, de acordo com a legislação tributária federal analisada, o limite anual de faturamento para o lucro presumido[107] é de R$ 78.000.000,00, e a Refrigerantes Acme pretende ter um faturamento de R$ 80.000.000,00. Neste caso, ultrapassará o limite individual da empresa e, consequentemente, não poderá adotar a opção mais vantajosa.

---

[107] De acordo com o artigo 13 da Lei 9.718/98, com redação dada pela Lei 10.637/02, podem optar pela tributação com base no lucro presumido as pessoas jurídicas que, não estando obrigadas ao regime de tributação no lucro real, tenham auferido, no ano calendário anterior, receita igual ou inferior a R$ 48.000.000,00. Valor alterado para R$ 78.000.000,00 a partir de 01.01.2014, com base na MP 612/2013.

## COMPARATIVO DO TOTAL DE TRIBUTOS DEVIDO PELA EMPRESA

| TRIBUTO | LUCRO REAL | LUCRO PRESUMIDO |
|---|---|---|
| PIS | R$ 660.000,00 | R$ 520.000,00 |
| COFINS | R$ 3.040.000,00 | R$ 2.400.000,00 |
| CSLL | R$ 2.007.000,00 | R$ 864.000,00 |
| IRPJ | R$ 5.551.000,00 | R$ 1.576.000,00 |
| TOTAL | R$ 11.258.000,00 | R$ 5.360.000,00 |

### 13.5.5 Sugestão de adoção de um modelo tributário multifacetário

A partir deste momento, desenvolveu-se uma sistemática de tributação não convencional que poderia ser adotada pela empresa Refrigerantes Acme para reduzir licitamente sua carga tributária federal. Adotou-se a modalidade de lucro presumido para a matriz; e para as filiais, foi sugerida a constituição de uma sociedade em conta de participação. Busca-se aproveitar a vantagem do lucro presumido e permanecer dentro do limite estabelecido em lei. Consequentemente, será gerada uma economia de tributos no valor de R$ 5.922.000,00 em comparação com a sistemática do Lucro Real, demonstrada no apêndice F.

### 13.5.6 Considerações iniciais para desenvolvimento da nova hipótese

A nova hipótese observará os seguintes itens.
a) Considera-se que a opção tributária mais favorável para a empresa é a tributação pela sistemática do lucro presumido, em seguida, pelo lucro real.
b) Observa-se que a empresa em questão tem uma rentabilidade muito alta e, por consequência, a opção pelo lucro presumido traz uma grande vantagem tributária em relação à tributação pelo lucro real. Isso acontece **porque a presunção de lucro definida em lei (que neste caso é 8%) é menor que o lucro auferido pela empresa.** Todavia, o limite para utili-

zação da sistemática do lucro presumido restringe-se a R$ 78.000.000,00 por ano, e a Refrigerantes Acme irá ultrapassar o limite legal. Vale lembrar que, na opção pelo lucro presumido, a empresa também tem seus gastos com obrigações acessórias reduzidas[108], em comparação com as exigências do lucro real.

c) Neste contexto de expansão do empreendimento, verifica-se também que, a empresa em questão objetiva iniciar suas atividades em São Paulo e, em seguida, estender seus negócios a Goiânia e Curitiba. A expectativa dos sócios é que o limite definido em lei para o lucro presumido seja ultrapassado quando da abertura e funcionamento das filiais.

Neste cenário, existe uma nova possibilidade tributária, legal e não convencional, para que o limite não seja ultrapassado, pois nada obsta que a Refrigerantes Acme seja tributada pelo lucro real ou presumido em sua matriz em São Paulo, uma sociedade limitada. Não se descarta que, eventualmente, o sócio possa constituir uma **S**ociedade em **C**onta de **P**articipação[109] (SCP) para as filiais de

---

[108] As pessoas jurídicas permitidas para opção do lucro presumido, de acordo com o art. 600 do RIR/2018, estão dispensadas pela legislação do Imposto de Renda da escrituração contábil, exceto da escrituração dos livros registro de inventário e do livro-caixa, no qual deverá ser escriturada toda a movimentação financeira, inclusive a bancária, porém, o artigo 1.179 e seguintes do CC, obrigam a sociedade empresária a manter a escrituração e documentação contábil, sendo dispensadas somente à pequena empresa, conforme Lei 9.317/96, que instituiu o regime tributário para microempresas-ME, que passou a abranger a empresas de pequeno porte – EPP.

As pessoas jurídicas submetidas ao regime de tributação com base no lucro presumido podem utilizar o regime de caixa no reconhecimento de suas receitas, mesmo que tenham escrituração contábil regular. No entanto, o regime de caixa, quando utilizado para fins de incidência de contribuições para o PIS e o COFINS, deve ser obrigatoriamente utilizado também em relação ao IRPJ e CSLL. (Artigo 587 RIR/2018)

Cabe ainda ressaltar que a tributação do IRPJ pelo lucro presumido implica na tributação monofásica do PIS e COFINS, conforme o artigo 8, inciso II da Lei 10.637/02 e 10.833/03.

[109] A sociedade em Conta de Participação é um tipo societário previsto nos artigos 991 a 996 do Código Civil. A conta de participação é, na realidade,

Curitiba e Goiânia. Poderá optar pelo lucro presumido em cada uma delas, conforme previsto no art. 246, da Instrução Normativa 1.700 da RFB, expedida pela Secretaria da Receita Federal[110] a seguir descrito

> Art. 246. Observadas as hipóteses de obrigatoriedade do regime de tributação com base no lucro real, as SCP podem optar pelo regime de tributação com base no lucro presumido e resultado presumido.

---

um contrato de investimento comum, em que existem sócios ostensivos, que assumem a responsabilidade perante terceiros, e os sócios participantes ou ocultos, que são os investidores.

As principais características deste tipo societário são as seguintes: a) seu ato constitutivo não é registrado na junta comercial e, portanto, não adquire personalidade jurídica; b) não possui capital social; c) liquida-se com a prestação de contas; d) não possui nome; e) a atividade é exercida exclusivamente pelo sócio ostensivo; f) a sociedade é tributada normalmente. A constituição da sociedade em conta de participação independe de qualquer formalidade e pode provar-se por todos os meios documentais e testemunhais. Se o contrato social existir, produz efeito somente entre os sócios, e sua eventual inscrição em registro público de títulos e documentos não confere personalidade jurídica à sociedade. (NEGRÃO, 2011, p. 335-340).

A sociedade em conta de participação está sujeita à inscrição no Cadastro Nacional de Pessoa Jurídica CNPJ conforme IN SRF 1.470/2014. Compete ao sócio ostensivo a responsabilidade de apurar os resultados, apresentar declaração de informações e recolher o imposto devido. Esses dados deverão ser apurados em cada período, com observância da legislação federal aplicável às demais pessoas jurídicas tributadas pelo lucro real. Contudo, a partir do ano 2002, as sociedades em conta de participação que não estiverem obrigadas à tributação pelo lucro real poderão optar pela tributação com base pelo lucro presumido. A opção do lucro presumido não obriga à opção simultânea pelo sócio ostensivo e vice-versa.

Outra característica interessante desse tipo de sociedade é que a escrituração poderá, à opção do sócio ostensivo, ser efetuada nos livros do sócio ostensivo ou em livros próprios da SCP, e o pagamento dos tributos devidos será efetuado pelo sócio ostensivo (NEVES; VICECONTI, 2007, p. 594-596).

[110] A Instrução Normativa IN SRF 31/2001 menciona em seu art. 1º, § 1º, que "a opção da sociedade em conta de participação pelo regime de tributação com base no lucro presumido não implica a simultânea opção do sócio ostensivo, nem a opção efetuada por este implica a opção daquela".

> § 1º A opção da SCP pelo regime de tributação com base no lucro presumido e resultado presumido não implica a simultânea opção do sócio ostensivo, nem a opção efetuada por este implica a opção daquela.
>
> § 2º O recolhimento do IRPJ e da CSLL devidos pela SCP será efetuado mediante a utilização de Darf específico, em nome do sócio ostensivo.
>
> § 3º O disposto neste artigo não prejudica a observância das demais normas relativas ao regime de tributação com base no lucro presumido e no resultado presumido previstas na legislação, inclusive quanto à adoção do regime de caixa.

Neste mesmo sentido, Bernardo Portugal (2004, p. 163), faz a observação a seguir:

> Ressalte-se que a independência observada entre o sócio ostensivo e a própria sociedade em conta de participação também se revela na opção do regime de tributação quanto ao Imposto de Renda. Assim, poderá a SCP, por exemplo, optar pela apuração e tributação com base no lucro presumido, enquanto o sócio ostensivo sujeita-se à tributação pelo lucro real.

Nessa mesma linha de raciocínio, Edmar Oliveira de Andrade Filho (2009, p. 77), destaca que "os exemplos clássicos existem na legislação do imposto de renda brasileiro em relação à possibilidade de certas empresas optarem pela tributação com base no lucro presumido ou com base no lucro real".

A instrução normativa 1.700/17 em seu artigo 6º da Receita Federal do Brasil define a tributação da SCP como:

> Art. 6º As sociedades em conta de participação (SCP) são equiparadas às pessoas jurídicas.
>
> § 1º Na apuração dos resultados da SCP e na tributação dos lucros apurados e dos distribuídos serão observadas as normas aplicáveis às pessoas jurídicas em geral.

§ 2º Compete ao sócio ostensivo a responsabilidade pela apuração dos resultados da SCP e pelo recolhimento do IRPJ e da CSLL devidos.

### 13.5.7 Desenvolvimento da nova sistemática de apuração – lucro presumido para a matriz em São Paulo e presumido para as filiais de Curitiba e Goiânia – terceira opção – sociedade em conta de participação

Os cálculos do apêndice F demonstram que o total de tributos devidos por esta nova sistemática é sensivelmente menor, conforme se observa a seguir.

Total dos tributos devidos pela matriz e filiais

| TRIBUTO | VALOR |
|---|---|
| PIS | R$ 520.000,00 |
| COFINS | R$ 2.400.000,00 |
| CSLL | R$ 864.000,00 |
| IRPJ | R$ 1.552.000,00 |
| **TOTAL** | **R$ 5.336.000,00** |

Conclusões do exercício da nova opção tributária

Efetivamente, no conjunto das duas entidades optando pela sistemática do lucro presumido, demonstrou-se que haveria ganho na redução da base de cálculo do IRPJ e CSLL, comparando-se a Refrigerantes Acme e a Sociedade em Conta de Participação a ser constituída. Considerou-se ainda que a opção pelo regime do lucro presumido implicava tributação monofásica do PIS e COFINS. Além disso, os aspectos da legislação tributária estadual e municipal devem ser observados na adoção do regime de tributação não convencional.

# 14 TRIBUTOS FEDERAIS

O presente tópico tem como finalidade descrever de forma objetiva os principais tributos federais, definindo o conceito, fundamentação legal[111], base de cálculo e alíquotas, e também demonstrar, com exemplos de fácil compreensão, a sistemática de cálculo e apuração nos casos de maior complexidade facilitando o entendimento do leitor com relação à aplicação prática dos cálculos tributários da pessoa jurídica.

## 14.1 IMPOSTO DE RENDA PESSOA JURÍDICA

Conforme definido pelo artigo 43 do CTN, o Imposto de Renda Pessoa Jurídica é um tributo devido à União que incide sobre rendimentos, ganhos e lucros resultantes de operações industriais, mercantis ou de prestação de serviços, além dos acréscimos patrimoniais decorrentes de ganhos de capital, obtidos pelos contribuintes considerados como pessoas jurídicas[112], equiparados à pessoa jurídica e empresas individuais.

Complementando o entendimento, o artigo 4º da Instrução Normativa da Receita Federal 1.700/17[113], define o contribuinte do Imposto de Renda e CSLL como:

---

[111] A fundamentação legal, alíquotas e destinação dos tributos federais podem ser encontras de forma sintetizada nos apêndices "A", "B", "C".

[112] Pessoa Jurídica de Direito Privado – *Código Civil* artigo 44 – Complementando o artigo 44 do Código Civil, Ricardo Fiúza, esclarece nas páginas 55-56 de sua obra denominada *Código Civil Comentado*, que a Pessoa Jurídica de Direito Privado se divide em Fundações Particulares, Associações Civis, Sociedades Simples, Sociedades Empresarias e Partidos Políticos.

[113] http://normas.receita.fazenda.gov.br/sijut2consulta/link.action?idAto=81268&visao=anotado – acesso em 29.07.2017.

Art. 4º São contribuintes do IRPJ e da CSLL:

I - as pessoas jurídicas; e
II - as empresas individuais.

§ 1º As disposições deste artigo aplicam-se independentemente de estar a pessoa jurídica regularmente constituída, bastando que configure uma unidade econômica ou profissional.

§ 2º As empresas públicas e as sociedades de economia mista, bem como suas subsidiárias, são contribuintes nas mesmas condições das demais pessoas jurídicas.

§ 3º Sujeita-se à tributação aplicável às pessoas jurídicas o Fundo de Investimento Imobiliário nas condições previstas no art. 2º da Lei nº 9.779, de 19 de janeiro de 1999.

§ 4º O consórcio constituído na forma prevista nos arts. 278 e 279 da Lei nº 6.404, de 15 de dezembro de 1976, e as pessoas jurídicas consorciadas deverão observar o disposto em legislação específica.

§ 5º Salvo disposição em contrário, a expressão pessoa jurídica, quando empregada nesta Instrução Normativa, compreende todos os contribuintes a que se refere este artigo.

### 14.1.1 Fato Gerador

O fato gerador do imposto é a aquisição de disponibilidade econômica ou jurídica, ou seja, é a obtenção de renda, um conjunto de bens, valores e/ou títulos por uma pessoa jurídica, passíveis de serem transformados ou convertidos em numerário, e tem como princípios constitucionais[114]: o critério da generalidade, devendo alcançar todas as pessoas; da universalidade, alcançando todas as rendas em bases universais; e da progressividade, na medida em que aumentam os ganhos, aumenta proporcionalmente.

---

[114] *Constituição Federal,* artigo 153, parágrafo 2, inciso I.

O ano-calendário para apuração do imposto foi estabelecido pela lei 9.430/96, artigo primeiro, e, a partir de 01 de janeiro de 1997, o período de incidência para a apuração do resultado e pagamento do imposto, passa a ser trimestral, ou seja, encerramento em 31 de março, 30 de junho, 30 de setembro e 31 de dezembro[115].

### 14.1.2 Base de Cálculo

A base de cálculo do imposto, conforme previsto nos artigos 44 e 144 do Código Tributário Nacional e 210 do Decreto 9.580/18, é o montante do lucro real, arbitrado ou presumido, da renda ou dos proventos tributáveis, a qual é determinada segundo a legislação vigente na data de ocorrência do fato gerador, podendo o contribuinte optar pelo Lucro Real, Lucro Presumido ou até eventualmente o Lucro Arbitrado.

Conforme determinado pela lei 9.430/96, o contribuinte, a seu critério, poderá exercer a opção pela tributação pelo lucro presumido[116] por meio do pagamento da quota do imposto devido correspondente ao primeiro período (mês de Janeiro) de apuração de cada ano calendário, devendo esta opção ser obrigatoriamente aplicada a todo o ano calendário, porém, se a pessoa jurídica se enquadrar em qualquer dos incisos do artigo 14 da lei 9.718/98, terá de, obrigatoriamente, ser tributada com base no lucro real.

### 14.1.3 Alíquotas

De acordo com a lei 9.249/95, artigo terceiro, alterada pela lei 9.430/96 art. 2º, § 1º e artigo 225 do Decreto 9.580/18, para os fatos geradores ocorridos a partir de 01 de janeiro de 1996, foi estabelecida a alíquota do imposto de renda de 15% (quinze por cento) sobre a base de cálculo expressa em moeda nacional, Reais (R$).

Ocorre, também, a incidência de um adicional de 10% (dez por cento) sobre a parcela do lucro real, presumido ou arbitrado, que ex-

---

[115] NEVES, Silvério das e VICECONTI, Paulo E. V. *Curso Prático de Imposto de Renda Pessoa Jurídica e Tributos Conexos*. São Paulo: Saraiva, 2007, p. 1-2.
[116] Levando-se em consideração o limite estabelecido pela lei 9.718/98, artigo 13 e lei 12.814/13.

ceder o valor resultante da multiplicação de R$ 20.000,00 (vinte mil reais) pelo número de meses do respectivo período de apuração do imposto, conforme determinado pelo artigo terceiro parágrafo primeiro da mesma lei, assim como, o artigo 225 do decreto 9.580/18.

### 14.1.4 Prazo de Recolhimento

Via de regra, o prazo de recolhimento do imposto é até o último dia útil do mês subsequente ao do trimestre encerrado (base trimestral) ou mensal dependendo da opção do contribuinte.

Opcionalmente o imposto poderá ser parcelado em até três quotas mensais iguais e sucessivas, vencíveis no último dia útil dos três meses subsequentes ao encerramento do trimestre, desde que, nenhuma dessas quotas tenha valor inferior a R$ 1.000,00 (mil reais), sendo acrescidas de juros equivalentes:

a) à taxa referencial do Sistema Especial de Liquidação e Custódia –SELIC acumulada mensalmente a partir do primeiro dia do segundo mês subsequente ao do encerramento do período de apuração, até o último dia do mês anterior ao pagamento;

b) a 1% (um por cento) no mês do pagamento.

Caso o contribuinte exerça a opção por recolhimentos mensais do imposto de renda devido, determinado mensalmente sobre a base de cálculo estimada, ou apurado em balanço ou balancete de suspensão ou redução, o mesmo deve ser pago até o último dia útil do mês subsequente àquele a que se referir conforme determinam o artigo 5º e 6º da Lei nº 9.430/96.

No tocante ao saldo do imposto de renda apurado pela sistemática do lucro estimado na data de 31 de dezembro do ano-calendário, o respectivo deve ser pago em quota única até o último dia útil do mês de março do ano subsequente. O saldo do imposto deve ser acrescido de juros equivalentes à taxa referencial do Sistema Especial de Liquidação e Custódia – SELIC, para títulos federais, acumuladas mensalmente, a partir de 1º de fevereiro do ano subsequente até o último dia do mês anterior ao do pagamento e de 1% (um por cento) no mês do pagamento.

O imposto inferior a R$ 2.000,00 (dois mil reais) deverá ser pago em cota única.

## 14.1.5 Exemplo Prático de Cálculo de Imposto de Renda e Adicional

Para melhor entendimento da sistemática de cálculo do imposto, descrevemos abaixo, de maneira simples, um exemplo contemplando o cálculo da tributação aplicando o adicional do imposto de renda pessoa jurídica.

A Comercial Atacadista Batiatus Limitada é uma sociedade empresária de direito privado, regularmente registrada na Junta Comercial do Estado de São Paulo e demais órgãos estatais e optante pela sistemática de apuração do lucro real trimestral. Esta empresa apresentou no 1º trimestre do ano de 2022, lucro real equivalente a R$ 72.000,00 (setenta e dois mil reais), portanto, o cálculo do tributo devido é efetuado utilizando-se da seguinte sistemática:

| | |
|---|---|
| Imposto Devido – Alíquota de 15% x R$ 72.000,00 | R$ 10.800,00 |
| Adicional Devido – Alíquota de 10% (R$ 72.000,00 – R$ 60.00,00) | R$ 1.200,00 |
| Total do Imposto de Renda Devido | R$ 12.000,00 |

## 14.1.6 Distribuição de Lucros aos Sócios e Acionistas

O artigo 10 da Lei 9.249/95 dispõe que os lucros ou dividendos calculados com base nos resultados apurados a partir do mês de janeiro de 1996, pagos ou creditados pelas pessoas jurídicas tributadas com base no lucro real, presumido ou arbitrado, não ficarão sujeitos à incidência do Imposto de Renda na Fonte, nem integração a base de cálculo do imposto de renda do beneficiário, pessoa física ou jurídica, domiciliada no País ou no exterior.

O § 3º do art. 48 da IN 93 de 24.12.97, autoriza a pessoa jurídica tributada com base no lucro presumido a distribuir lucros ou dividendos de resultados apurados através de escrituração contábil, ainda que por conta do período-base não encerrado. Com isso, a pessoa jurídica poderá, por exemplo, levantar balanços mensais e distribuir o resultado apurado.

Quando a empresa não mantiver escrituração contábil, o livro de perguntas e respostas editado pela Receita Federal em 2007, citando o art. 46 da Lei 8.981/95, diz que poderá ser distribuído a título de lucros, sem incidência do imposto, o valor correspondente ao lucro presumido, diminuído de todos os impostos e contribuições (inclusive adicional do IR, CSLL, PIS e Cofins) a que estiver sujeita a pessoa jurídica.[117]

### 14.1.7 Omissão de Receita

O novo regulamento do Imposto de Renda Decreto 9.580/18[118] define diversos casos em que eventualmente poderá ocorrer a omissão de receitas por parte do contribuinte quando da apuração do Imposto de Renda da Pessoa Jurídica, seja esta apuração pelo lucro real, presumido ou até simples nacional, portanto, estas regras abaixo citadas na legislação devem ser observadas atentamente pelo contribuinte pessoa jurídica:

> **Saldo credor de caixa, falta de escrituração de pagamento, manutenção no passivo de obrigações pagas e falta de comprovação do passivo**
>
> Art. 293. Caracteriza-se como omissão no registro de receita, ressalvada ao contribuinte a prova da improcedência da presunção, a ocorrência das seguintes hipóteses (Decreto-Lei nº 1.598, de 1977, art. 12, § 2º; e Lei nº 9.430, de 1996, art. 40):
>
> I - a indicação na escrituração de saldo credor de caixa;
> II - a falta de escrituração de pagamentos efetuados; ou

---

[117] HIGUCHI, Hiromi. Imposto de renda das empresas – interpretação e prática. São Paulo: IR Publicações, 2016, p. 71-72.
[118] http://www.planalto.gov.br/ccivil_03/_ato2015-2018/2018/decreto/D9580.htm - acesso em 21.10.2019.

III - a manutenção no passivo de obrigações já pagas ou cuja exigibilidade não seja comprovada.

**Suprimentos de caixa**

Art. 294. Provada a omissão de receita, por indícios na escrituração do contribuinte ou por outro elemento de prova, a autoridade tributária poderá arbitrá-la com base no valor dos recursos de caixa fornecidos à empresa por administradores, sócios da sociedade não anônima, titular da empresa individual, ou por acionista controlador da companhia, se a efetividade da entrega e a origem dos recursos não forem comprovadamente demonstradas (Decreto-Lei nº 1.598, de 1977, art. 12, § 3º).

**Falta de emissão de nota fiscal**

Art. 295. Caracteriza omissão de receita ou de rendimentos, incluídos os ganhos de capital, a falta de emissão de nota fiscal, recibo ou documento equivalente, no momento da efetivação das operações de venda de mercadorias, prestação de serviços, operações de alienação de bens móveis, locação de bens móveis e imóveis ou outras transações realizadas com bens ou serviços, e a sua emissão com valor inferior ao da operação (Lei nº 8.846, de 1994, art. 1º e art. 2º).

**Arbitramento da receita por indícios de omissão**

Art. 296. Verificada a omissão de receita por meio de indícios, a autoridade tributária poderá, para fins de determinação da base de cálculo sujeita à incidência do imposto sobre a renda, arbitrar a receita do contribuinte, tomando por base as receitas, apuradas em procedimento fiscal, correspondentes ao movimento diário das vendas, da prestação de serviços e de outras operações (Lei nº 8.846, de 1994, art. 6º, *caput*).

§ 1º Para fins de arbitramento da receita mínima do mês, serão identificados pela autoridade tributária os valores efetivos das receitas auferidas pelo contribuinte em três dias alternados do referido mês, necessariamente representativos das variações de funcionamento do estabelecimento ou da atividade (Lei nº 8.846, de 1994, art. 6º, § 1º).

§ 2º A renda mensal arbitrada corresponderá à multiplicação do valor correspondente à média das receitas apuradas na forma estabelecida no § 1º pelo número de dias de funcionamento do estabelecimento naquele mês (Lei nº 8.846, de 1994, art. 6º, § 2º).

§ 3º O critério estabelecido no § 1º poderá ser aplicado a, pelo menos, três meses do mesmo ano-calendário (Lei nº 8.846, de 1994, art. 6º, § 3º).

§ 4º Na hipótese prevista no § 3º, a receita média mensal das vendas, da prestação de serviços e de outras operações correspondentes aos meses arbitrados será considerada suficientemente representativa das receitas auferidas pelo contribuinte naquele estabelecimento, e poderá ser utilizada, para fins fiscais, pelo prazo de até doze meses, contado do último mês submetido ao disposto no § 1º (Lei nº 8.846, de 1994, art. 6º, § 4º).

§ 5º A diferença positiva entre a receita arbitrada e a receita escriturada no mês será considerada na determinação da base de cálculo do imposto (Lei nº 8.846, de 1994, art. 6º, § 6º).

§ 6º O disposto neste artigo não dispensa o contribuinte da emissão de documentário fiscal e da escrituração a que estiver obrigado pela legislação comercial e fiscal (Lei nº8.846, de 1994, art. 6º, § 7º).

§ 7º A diferença positiva a que se refere o § 5º não integrará a base de cálculo dos incentivos fiscais previstos na legislação tributária (Lei nº 8.846, de 1994, art. 6º, § 8º).

Art. 297. Fica facultado à autoridade tributária utilizar, para efeito de arbitramento a que se refere o art. 296, outros métodos de determinação da receita quando constatado qualquer artifício utilizado pelo contribuinte com vistas a frustrar a apuração da receita efetiva do seu estabelecimento (Lei nº 8.846, de 1994, art. 8º).

**Levantamento quantitativo por espécie**

Art. 298. A omissão de receita poderá, também, ser determinada a partir de levantamento por espécie de quantidade de matérias-primas e produtos intermediários utilizados no processo produtivo da pessoa jurídica (Lei nº 9.430, de 1996, art. 41, *caput*).

§ 1º Para os fins do disposto neste artigo, será apurada a diferença, positiva ou negativa, entre a soma das quantidades de produtos no início do período com a quantidade de produtos fabricados com as matérias-primas e os produtos intermediários utilizados e a soma das quantidades de produtos cuja venda houver sido registrada na escrituração contábil da empresa com as quantidades em estoque, no final do período de apuração, constantes do livro de inventário (Lei nº 9.430, de 1996, art. 41, § 1º).

§ 2º Considera-se receita omitida, na hipótese prevista no *caput*, o valor resultante da multiplicação das diferenças de quantidade de produtos ou de matérias-primas e produtos intermediários pelos preços médios de venda ou de compra, conforme o caso, em cada período de apuração abrangido pelo levantamento (Lei nº 9.430, de 1996, art. 41, § 2º).

§ 3º Os critérios de apuração de receita omitida de que trata este artigo aplicam-se, também, às empresas comerciais, relativamente às mercadorias adquiridas para revenda (Lei nº 9.430, de 1996, art. 41, § 3º).

**Depósitos bancários**

Art. 299. Caracterizam-se também como omissão de receita os valores creditados em conta de depósito ou de investimento mantida junto à instituição financeira, em relação aos quais o titular, pessoa jurídica, regularmente intimado, não comprove, por meio de documentação hábil e idônea, a origem dos recursos utilizados nessas operações (Lei nº 9.430, de 1996, art. 42, *caput*).

§ 1º O valor omitido das receitas será considerado auferido ou recebido no mês do crédito efetuado pela instituição financeira (Lei nº 9.430, de 1996, art. 42, § 1º).

§ 2º Os valores cuja origem houver sido comprovada, que não houverem sido computados na base de cálculo do imposto sobre a renda a que estiverem sujeitos, serão submetidos às normas de tributação específicas, previstas na legislação vigente à época em que auferidos ou recebidos (Lei nº 9.430, de 1996, art. 42, § 2º).

§ 3º Para fins de determinação da receita omitida, os créditos serão analisados de forma individualizada, hipótese em que não serão considerados os créditos decorrentes de transferência de outras contas da própria pessoa jurídica (Lei nº 9.430, de 1996, art. 42, § 3º, inciso I).

§ 4º Quando provado que os valores creditados na conta de depósito ou de investimento pertencem a terceiro, evidenciando a interposição de pessoa, a determinação das receitas será efetuada em relação ao terceiro, na condição de efetivo titular da conta de depósito ou de investimento (Lei nº 9.430, de 1996, art. 42, § 5º).

**Tratamento tributário**

Art. 300. Verificada a omissão de receita, a autoridade tributária determinará o valor do imposto sobre a renda e o valor do adicional a serem lançados de acordo com o regime de tributação a que estiver submetida a pessoa jurídica no período de apuração a que corresponder a omissão (Lei nº 9.249, de 1995, art. 24).

## 14.2 LUCRO REAL

É a base de cálculo do imposto sobre a renda apurada segundo os registros contábeis e fiscais efetuados sistematicamente contrapondo-se receitas e despesas de acordo com as leis comerciais e fiscais, em outras palavras, é o lucro ou prejuízo apurado contabilmente com os ajustes adicionados e excluídos e compensações permitidas pela legislação fiscal do imposto de renda[119].

A renda é o resultado do período de apuração, antes de computar a provisão para o próprio imposto de renda.

Para tanto, é necessário primeiramente apurar o valor do resultado contábil líquido, ou seja, se efetivamente ocorreu lucro ou prejuízo no período de apuração, de acordo com o que estabelece o artigo 187 da Lei nº 6.404/76 e com os princípios contábeis geralmente aceitos[120]. O Decreto 9.580/18 (RIR/18), em seu artigo 258, define: "lucro real é o lucro líquido do período de apuração, ajustado pelas adições, exclusões e compensações prescritas ou autorizadas por este regulamento".

O artigo 259 do RIR/18 complementa o entendimento do conceito de lucro líquido:

> Art. 259. O lucro líquido do período de apuração é a soma algébrica do lucro operacional, das demais receitas e despesas, e das participações, e deverá ser determinado em observância aos preceitos da lei comercial (Decreto-Lei nº 1.598, de 1977, art. 6º, § 1º, e art. 67, *caput*, inciso XI; Lei nº 7.450, de 1985, art. 18; e Lei nº 9.249, de 1995, art. 4º).

Dessa forma, para calcular o lucro real, primeiramente é necessário conhecer o valor do lucro ou prejuízo líquido do período apurado de acordo com a legislação comercial pelo regime de competência e os valores que devem ser acrescidos, excluídos ou compensados a esse lucro, de acordo com a legislação fiscal, e tudo devidamente registrado no livro denominado Livro de Apuração do Lucro Real – LALUR, o qual tem como finalidade conectar os números apurados do resultado contábil com as exigências adotadas pelo fisco para a apuração do resultado fiscal que foi instituído pelo decreto-lei 1.598/77 fundamentado no artigo 177, parágrafo segundo da

---

[119] NEVES, Silvério das e VICECONTI, Paulo E. V., op. cit., p. 3.
[120] São os princípios da realização da Receita e da confrontação das Despesas, (regime de competência) conforme estabelecido pela resolução 750/93 do Conselho Federal de Contabilidade – CFC.

lei das sociedades anônimas. Atualmente o Lalur deve ser elaborado em meio digital nos moldes do artigo 310 da IN 1.700/17 e IN 1.422/13 relativa à ECF.

O artigo 277 do RIR/18 especifica o Livro de Apuração do Lucro Real:

> Art. 277. No Lalur, o qual será entregue em meio digital, a pessoa jurídica deverá (Decreto-Lei nº 1.598, de 1977, art. 8º, *caput*, inciso I):
>
> I - lançar os ajustes do lucro líquido, de adição, exclusão e compensação nos termos estabelecidos nos art. 248 e art. 249;
> II - transcrever a demonstração do lucro real, de que trata o art. 28, e a apuração do imposto sobre a renda;
> III - manter os registros de controle de prejuízos fiscais a compensar em períodos de apuração subsequentes, da depreciação acelerada incentivada, e dos demais valores que devam influenciar a determinação do lucro real de períodos de apuração futuros e não constem da escrituração comercial; e
>
> IV - manter os registros de controle dos valores excedentes a serem utilizados no cálculo das deduções nos períodos de apuração subsequentes, dos dispêndios com programa de alimentação ao trabalhador e outros previstos neste Regulamento.
>
> § 1º O Lalur será elaborado de forma integrada às escriturações comercial e fiscal e será entregue em meio digital (Decreto-Lei nº 1.598, de 1977, art. 8º, *caput*, inciso I e § 1º).
>
> § 2º A transcrição da apuração do imposto sobre a renda a que se refere o inciso II do *caput* será feita com a discriminação das deduções, quando aplicáveis (Decreto-Lei nº 1.598, de 1977, art. 8º, § 1º, alínea "d").
>
> § 3º As demais informações econômico-fiscais da pessoa jurídica serão discriminadas no Lalur (Decreto-Lei nº 1.598, de 1977, art. 8º, § 1º, alínea "e").

§ 4º O disposto neste artigo será disciplinado em ato normativo da Secretaria da Receita Federal do Brasil do Ministério da Fazenda (Decreto-Lei nº 1.598, de 1977, art. 8º, § 3º).

As pessoas jurídicas tributadas com base no lucro real são obrigadas a manter em boa ordem e guarda, os livros com a escrituração comercial e fiscal demonstrando os saldos apurados pertinentes, conforme definido nos artigos 279 a 284 do Regulamento do Imposto de Renda de 2018, sendo, portanto, uma forma de tributação complexa para apuração do imposto, exigindo dos contribuintes maiores gastos com controles contábeis e fiscais.

Neste sentido a IN 1.700/17 da RFB em seu artigo 65 destaca a obrigatoriedade da escrituração contábil de forma digital para as empresas optantes da sistemática do lucro real:

> Art. 65. A pessoa jurídica sujeita à tributação do IRPJ com base no lucro real deverá manter escrituração com observância das leis comerciais e fiscais.
>
> § 1º A pessoa jurídica sujeita à tributação do IRPJ com base no lucro real é obrigada a adotar a Escrituração Contábil Digital (ECD) e transmiti-la ao Sistema Público de Escrituração Digital (Sped) nos termos da Instrução Normativa RFB nº 1.420, de 19 de dezembro de 2013.
>
> § 2º A ECD compreenderá a versão digital dos livros Diário e Razão

A legislação do Imposto de Renda Pessoa Jurídica faculta ao contribuinte optar entre a tributação entre o lucro real ou presumido[121], atendidos os respectivos limites e restrições definidas em Lei. A opção do contribuinte deve ser feita no mês de janeiro de cada exercício fiscal. Exercida a opção a mesma deve obrigatoriamente prevalecer até o fim do ano calendário.

---

[121] CAROTA, José Carlos. *A Sociedade em conta de participação e o lucro presumido*. Revista autônoma de direito privado. Curitiba: Juruá, 2008, p. 244, 245.

Uma das vantagens para a empresa adotar o lucro real mensal, é a possibilidade de suspensão ou redução dos pagamentos do IRPJ no caso dos prejuízos acumulados superarem os tributos pagos anteriormente de forma acumulada conforme previsto no artigo 227 do RIR/18:

> Art. 227. A pessoa jurídica poderá suspender ou reduzir o pagamento do imposto sobre a renda devido em cada mês, desde que demonstre, por meio de balanços ou balancetes mensais, que o valor acumulado já pago excede o valor do imposto, inclusive adicional, calculado com base no lucro real do período em curso (Lei nº 8.981, de 1995, art. 35, *caput*; e Lei nº 9.430, de 1996, art. 2º).
>
> § 1º Os balanços ou os balancetes de que trata este artigo (Lei nº 8.981, de 1995, art. 35, § 1º):
> I - deverão ser levantados em observância às leis comerciais e fiscais e transcritos no livro diário; e
> II - somente produzirão efeitos para determinação da parcela do imposto sobre a renda devido no decorrer do ano-calendário.
>
> § 2º Ficam dispensadas do pagamento mensal as pessoas jurídicas que, por meio de balanços ou balancetes mensais, demonstrem a existência de prejuízos fiscais apurados a partir do mês de janeiro do ano-calendário (Lei nº 8.981, de 1995, art. 35, § 2º).
>
> § 3º O pagamento mensal, relativo ao mês de janeiro do ano-calendário, poderá ser efetuado com base em balanço ou balancete mensal, desde que fique demonstrado que o imposto sobre a renda devido no período é inferior ao calculado com base nas disposições das Subseções II, III e IV deste Capítulo (Lei nº 8.981, de 1995, art. 35, § 3º).
>
> § 4º Ato do Poder Executivo federal poderá dispor sobre as instruções para aplicação do disposto neste artigo (Lei nº 8.981, de 1995, art. 35, § 4º).

## 14.2.1 Obrigatoriedade

De acordo com a lei 9.718/98, artigo 14, com redação dada pela lei 10.637/02, estão obrigadas ao regime de tributação com base no lucro real, as pessoas jurídicas:

> Art. 14. Estão obrigadas à apuração do lucro real as pessoas jurídicas:
>
> I - cuja receita total no ano-calendário anterior seja superior ao limite de R$ 78.000.000,00 (setenta e oito milhões de reais) ou proporcional ao número de meses do período, quando inferior a 12 (doze) meses; (Redação dada pela Lei nº 12.814, de 2013) (Vigência)
>
> II - cujas atividades sejam de bancos comerciais, bancos de investimentos, bancos de desenvolvimento, caixas econômicas, sociedades de crédito, financiamento e investimento, sociedades de crédito imobiliário, sociedades corretoras de títulos, valores mobiliários e câmbio, distribuidoras de títulos e valores mobiliários, empresas de arrendamento mercantil, cooperativas de crédito, empresas de seguros privados e de capitalização e entidades de previdência privada aberta;
>
> III - que tiverem lucros, rendimentos ou ganhos de capital oriundos do exterior;
>
> IV - que, autorizadas pela legislação tributária, usufruam de benefícios fiscais relativos à isenção ou redução do imposto;
>
> V - que, no decorrer do ano-calendário, tenham efetuado pagamento mensal pelo regime de estimativa, na forma do art. 2º da Lei nº 9.430, de 1996;
>
> VI - que explorem as atividades de prestação cumulativa e contínua de serviços de assessoria creditícia, mercadológica, gestão de crédito, seleção e riscos, administração de contas a pagar e a receber, compras de direitos creditórios resultantes de vendas mercantis a prazo ou de prestação de serviços (factoring).
>
> VII - que explorem as atividades de securitização de crédito. (Redação dada pela Lei nº 14.430, de 2022)

De acordo com a IN 1.700/17, artigo 59 § 1º considera-se receita total o somatório:

§ 1º Considera-se receita total o somatório:

I - da receita bruta mensal;
II - dos ganhos líquidos obtidos em operações realizadas em bolsa de valores, de mercadorias e futuros e em mercado de balcão organizado;
III - dos rendimentos produzidos por aplicações financeiras de renda fixa e de renda variável;
IV - das demais receitas e ganhos de capital;
V - das parcelas de receitas auferidas nas exportações às pessoas vinculadas ou aos países com tributação favorecida que excederem o valor já apropriado na escrituração da empresa, na forma prevista na Instrução Normativa RFB nº 1.312, de 28 de dezembro de 2012; e
VI - dos juros sobre o capital próprio que não tenham sido contabilizados como receita, conforme disposto no parágrafo único do art. 76.

§ 2º A obrigatoriedade a que se refere o inciso III do *caput* não se aplica à pessoa jurídica que auferir receita de exportação de mercadorias e da prestação direta de serviços no exterior.

§ 3º Para fins do disposto no § 2º, não se considera direta a prestação de serviços realizada no exterior por intermédio de filiais, sucursais, agências, representações, coligadas, controladas e outras unidades descentralizadas da pessoa jurídica que lhes sejam assemelhadas.

§ 4º São obrigadas ao regime de tributação do IRPJ com base no lucro real as pessoas jurídicas que exploram atividades de compra de direitos creditórios, ainda que se destinem à formação de lastro de valores mobiliários.

Complementando o entendimento o artigo 208 do RIR/18 define a receita bruta como:

Art. 208. A receita bruta compreende (Decreto-Lei nº 1.598, de 1977, art. 12, *caput*):

I - o produto da venda de bens nas operações de conta própria;

II - o preço da prestação de serviços em geral;
III - o resultado auferido nas operações de conta alheia; e
IV - as receitas da atividade ou do objeto principal da pessoa jurídica não compreendidas no inciso I ao inciso III do *caput*.

§ 1º A receita líquida será a receita bruta diminuída de (Decreto-Lei nº 1.598, de 1977, art. 12, § 1º):

I - devoluções e vendas canceladas;
II - descontos concedidos incondicionalmente;
III - tributos sobre ela incidentes; e
IV - valores decorrentes do ajuste a valor presente, de que trata o inciso VIII do *caput* do art. 183 da Lei nº 6.404, de 1976, das operações vinculadas à receita bruta.

§ 2º Na receita bruta não se incluem os tributos não cumulativos cobrados, destacadamente, do comprador ou do contratante pelo vendedor dos bens ou pelo prestador dos serviços na condição de mero depositário (Decreto-Lei nº 1.598, de 1977, art. 12, § 4º).

§ 3º Na receita bruta incluem-se os tributos sobre ela incidentes e os valores decorrentes do ajuste a valor presente, de que trata o inciso VIII do *caput* do art. 183 da Lei nº 6.404, de 1976, das operações previstas no *caput*, observado o disposto no § 2º (Decreto-Lei nº 1.598, de 1977, art. 12, § 5º).

## 14.2.2 Período de Apuração – Trimestral[122] e Anual

Para efeito da incidência do imposto sobre a renda, o lucro real das pessoas jurídicas deve ser apurado na data de encerramento do

---

[122] O lucro real trimestral representa a tributação sobre o lucro feita a cada trimestre. Então, no mesmo ano fiscal, a pessoa jurídica encerra quatro períodos distintos, sendo devido o IR e a CSLL, apenas a cada três meses de forma definitiva. Com isso a empresa é obrigada a efetuar quatro recolhimentos no ano, não sendo necessário acompanhamento mensal, pois a exigência só acontece trimestralmente. PÊGAS, Paulo Henrique. *Manual de contabilidade tributária*. Rio de Janeiro: Freitas Bastos, 2014, p. 397.

período de apuração conforme determinado pela Lei nº 9.430, de 1996, artigos 1º e 2º, portanto, o período de apuração encerra-se:
a)  nos dias 31 de março, 30 de junho, 30 de setembro e 31 de dezembro, no caso de apuração trimestral do imposto de renda;
b)  no dia 31 de dezembro de cada ano-calendário, no caso de apuração anual do imposto de renda;
c)  na data da extinção da pessoa jurídica, assim entendida a destinação total de seu acervo líquido;
d)  na data do evento, nos casos de incorporação, fusão ou cisão da pessoa jurídica.

A pessoa jurídica que optar pelo lucro real anual terá que pagar mensalmente o IRPJ e CSLL, calculados de forma estimada ou com base no balancete, conforme IN 1.700/17 da RFB.[123]

### 14.2.3 Alíquotas

A alíquota do imposto de renda em vigor, de acordo com a lei 9.249/95 no ano-calendário é de 15% (quinze por cento) sobre o lucro real apurado pelas pessoas jurídicas, em geral.

A parcela do lucro real que exceder ao resultado da multiplicação de R$ 20.000,00 (vinte mil reais) pelo número dos meses do respectivo período de apuração se sujeita à incidência do adicional, à alíquota de 10% (dez por cento). Também se encontra sujeita ao adicional, a parcela da base de cálculo estimada mensal, no caso das pessoas jurídicas que optaram pela apuração anual do imposto de renda, que exceder a R$ 20.000,00 (vinte mil reais) por mês.

Opcionalmente, as pessoas jurídicas tributadas com base no lucro real podem efetuar, mensalmente, o pagamento do imposto de renda devido no curso do ano-calendário calculado sobre base de cálculo estimada (a base estimada será analisada no próximo tópico), realizando a apuração definitiva apenas ao final do ano-calendário ou na data do evento, caso ocorram determinadas situações, tais como: fusão, cisão, incorporação ou extinção da pessoa jurídica.

---

[123] HIGUCHI, Hiromi, HIGUCHI, Fabio Hiroshi e HIGUCHI, Celso Hiroyuki. *Imposto de Renda das Empresas – Interpretação e Prática*. São Paulo: IR Publicações, 2011, p. 35.

Esta opção alcança, inclusive, as pessoas jurídicas que, em qualquer trimestre do ano-calendário, tenham lucro arbitrado ou tenham se utilizado da faculdade de suspender ou reduzir o valor dos pagamentos mensais, mediante a elaboração de balanços ou balancetes de suspensão ou redução, conforme art. 37, § 5º, e art. 57, § 1º da Lei nº 8.981, de 1995, com a nova redação dada pela Lei nº 9.065, de 1995.

### 14.2.4 Base de Cálculo Estimada Anual

A pessoa jurídica sujeita à tributação com base no lucro real, alternativamente à sistemática de sua apuração trimestral, poderá optar pelo pagamento mensal do imposto por estimativa e determinar o lucro real apenas em 31 de dezembro do ano calendário, e **a diferença entre o imposto apurado devido e a somatória das importâncias recolhidas pelo estimado, serão pagas até o último dia do mês de março do ano subsequente.**[124]

De acordo com a lei 9.249/95, artigo 15, e artigos 32 a 34 da IN 1.700/17, a base de cálculo do imposto estimado, em cada mês, é determinada mediante a aplicação dos seguintes percentuais:

**Art. 32.** À opção da pessoa jurídica, o IRPJ e a CSLL poderão ser pagos sobre base de cálculo estimada, observado o disposto no § 4º do art. 31.

**Art. 33.** A base de cálculo do IRPJ, em cada mês, será determinada mediante a aplicação do percentual de 8% (oito por cento) sobre a receita bruta definida pelo art. 26, auferida na atividade, deduzida das devoluções, das vendas canceladas e dos descontos incondicionais concedidos.

§ 1º Nas seguintes atividades o percentual de determinação da base de cálculo do IRPJ de que trata o *caput* será de:

I. 1,6% (um inteiro e seis décimos por cento) sobre a receita bruta auferida na revenda, para consumo, de combustível derivado de petróleo, álcool etílico carburante e gás natural;

II. 8% (oito por cento) sobre a receita bruta auferida:

---

[124] NEVES, Silvério das e VICECONTI, Paulo, E. V., op. cit., p. 10.

a) na prestação de serviços hospitalares e de auxílio diagnóstico e terapia, fisioterapia e terapia ocupacional, fonoaudiologia, patologia clínica, imagenologia, radiologia, anatomia patológica e citopatologia, medicina nuclear e análises e patologias clínicas, exames por métodos gráficos, procedimentos endoscópicos, radioterapia, quimioterapia, diálise e oxigenoterapia hiperbárica, desde que a prestadora desses serviços seja organizada sob a forma de sociedade empresária e atenda às normas da Agência Nacional de Vigilância Sanitária (Anvisa);
b) na prestação de serviços de transporte de carga;
c) nas atividades imobiliárias relativas a desmembramento ou loteamento de terrenos, incorporação imobiliária, construção de prédios destinados à venda e a venda de imóveis construídos ou adquiridos para revenda; e
d) na atividade de construção por empreitada com emprego de todos os materiais indispensáveis à sua execução, sendo tais materiais incorporados à obra;

III. 16% (dezesseis por cento) sobre a receita bruta auferida:
a) a) na prestação de serviços de transporte, exceto o mencionado no inciso II do § 1º; e
b) nas atividades desenvolvidas por bancos comerciais, bancos de investimentos, bancos de desenvolvimento, agências de fomento, caixas econômicas, sociedades de crédito, financiamento e investimento, sociedades de crédito imobiliário, sociedades corretoras de títulos, valores mobiliários e câmbio, distribuidoras de títulos e valores mobiliários, empresas de arrendamento mercantil, cooperativas de crédito, empresas de seguros privados e de capitalização e entidades de previdência privada aberta; e

IV. 32% (trinta e dois por cento) sobre a receita bruta auferida com as atividades de:
a) prestação de serviços relativos ao exercício de profissão legalmente regulamentada;
b) intermediação de negócios;
c) administração, locação ou cessão de bens imóveis, móveis e direitos de qualquer natureza;

d) construção por administração ou por empreitada unicamente de mão de obra ou com emprego parcial de materiais;
e) e) construção, recuperação, reforma, ampliação ou melhoramento de infraestrutura, no caso de contratos de concessão de serviços públicos, independentemente do emprego parcial ou total de materiais;
f) prestação cumulativa e contínua de serviços de assessoria creditícia, mercadológica, gestão de crédito, seleção de riscos, administração de contas a pagar e a receber, compra de direitos creditórios resultantes de vendas mercantis a prazo ou de prestação de serviços (*factoring*);
g) coleta e transporte de resíduos até aterros sanitários ou local de descarte;
h) exploração de rodovia mediante cobrança de preço dos usuários, inclusive execução de serviços de conservação, manutenção, melhoramentos para adequação de capacidade e segurança de trânsito, operação, monitoração, assistência aos usuários e outros definidos em contratos, em atos de concessão ou de permissão ou em normas oficiais, pelas concessionárias ou subconcessionárias de serviços públicos; (Redação dada pelo(a) Instrução Normativa RFB nº 1.881, de 03 de abril de 2019)
i) prestação de serviços de suprimento de água tratada e os serviços de coleta e tratamento de esgotos deles decorrentes, cobrados diretamente dos usuários dos serviços pelas concessionárias ou subconcessionárias de serviços públicos; e (Incluído(a) pelo(a) Instrução Normativa RFB nº 1.881, de 03 de abril de 2019)
j) prestação de qualquer outra espécie de serviço não mencionada neste parágrafo. (Incluído(a) pelo(a) Instrução Normativa RFB nº 1.881, de 03 de abril de 2019)

§ 2º A receita bruta auferida pela pessoa jurídica decorrente da prestação de serviços em geral, como limpeza e locação de mão de obra, ainda que sejam fornecidos os materiais, está sujeita à aplicação do percentual de 32% (trinta e dois por cento).

§ 3º Para fins de aplicação do disposto na alínea "a" do inciso II do § 1º, entende-se como atendimento às normas da Anvisa, entre outras, a prestação de serviços em ambientes desenvolvidos de acordo com o item 3 - Dimensionamento, Quantificação e Instalações Prediais dos Ambientes da Parte II - Programação Físico-Funcional dos Estabelecimentos Assistenciais de Saúde da Resolução RDC nº 50, de 21 de fevereiro de 2002, cuja comprovação deve ser feita mediante alvará da vigilância sanitária estadual ou municipal.

§ 4º O disposto na alínea "a" do inciso II do § 1º não se aplica:
I. à pessoa jurídica organizada sob a forma de sociedade simples;
II. aos serviços prestados com utilização de ambiente de terceiro; e
III. à pessoa jurídica prestadora de serviço médico ambulatorial com recursos para realização de exames complementares e serviços médicos prestados em residência, sejam eles coletivos ou particulares (*home care*).

§ 5º Conforme disposto no art. 26, os valores decorrentes do ajuste a valor presente de que trata o inciso VIII do *caput* do art. 183 da Lei nº 6.404, de 1976, incluem-se na respectiva receita bruta.

§ 6º Os valores decorrentes do ajuste a valor presente de que trata o § 5º, apropriados como receita financeira no mesmo período de apuração do reconhecimento da receita bruta, ou em outro período de apuração, não serão incluídos na base de cálculo estimada.

§ 7º As pessoas jurídicas exclusivamente prestadoras de serviços em geral, mencionadas nas alíneas "b", "c", "d", "f", "g" e "j" do inciso IV do § 1º, cuja receita bruta anual seja de até R$ 120.000,00 (cento e vinte mil reais), poderão utilizar, na determinação da parcela da base de cálculo do IRPJ de que trata o *caput* do § 1º, o percentual de 16% (dezesseis por cento). (Redação dada pelo(a) Instrução Normativa RFB nº 1.881, de 03 de abril de 2019)

§ 8º A pessoa jurídica que houver utilizado o percentual de que trata o § 7º para o pagamento mensal do IRPJ, cuja receita bruta acumulada até determinado mês do ano-calendário exceder o limite de R$ 120.000,00 (cento e vinte mil reais), ficará sujeita ao pagamento da diferença do imposto postergado, apurada em relação a cada mês transcorrido.

§ 9º Para efeitos do disposto no § 8º a diferença deverá ser paga até o último dia útil do mês subsequente àquele em que ocorrer o excesso.

§ 10. Quando paga até o prazo previsto no § 9º a diferença apurada será recolhida sem acréscimos.

**Art. 34.** A base de cálculo da CSLL, em cada mês, será determinada mediante a aplicação do percentual de 12% (doze por cento) sobre a receita bruta definida pelo art. 26, auferida na atividade, deduzida das devoluções, das vendas canceladas e dos descontos incondicionais concedidos.

§ 1º O percentual de que trata o *caput* será de 32% (trinta e dois por cento) para as atividades de:

I. prestação de serviços em geral, observado o disposto no § 2º;
II. intermediação de negócios;
III. administração, locação ou cessão de bens imóveis, móveis e direitos de qualquer natureza;
IV. prestação cumulativa e contínua de serviços de assessoria creditícia, mercadológica, gestão de crédito, seleção de riscos, administração de contas a pagar e a receber, compra de direitos creditórios resultantes de vendas mercantis a prazo ou de prestação de serviços (*factoring*); (Redação dada pelo(a) Instrução Normativa RFB nº 1.881, de 03 de abril de 2019)
V. prestação de serviços de construção, recuperação, reforma, ampliação ou melhoramento de infraestrutura vinculados a contrato de concessão de serviço público, independentemente do emprego parcial ou total de materiais; (Redação dada pelo(a) Instrução Normativa RFB nº 1.881, de 03 de abril de 2019)
VI. exploração de rodovia mediante cobrança de preço dos usuários, inclusive execução de serviços de conservação, manutenção, melhoramentos para adequação de capacidade e segurança de trânsito, operação, monitoração, assistência aos usuários e outros definidos em contratos, em atos de conces-

são ou de permissão ou em normas oficiais, pelas concessionárias ou sub concessionárias de serviços públicos; (Incluído(a) pelo(a) Instrução Normativa RFB nº 1.881, de 03 de abril de 2019)

VII. coleta de resíduos e o transporte destes até aterros sanitários ou local de descarte; (Incluído(a) pelo(a) Instrução Normativa RFB nº 1.881, de 03 de abril de 2019)

VIII. prestação de serviços de suprimento de água tratada e os serviços de coleta e tratamento de esgotos deles decorrentes, cobrados diretamente dos usuários dos serviços pelas concessionárias ou subconcessionárias de serviços públicos; e (Incluído(a) pelo(a) Instrução Normativa RFB nº 1.881, de 03 de abril de 2019)

IX. construção por administração ou por empreitada unicamente de mão de obra ou com emprego parcial de materiais. (Incluído(a) pelo(a) Instrução Normativa RFB nº 1.881, de 03 de abril de 2019)

§ 2º Para as atividades de prestação dos serviços referidos na alínea "a" do inciso II do § 1º do art. 33 e de serviços de transporte, inclusive de carga, o percentual de que trata o *caput* será de 12% (doze por cento).

§ 3º A receita bruta auferida pela pessoa jurídica decorrente da prestação de serviços em geral, como limpeza e locação de mão de obra, ainda que sejam fornecidos os materiais, está sujeita à aplicação do percentual de 32% (trinta e dois por cento).

§ 4º Conforme disposto no art. 26, os valores decorrentes do ajuste a valor presente de que trata o inciso VIII do *caput* do art. 183 da Lei nº 6.404, de 1976, incluem-se na respectiva receita bruta.

§ 5º Os valores decorrentes do ajuste a valor presente de que trata o § 4º, apropriados como receita financeira no mesmo período de apuração do reconhecimento da receita bruta, ou em outro período de apuração, não serão incluídos na base de cálculo estimada.

## 14.2.5 Base de Cálculo Trimestral

Para apuração da base de cálculo trimestral do lucro real do período, que ocorre após a apuração do resultado contábil, e antes da elaboração final das demonstrações financeiras, deve ser elaborado o seguinte demonstrativo mencionando expressamente[125]:

a) Lucro ou Prejuízo líquido sem o Imposto de Renda, apurado contabilmente no período;
b) Adições na Base de Cálculo: discriminadas e agrupadas de acordo com natureza;
c) Exclusões da Base de Cálculo: discriminadas e agrupadas de acordo com a natureza;
d) Subtotal, compreendendo a soma algébrica do Lucro ou Prejuízo líquido do período com as adições e exclusões;
e) Compensações de prejuízos fiscais cujos valores não excedam 30% do valor positivo do item anterior;
f) Resultado Final representado pelo lucro real ou prejuízo fiscal no período, compensável em períodos subsequentes.

Portanto, a sistemática de apuração do lucro real deverá obedecer ao formato exemplificado abaixo, como também, as definições dos termos utilizados na sua elaboração:

| Resultado Lucro ou Prejuízo no período sem o IRPJ | R$ 100.000,00 |
|---|---|
| (+) Adições na base de cálculo | R$ 10.000.00 |
| (-) Exclusões de base de cálculo | (R$ 5.000,00) |
| (=) Subtotal | R$ 105.000,00 |
| (-) Compensações de prejuízos anteriores | (R$ 20.000,00) |
| (=) Lucro Real ou Prejuízo Fiscal (base de cálculo) | R$ 85.000,00 |

De acordo com o artigo 217 do RIR/18 o imposto trimestral será apurado nas seguintes datas:

---

[125] NEVES, Silvério das e VICECONTI, Paulo E. V., op. cit. p. 535, 537.

Art. 217. O imposto sobre a renda das pessoas jurídicas será determinado com base no lucro real, presumido ou arbitrado, por períodos de apuração trimestrais, encerrados nos dias 31 de março, 30 de junho, 30 de setembro e 31 de dezembro de cada ano-calendário (Lei nº 9.430, de 1996, art. 1º, *caput*).

§ 1º Nas hipóteses de incorporação, fusão ou cisão, a apuração da base de cálculo e do imposto sobre a renda devido será efetuada na data do evento, observado o disposto no art. 232 (Lei nº 9.430, de 1996, art. 1º, § 1º).

§ 2º Na extinção da pessoa jurídica, pelo encerramento da liquidação, a apuração da base de cálculo e do imposto sobre a renda devido será efetuada na data desse evento (Lei nº 9.430, de 1996, art. 1º, § 2º).

## ADIÇÕES NA BASE DE CÁLCULO

De acordo com a legislação fiscal, somente são dedutíveis as despesas necessárias para a atividade da empresa e a manutenção da fonte produtora. Portanto, as despesas não dedutíveis, embora registradas na contabilidade, não são aceitas pelo fisco, e, por este motivo, são somadas, ou melhor, adicionadas ao resultado contábil para a determinação do lucro tributável. São aqueles valores registrados pela contabilidade da empresa em despesa, mas que a legislação fiscal não aceita como dedução do lucro.

Nesse sentido, Pêgas destaca em sua obra que:

> Então, se uma despesa for retirada do resultado contábil, esta aumenta, por isso chamamos de adição ao lucro líquido. Exemplo: multas de trânsito. A multa não é uma despesa necessária ao desenvolvimento da atividade normal da empresa.[126]

---

[126] PÊGAS, Paulo Henrique. *Manual de Contabilidade Tributária*. Rio de Janeiro. Freitas Bastos: 2014, p. 377.

No mesmo sentido, Higuchi[127] salienta que:

> Não são dedutíveis, como custo ou despesa operacional, as multas por infrações fiscais, salvo as de natureza compensatória e as impostas por infrações de que não resulte em falta ou insuficiência de pagamento de tributo.
>
> A multa fiscal de natureza compensatória é dedutível na apuração do lucro real porque o § 5º quando trata da indedutibilidade, exclui as de natureza compensatória. O item 4 do PN 61/79 esclarece a diferença entre a multa punitiva e a compensatória, declarando que é multa compensatória quando, cumulativamente, preencher as seguintes condições: a) não ser excluída pela denúncia espontânea; e b) guardar equivalência com a lesão provocada.

Os artigos 62, 68 e 70 da IN 1.700/17 da RFB especificam as adições que devem ser feitas no cálculo do lucro real:

> Art. 62. Na determinação do lucro real e do resultado ajustado serão adicionados ao lucro líquido do período de apuração:
>
> I - os custos, as despesas, os encargos, as perdas, as provisões, as participações e quaisquer outros valores deduzidos na apuração do lucro líquido que, de acordo com a legislação do IRPJ ou da CSLL, não sejam dedutíveis na determinação do lucro real ou do resultado ajustado; e
>
> II - os resultados, os rendimentos, as receitas e quaisquer outros valores não incluídos na apuração do lucro líquido que, de acordo com essa mesma legislação, devam ser computados na determinação do lucro real ou do resultado ajustado.
>
> Parágrafo único. O Anexo I apresenta uma lista não exaustiva das adições ao lucro líquido do período de apuração, para fins de determinação do lucro real e do resultado ajustado.

---

[127] HIGUCHI, Hiromi, HIGUCHI, Fabio Hiroshi e HIGUCHI, Celso Hiroyuki. *Imposto de Renda das Empresas – Interpretação e Prática.* São Paulo: IR Publicações, 2011, p. 369, 370.

Art. 68. Na determinação do lucro real serão dedutíveis somente as despesas necessárias à atividade da empresa e à manutenção da respectiva fonte produtora.

§ 1º Consideram-se necessárias as despesas pagas ou incorridas para a realização das transações ou operações exigidas pela atividade da empresa.

§ 2º As despesas admitidas são as usuais ou normais no tipo de transações, operações ou atividades da empresa.

Art. 69. Serão indedutíveis na apuração do resultado ajustado as despesas desnecessárias às operações da empresa.

Art. 70. Na determinação do lucro real e do resultado ajustado somente serão dedutíveis as provisões:

I - técnicas das companhias de seguro e de capitalização, das entidades de previdência privada complementar e das operadoras de planos de assistência à saúde, quando constituídas por exigência da legislação especial a elas aplicável;
II - para perdas de estoques de livros de que trata o art. 8º da Lei nº 10.753, de 30 de outubro de 2003;
III - para o pagamento de férias de empregados; e
IV - para o pagamento de décimo-terceiro salário de empregados.

Ainda com relação à adição, esclarecemos que não são dedutíveis na apuração do lucro real as multas por infrações fiscais, salvo as de natureza compensatória exemplo: multa por pagamento de tributo em atraso e as impostas por infrações de que não resultem falta ou insuficiência de pagamento do tributo, ou ainda, as multas impostas por transgressões de leis de natureza não tributária são indedutíveis como custo ou despesas operacionais nos termos dos artigos 132/133 da IN 1.700/17 da RFB.

## EXCLUSÕES NA BASE DE CÁLCULO

De acordo com a legislação fiscal, são os valores reconhecidos como ganho pela empresa aumentando o resultado contábil, mas não exigido pelo fisco que permite a sua não tributação, ou melhor, tecnicamente denominam-se receitas não tributadas. Exemplo: Receita com participação em empresas controladas e coligadas no Brasil, avaliadas pelo método da equivalência patrimonial. A razão da exclusão é que esta receita já foi tributada naquela empresa (controlada).

Com relação ao tema, Pêgas destaca que:

> Aplica-se o mesmo raciocínio das adições, ou seja, representa um valor que, embora reconhecido como ganho pela empresa e contabilizado em receita, a legislação fiscal não exige sua tributação, permitindo assim que esta receita não entre na base fiscal para cálculo dos tributos sobre o lucro. Se o valor for retirado do resultado apurado na contabilidade, este será diminuído. Por isso, faz-se exclusão ao lucro líquido.[128]

O artigo 63 da IN 1.700/17 da RFB destaca as exclusões do cálculo do lucro real:

> Art. 63. Na determinação do lucro real e do resultado ajustado poderão ser excluídos do lucro líquido do período de apuração:
>
> I - os valores cuja dedução seja autorizada pela legislação do IRPJ ou da CSLL e que não tenham sido computados na apuração do lucro líquido do período de apuração; e
> II - os resultados, os rendimentos, as receitas e quaisquer outros valores incluídos na apuração do lucro líquido que, de acordo com essa mesma legislação, não sejam computados no lucro real ou no resultado ajustado.
>
> Parágrafo único. O Anexo II apresenta uma lista não exaustiva das exclusões do lucro líquido do período de apuração, para fins de determinação do lucro real e do resultado ajustado.

---

[128] PÊGAS, Paulo Henrique. *Manual de Contabilidade Tributária*. Rio de Janeiro. Freitas Bastos Editora: 2014, p. 377.

Vale a pena destacar que no caso da elaboração de uma provisão indedutível realizada em período anterior, a qual não for efetivamente utilizada, a mesma deve ser estornada como **receita não tributável**, pois o imposto devido já foi pago quando da realização da provisão indedutível.

## COMPENSAÇÕES NA BASE DE CÁLCULO

De acordo com a lei 9.065/95, artigo 15, e IN 1.700/17 RFB artigo 64 e 213, os prejuízos fiscais apurados no livro de apuração do Lucro Real na parte A e controlados na parte B, são limitados a 30% do lucro real líquido ajustado, do período de apuração, pelas adições e exclusões.

Desta forma Higuchi (2016, 37) destaca que:

> A partir de 01.01.96, a compensação do prejuízo fiscal e da base negativa da CSLL está disciplinada, respectivamente, pelos artigos 15 e 16 da Lei 9.065/95. Em ambas as compensações a base de cálculo dos tributos não poderá ser reduzida em mais de 30%. No caso do imposto de renda, se o lucro real antes da compensação é de R$ 100.000,00 a compensação de prejuízo fiscal não poderá exceder R$ 30.000,00.
>
> Em relação aos prejuízos fiscais e às bases negativas da CSLL de anos-calendário anteriores não há diferença entre o lucro real trimestral e o balanço ou balancete de suspensão ou redução de pagamento. Ambas as formas de apuração terão que observar o limite de 30% na compensação. A diferença surge nos prejuízos fiscais do ano-calendário em curso.

### 14.2.6 Exemplo de Determinação de Lucro Real e Cálculo do Imposto[129]

Para melhor compreensão do tema lucro real, descrevemos, abaixo, um exemplo simplificado, primeiramente envolvendo a apuração

---

[129] NEVES, Silvério das e VICECONTI, Paulo E. V., op. cit., p. 6-7.

do lucro contábil e, posteriormente, partindo-se para a apuração do lucro real e seu cálculo.

A Revendedora de Artigos de Papelaria Acme Limitada é uma sociedade empresária de direito privado, regularmente registrada na Junta Comercial do Estado de São Paulo e demais órgãos estatais e optante pela sistemática de apuração do lucro real trimestral. Apresentou a seguinte demonstração do resultado do exercício expressa em Reais – R$, relativa ao primeiro trimestre do ano-calendário 2022[130]:

| | | |
|---|---|---|
| Receita bruta de vendas | | 10.000,00 |
| (-) Deduções da receita e impostos | | (2.000,00) |
| (=) Receita líquida de vendas | | 8.000,00 |
| (-) Custo das mercadorias vendidas | | (3.000,00) |
| (=) Lucro bruto | | 5.000,00 |
| (=) Despesas operacionais | | (1.300,00) |
| (-) Salários e encargos | 1.000,00 | |
| (-) Multas de trânsito | 100,00 | |
| (-) Despesas financeiras | 200,00 | |
| Outras receitas/despesas operacionais | | |
| (+) Dividendos recebidos de participações societárias | | 1.000,00 |
| (=) Lucro operacional líquido | | 4.700,00 |
| (+) Ganho na venda de ativo imobilizado | | 2.000,00 |
| (=) Resultado antes das participações | | 6.700,00 |
| (-) Participações nos lucros empregados | | (3.000,00) |
| (=) Resultado antes da contribuição social sobre o lucro | | 3.700,00 |
| (-) Contribuição social sobre o lucro 9% | | (333,00) |
| (=) Resultado do período antes do imposto de renda | | 3.367,00 |

---

[130] O modelo de DRE – Demonstração do Resultado do Exercício, adotado neste exercício encontra-se na obra *Contabilidade Empresarial* de José Carlos Marion, Editora Atlas, ano de publicação 2009 bem como os termos técnicos utilizados constam no decreto-lei 1.598/77.

Em continuidade ao exemplo acima descrito, segue a demonstração da apuração do imposto de renda pessoa jurídica que será escriturado no livro de apuração do lucro real – LALUR, levando-se em conta que a referida empresa possui um prejuízo fiscal acumulado de R$ 840,00 que será compensado integralmente, pois não ultrapassou o limite de 30% do lucro real antes da compensação do prejuízo.

Demonstração da apuração do lucro real do 1º trimestre de 2022

| Resultado do Período | | 3.367,00 |
|---|---|---|
| (+) Adições ao lucro | | |
| Multas de trânsito | 100,00 | |
| CSLL | 333,00 | 433,00 |
| (-) Exclusões do lucro | | |
| Dividendos recebidos | | (1.000,00) |
| (=) Lucro real antes da compensação de prejuízos | | 2.800,00 |
| (-) Compensação de prejuízos | | (840,00) |
| (=) Lucro real apurado | | 1.960,00 |
| Cálculo do imposto de renda devido | | |
| Lucro real do 1º trimestre | | 1.960,00 |
| Alíquota (se o lucro real no trimestre fosse superior a R$ 60.000,00, haveria ainda o adicional de 10%) | | 15% |
| **(=) Imposto de renda devido** | | **294,00** |

A pessoa jurídica ainda poderá diminuir do imposto devido[131]:
a) o valor dos eventuais incentivos fiscais de dedução do imposto, observados os limites e prazos da legislação vigente;
b) o valor dos incentivos fiscais de redução e isenção do imposto, calculados com base no lucro da exploração;

---

[131] NEVES, Silvério das e VICECONTI, Paulo E. V., op. cit., p. 7.

c) o imposto de renda pago ou retido na fonte, incidente sobre as receitas computadas no lucro real; e

d) o imposto de renda pago indevidamente ou a maior em períodos anteriores.

## 14.3 LUCRO PRESUMIDO

O lucro presumido é uma forma de tributação simplificada que utiliza apenas um percentual das receitas da empresa para apuração do resultado tributável do imposto de renda e contribuição social sobre o lucro. Com isso, estes tributos são calculados por meio de um resultado estimado, encontrado por percentuais sobe o faturamento definidos pela lei. Uma característica relevante desta modalidade de tributação consiste em ser uma forma simples de apuração, e, consequentemente, menos onerosa para o contribuinte, exigindo menos gastos com controles contábeis e fiscais. As regras básicas constam nos artigos 587 a 599 do Decreto 9.580/18[132] e artigo 214 da IN 1.700/17.

As pessoas jurídicas permitidas para opção do lucro presumido, de acordo com o artigo 600 do Regulamento do Imposto de Renda/18, estão dispensadas apenas pela legislação do imposto de renda da escrituração contábil, exceto da escrituração dos livros registro de inventários e do livro caixa, no qual deverá ser escriturada toda a movimentação financeira, inclusive a bancária, porém, o artigo 1.179 e seguintes do Código Civil, obrigam a sociedade empresária a manter a escrituração e documentação contábil, sendo dispensada somente a pequena empresa conforme a lei 9.317/96, que instituiu o regime tributário para Microempresas – ME, que passou a abranger as empresas de pequeno porte – EPP.

A regra para dispensa da obrigação acessória relativa à escrituração contábil encontra-se no artigo 225 da IN 1.700/17 da RFB a seguir transcrito:

---

[132] PÊGAS, Paulo Henrique. *Manual de Contabilidade Tributária*. Rio de Janeiro. Freitas Bastos: 2014, p. 516.

Art. 225. A pessoa jurídica habilitada à opção pelo regime de tributação com base no lucro presumido deverá manter:

I - escrituração contábil nos termos da legislação comercial;
II - livro Registro de Inventário, no qual deverão constar registrados os estoques existentes no término do ano-calendário; e
III - em boa guarda e ordem, enquanto não decorrido o prazo decadencial e não prescritas eventuais ações que lhes sejam pertinentes, todos os livros de escrituração obrigatórios por legislação fiscal específica e os documentos e demais papéis que serviram de base para escrituração comercial e fiscal.

Parágrafo único. O disposto no inciso I do caput não se aplica à pessoa jurídica que no decorrer do ano-calendário mantiver livro Caixa, no qual deverá estar escriturada toda a movimentação financeira, inclusive bancária.

Opcionalmente o contribuinte poderá adotar na sistemática do lucro presumido o pagamento dos tributos pelo regime de caixa desde que exerça a opção no mês de janeiro conforme artigos 223 a 224 da IN 1.700/17 a seguir descrita:

Art. 223. A pessoa jurídica optante pelo regime de tributação com base no lucro presumido que adotar o critério de reconhecimento de suas receitas na medida do recebimento e mantiver a escrituração do livro Caixa deverá indicar, nesse livro, em registro individual, a nota fiscal a que corresponder cada recebimento.

§ 1º Na hipótese prevista neste artigo, a pessoa jurídica que mantiver escrituração contábil, na forma prevista na legislação comercial deverá controlar os recebimentos de suas receitas em conta específica, na qual, em cada lançamento, será indicada a nota fiscal a que corresponder o recebimento.

§ 2º Os valores recebidos adiantadamente, por conta de venda de bens ou direitos ou de prestação de serviços, serão computados como receita do mês em que se der o faturamento, a entrega do bem ou do direito ou a conclusão dos serviços, o que primeiro ocorrer.

§ 3º Na hipótese prevista neste artigo, os valores recebidos, a qualquer título, do adquirente do bem ou direito ou do contratante dos serviços serão considerados como recebimento do preço ou de parte deste, até o seu limite.

§ 4º O cômputo da receita em período de apuração posterior ao previsto neste artigo sujeitará a pessoa jurídica ao pagamento do IRPJ e da CSLL com o acréscimo de juros de mora e de multa de mora ou de ofício, conforme o caso, calculados na forma da legislação específica.

**Art. 223-A.** A pessoa jurídica optante pelo regime de tributação com base no lucro presumido que adotar o critério de reconhecimento de suas receitas à medida do recebimento e passar a adotar o critério de reconhecimento segundo o regime de competência deverá reconhecer no mês de dezembro do ano-calendário anterior àquele em que ocorrer a mudança de regime as receitas auferidas e ainda não recebidas. (Incluído(a) pelo(a) Instrução Normativa RFB nº 1.881, de 03 de abril de 2019)

§ 1º A pessoa jurídica optante pelo regime de tributação com base no lucro presumido que durante o ano-calendário incorrer na obrigação de apurar o imposto pelo lucro real deverá oferecer à tributação as receitas auferidas e ainda não recebidas, no período de apuração anterior àquele em que ocorrer a mudança do regime de tributação. (Incluído(a) pelo(a) Instrução Normativa RFB nº 1.881, de 03 de abril de 2019)

§ 2º Na hipótese prevista no § 1º, as receitas auferidas e ainda não recebidas deverão ser adicionadas às receitas do período de apuração anterior à mudança do regime de tributação, para fins de recalcular o IRPJ e a CSLL do período, e a diferença apurada, após compensação do tributo pago, deverá ser recolhida, sem multa ou juros moratórios, até o último dia útil do mês subsequente àquele em que incorreu na obrigação de apurar o imposto pelo lucro real. (Incluído(a) pelo(a) Instrução Normativa RFB nº 1.881, de 03 de abril de 2019)

**Art. 224.** A pessoa jurídica que apura a CSLL com base no resultado presumido somente poderá adotar o regime de caixa na hipótese de adotar esse mesmo regime para apurar o IRPJ com base no lucro presumido.

De acordo com a lei 9.718/98 artigo 13, com redação dada pela lei 10.637/02 e 12.814/13 e IN 1.700/17 RFB, podem optar pela tributação com base no lucro presumido as pessoas jurídicas que, não estando obrigadas ao regime de tributação pelo lucro real, tenham auferido, no ano-calendário anterior, receita total igual ou inferior a R$ 78.000.000,00[133].

Considera-se receita total, o somatório da receita bruta de vendas, dos ganhos de capital, das demais receitas e dos resultados positivos decorrentes de receitas não compreendidas na atividade.

No caso de início de atividade, o limite será proporcional, à razão de R$ 6.500.000,00[134] multiplicado pelo número de meses do período.

Podem, também, optar pela tributação com base no lucro presumido as pessoas jurídicas que iniciarem atividades ou que resultarem de incorporação, fusão ou cisão, desde que não estejam obrigadas à tributação pelo lucro real.

A opção deve ser exercida com o pagamento da primeira ou única quota do IRPJ devido correspondente ao primeiro período de apuração de cada ano calendário. A pessoa jurídica que houver iniciado atividade a partir do segundo trimestre manifestará a opção com o pagamento da primeira ou única quota do IPRJ devido relativo ao período de apuração do início da atividade.

As pessoas jurídicas, tributadas pelo lucro presumido, e que, em qualquer trimestre do ano-calendário, tiverem seu lucro arbitrado,

---

[133] Respectivo valor foi alterado para R$ 78.000.000,00 a partir de 01.01.2014, como base na Medida Provisória 612/2013, o qual altera o artigo 13 da Lei 9.718/98 e lei 12.814/13.
[134] Ver nota anterior.

podem permanecer no regime de tributação com base no lucro presumido relativamente aos demais trimestres do ano-calendário, desde que atendidas as disposições legais pertinentes na lei nº 8.981, de 1.995, artigo 47, § 2º; lei nº 9.430, de 1.996, artigo1º; IN SRF nº 93, de 1.997, artigo 47.

Cabe ainda destacar que a tributação do IRPJ pelo lucro presumido **implica na tributação cumulativa do PIS (0,65% ao invés de 1,65%)** conforme o artigo 8º, inciso II, da Lei 10.637/02 e também da COFINS artigo 10, **(3,0% ao invés de 7,6%)** inciso II, da Lei 10.833/03.

Ainda com relação ao lucro presumido, a IN 1.700/17 em seu artigo 223 possibilita ao contribuinte optar pelo **Regime de Caixa**[135] adotando o critério de reconhecimento de suas receitas na medida do recebimento e mantiver a escrituração do livro caixa com indicação individual da nota fiscal a que corresponder cada recebimento.

### 14.3.1 Período de apuração

Para os fatos geradores ocorridos a partir de 01 de janeiro de 1997, o imposto de renda será determinado com base no lucro presumido por períodos de apuração trimestrais, encerrados nos dias 31 de março, 30 de junho, 30 de setembro e 31 de dezembro, de cada ano-calendário.[136]

### 14.3.2 Alíquota e Adicional

A alíquota e o adicional são os mesmos vistos anteriormente no Lucro Real.

### 14.3.3 Base de Cálculo

De acordo com a lei 9.249/95 artigo 15, os percentuais de presunção são: 8% para venda ou revenda de bens ou produtos, 32%

---

[135] Regime de Caixa – Norma contábil pela qual os ingressos são atribuídos ao exercício que são recebidos e os custos ao exercício que são pagos. É o mês mesmo que regime de gestão. Sá, Lopes., Sá Ana Maria. Dicionário de Contabilidade. São Paulo: Atlas, 2009.
[136] NEVES, Silvério das e VICECONTI, Paulo E. V., op. cit., p. 668.

para prestação de serviços, 32% para administração, locação de bens e direitos, 16% para transporte de passageiros, 8% para transporte de cargas, 16% para prestação de serviços até R$120.000,00 de profissões não regulamentadas, 1,6% para revenda de combustíveis, 100% para outras receitas não definidas e 8% para serviços hospitalares nos termos dos artigos 591 e 592 do decreto 9.580/18.

Integram a base de cálculo da Receita Total igual ou inferior a R$ 78.000.000,00[137]:

a) as receitas da prestação de serviços, da venda de produtos de fabricação própria, da revenda de mercadorias, do transporte de cargas, da industrialização de produtos em que a matéria-prima, o produto intermediário e o material de embalagem tenham sido fornecidos por quem encomendou a industrialização, da atividade rural, e de outras atividades compreendidas nos objetivos sociais da pessoa jurídica;

b) as receitas de quaisquer outras fontes não relacionadas diretamente com os objetivos sociais da pessoa jurídica e os ganhos de capital;

c) os ganhos líquidos obtidos em operações realizadas nos mercados de renda variável;

d) os rendimentos nominais auferidos em aplicações financeiras de renda fixa;

e) a parcela das receitas auferidas nas exportações às pessoas vinculadas ou aos países com tributação favorecida que exceder ao valor já apropriado na escrituração da empresa, em decorrência dos ajustes dos métodos de preços de transferências.

Não integram a Receita Total igual ou inferior a R$ 78.000.000,00[138]:

---

[137] Respectivo valor foi alterado para R$ 78.000.000,00 a partir de 01.01.2014, como base na Medida Provisória 612/2013, o qual altera o artigo 13 da Lei 9.718/98 e lei 12.814/13.

[138] PÊGAS, Paulo Henrique. *Manual de Contabilidade Tributária*. Rio de Janeiro. Freitas Bastos: 2014, p. 516.

a) as vendas canceladas, as devoluções de vendas, os descontos incondicionais concedidos e os impostos não cumulativos (IPI) cobrados destacadamente do comprador ou contratante e do qual o vendedor dos bens ou o prestador dos serviços seja mero depositário;
b) as saídas que não decorram de vendas, a exemplo das transferências de mercadorias para outros estabelecimentos da mesma empresa;
c) O IPI e ICMS Substituição Tributária, quando registrados como receita.

A IN 1.700/17 também detalha no seu artigo 215 § 3º outras receitas que podem ser acrescidas às bases de cálculo:

> § 3º Serão acrescidos às bases de cálculo de que tratam o *caput* e o § 1º:
> 
> I - os ganhos de capital, demais receitas e resultados positivos decorrentes de receitas não abrangidas pelo *caput* e pelo § 1º, auferidos no mesmo período, inclusive:
> a) os ganhos de capital auferidos na alienação de participações societárias permanentes em sociedades coligadas e controladas, e de participações societárias que permaneceram no ativo da pessoa jurídica até o término do ano-calendário seguinte ao de suas aquisições;
> b) os ganhos auferidos em operações de cobertura (*hedge*) realizadas em bolsas de valores, de mercadorias e de futuros ou no mercado de balcão organizado;
> c) a receita de locação de imóvel, quando não for este o objeto social da pessoa jurídica, deduzida dos encargos necessários à sua percepção;
> d) os juros equivalentes à taxa referencial do Selic, para títulos federais, relativos a impostos e contribuições a serem restituídos ou compensados;
> e) os rendimentos auferidos nas operações de mútuo realizadas entre pessoas jurídicas ou entre pessoa jurídica e pessoa física;
> f) as receitas financeiras decorrentes das variações monetárias dos direitos de crédito e das obrigações do contribuinte,

em função de índices ou coeficientes aplicáveis por disposição legal ou contratual;

g) os ganhos de capital auferidos na devolução de capital em bens e direitos;

h) em relação à base de cálculo do IRPJ, a diferença entre o valor em dinheiro ou o valor dos bens e direitos recebidos de instituição isenta, a título de devolução de patrimônio, e o valor em dinheiro ou o valor dos bens e direitos entregues para a formação do referido patrimônio;

i) em relação à base de cálculo da CSLL, o valor em dinheiro ou o valor dos bens e direitos recebidos de instituição isenta, a título de devolução de patrimônio;

II - os rendimentos e ganhos líquidos auferidos em aplicações financeiras de renda fixa e renda variável;

III - os juros sobre o capital próprio auferidos;

IV - os valores recuperados, correspondentes a custos e despesas, inclusive com perdas no recebimento de créditos, salvo se a pessoa jurídica comprovar não os ter deduzido em período anterior no qual tenha se submetido ao regime de tributação com base no lucro real e no resultado ajustado, ou que se refiram a período no qual tenha se submetido ao regime de tributação com base no lucro presumido ou arbitrado;

V - o valor resultante da aplicação dos percentuais de que tratam o *caput* e os §§ 1º e 2º do art. 33, em relação ao IRPJ, e de que tratam o *caput* e os §§ 1º a 3º do art. 34, em relação à CSLL, sobre a parcela das receitas auferidas em cada atividade, no respectivo período de apuração, nas exportações às pessoas vinculadas ou aos países com tributação favorecida que exceder o valor já apropriado na escrituração da empresa, na forma prevista na Instrução Normativa RFB nº 1.312, de 2012;

VI - a diferença de receita financeira calculada conforme disposto no Capítulo V e no art. 58 da Instrução Normativa RFB nº 1.312, de 2012;

VII - as multas ou qualquer outra vantagem paga ou creditada por pessoa jurídica, ainda que a título de indenização, por causa de rescisão de contrato, observado o disposto nos §§ 1º e 2º do art. 79.

§ 3º-A Na aplicação dos percentuais a que se refere o *caput*, deve ser observado o disposto nos §§ 3º e 4º do art. 33. (Incluído(a) pelo(a) Instrução Normativa RFB nº 1.881, de 03 de abril de 2019)

## 14.3.4 Exemplo de Determinação do Lucro Presumido e Cálculo do Imposto[139]

Para facilitar o entendimento do cálculo do lucro presumido, segue abaixo um exemplo, no qual, primeiramente, apresentam-se os dados exemplificativos de uma sociedade empresária, para, em seguida, demonstrar-se a apuração e cálculo do imposto de renda.

### 14.3.4.1 Dados financeiros Relativos ao Primeiro Trimestre de 2022

| Receita Bruta em Reais – R$ | |
|---|---:|
| Revenda de Mercadorias | 100.000,00 |
| Prestação de Serviços em geral | 200.000,00 |
| TOTAL | 300.000,00 |
| Rendimento de aplicação financeira | 6.000,00 |
| Demais Juros e Descontos Obtidos | 1.000,00 |
| Ganhos de Capital da venda do Ativo Imobilizado | 1.000,00 |

### 14.3.4.2 Demonstração do Lucro Presumido e Cálculo do Imposto

| | |
|---|---:|
| Vendas: 8% de R$ 100.000,00 .............................. | R$ 8.000,00 |
| Serviços: 32% de R$ 200.000,00 ........................ | R$ 64.000,00 |
| (=) Subtotal ............................................................. | R$ 72.000,00 |
| **Acréscimos:** | |
| (+) Rendimentos de Aplicação Financeira ............ | R$ 6.000,00 |
| (+) Demais Juros e Descontos Obtidos ................... | R$ 1.000,00 |
| (+) Ganhos de capital na venda de bens ................. | R$ 1.000,00 |
| (=) Base de cálculo do Imposto ............................... | R$ 80.000,00 |

---

[139] NEVES, Silvério das e VICECONTI, Paulo E. V., op. cit., p. 686, 687.

| Cálculo do Imposto de Renda | |
|---|---|
| Lucro Presumido do 1º trimestre de 2022 ............... | R$ 80.000,00 |
| Alíquota 15% x R$ 80.000,00 ............................. | R$ 12.000,00 |
| (+) Adicional 10% x (R$ 80.000,00 – R$ 60.000,00) ....................................................... | R$ 2.000,00 |
| (=) Imposto Devido................................................ | R$ 14.000,00 |

## 14.3.5 Deduções do Imposto Devido

A pessoa jurídica optante pelo lucro presumido pode deduzir do imposto de renda apurado[140]:

a) o imposto de renda pago ou retido na fonte sobre receitas que integram a base de cálculo do imposto devido;
b) o imposto de renda retido na fonte por órgãos públicos, conforme artigo 64 da lei nº 9.430, de 1996;
c) o imposto de renda retido na fonte por Entidades da Administração Pública Federal (lei nº 10.833/2003, artigo 34);
d) o imposto de renda pago incidente sobre ganhos no mercado de renda variável.

Observação: À pessoa jurídica tributada com base no lucro presumido, não é permitida qualquer dedução a título de incentivo fiscal, porém a pessoa jurídica pode efetuar as seguintes compensações:

a) pagamento indevido ou a maior que o devido de imposto de renda;
b) saldo negativo de imposto de renda de períodos anteriores;
c) outras compensações efetuadas mediante Declaração de Compensação (Per/DComp) ou processo administrativo.

As compensações efetuadas devem ser informadas na Declaração de Confissão de Tributos Federais – DCTF.

---

[140] HIGUCHI, Hiromi, HIGUCHI, Fabio Hiroshi e HIGUCHI, Celso Hiroyuki. *Imposto de Renda das Empresas – Interpretação e Prática*. São Paulo: IR Publicações, 2011, p. 76.

## 14.4 LUCRO ARBITRADO

Na hipótese do contribuinte deixar de registrar corretamente suas operações inviabilizando a apuração do imposto de renda, a lei autoriza a autoridade fiscal a arbitrar o valor do lucro, nos termos da lei 8.981/95, artigo 47 e artigos 602, 603 do Regulamento do Imposto de Renda – RIR/18. Portanto, o lucro da pessoa jurídica será arbitrado na ocorrência das seguintes condições do artigo 603:

> Art. 603. O imposto sobre a renda, devido trimestralmente, no decorrer do ano-calendário, será determinado com base nos critérios do lucro arbitrado, quando (Lei nº 8.981, de 1995, art. 47; e Lei nº 9.430, de 1996, art. 1º):
>
> I - o contribuinte, obrigado à tributação com base no lucro real, não mantiver escrituração na forma das leis comerciais e fiscais ou deixar de elaborar as demonstrações financeiras exigidas pela legislação fiscal;
>
> II - o contribuinte não escriturar ou deixar de apresentar à autoridade tributária os livros ou os registros auxiliares de que trata o § 2º do art. 8º do Decreto-Lei nº 1.598, de 1977;
>
> III - a escrituração a que o contribuinte estiver obrigado revelar evidentes indícios de fraudes ou contiver vícios, erros ou deficiências que a tornem imprestável para:
>
> a) identificar a efetiva movimentação financeira, inclusive bancária; ou
>
> b) determinar o lucro real;
>
> IV - o contribuinte deixar de apresentar à autoridade tributária os livros e os documentos da escrituração comercial e fiscal, ou o livro-caixa, na hipótese prevista no parágrafo único do art. 600;
>
> V - o contribuinte optar indevidamente pela tributação com base no lucro presumido;
>
> VI - o comissário ou o representante da pessoa jurídica estrangeira deixar de escriturar e apurar o lucro da sua atividade separadamente do lucro do comitente residente ou domiciliado no exterior, observado o disposto no art. 468; e

VII - o contribuinte não mantiver, em boa ordem e de acordo com as normas contábeis recomendadas, livro-razão ou fichas utilizados para resumir e totalizar, por conta ou subconta, os lançamentos efetuados no livro diário.

### 14.4.1 Alíquota e Adicional

A alíquota e o adicional são os mesmos descritos anteriormente no Lucro Real.

### 14.4.2 Base de Cálculo

Existem duas bases de cálculo possíveis para o lucro arbitrado: a **Receita Bruta Conhecida e a Receita Bruta Não Conhecida**.

Na **receita bruta conhecida**, o lucro arbitrado das pessoas jurídicas é determinado mediante a aplicação, sobre a receita bruta do trimestre, quando conhecida, do percentual abaixo descrito, todos já com o acréscimo de 20% determinado pelos artigos 15 e 16 da Lei 9.249/95, e artigo 605 RIR/18 de acordo com a atividade empresarial exercida pela empresa:

> Art. 15. A base de cálculo do imposto, em cada mês, será determinada mediante a aplicação do percentual de 8% (oito por cento) sobre a receita bruta auferida mensalmente, observado o disposto no art. 12 do Decreto-Lei nº 1.598, de 26 de dezembro de 1977, deduzida das devoluções, vendas canceladas e dos descontos incondicionais concedidos, sem prejuízo do disposto nos arts. 30, 32, 34 e 35 da Lei nº 8.981, de 20 de janeiro de 1995. (Redação dada pela Lei nº 12.973, de 2014) (Vigência)
>
> § 1º Nas seguintes atividades, o percentual de que trata este artigo será de:
>
> I - um inteiro e seis décimos por cento, para a atividade de revenda, para consumo, de combustível derivado de petróleo, álcool etílico carburante e gás natural;
> II - dezesseis por cento:

a) para a atividade de prestação de serviços de transporte, exceto o de carga, para o qual se aplicará o percentual previsto no caput deste artigo;

b) para as pessoas jurídicas a que se refere o <u>inciso III do art. 36 da Lei nº 8.981, de 20 de janeiro de 1995</u>, observado o disposto nos §§ <u>1º</u> e <u>2º do art. 29 da referida Lei;</u>

II - trinta e dois por cento, para as atividades de: <u>(Vide Medida Provisória nº 232, de 2004)</u>

a) prestação de serviços em geral, exceto a de serviços hospitalares e de auxílio diagnóstico e terapia, patologia clínica, imagenologia, anatomia patológica e citopatologia, medicina nuclear e análises e patologias clínicas, desde que a prestadora destes serviços seja organizada sob a forma de sociedade empresária e atenda às normas da Agência Nacional de Vigilância Sanitária – Anvisa; <u>(Redação dada pela Lei nº 11.727, de 2008)</u>

b) intermediação de negócios;

c) administração, locação ou cessão de bens imóveis, móveis e direitos de qualquer natureza;

d) prestação cumulativa e contínua de serviços de assessoria creditícia, mercadológica, gestão de crédito, seleção de riscos, administração de contas a pagar e a receber, compra de direitos creditórios resultantes de vendas mercantis a prazo ou de prestação de serviços (factoring).

e) prestação de serviços de construção, recuperação, reforma, ampliação ou melhoramento de infraestrutura vinculados a contrato de concessão de serviço público. <u>(Incluído pela Lei nº 12.973, de 2014)</u> <u>(Vigência)</u>

IV - 38,4% (trinta e oito inteiros e quatro décimos por cento), para as atividades de operação de empréstimo, de financiamento e de desconto de títulos de crédito realizadas por Empresa Simples de Crédito (ESC). <u>(Incluído pela Lei Complementar nº 167, de 2019)</u>

§ 2º No caso de atividades diversificadas será aplicado o percentual correspondente a cada atividade.

§ 3º As receitas provenientes de atividade incentivada não comporão a base de cálculo do imposto, na proporção do benefício a que a pessoa jurídica, submetida ao regime de tributação com base no lucro real, fizer jus.

§ 4º O percentual de que trata este artigo também será aplicado sobre a receita financeira da pessoa jurídica que explore atividades imobiliárias relativas a loteamento de terrenos, incorporação imobiliária, construção de prédios destinados à venda, bem como a venda de imóveis construídos ou adquiridos para a revenda, quando decorrente da comercialização de imóveis e for apurada por meio de índices ou coeficientes previstos em contrato. (Incluído pela Lei nº 11.196, de 2005)

Art. 16. O lucro arbitrado das pessoas jurídicas será determinado mediante a aplicação, sobre a receita bruta, quando conhecida, dos percentuais fixados no art. 15, acrescidos de vinte por cento.

Parágrafo único. No caso das instituições a que se refere o inciso III do art. 36 da Lei nº 8.981, de 20 de janeiro de 1995, o percentual para determinação do lucro arbitrado será de quarenta e cinco por cento.

Na **receita bruta não conhecida**, os percentuais serão aplicados de ofício de acordo com a tabela definida no artigo 51 da lei 8.981/95 e que foi atualizada de acordo com o artigo 232 da IN 1.700/17 da RFB:

Art. 232. O lucro arbitrado e o resultado arbitrado das pessoas jurídicas, correspondentes a cada trimestre, quando não conhecida a receita bruta, serão determinados, em procedimento de ofício, mediante aplicação de uma das seguintes alternativas de cálculo:

I - 1,5 (um inteiro e cinco décimos) do lucro real, no caso do IRPJ, e do resultado ajustado, no caso da CSLL, referentes ao último período em que a pessoa jurídica manteve escrituração de acordo com as leis comerciais e fiscais;
II - 0,12 (doze centésimos) da soma dos valores do ativo circulante e do ativo não circulante, existentes no último balanço patrimonial conhecido;

III - 0,21 (vinte e um centésimos) do valor do capital, inclusive sua correção monetária contabilizada como reserva de capital, constante do último balanço patrimonial conhecido ou registrado nos atos de constituição ou alteração da sociedade;
IV - 0,15 (quinze centésimos) do valor do patrimônio líquido constante do último balanço patrimonial conhecido;
V - 0,4 (quatro décimos) do valor das compras de mercadorias efetuadas no trimestre;
VI - 0,4 (quatro décimos) da soma, em cada trimestre, dos valores da folha de pagamento dos empregados e das compras de matérias-primas, produtos intermediários e materiais de embalagem;
VII - 0,8 (oito décimos) da soma dos valores devidos no trimestre a empregados; ou
VIII - 0,9 (nove décimos) do valor do aluguel devido no trimestre.

§ 1º As alternativas previstas nos incisos V, VI e VII, a critério da autoridade lançadora, poderão ter sua aplicação limitada, respectivamente, às atividades comerciais, industriais e de prestação de serviços e, no caso de empresas com atividade mista, ser adotadas isoladamente em cada atividade.

§ 2º Para os efeitos da aplicação do disposto no inciso I, quando o lucro real e o resultado ajustado forem decorrentes de período-base anual, os valores que servirão de base ao arbitramento serão proporcionais ao número de meses do período de apuração considerado.

§ 3º Nas alternativas previstas nos incisos V e VI, as compras serão consideradas pelos valores totais das operações, devendo ser incluídos os valores decorrentes do ajuste a valor presente de que trata o inciso III do art. 184 da Lei nº 6.404, de 1976.

§ 4º À parcela apurada conforme o *caput* deste artigo serão adicionados, para efeitos de se determinar o lucro arbitrado e o resultado arbitrado, os valores mencionados nos incisos I a VII do § 3º do art. 227 e no art. 231.

## 14.4.3 Exemplo de Determinação do Lucro Arbitrado e Cálculo do Imposto[141]

Para o perfeito entendimento do tema, segue adiante dois exemplos com dados previamente criados que fornecem a sistemática de cálculo e apuração do imposto com receita conhecida e não conhecida:

### 14.4.3.1 Receita conhecida – dados do primeiro trimestre 2022

| Receita bruta conhecida: | |
|---|---|
| Revenda de mercadorias | R$ 160.000,00 |
| Prestação de serviços em geral | R$ 80.000,00 |
| Ganho de capital na venda de ativo imobilizado | R$ 20.000,00 |
| Dado Adicional: A pessoa jurídica foi tributada com base no lucro real no ano-calendário anterior. | |
| Cálculo do lucro arbitrado de Receita Conhecida | |
| Receita Bruta: | |
| Revenda de mercadorias: R$ 160.000,00 x 9,60% | R$ 15.360,00 |
| Prestação de serviços em geral: R$ 80.000,00 x 38,40% | R$ 30.720,00 |
| (+) Ganho de capital na venda de bens | R$ 20.000,00 |
| (=) Base de cálculo | R$ 66.080,00 |
| Cálculo do imposto | |
| R$ 66.080,00 x 15% | R$ 9.912,00 |
| Adicional: | |
| 10% x (R$ 66.080,00 – R$ 60.000,00) | R$ 608,00 |
| (=) Imposto devido | R$ 10.520,00 |

---

[141] NEVES, Silvério das e VICECONTI, Paulo E. V., op. cit., p. 25-26.

## 14.4.3.2 Receita não conhecida – dados trimestrais[142]

Aluguel escolhido pelo fisco para determinação do lucro arbitrado, com valor mensal R$ 6.000,00.

| Receita Não Conhecida | |
|---|---|
| Valor da receita arbitrada do trimestre | R$ 18.000,00 |
| Aplicação do coeficiente 0,9 = lucro tributável | R$ 16.200,00 |
| Cálculo do arbitrado de Receita não Conhecida | |
| Receita de aluguéis: R$ 16.200,00 x 38,40% | R$ 6.220,00 |
| (=) Base de cálculo | R$ 6.220,00 |
| Cálculo do imposto | |
| R$ 6.220,00 x 15% | R$ 933,00 |

## 14.5 CONTRIBUIÇÃO SOCIAL SOBRE O LUCRO LÍQUIDO – CSLL

A contribuição social sobre o lucro líquido – CSLL – das empresas é uma das fontes de recursos previstas no art. 195, inciso I, letra "c", da Constituição Federal e lei 7.689/88, que se destina a atender o programa de seguridade social e, atualmente, encontra-se disciplinada pela Instrução Normativa da Secretária da Receita Federal, número 390 de 30 de janeiro de 2004.

Aplica-se a CSLL, no que couber, às disposições da legislação do imposto sobre a renda referente à administração, ao lançamento, à consulta, à cobrança, às penalidades, às garantias e ao processo administrativo, mantidas a base de cálculo e as alíquotas previstas na legislação da referida contribuição.

### 14.5.1 Alíquota

A partir de 1º de janeiro de 2003, a alíquota da CSLL é de 9% conforme a Lei 10.637, de 2002, artigo 37 e a Instrução normativa 390 da Secretaria da Receita Federal, e de 15% para as Institui-

---

[142] HIGUCHI, Hiromi, HIGUCHI, Fabio Hiroshi e HIGUCHI, Celso Hiroyuki., op. cit., p. 112.

ções Financeiras, Seguros Privados e Capitalização conforme lei 11.727/07 que traz a consolidação administrativa relativa à apuração e pagamento de acordo com a legislação.

A Instrução Normativa 1.700/17 nos seus artigos 30 e 30-A, B, C, especificam as regras para casos específicos em que há aplicação de outras alíquotas diferenciadas previstas na legislação, a seguir descritas:

> **Art. 30.** A alíquota da CSLL é de:
> I - 15% (quinze por cento), exceto no período compreendido entre 1º de setembro de 2015 e 31 de dezembro de 2018, no qual vigorará a alíquota de 20% (vinte por cento), nos casos de:
> a) pessoas jurídicas de seguros privados e de capitalização;
> b) Revogado vide IN 1.925
> c) distribuidoras de valores mobiliários;
> d) corretoras de câmbio e de valores mobiliários;
> e) sociedades de crédito, financiamento e investimentos;
> f) sociedades de crédito imobiliário;
> g) administradoras de cartões de crédito;
> h) sociedades de arrendamento mercantil; e
> i) associações de poupança e empréstimo;
> II - 15% (quinze por cento), exceto no período compreendido entre 1º de outubro de 2015 e 31 de dezembro de 2018, no qual vigorará a alíquota de 17% (dezessete por cento), no caso de cooperativas de crédito; (Redação dada pelo(a) Instrução Normativa RFB nº 1.925, de 19 de fevereiro de 2020) (Vide Instrução Normativa RFB nº 1.925, de 19 de fevereiro de 2020)
> III - 9% (nove por cento), no caso de:
> a) administradoras de mercado de balcão organizado;
> b) bolsas de valores e de mercadorias e futuros;
> c) entidades de liquidação e compensação;
> d) empresas de fomento comercial ou *factoring*; e
> e) demais pessoas jurídicas; e (Redação dada pelo(a) Instrução Normativa RFB nº 1.925, de 19 de fevereiro de 2020) (Vide Instrução Normativa RFB nº 1.925, de 19 de fevereiro de 2020)

IV - 20% (vinte por cento), exceto no período compreendido entre 1º de janeiro de 2019 e 29 de fevereiro de 2020, no qual vigorará a alíquota de 15% (quinze por cento), nos casos de bancos de qualquer espécie e de agências de fomento. (Redação dada pelo(a) Instrução Normativa RFB nº 1.942, de 27 de abril de 2020)

**Art. 30-A.** As pessoas jurídicas a que se refere o inciso IV do art. 30 tributadas pelo lucro real trimestral a que se refere o *caput* do art. 31 deverão realizar, relativamente ao primeiro trimestre de 2020, os seguintes procedimentos para determinar o valor devido da CSLL relativa ao período de apuração: (Incluído(a) pelo(a) Instrução Normativa RFB nº 1.942, de 27 de abril de 2020)

I - calcular a proporção entre o total da receita bruta do mês de março e o total da receita bruta do trimestre; (Incluído(a) pelo(a) Instrução Normativa RFB nº 1.942, de 27 de abril de 2020)

II - aplicar o percentual calculado na forma prevista no inciso I sobre o resultado ajustado do trimestre; (Incluído(a) pelo(a) Instrução Normativa RFB nº 1.942, de 27 de abril de 2020)

III - aplicar a alíquota de 5% (cinco por cento) sobre o valor apurado na forma prevista no inciso II; e (Incluído(a) pelo(a) Instrução Normativa RFB nº 1.942, de 27 de abril de 2020)

IV - adicionar o valor calculado na forma prevista no inciso III à CSLL apurada por meio da aplicação da alíquota de 15% (quinze por cento) sobre o resultado ajustado do trimestre. (Incluído(a) pelo(a) Instrução Normativa RFB nº 1.942, de 27 de abril de 2020)

§ 1º Alternativamente ao estabelecido no *caput*, as pessoas jurídicas referidas neste artigo poderão realizar os seguintes procedimentos para determinar o valor devido da CSLL relativa ao período de apuração: (Incluído(a) pelo(a) Instrução Normativa RFB nº 1.942, de 27 de abril de 2020)

I - calcular o resultado ajustado relativo aos meses de janeiro e fevereiro; (Incluído(a) pelo(a) Instrução Normativa RFB nº 1.942, de 27 de abril de 2020)
II - calcular a diferença entre o resultado ajustado do trimestre e o resultado ajustado a que se refere o inciso I; (Incluído(a) pelo(a) Instrução Normativa RFB nº 1.942, de 27 de abril de 2020)
III - aplicar a alíquota de 5% (cinco por cento) sobre a diferença apurada na forma prevista no inciso II, caso seja positiva; e (Incluído(a) pelo(a) Instrução Normativa RFB nº 1.942, de 27 de abril de 2020)
IV - adicionar o valor calculado na forma prevista no inciso III à CSLL apurada por meio da aplicação da alíquota de 15% (quinze por cento) sobre o resultado ajustado do trimestre. (Incluído(a) pelo(a) Instrução Normativa RFB nº 1.942, de 27 de abril de 2020)

§ 2º A alternativa prevista no § 1º será aplicável somente se a diferença a que se refere seu inciso II for positiva. (Incluído(a) pelo(a) Instrução Normativa RFB nº 1.942, de 27 de abril de 2020)

**Art. 30-B**. As pessoas jurídicas a que se refere o inciso IV do art. 30 tributadas com base no lucro real anual a que se refere o § 3º do art. 31 e que apurarem a CSLL devida em cada mês na forma prevista no art. 45 deverão aplicar a alíquota de 20% (vinte por cento) a partir de 1º de março de 2020. (Incluído(a) pelo(a) Instrução Normativa RFB nº 1.942, de 27 de abril de 2020)

§ 1º No ano-calendário de 2020, as pessoas jurídicas referidas no *caput* que levantarem balanços ou balancetes a partir de 1º de março para os fins previstos nos incisos III e IV do art. 47 deverão, para calcular a CSLL devida com base no resultado ajustado do período em curso, realizar os seguintes procedimentos para determinar o valor devido da CSLL relativa ao período de apuração: (Incluído(a) pelo(a) Instrução Normativa RFB nº 1.942, de 27 de abril de 2020)

I - calcular a proporção entre o total da receita bruta do mês de março de 2020 até o último mês abrangido pelo período em curso e o total da receita bruta desse período; (Incluído(a) pelo(a) Instrução Normativa RFB nº 1.942, de 27 de abril de 2020)

II - aplicar o percentual calculado na forma do inciso I sobre o resultado ajustado do período em curso; (Incluído(a) pelo(a) Instrução Normativa RFB nº 1.942, de 27 de abril de 2020)

III - aplicar a alíquota de 5% (cinco por cento) sobre o valor apurado na forma prevista no inciso II; e (Incluído(a) pelo(a) Instrução Normativa RFB nº 1.942, de 27 de abril de 2020)

IV - adicionar o valor calculado na forma prevista no inciso III à CSLL apurada por meio da aplicação da alíquota de 15% (quinze por cento) sobre o resultado ajustado do período em curso. (Incluído(a) pelo(a) Instrução Normativa RFB nº 1.942, de 27 de abril de 2020)

§ 2º Alternativamente ao estabelecido no § 1º, as pessoas jurídicas referidas no *caput* poderão realizar os seguintes procedimentos para fins de cálculo do valor devido da CSLL relativa ao período em curso: (Incluído(a) pelo(a) Instrução Normativa RFB nº 1.942, de 27 de abril de 2020)

I - calcular o resultado ajustado relativo aos meses de janeiro e fevereiro; (Incluído(a) pelo(a) Instrução Normativa RFB nº 1.942, de 27 de abril de 2020)

II - calcular a diferença entre o resultado ajustado do período em curso e o resultado ajustado a que se refere o inciso I; (Incluído(a) pelo(a) Instrução Normativa RFB nº 1.942, de 27 de abril de 2020)

III - aplicar a alíquota de 5% (cinco por cento) sobre a diferença apurada na forma prevista no inciso II, caso seja positiva; e (Incluído(a) pelo(a) Instrução Normativa RFB nº 1.942, de 27 de abril de 2020)

IV - adicionar o valor calculado na forma prevista no inciso III à CSLL apurada por meio da aplicação da alíquota de 15% (quinze por cento) sobre o resultado ajustado do período em curso. (Incluído(a) pelo(a) Instrução Normativa RFB nº 1.942, de 27 de abril de 2020)

§ 3º A alternativa prevista no § 2º será aplicável somente se a diferença a que se refere seu inciso II for positiva. (Incluído(a) pelo(a) Instrução Normativa RFB nº 1.942, de 27 de abril de 2020)

**Art. 30-C.** As pessoas jurídicas a que se refere o inciso IV do art. 30 tributadas com base no lucro real anual apurarão o valor da CSLL devida em 31 de dezembro de 2020 de que trata o § 4º do art. 31 na forma prevista no § 1º do art. 30-B, considerado o período de 1º de janeiro a 31 de dezembro de 2020. (Incluído(a) pelo(a) Instrução Normativa RFB nº 1.942, de 27 de abril de 2020)

Parágrafo único. Alternativamente ao estabelecido no *caput*, as pessoas jurídicas referidas neste artigo poderão realizar os procedimentos descritos nos §§ 2º e 3º do art. 30-B para fins de cálculo do valor devido da CSLL relativo ao ano-calendário de 2020. (Incluído(a) pelo(a) Instrução Normativa RFB nº 1.942, de 27 de abril de 2020)

### 14.5.2 Base de Cálculo Anual e Trimestral

A base de cálculo da Contribuição Social sobre o Lucro Líquido – CSLL – é o resultado do período de apuração, antes de computar a provisão para seu próprio pagamento e a provisão do imposto de renda das pessoas jurídicas, ajustado por adições e exclusões prescritas ou autorizadas pela legislação fiscal.[143]

A pessoa jurídica que apurar anualmente o imposto sobre a renda com base no lucro real também deve apurar a CSLL anualmente com base no resultado ajustado, em 31 de dezembro de cada ano.

---

[143] NEVES, Silvério das e VICECONTI, Paulo E. V., op. cit., p. 169. Também menciona que a lista completa das adições e exclusões da base de cálculo da CSLL pode ser encontrada no manual anexo a DIPJ – Declaração de informações econômico-fiscais da pessoa jurídica.

Os valores de CSLL efetivamente pagos calculados sobre a base de cálculo estimada mensalmente, no transcorrer do ano-calendário, podem ser deduzidos do valor de CSLL apurado anualmente (ajuste).

### 14.5.3 Base de Cálculo Estimada e Presumida

A mesma forma de tributação adotada pela pessoa jurídica, para fins de apuração do imposto de renda, deve ser empregada para fins de apuração da CSLL.

Assim, a pessoa jurídica que levantou balanço ou balancete para suspender ou reduzir o pagamento do imposto de renda, em determinado mês do ano-calendário, deve apurar a base de cálculo da CSLL sobre o resultado do período apurado nesse mesmo balanço, ajustado pelas adições determinadas, pelas exclusões permitidas e pelas compensações de base de cálculo negativa da CSLL, observados os limites definidos na legislação pertinente[144].

A base de cálculo da CSLL, em cada mês, será determinada pela soma:
1. de 12% ou de 32% da receita bruta auferida no período no caso do lucro presumido;
2. dos rendimentos e ganhos líquidos auferidos em aplicações financeiras de renda fixa e renda variável;
3. dos ganhos de capital, das demais receitas e dos resultados positivos decorrentes de receitas não compreendidas na atividade, no mês em que forem auferidos.

### 14.5.4 Exemplo do Cálculo da Contribuição Social sobre o Lucro Líquido

Para melhor esclarecimento da sistemática de cálculo, simularam-se dois casos práticos envolvendo as duas sistemáticas de apuração da CSLL.

---

[144] PÊGAS, Paulo Henrique. *Manual de Contabilidade Tributária*. Rio de Janeiro. Freitas Bastos Editora: 2014, p. 560.

## 14.5.4.1 Exemplo de cálculo da CSLL trimestral – lucro real, considerando que a empresa em questão, tem uma base negativa a compensar de períodos anteriores no valor de R$ 2.000,00:[145]

Demonstração da CSLL – **lucro real** em Reais – R$ do 1º trimestre 2022

| | |
|---|---:|
| **Resultado do período** | 50.000,00 |
| **(+) Adições** | |
| Multa de trânsito | 5.000,00 |
| (-) Exclusões | |
| Dividendos recebidos | (15.000,00) |
| (=) Base de cálculo antes da compensação | 40.000,00 |
| (-) Base de cálculo negativa | (2.000,00) |
| (=) Base de cálculo da CSLL | 38.000,00 |
| **Cálculo da CSLL** | |
| Base de cálculo do 1º trimestre | 38.000,00 |
| Alíquota | 9% |
| (=) CSLL devida | 3.420,00 |

## 14.5.4.2. Exemplo do cálculo da CSLL em Reais R$ – lucro presumido e cálculo do imposto

| | | |
|---|---|---:|
| Vendas: 12% de R$ 200.000,00 | R$ | 24.000,00 |
| Serviços: 32% de R$ 50.000,00 | R$ | 16.000,00 |
| (=) Subtotal | R$ | 40.000,00 |

| | | |
|---|---|---:|
| Acréscimos: | | |
| (+) Rendimentos de aplicação financeira | R$ | 8.000,00 |
| (+) Demais juros e descontos obtidos | R$ | 3.000,00 |
| (+) Ganhos de capital na venda de imobilizado | R$ | 5.000,00 |
| (=) Base de cálculo do imposto | R$ | 56.000,00 |

---

[145] NEVES, Silvério das e VICECONTI, Paulo E. V., op. cit., p. 686.

| Cálculo da CSLL | |
|---|---|
| Base de cálculo da CSLL do 1º trimestre ............... R$ | 56.000,00 |
| Alíquota 9% x R$ 56.000,00 ................................. R$ | 5.040,00 |
| (=) CSLL devida................................................. R$ | **5.040,00** |

## 14.6 PROGRAMA DE INTEGRAÇÃO SOCIAL – PIS

A contribuição para o Programa de Integração Social – PIS foi criada pela Lei Complementar nº 7/1970 e a sua congênere, a Contribuição para o Patrimônio do Servidor Público – PASEP, pela Lei Complementar nº 8/70 e destina-se ao custeio da seguridade social, com a finalidade de financiar o seguro desemprego e o abono para os empregados que recebam mensalmente até dois salários mínimos nos termos do artigo 239 da Constituição Federal[146].

A lei 10.637/02 instituiu um regime de cobrança para o PIS/PASEP batizado de não cumulativo, mas, na realidade, a não cumulatividade é somente no nome, pois, para ser não cumulativo, a lei teria de autorizar a dedução de todos os pagamentos feitos na operação anterior, mas isto não ocorria. Esta lei foi alterada pelo artigo 25 da lei 10.684/03 e lei 10.833/03, os quais instituíram as mesmas bases de cálculo e mesmas deduções de créditos, porém a Instrução Normativa 2.121 editada em dezembro de 2022 atualiza e normatiza diversas regras relativas ao tributo.

Devido à extensão e complexidade do tema, neste trabalho, trata-se somente das contribuições devidas pelas sociedades empresárias, limitando-se as pessoas jurídicas de direito privado.

Não podemos deixar de destacar que no mês de março/2017 o STF, por maioria dos votos decidiu que o ICMS – Imposto Sobre Circulação de Mercadorias e Serviços não integra a base de cálculo das contribuições para o PIS e a COFINS, finalizando o julgamento do Recurso Extraordinário 574.706, com repercussão geral. Referida decisão não se estende a todos os contribuintes, como também

---

[146] MIRANDA, Jediael Galvão. *Direito da Seguridade Social*. Rio de Janeiro: Campus/Elsevier, 2007, p. 67.

se aguarda uma decisão do STF quanto a modulação dos efeitos da decisão.

### 14.6.1 Alíquota[147]

A alíquota do PIS incidente sobre a folha de salários é de 1% (um por cento) e deve ser aplicada somente aos contribuintes que não contribuem para o PIS faturamento e são isentas da COFINS em relação às receitas derivadas de suas atividades próprias. A título de exemplo, estes contribuintes são: Templos, Partidos Políticos, Sindicatos etc.

Para o PIS sobre faturamento, que envolve a receita bruta e importações das pessoas jurídicas de direito privado, existem duas modalidades: Cumulativa com alíquota de 0,65%; e Não cumulativa com alíquota de 1,65%.

Para a modalidade não cumulativa, a legislação permite o desconto de 1,65% sobre aquisições para tomada de crédito sobre o valor devido.

Cabe ainda destacar que a tributação do IRPJ pelo lucro presumido implica na tributação cumulativa do PIS conforme o artigo oitavo, inciso II, da Lei 10.637/02 e, também, a COFINS artigo 10, inciso II, da Lei 10.833/03.

Destacamos também a lei 13.137/15 que alterou a alíquota do PIS para importação de produtos estrangeiros passando de 1,65% para 2,10%.

A partir de 01.01.15 de acordo com o decreto 8.426/15 a alíquota do PIS/Cofins sobre receita financeira é de 0,65%, e 4% respectivamente.

### 14.6.2 Base de Cálculo

A lei 9.718/98 estabeleceu em seu art. 3º § 1º que a incidência para o PIS é a totalidade das receitas auferidas, sendo irrelevantes o tipo de atividade exercida e a classificação contábil adotada pelas receitas.

---

[147] NEVES, Silvério das e VICECONTI, Paulo E. V. *Curso Prático de Imposto de Renda e Tributos Conexos*. São Paulo: Frase, 2007. p. 125, 128, 130 e 133.

No caso das entidades sem fins lucrativos a base de cálculo do PIS é a folha de salários e a receita ou o faturamento de acordo com o art. 195 da Constituição Federal e artigo terceiro da lei 9.715/98.

São isentas as entidades de assistência social que atenderem as exigências definidas em lei conforme estabelecido na Constituição Federal artigo 195, parágrafo sétimo. Também não incide sobre as receitas de exportação, conforme artigo 149, parágrafo segundo, Inciso I da Constituição Federal.

### 14.6.3 Exemplo de Cálculo do PIS

Para entendimento do tema, descrevemos abaixo duas hipóteses distintas de cálculo do imposto, demonstrando a base de cálculo e apuração do imposto devido no caso cumulativo e não cumulativo.

### 14.6.3.1 Exemplo de cálculo de PIS cumulativo[148]

| Base de cálculo do PIS – Cumulativo | | | |
|---|---|---|---|
| Faturamento operacional bruto (IPI incluso)............................................... | | R$ | 400.000,00 |
| (-) IPI contido no faturamento............................................... | | R$ | (80.000,00) |
| (=) Receita bruta de vendas (ICMS incluso)............................................... | | R$ | 320.000,00 |
| (-) Devoluções de vendas............. | R$ (20.000,00) | | |
| (-) Descontos Incondicionais .... | R$ (10.000,00) | R$ | (30.000,00) |
| (=) Subtotal ....................................................... | | R$ | 290.000,00 |
| (+) Receita de Juros .................. | R$ 3.000,00 | | |
| (+) Receita de aluguel de bens permanentes........................... | R$ 10.000,00 | R$ | 13.000,00 |
| (=) Base de cálculo ....................................................... | | R$ | 303.000,00 |
| (=) **PIS devido a recolher: 0,65% x R$ 303.000,00**............................................... | | R$ | 2.969,50 |

---

[148] NEVES, Silvério das e VICECONTI, Paulo E. V., op. cit., p. 131.

## 14.6.3.2 Exemplo de cálculo de PIS não cumulativo[149]

| Base de cálculo do PIS – Não Cumulativo | |
|---|---|
| Receita de vendas | R$ 40.000,00 |
| Devolução de vendas no mês | R$ 4.000,00 |
| Compra de mercadorias no mês | R$ 18.000,00 |
| Despesas de arrendamento mercantil | R$ 5.000,00 |
| Receitas financeiras | R$ 2.000,00 |
| Despesas financeiras sobre empréstimos | R$ 1.000,00 |

| Base de Cálculo do PIS – Não Cumulativo | |
|---|---|
| **(-) Débitos** | |
| Vendas (1,65% x R$ 40.000,00) | R$ 660,00 |
| PIS sobre receita financeira 0,65% x R$ 2.000,00 | R$ 13,00 |
| **(-) Créditos** | |
| Compras (1,65% x R$18.000,00) | R$ (117,00) |
| Devolução de vendas (1,65% x R$ 4.000,00) | R$ (66,00) |
| Despesa de arrendamento mercantil (1,65% x R$ 5.000,00) | R$ (82,50) |
| **(=) PIS devido a recolher** | **R$ 407,50** |

## 14.7 CONTRIBUIÇÃO PARA FINANCIAMENTO DA SEGURIDADE SOCIAL – COFINS

A Contribuição para o Financiamento da Seguridade Social – COFINS – foi criada pela Lei Complementar nº 70/1991, consolidada pelo decreto 4.524/02 que regulamentava as contribuições de PIS e COFINS e alterada pela lei 10.833/03 que criou o método não cumulativo e posteriormente pela lei 10.865/04 que institui a COFINS sobre importação e modificou algumas regras anteriores[150], porém a IN 2.121 de dezembro de 2022 alterou e inovou diversas regras relativas ao tributo.

---

[149] Idem, p. 146.
[150] PÊGAS, Paulo Henrique, op. cit., p. 163.

## 14.7.1 Alíquotas

Conforme estabelecido em lei, a alíquota da COFINS para as instituições financeiras é de 4% e para o COFINS sobre faturamento, há duas modalidades: cumulativa com alíquota de 3% e não cumulativa com alíquota de 7,6%.

Para a modalidade não cumulativa, a legislação permite o desconto de 7,6% sobre aquisições para tomada de crédito sobre o valor devido.

A partir de 01.01.15 de acordo com o decreto 8.426/15 a alíquota do PIS/Cofins sobre receita financeira é de 0,65% e 4%, respectivamente.

Destacamos também a lei 13.137/15 que alterou a alíquota do COFINS para importação de produtos estrangeiros passando de 7,6% para 9,65%.

## 14.7.2 Base de Cálculo

A COFINS devida pelas pessoas jurídicas de direito privado serão calculadas com base no seu faturamento nos termos da lei 9.718/98, que corresponde à receita bruta da pessoa jurídica. Entende-se por receita bruta a totalidade das receitas auferidas, sendo irrelevantes o tipo de atividade por ela exercida e a classificação contábil para as receitas[151].

## 14.7.3 Exemplo de Cálculo da COFINS

Para entendimento do tema, descrevem-se abaixo duas hipóteses distintas de cálculo do imposto, demonstrando a base de cálculo e apuração do imposto devido no caso cumulativo e não cumulativo.

### 14.7.3.1 Exemplo de cálculo de COFINS cumulativo[152]

| Base de Cálculo COFINS – Cumulativo |
|---|
| Faturamento operacional bruto (IPI incluso)..........R$ 400.000,00 |
| (-) IPI contido no faturamento..............................R$ (80.000,00) |

---

[151] MIRANDA, Jediael Galvão, op. cit., p. 64.
[152] NEVES, Silvério das e VICECONTI, Paulo E. V., op. cit, p. 146.

| | | |
|---|---|---|
| (=) Receita bruta de vendas (ICMS incluso).......... R$ | | 320.000,00 |
| (-) Devoluções de vendas .......... R$ (20.000,00) | | |
| (-) Descontos Incondicionais .... R$ (10.000,00) | R$ | (30.000,00) |
| (=) Subtotal ....................................................... R$ | | 290.000,00 |
| (+) Receita de juros ............................................... R$ | | 3.000,00 |
| (+) Receita de aluguel de bens permanentes......................... R$ 10.000,00 | R$ | 13.000,00 |
| (=) Base de cálculo ............................................... R$ | | 303.000,00 |
| (=) COFINS devida a recolher ......3,0% x R$ 303.000,00 = | R$ | 9.090,00 |

### 14.7.3.2 Exemplo de cálculo de COFINS não cumulativo[153]

| Base de cálculo do COFINS – Não Cumulativo | |
|---|---|
| Receita de vendas........................................................R$ | 40.000,00 |
| Devolução de vendas no mês ................................. R$ | 4.000,00 |
| Compra de mercadorias no mês ............................ R$ | 18.000,00 |
| Despesas de arrendamento mercantil ..................... R$ | 5.000,00 |
| Receitas Financeiras ................................................ R$ | 2.000,00 |
| Despesas financeiras sobre empréstimos ................... R$ | 1.000,00 |

| Cálculo da COFINS – Não Cumulativo | | |
|---|---|---|
| (-) Débitos | | |
| Vendas (7,6% x R$ 40.000,00) ................................ R$ | | 3.040,00 |
| Receita Financeira 4,0% x R$ 2.000,00 | R$ | 80,00 |
| (-) Créditos | | |
| Compras (7,6% x R$18.000,00) ................................R$ | | (1.368,00) |
| Devolução de vendas (7,6% x R$ 4.000,00) ........... R$ | | (304,00) |
| Despesa de arrendamento mercantil (7,6% x R$ 5.000,00)............................................R$ | | (380,00) |
| (=) COFINS devida a recolher ................................R$ | | 1.068,00 |

---

[153] Idem, p. 146.

## 14.8 IMPOSTO SOBRE PRODUTOS INDUSTRIALIZADOS – IPI

É o imposto utilizado como instrumento de função fiscal e predominantemente extrafiscal de política econômica do governo federal e incide sobre a industrialização de produtos nacionais e a importação de produtos estrangeiros, obedecidas as especificações constantes da Tabela de Incidência do Imposto sobre Produtos Industrializados – TIPI, possuindo algumas características próprias, tais como: não se submete ao princípio da anterioridade, pois suas alíquotas podem ser alteradas por decreto, não é cumulativo (art. 49 CTN), ou seja, o contribuinte tem o direito de creditar-se do imposto anteriormente cobrado na aquisição dos insumos, tem uma função de extrafiscalidade, ou melhor, é seletivo, cobrado em função da essencialidade do produto, implicando que a alíquota deve ser menor quanto mais necessário seja o produto, não incidindo sobre os produtos industrializados destinados ao exterior e terá reduzido seu impacto sobre a aquisição de bens de capital, tendo como base legal a Constituição Federal artigo 153, inciso quarto, § 3º a seguir destacado:[154]

> § 3º O imposto previsto no inciso IV:
>
> I - será seletivo, em função da essencialidade do produto;
> II - será não-cumulativo, compensando-se o que for devido em cada operação com o montante cobrado nas anteriores;
> III - não incidirá sobre produtos industrializados destinados ao exterior.
> IV - terá reduzido seu impacto sobre a aquisição de bens de capital pelo contribuinte do imposto, na forma da lei. (Incluído pela Emenda Constitucional nº 42, de 19.12.2003)

Destaca-se que a EC 42/003 modificou o art. 150, inciso III, "c" da CF mencionando que todos os entes políticos estão proibidos de cobrar tributos antes de decorridos 90 dias da data em que sido

---

[154] MACHADO, Hugo de Brito. *Curso de direito tributário*. São Paulo: Malheiros, 2016, p. 335.

publicada a lei que os instituiu ou aumentou. Consequentemente o IPI foi abrangido pela respectiva noventena ou período nonagesimal.

Conforme definido pelos artigos 46 e 47 do Código Tributário Nacional e Decreto 7.212/10, artigo quarto do Regulamento do IPI – RIPI, produto industrializado é o resultante de qualquer operação que modifique a natureza, o funcionamento, acabamento, apresentação ou a finalidade do produto, ou o aperfeiçoe para consumo, sendo irrelevantes, para caracterizar a operação como industrialização, o processo utilizado para obtenção do produto, a localização e condições das instalações ou equipamentos empregados, tais como: transformação, beneficiamento, montagem, condicionamento ou reacondicionamento, renovação ou recondicionamento. As pessoas jurídicas que se enquadrarem como estabelecimentos industriais ou equiparados a industriais, serão contribuintes de IPI.

Com a finalidade de esclarecer o que é o processo de industrialização, Pêgas, 2017, p. 170, 171, define que:

- √ Beneficiamento – Consiste em modificar, aperfeiçoar ou, de qualquer forma, alterar o funcionamento, utilização, o acabamento ou aparência do produto. No beneficiamento o produto sofre apenas um melhoramento.
- √ Montagem – É a reunião de produtos, peças ou partes de que resultem um novo produto ou unidade autônoma, ainda que sob a mesma classificação fiscal.
- √ Transformação – Significa a operação que, exercida sobre matéria-prima ou produto intermediário, importe na obtenção de espécie nova. Nesta operação normalmente ocorrerá mudança de classificação fiscal do produto final relação ao transformado.
- √ Acondicionamento ou Reacondicionamento – É a operação que importa em alterar pela colocação de embalagem, ainda que em substituição do original, salvo quando a embalagem colocada se destine apenas ao transporte de mercadoria. No que diz respeito a acondicionamento e reacondicionamento, a industrialização fica caracterizada sempre que se engarrafar, embalar etc. quaisquer produtos tributados.

√ Renovação ou Recondicionamento – É a operação que exercida sobre produto usado ou parte remanescente de produto deteriorado ou inutilizado, renove ou restaure o produto para utilização. Nessa situação, encontram-se, por exemplo, produtos a partir da reciclagem de latas. A renovação se processa sobre produtos usados, diferentemente do beneficiamento, que tem por objeto bens sem uso ou semiacabados.

Estabelecimento industrial conforme o artigo 8º do RIPI/2010 é aquele que executa qualquer operação de industrialização, de que resulte produto tributado, ainda que de alíquota zero ou isento.

São equiparados a estabelecimento industrial conforme artigos 9º, 10º e 11º do RIPI/2010:

> **Art. 9º** Equiparam-se a estabelecimento industrial:
>
> I - os estabelecimentos importadores de produtos de procedência estrangeira, que derem saída a esses produtos (Lei nº 4.502, de 1964, art. 4º, inciso I);
>
> II - os estabelecimentos, ainda que varejistas, que receberem, para comercialização, diretamente da repartição que os liberou, produtos importados por outro estabelecimento da mesma firma;
>
> III - as filiais e demais estabelecimentos que exercerem o comércio de produtos importados, industrializados ou mandados industrializar por outro estabelecimento da mesma firma, salvo se aqueles operarem exclusivamente na venda a varejo e não estiverem enquadrados na hipótese do inciso II (Lei nº 4.502, de 1964, art. 4º, inciso II, e § 2º, Decreto-Lei nº 34, de 1966, art. 2º, alteração 1ª, e Lei nº 9.532, de 10 de dezembro de 1997, art. 37, inciso I);
>
> IV - os estabelecimentos comerciais de produtos cuja industrialização tenha sido realizada por outro estabelecimento da mesma firma ou de terceiro, mediante a remessa, por eles efetuada, de matérias-primas, produtos intermediários, embalagens, recipientes, moldes, matrizes ou modelos (Lei nº 4.502, de 1964, art. 4º, inciso III, e Decreto-Lei nº 34, de 1966, art. 2º, alteração 33ª);

V - os estabelecimentos comerciais de produtos do Capítulo 22 da TIPI, cuja industrialização tenha sido encomendada a estabelecimento industrial, sob marca ou nome de fantasia de propriedade do encomendante, de terceiro ou do próprio executor da encomenda (Decreto-Lei nº 1.593, de 21 de dezembro de 1977, art. 23);

VI - os estabelecimentos comerciais atacadistas dos produtos classificados nas Posições 71.01 a 71.16 da TIPI (Lei nº 4.502, de 1964, Observações ao Capítulo 71 da Tabela);

VII - os estabelecimentos atacadistas e cooperativas de produtores que derem saída a bebidas alcoólicas e demais produtos, de produção nacional, classificados nas Posições 22.04, 22.05, 22.06 e 22.08 da TIPI e acondicionados em recipientes de capacidade superior ao limite máximo permitido para venda a varejo, com destino aos seguintes estabelecimentos (Lei nº 9.493, de 1997, art. 3º):

a) industriais que utilizarem os produtos mencionados como matéria-prima ou produto intermediário na fabricação de bebidas;

b) atacadistas e cooperativas de produtores; ou

c) engarrafadores dos mesmos produtos;

VIII - os estabelecimentos comerciais atacadistas que adquirirem de estabelecimentos importadores produtos de procedência estrangeira, classificados nas Posições 33.03 a 33.07 da TIPI (Medida Provisória nº 2.158-35, de 24 de agosto de 2001, art. 39);

IX - os estabelecimentos, atacadistas ou varejistas, que adquirirem produtos de procedência estrangeira, importados por encomenda ou por sua conta e ordem, por intermédio de pessoa jurídica importadora (Medida Provisória nº 2.158-35, de 2001, art. 79, e Lei nº 11.281, de 20 de fevereiro de 2006, art. 13);

X - os estabelecimentos atacadistas dos produtos da Posição 87.03 da TIPI (Lei nº 9.779, de 19 de janeiro de 1999, art. 12);

XVI - relativamente às saídas dos produtos a que se referem os art. 209 e art. 222, os estabelecimentos de pessoa jurídica que: (Incluído pelo Decreto nº 10.668, de 2021)

a) seja caracterizada, na forma definida no art. 243 da Lei nº 6.404, de 15 de dezembro de 1976, como controladora, controlada ou coligada de pessoa jurídica que industrialize ou importe os referidos produtos (Lei nº 13.097, de 19 de janeiro de 2015, art. 18, *caput*, inciso I, e Lei nº 13.241, de 30 de dezembro de 2015, art. 4º, *caput*, inciso I); (Incluído pelo Decreto nº 10.668, de 2021)

b) juntamente com pessoa jurídica que industrialize ou importe os referidos produtos, estiver sob controle societário ou administrativo comum (Lei nº 13.097, de 2015, art. 18, *caput*, inciso III, e Lei nº 13.241, de 2015, art. 4º, *caput*, inciso III); (Incluído pelo Decreto nº 10.668, de 2021)

c) apresente sócio ou acionista controlador, em participação direta ou indireta, que seja cônjuge, companheiro ou parente, consanguíneo ou afim, em linha reta ou colateral, até o terceiro grau, de sócio ou acionista controlador de pessoa jurídica que industrialize ou importe os referidos produtos (Lei nº 13.097, de 2015, art. 18, *caput*, inciso IV, e Lei nº 13.241, de 2015, art. 4º, *caput*, inciso IV); (Incluído pelo Decreto nº 10.668, de 2021)

d) tenha participação no capital social de pessoa jurídica que industrialize ou importe os referidos produtos, exceto nas hipóteses de participação inferior a um por cento em pessoa jurídica com registro de companhia aberta na Comissão de Valores Mobiliários (Lei nº 13.097, de 2015, art. 18, *caput*, inciso V, e Lei nº 13.241, de 2015, art. 4º, *caput*, inciso V); e (Incluído pelo Decreto nº 10.668, de 2021)

e) tenha, em comum com pessoa jurídica que industrialize ou importe os referidos produtos, diretor ou sócio que exerça funções de gerência, ainda que essas funções sejam exercidas sob outra denominação (Lei nº 13.097, de 2015, art. 18, *caput*, inciso VI, e Lei nº 13.241, de 2015, art. 4º, *caput*, inciso VI); (Incluído pelo Decreto nº 10.668, de 2021)

XVII - os estabelecimentos filiais de pessoa jurídica que industrialize ou importe os produtos a que se referem os art. 209 e art. 222 (Lei nº 13.097, de 2015, art. 18, *caput*, inciso II, e Lei nº 13.241, de 2015, art. 4º, *caput*, inciso II); e (Incluído pelo Decreto nº 10.668, de 2021)

XVIII - os estabelecimentos que tiverem adquirido ou recebido em consignação, no ano anterior, mais de vinte por cento do volume de saída de pessoa jurídica que industrialize ou importe os produtos a que se referem os art. 209 e art. 222 (Lei nº 13.097, de 2015, art. 18, *caput*, inciso VII, e Lei nº 13.241, de 2015, art. 4º, *caput*, inciso VII). (Incluído pelo Decreto nº 10.668, de 2021)

§ 1º Nas hipóteses do inciso IX, a Secretaria da Receita Federal do Brasil (Medida Provisória nº 2.158-35, de 2001, art. 80, e Lei nº 11.281, de 2006, art. 11, § 1º):

I - deverá estabelecer requisitos e condições para a atuação de pessoa jurídica importadora:

a) por conta e ordem de terceiro; ou
b) que adquira mercadorias no exterior para revenda a encomendante predeterminado; e
II - poderá exigir prestação de garantia como condição para a entrega de mercadorias, quando o valor das importações for incompatível com o capital social ou o patrimônio líquido do importador ou encomendante predeterminado ou, no caso de importação por conta e ordem, do adquirente.

§ 2º Presume-se por conta e ordem de terceiro, ressalvado o disposto no § 3º, a operação de comércio exterior realizada nas condições previstas no inciso IX:

I - mediante utilização de recursos daquele (Lei nº 10.637, de 30 dezembro de 2002, art. 27); ou
II - em desacordo com os requisitos e condições estabelecidos nos termos da alínea "b"do inciso I do § 1º (Lei nº 11.281, de 2006, art. 11, § 2º).

§ 3º Considera-se promovida por encomenda, nos termos do inciso IX, não configurando importação por conta e ordem, a importação realizada com recursos próprios da pessoa jurídica importadora que adquira mercadorias no exterior para revenda a encomendante predeterminado, participando ou não o encomendante das operações comerciais relativas à aquisição dos produtos no exterior, ressalvado o disposto na alínea "b" do inciso I do § 1º (Lei nº 11.281, de 2006, art. 11, *caput* e § 3º, e Lei nº 11.452, de 2007, art. 18).

§ 4º No caso do inciso X, a equiparação aplica-se, inclusive, ao estabelecimento fabricante dos produtos da Posição 87.03 da TIPI, em relação aos produtos da mesma Posição, produzidos por outro fabricante, ainda que domiciliado no exterior, que revender (Lei nº 9.779, de 1999, art. 12, parágrafo único).

§ 6º Os estabelecimentos industriais quando derem saída a matéria-prima, produto intermediário e material de embalagem, adquiridos de terceiros, com destino a outros estabelecimentos, para industrialização ou revenda, serão considerados estabelecimentos comerciais de bens de produção e obrigatoriamente equiparados a estabelecimento industrial em relação a essas operações (Lei nº 4.502, de 1964, art. 4º, inciso IV, e Decreto-Lei nº 34, de 1966, art. 2º, alteração 1ª).

§ 7º Aos estabelecimentos comerciais atacadistas e varejistas de cigarros e cigarrilhas dos Códigos 2402.20.00, excetuados os classificados no Ex 01, e 2402.10.00 da TIPI, de fabricação nacional ou importados, não se aplicam as equiparações a estabelecimento industrial previstas na legislação do imposto (Lei nº 11.933, de 28 de abril de 2009, art. 9º e Lei nº 12.402, de 2 de maio de 2011, art. 6º, *caput*, inciso I). (Redação dada pelo Decreto nº 7.990, de 2013) (Produção de efeito)

§ 8º O previsto no § 7º não se aplica aos estabelecimentos comerciais atacadistas e varejistas que receberem, com suspensão do imposto, cigarros saídos do estabelecimento industrial até 30 de abril de 2009 e cigarrilhas saídas do estabelecimento industrial até 31 de agosto de 2011 (Lei nº 11.933, de 2009, art. 9º, parágrafo único e Lei nº 12.402, de 2011, art. 6º, *caput*, inciso I). (Redação dada pelo Decreto nº 7.990, de 2013) (Produção de efeito)

**Art. 10.** São equiparados a estabelecimento industrial os estabelecimentos atacadistas que adquirirem os produtos relacionados no Anexo III da Lei nº 7.798, de 10 de julho de 1989, de estabelecimentos industriais ou dos estabelecimentos equiparados a industriais de que tratam os incisos I a V do art. 9º (Lei nº 7.798, de 1989, arts. 7º e 8º).

§ 1º O disposto neste artigo aplica-se nas hipóteses em que o adquirente e o remetente dos produtos sejam empresas controladoras ou controladas – Lei nº 6.404, de 15 de dezembro de 1976, art. 243, coligadas – Lei nº 10.406, de 10 de janeiro de 2002, art. 1.099, e Lei nº 11.941, de 27 de maio de 2009, art. 46, parágrafo único, interligadas – Decreto-Lei nº 1.950, de 14 de julho de 1982, art. 10, § 2º – ou interdependentes (Lei nº 7.798, de 1989, art. 7º § 1º).

§ 2º Da relação de que trata o *caput* poderão, mediante decreto, ser excluídos produtos ou grupo de produtos cuja permanência se torne irrelevante para arrecadação do imposto, ou incluídos outros cuja alíquota seja igual ou superior a quinze por cento (Lei nº 7.798, de 1989, art. 8º).

**Equiparados a Industrial por Opção**

**Art. 11.** Equiparam-se a estabelecimento industrial, por opção (Lei nº 4.502, de 1964, art. 4º, inciso IV, e Decreto-Lei nº 34, de 1966, art. 2º, alteração 1a):

I - os estabelecimentos comerciais que derem saída a bens de produção, para estabelecimentos industriais ou revendedores, observado o disposto na alínea "a" do inciso I do art. 14; e
II - as cooperativas, constituídas nos termos da Lei nº 5.764, de 16 de dezembro de 1971, que se dedicarem à venda em comum de bens de produção, recebidos de seus associados para comercialização.

### 14.8.1 Alíquotas

A incidência do IPI abrange todos os produtos industrializados e importados, estabelecendo a respectiva alíquota, ainda que zero, relacionados na TIPI, excluídos aqueles a que corresponde a notação "NT" (não tributado), levando-se em conta que o que importa é o princípio da seletividade em função da essencialidade do produto conforme o artigo 48 do Código Tributário Nacional.

### 14.8.2 Base de Cálculo

A base de cálculo do IPI é diferente, dependendo da hipótese de incidência. No caso de mercadoria importada, a base de cálculo do IPI é a mesma do imposto de importação, porém acrescida do próprio imposto de importação e das demais taxas alfandegarias pagos pelo importador, e no caso de produtos industrializados nacionais a base de cálculo do IPI é o valor da operação de que decorrer a saída deste do estabelecimento do contribuinte, tudo conforme o artigo 47 do CTN abaixo descrito:

> A base de cálculo do imposto é:
>
> I - no caso do inciso I do artigo anterior, o preço normal, como definido no inciso II do artigo 20, acrescido do montante:
> a) do imposto sobre a importação;
> b) das taxas exigidas para entrada do produto no País;
> c) dos encargos cambiais efetivamente pagos pelo importador ou dele exigíveis;
> II - no caso do inciso II do artigo anterior:
> a) o valor da operação de que decorrer a saída da mercadoria;
> b) na falta do valor a que se refere a alínea anterior, o preço corrente da mercadoria, ou sua similar, no mercado atacadista da praça do remetente;
> III - no caso do inciso III do artigo anterior, o preço da arrematação.

## 14.8.3 Fato Gerador

Conforme os artigos 35 e 36 do RIPI/2010, e o art. 46 do CTN é o desembaraço aduaneiro de produto de procedência estrangeira e a saída de produto do estabelecimento industrial ou equiparado, e a arrematação quando o bem é levado a leilão.

Em síntese o artigo 46 do CTN define o fato gerador do IPI como:

> . O imposto, de competência da União, sobre produtos industrializados tem como fato gerador:
>
> I - o seu desembaraço aduaneiro, quando de procedência estrangeira;
> II - a sua saída dos estabelecimentos a que se refere o parágrafo único do artigo 51;
> III - a sua arrematação, quando apreendido ou abandonado e levado a leilão.
>
> Parágrafo único. Para os efeitos deste imposto, considera-se industrializado o produto que tenha sido submetido a qualquer operação que lhe modifique a natureza ou a finalidade, ou o aperfeiçoe para o consumo.

## 14.8.4 Sujeito Passivo

De acordo com o regulamento do IPI – RIPI/2010 artigos 21 a 30 e artigo 51 do Código Tributário Nacional, são obrigados ao pagamento do IPI como contribuintes:

> a) o importador, em relação ao fato gerador decorrente do desembaraço aduaneiro de produto de procedência estrangeira;
>
> b) o industrial, em relação ao fato gerador decorrente da saída de produto que industrializar em seu estabelecimento, bem assim quanto aos demais fatos geradores decorrentes de atos que praticar;
>
> c) o estabelecimento equiparado a industrial, quanto ao fato gerador relativo aos produtos que dele saírem, bem assim

quanto aos demais fatos geradores decorrentes de atos que praticar;

d) os que consumirem ou utilizarem em outra finalidade, ou remeterem a pessoas que não sejam empresas jornalísticas ou editoras, o papel destinado à impressão de livros, jornais e periódicos, quando alcançado pela imunidade prevista no inciso I do artigo 18 do RIPI/2002;

e) o arrematante de produtos levados a leilão.

Parágrafo único. Para os efeitos deste imposto, considera-se contribuinte autônomo qualquer estabelecimento de importador, industrial, comerciante ou arrematante.

É responsável, por substituição tributária, o industrial ou equiparado a industrial, mediante requerimento, em relação às operações anteriores, concomitantes ou posteriores às saídas que promover, nas hipóteses e condições estabelecidas pela Secretaria da Receita Federal.

### 14.8.5 Exemplo de Cálculo do IPI

No exemplo abaixo, descreve-se de forma simplificada a sistemática de cálculo e apuração mensal do IPI:

| Faturamento Bruto | R$ 3.450.000,00 |
|---|---|
| Compra de Matéria-Prima para Industrialização | (R$ 1.000.000,00) |
| (+) IPI sobre faturamento bruto TIPI – 10% | R$ 345.000,00 |
| (-) IPI sobre produto adquirido TIPI – 10% | R$ 100.000,00 |
| **IPI a Recolher** | **R$ 245.000,00** |

### 14.8.6 – Substituição Tributária do IPI

A IN 1.081/2010 da RFB define as regras para eventuais casos de substituição tributária do IPI, bem como a lei 4.502/64.

## 14.9 IMPOSTO DE IMPORTAÇÃO – II

É basicamente um imposto de comércio exterior utilizado como instrumento de política econômica e fiscal, possuindo, portanto, uma função extrafiscal e cumulativa, não estando sujeito ao princípio da anterioridade nos termos do artigo 150, § 1º da Constituição Federal, cabendo ao poder executivo alterar suas alíquotas nos limites estabelecidos em lei.

Harada conceitua o tributo na p. 428 de sua obra como:

> O imposto de importação tem como fato gerador a entrada de produtos estrangeiros no território nacional consoante o art. 19 do CTN que foi recepcionado pela Carta Política vigente. Os demais dispositivos do CTN, arts. 20 a 22, também continuam em vigor, com exceção da parte do art. 21, que compete ao executivo o poder de alterar a base de cálculo do imposto. Este imposto de natureza regulatória e ao mesmo tempo arrecadatória, caracteriza-se por sua internacionalização, traduzida em termos de acordos regionais ou gerais, visando à sua uniformização para implementar e facilitar o comércio internacional. São exemplos de acordos tarifários internacionais; a Comunidade Econômica Europeia, a Aladi, antiga Alalc, e, mais recentemente, o Nafta e o Mercosul.
>
> Como imposto de caráter regulatório da economia, a faculdade do executivo alterar sua alíquota há de fundar-se em motivação que se harmonize com a norma do art. 174 CF, que confere ao Estado o papel de agente normativo e regulador da atividade econômica.

É um imposto de competência da União que tem como fundamento legal o artigo 153, inciso I da Constituição Federal e os artigos 19 a 22 do Código Tributário Nacional, como também os artigos 69 a 109 do Decreto 6.759/09, Regulamento Aduaneiro, e tem como fato gerador nos termos do artigo 19 do Código Tributário Nacional, a entrada de produtos estrangeiros no território aduaneiro nacional.

## 14.9.1 Ocorrência do Fato Gerador

Nos termos do artigo 72 do Regulamento Aduaneiro, para efeitos fiscais, será considerada como entrada no território nacional, a mercadoria constante no manifesto de carga, e será exigível quando:

> Art. 72. O fato gerador do imposto de importação é a entrada de mercadoria estrangeira no território aduaneiro (Decreto-Lei nº 37, de 1966, art. 1º, *caput*, com a redação dada pelo Decreto-Lei nº 2.472, de 1988, art. 1º).
>
> § 1º Para efeito de ocorrência do fato gerador, considera-se entrada no território aduaneiro a mercadoria que conste como importada e cujo extravio tenha sido verificado pela autoridade aduaneira (Decreto-Lei nº 37, de 1966, art. 1º, § 2º com a redação dada pelo Decreto-Lei nº 2.472, de 1988, art. 1º).(Redação dada pelo Decreto nº 8.010, de 2013)
>
> § 2º O disposto no § 1º não se aplica às malas e às remessas postais internacionais.
>
> § 3º As diferenças percentuais de mercadoria a granel, apuradas na verificação da mercadoria, no curso do despacho aduaneiro, não serão consideradas para efeitos de exigência do imposto, até o limite de um por cento (Lei nº 10.833, de 2003, art. 66).
>
> § 4º O disposto no § 3º não se aplica à hipótese de diferença percentual superior a um por cento. (Redação dada pelo Decreto nº 8.010, de 2013)

Não constitui fato gerador conforme o artigo 71 e 74 do regulamento aduaneiro:

> **Art. 71.** O imposto não incide sobre:
>
> I - mercadoria estrangeira que, corretamente descrita nos documentos de transporte, chegar ao País por erro inequívoco ou comprovado de expedição, e que for redestinada ou devolvida para o exterior;
>
> II - mercadoria estrangeira idêntica, em igual quantidade e valor, e que se destine a reposição de outra anteriormen-

te importada que se tenha revelado, após o desembaraço aduaneiro, defeituosa ou imprestável para o fim a que se destinava, desde que observada a regulamentação editada pelo Ministério da Fazenda;

III - mercadoria estrangeira que tenha sido objeto da pena de perdimento, exceto na hipótese em que não seja localizada, tenha sido consumida ou revendida (Decreto-Lei nº 37, de 1966, art. 1º, § 4º, inciso III, com a redação dada pela Lei nº 10.833, de 2003, art. 77);

IV - mercadoria estrangeira devolvida para o exterior antes do registro da declaração de importação, observada a regulamentação editada pelo Ministério da Fazenda;

V - embarcações construídas no Brasil e transferidas por matriz de empresa brasileira de navegação para subsidiária integral no exterior, que retornem ao registro brasileiro, como propriedade da mesma empresa nacional de origem (Lei nº 9.432, de 8 de janeiro de 1997, art. 11, § 10);

VI - mercadoria estrangeira destruída, sob controle aduaneiro, sem ônus para a Fazenda Nacional, antes de desembaraçada (Decreto-Lei nº 37, de 1966, art. 1º, § 4º, inciso I, com a redação dada pela Lei nº 12.350, de 2010, art. 40); e (Redação dada pelo Decreto nº 8.010, de 2013)

VII - mercadoria estrangeira em trânsito aduaneiro de passagem, acidentalmente destruída (Decreto-Lei nº 37, de 1966, art. 1º, § 4º, inciso II, com a redação dada pela Lei nº 10.833, de 2003, art. 77).

§ 1º Na hipótese do inciso I do *caput*:

I - será dispensada a verificação da correta descrição, quando se tratar de remessa postal internacional destinada indevidamente por erro do correio de procedência; e

II - considera-se erro inequívoco de expedição, aquele que, por sua evidência, demonstre destinação incorreta da mercadoria.

§ 2º A mercadoria a que se refere o inciso I do *caput* poderá ser redestinada ou devolvida ao exterior, inclusive após o respectivo desembaraço aduaneiro, observada a regulamentação editada pelo Ministério da Fazenda.

§ 2ºA. A autoridade aduaneira poderá indeferir a solicitação da destruição a que se refere o inciso VI do *caput*, com base em legislação específica. (Incluído pelo Decreto nº 8.010, de 2013)

§ 3º Será cancelado o eventual lançamento de crédito tributário relativo à remessa postal internacional:

I - destruída por decisão da autoridade aduaneira;
II - liberada para devolução ao correio de procedência; ou
III - liberada para redestinação para o exterior.

**Art. 74.** Não constitui fato gerador do imposto a entrada no território aduaneiro:

I - do pescado capturado fora das águas territoriais do País, por empresa localizada no seu território, desde que satisfeitas as exigências que regulam a atividade pesqueira; e
II - de mercadoria à qual tenha sido aplicado o regime de exportação temporária, ainda que descumprido o regime (Decreto-Lei nº 37, de 1966, art. 92, § 4º, com a redação dada pelo Decreto-Lei nº 2.472, de 1988, art.1º).

Parágrafo único. Na hipótese de descumprimento de que trata o inciso II, aplica-se a multa referida no art. 724.

## 14.9.2 Base de Cálculo

A alíquota utilizada depende de ato do Poder Executivo, ou seja, decreto Presidencial, pois sendo extrafiscal, não está dentro do princípio da anterioridade artigo 150, inciso I da Constituição Federal.

A base de cálculo do Imposto de Importação é apurada sobre o valor aduaneiro, calculado conforme as regras do Acordo Geral sobre Tarifas e Comércio de 1994, conhecido como Acordo de Valoração Aduaneira, aprovado pelo Decreto Legislativo nº 30/94.

Nos termos do artigo 20 do Código Tributário Nacional, a base de cálculo do imposto é:

I - quando a alíquota seja específica, quantidade de mercadoria expressa na unidade de medida adotada pela lei tributária;

II - quando a alíquota seja "*ad valorem*"[155], que é uma porcentagem calculada sobre o valor do bem, o preço normal que o produto, ou seu similar, alcançaria, ao tempo da importação, em uma venda em condições de livre concorrência, para entrega no porto ou lugar de entrada do produto no País.

## 14.9.3 Exemplo de Cálculo do Imposto de Importação

Neste exemplo, simulam-se alguns dados para apuração do cálculo do tributo relativo à importação de determinado produto.

Sequencialmente, com a finalidade de complementar o entendimento, segue outro exemplo para cálculo do Imposto sobre Produtos Industrializados – IPI incidente nesta mesma Importação:

| Valor Fiscal Aduaneiro | R$ 100.000,00 |
|---|---|
| Imposto de Importação – 10% | R$ 10.000,00 |
| Base de Cálculo | R$ 110.000,00 |
| Imposto sobre produtos Industrializados – 20% | R$ 22.000,00 |
| **Total Desembolsado** | **R$ 132.000,00** |

Ressaltamos ainda o procedimento tributário para tributação das remessas internacionais oriundas do exterior e enviadas pelo Correio (ECT) ou empresas de *courier*, e que atualmente tem uma tributação de 60% a título de imposto de importação, conforme IN 1.737/17 da RFB, portanto:

**Art. 21.** O Regime de Tributação Simplificada (RTS), instituído pelo Decreto-Lei nº 1.804, de 3 de setembro de 1980, é o que permite o pagamento do Imposto de Impor-

---

[155] *Ad Valorem* – Segundo o valor. Tributação incidente em função do valor da mercadoria importada e não em razão de peso, medida e volume. Luiz. Antônio Filiardi. *Dicionário de expressões latinas*. São Paulo: Atlas, 2002.

tação na importação de bens contidos em remessa internacional, no valor total de até US$ 3.000,00 (três mil dólares dos Estados Unidos da América) ou o equivalente em outra moeda, mediante aplicação da alíquota única de 60% (sessenta por cento).

§ 1º A tributação de que trata o *caput* terá por base o valor aduaneiro da totalidade dos bens contidos na remessa internacional.

§ 2º Será reduzida para 0% (zero por cento) a alíquota de que trata o *caput* incidente sobre os produtos acabados pertencentes às classes de medicamentos no valor de até US$ 10.000,00 (dez mil dólares dos Estados Unidos da América) ou o equivalente em outra moeda, importados por remessa postal ou encomenda aérea internacional, por pessoa física para uso próprio ou individual, desde que cumpridos todos os requisitos estabelecidos pelos órgãos de controle administrativo.

§ 3º Fica reduzida a 0% (zero por cento), até 30 de setembro de 2020, a alíquota de que trata o *caput* incidente na importação das mercadorias classificadas nos códigos da Nomenclatura Comum do Mercosul (NCM) listados no Anexo Único da Portaria MF nº 156, de 24 de junho de 1999, integrantes de remessa postal ou de encomenda aérea internacional no valor de até US$ 10.000,00 (dez mil dólares do Estados Unidos da América) ou o equivalente em outra moeda, destinadas a pessoa física ou jurídica. (Incluído(a) pelo(a) Instrução Normativa RFB nº 1.940, de 20 de abril de 2020)

**Art. 22.** A opção pelo RTS será considerada automática para as remessas internacionais que se enquadrem nos requisitos estabelecidos para a fruição do regime.

§ 1º O destinatário poderá indicar à empresa de *courier* ou à ECT, até o momento da postagem da remessa no exterior, sua intenção de não utilizar o RTS, mediante comunicação na forma prevista pelo serviço de atendimento ao cliente da respectiva empresa.

§ 2º A empresa de *courier* e a ECT poderão aceitar manifestações posteriores ao limite temporal de que trata o § 1º, desde que tenham tempo hábil para providenciar o registro da correspondente declaração aduaneira de importação.

**Art. 23.** Não poderão ser importados ao amparo do RTS:

I - bebidas alcoólicas; e
II - bens de que trata o capítulo 24 da Nomenclatura Comum do Mercosul - NCM (fumo e produtos de tabacaria).

**Art. 24.** Os bens submetidos a despacho aduaneiro com base no RTS estão isentos de:

I - Imposto sobre Produtos Industrializados (IPI);
II - Contribuição para os Programas de Integração Social e de Formação do Patrimônio do Servidor Público incidente na Importação de Produtos Estrangeiros ou Serviços (Contribuição para o PIS/Pasep-Importação); e
III - Contribuição Social para o Financiamento da Seguridade Social devida pelo Importador de Bens Estrangeiros ou Serviços do Exterior (Cofins-Importação).

## 14.10 IMPOSTO DE EXPORTAÇÃO - IE

É basicamente um imposto de comércio exterior utilizado como instrumento de política econômica, possuindo, portanto, uma função extrafiscal, não estando sujeito ao princípio da anterioridade nos termos do artigo 150, § 1º da CF, cabendo ao poder executivo, atendendo os limites e condições, alterar suas alíquotas nos limites estabelecidos em lei.

Harada na p. 429 de sua obra conceitua o tributo como:

> O imposto de exportação tem como fato gerador a saída de produtos nacionais ou nacionalizados do território nacional, conforme o art. 23 do CTN. Os demais artigos, 24 a 28, continuam sendo aplicáveis até o advento da nova lei complementar referida no art. 146, III CF, menos aquela parte do art. 26 que faculta ao executivo a alteração da base de cálculo do imposto.

O Imposto de Exportação, de competência da União, é regulamentado de acordo com a Constituição Federal art. 153, II, artigo 23 a 28 do Código Tributário Nacional, artigos 212 a 236 do Regulamento Aduaneiro Lei 6.759/09 e o decreto-lei 1.578/77.

Nos termos do artigo 23 do Código Tributário Nacional e artigo primeiro da lei 1.578/77, tem como fato gerador, a saída de produto nacional ou nacionalizado do território nacional, ou seja, considera-se o fato gerador na data do registro de exportação no Sistema de Comércio Exterior (Siscomex), nos termos do artigo 213 do Regulamento Aduaneiro 6.759/09.

Uma de suas características é a cobrança cumulativa e também como função fiscal e regulatória, não só na medida em que se presta a arrecadação, mas também de acordo com a variação de suas alíquotas, à disciplina do fluxo de exportação.

Na legislação ordinária, temos o Decreto-lei nº 1.578/77 o qual dispõe sobre o imposto de exportação.

### 14.10.1 Base de Cálculo

Conforme o artigo 24 do Código Tributário Nacional, a base de cálculo será:

> I – quando a alíquota seja específica, a unidade de medida adotada pela lei tributária;
> II – quando a alíquota seja *ad valorem*, o preço normal que o produto, ou seu similar, alcançaria ao tempo da exportação, em uma venda em condições de livre concorrência.

### 14.10.2 Alíquota

A alíquota do imposto de exportação é de 30% e não poderá exceder a 150%, podendo ser alterada por política cambial, conforme o artigo terceiro do Decreto-Lei. 1.578/77, com redação dada pela lei 9.716/98, porém o imposto não vem sendo mais cobrado, pois o acordo internacional direciona a tributação para o país consumidor[156].

---

[156] PÊGAS, Paulo Henrique, op. cit., p. 399.

## 14.11 CONTRIBUIÇÃO DE INTERVENÇÃO NO DOMINIO ECONÔMICO – CIDE

Existem duas contribuições para intervenção do domínio econômico: CIDE – Tecnologia e CIDE – Combustíveis.

### 14.11.1 Cide – Tecnologia

A Lei 10.168/2000 que posteriormente foi alterada pela Lei 10.334/01 instituiu a contribuição de intervenção no domínio econômico – CIDE, devida pela pessoa jurídica detentora de licença de uso ou adquirente de conhecimentos tecnológicos, bem como aquela signatária de contratos que impliquem transferência de tecnologia[157], firmados com residentes ou domiciliados no exterior.

#### 14.11.1.1 Incidência

O Decreto 4.195/2002 que regulamenta a CIDE, em seu artigo 10, dispôs que a CIDE-Tecnologia incidirá sobre as importâncias pagas, creditadas, entregues, empregadas ou remetidas, a cada mês, a residentes ou domiciliados no exterior, a título de *royalties*[158] ou remuneração, previstos nos respectivos contratos, que tenham por objeto:[159]

a) fornecimento de tecnologia;
b) prestação de assistência técnica que inclui serviços de assistência técnica; e serviços técnicos especializados;
c) serviços técnicos e de assistência administrativa e semelhantes;
d) cessão e licença de uso de marcas; e
e) cessão e licença de exploração de patentes.

---

[157] Consideram-se, para fins da CIDE-TECNOLOGIA, contratos de transferência de tecnologia os relativos à exploração de patentes ou de uso de marcas e os de fornecimento de tecnologia e prestação de assistência técnica. (parágrafo 1 do art. 2 da Lei 10.168/2000).

[158] Significa direitos, pagamento de direitos de exploração (MIGLIAVACA, Paulo N. *Business Dictionary*. São Paulo: Edicta, 1999).

[159] NEVES, Silvério das e VICECONTI, Paulo E. V., op. cit., p. 320.

## 14.11.1.2 Ampliação da base de Cálculo a partir de 01.01.2002

A partir de 1º de janeiro de 2002, a CIDE-Tecnologia passa a ser devida também pelas pessoas jurídicas signatárias de contratos que tenham por objeto serviços técnicos e de assistências administrativas e semelhantes a serem prestados por residentes ou domiciliados no exterior, bem como pelas pessoas jurídicas que pagarem, creditarem, entregarem, empregarem ou remeterem *royalties*, a qualquer título, a beneficiários residentes ou domiciliados no exterior nos termos da lei 10.332/2001.

## 14.11.1.3 Alíquota

A alíquota da contribuição será de 10%, tendo como base: Art. 6 da Lei nº 10.332, de 19.12.2001.

## 14.11.1.4 Pagamento

O pagamento da contribuição será efetuado até o último dia útil da quinzena subsequente ao mês de ocorrência do fato gerador, tendo como base: Art. 6 da Lei nº 10.332, de 19.12.2001.

## 14.11.1.5 Destinação

A contribuição da CIDE-Tecnologia será recolhida ao Tesouro Nacional e destinada ao Fundo Nacional de Desenvolvimento Científico e Tecnológico – FNDCT, criado pelo Decreto-Lei nº 719, de 31 de julho de 1969, e restabelecido pela Lei nº 8.172, de 18 de janeiro de 1991.

## 14.11.2 CIDE – Combustíveis

A Lei nº 10.336, de 19 de dezembro de 2001, com base nos artigos 149 e 177 da CF instituiu a CIDE-Combustíveis, Contribuição de Intervenção no Domínio Econômico, incidente sobre a importação e a comercialização de gasolina e suas correntes, diesel e suas correntes, querosene de aviação e outros querosenes, óleos combustíveis (*fuel-oil*), gás liquefeito de petróleo (GLP), inclusive o derivado de gás natural e de nafta, e álcool etílico combustível.[160]

### 14.11.2.1 Fato Gerador

A CIDE-Combustíveis tem como fatos geradores, a importação e comercialização no mercado interno relativa às seguintes operações, realizadas com os combustíveis elencados no art. 3º da Lei nº 10.336, de 2001 (gasolinas, diesel, querosene, óleo, gás e álcool combustível).

### 14.11.2.2. Contribuintes

São contribuintes da CIDE-Combustíveis, o produtor, o formulador e o importador (pessoa física ou jurídica) dos combustíveis elencados no art. 2º e 3º da Lei nº 10.336, de 2001.

### 14.11.2.3 Apuração da Base de Cálculo

Nas operações relativas à comercialização no mercado interno, assim como nas operações de importação, a base de cálculo é a "unidade de medida" adotada na Lei nº 10.336, de 2001, para cada um dos produtos sobre os quais incide a contribuição. Corresponde, assim, à quantidade comercializada do produto, expressa de acordo com o art. 2º e 5º da Lei nº 10.336, de 2001.

Do valor da CIDE-Combustíveis incidente na comercialização no mercado interno, poderá ser deduzido o valor da CIDE devido em operação anterior:

a)  pago pelo próprio contribuinte quando da importação; ou
b)  pago por outro contribuinte quando da aquisição no mercado interno.

Obs.: A dedução será feita pelo valor global da CIDE pago nas importações realizadas no mês, levando em conta o conjunto de produtos importados e comercializados, sendo desnecessária a segregação por espécie de produto.

---

[160] NEVES, Silvério das e VICECONTI, Paulo E. V., op. cit., p. 321.

## 14.11.2.4 Alíquotas

A CIDE-Combustíveis incidirá no mercado interno, assim como na importação, com as seguintes alíquotas: (Legislação: lei 10.336/01, artigos 5º e 9º; e Dec. 4.066/01, art. 1º):

a) gasolinas e suas correntes, incluídas as que, por suas características, possam ser utilizadas alternativamente para a formulação de diesel, R$ 860,00 por $m^3$;
b) diesel e as correntes que, por suas características, sejam utilizadas exclusivamente para a formulação de diesel, R$ 390,00 por $m^3$;
c) querosene de aviação, R$ 92,10 por $m^3$;
d) outros querosenes, R$ 92,10 por $m^3$;
e) óleos combustíveis (*fuel oil*), R$ 40,90 por t;
f) gás liquefeito de petróleo (GLP), inclusive o derivado de gás natural e de nafta, R$ 250,00 por t; e
g) álcool etílico combustível, R$ 37,20 por $m^3$.

## 14.12 IMPOSTO SOBRE OPERAÇÕES FINANCEIRAS – IOF

O Imposto sobre operações financeiras – IOF tem como finalidade o estabelecimento de uma política monetária, como também regular o mercado financeiro sendo, portanto, dotado da característica da extrafiscalidade e cumulatividade, e tem como fundamento legal o artigo 153, inciso V e § 5º CF e o CTN artigo 63 a 67, e tem como fato gerador, a entrega do valor que constitui o objeto da obrigação ou sua colocação a disposição do interessado, e basicamente incide sobre as seguintes operações financeiras:

a) Quanto às operações de crédito, a sua efetivação pela entrega total ou parcial do montante ou do valor que constitua o objeto da obrigação, ou sua colocação a disposição do interessado;

b) Quanto às operações de câmbio a sua efetivação pela entrega de moeda nacional ou estrangeira, ou de documentos que a represente, ou sua colocação à disposição do interessado, em montante equivalente à moeda estrangeira ou nacional entregue ou posta à disposição por este;

c) Quanto às operações de seguro, a sua efetivação pela emissão da apólice ou do documento equivalente, ou recebimento do prêmio, na forma da lei aplicável;

d) Quanto às operações relativas a títulos e valores mobiliários, a emissão, transmissão, pagamento ou resgate destes, na forma da lei aplicável;

e) O ouro quando definido em lei como ativo financeiro ou instrumento cambial, sujeita-se exclusivamente à incidência do IOF, devido na operação de origem; a alíquota mínima será de 1%, assegurada a transferência do montante de arrecadação nos seguintes termos: I) 30% para o Estado, o Distrito Federal ou o Território, conforme a origem; II) 70% para o município de origem. (art. 153 § 5º CF).

O contribuinte do imposto é qualquer uma das partes que integrem as operações conforme lei 8.894/94 e Decreto 6.306/07 e Decreto 6.339/08.

As alíquotas utilizadas podem ser fixas, variáveis, proporcionais, progressivas ou regressivas e podem ser alteradas mediante decreto do Executivo, não sendo necessário obedecer à regra do princípio da anterioridade tributária conforme art. 153 § 1º CF. Atualmente, de acordo o Decreto 6.339/08, determina as várias alíquotas existentes para os diversos tipos de operações financeiras disponibilizadas pelo mercado financeiro. O referido decreto também menciona diversas situações em que haverá: alíquota zero e isenções. Observe que o artigo 65 do Código Tributário Nacional faculta ao poder executivo a alteração das alíquotas e base de cálculo, porém, não mais da base de cálculo e sim das alíquotas, conforme § 1º do artigo 153 da Constituição Federal.

A base de cálculo do tributo, nos termos do artigo 64 do Código Tributário Nacional, depende da operação realizada. Mencionamos abaixo as principais operações:

a) nas operações de crédito, é o montante da obrigação, compreendendo o principal e os juros;

b) nas operações de seguro, é o montante do prêmio;
c) nas operações de câmbio, é o montante em moeda nacional recebido, entregue ou colocado a disposição;
d) nas operações relativas a títulos e valores imobiliários, na emissão, o valor nominal mais o ágio de se houver, na transmissão, o preço ou o valor nominal, ou o valor da cotação em bolsa, como determinar a lei, e no pagamento ou resgate, o preço.

## 14.13 IMPOSTO TERRITORIAL RURAL - ITR

O fato gerador do ITR é a propriedade, o domínio útil ou a posse de imóvel por natureza, definido na lei civil, localizado fora da zona urbana[161] do município (art. 29 CTN art. 153, VI CF).

A base de cálculo do imposto é o valor fundiário. Este representa o valor da terra nua, sem qualquer benefício. A terra nua é a diferença entre o valor venal do imóvel e o valor dos bens incorporados ao imóvel.

O Contribuinte do imposto é o proprietário do imóvel, o titular do seu domínio útil, ou seu possuidor a qualquer título.

O ITR é cumulativo e tem função extrafiscal, visando evitar latifúndios improdutivos. Pode ser utilizado, dependendo do caso, para fins de política agrária. Por esse motivo, deve ficar no âmbito da União. É um tributo de regulação da política fundiária.[162]

A lei 4.504/64 em seu artigo 4ª define o conceito da propriedade rural como:

---

[161] A zona urbana é definida no art. 32 do CTN § 1º Para os efeitos deste imposto, entende-se como zona urbana a definida em lei municipal; observado o requisito mínimo da existência de melhoramentos indicados em pelo menos 2 (dois) dos incisos seguintes, construídos ou mantidos pelo Poder Público: I - meio-fio ou calçamento, com canalização de águas pluviais; II - abastecimento de água; III - sistema de esgotos sanitários; IV - rede de iluminação pública, com ou sem posteamento para distribuição domiciliar; V - escola primária ou posto de saúde a uma distância máxima de 3 (três) quilômetros do imóvel considerado.

[162] MARTINS, Sérgio Pinto. *Curso de direito tributário*. São Paulo: Atlas, 2005, p. 270, 271.

**Art. 4º** Para os efeitos desta Lei, definem-se:

I - "Imóvel Rural", o prédio rústico, de área contínua qualquer que seja a sua localização que se destina à exploração extrativa agrícola, pecuária ou agroindustrial, quer através de planos públicos de valorização, quer através de iniciativa privada;

II - "Propriedade Familiar", o imóvel rural que, direta e pessoalmente explorado pelo agricultor e sua família, lhes absorva toda a força de trabalho, garantindo-lhes a subsistência e o progresso social e econômico, com área máxima fixada para cada região e tipo de exploração, e eventualmente trabalho com a ajuda de terceiros;

III - "Módulo Rural", a área fixada nos termos do inciso anterior;

IV - "Minifúndio", o imóvel rural de área e possibilidades inferiores às da propriedade familiar;

V - "Latifúndio", o imóvel rural que:

a) exceda a dimensão máxima fixada na forma do artigo 46, § 1°, alínea b, desta Lei, tendo-se em vista as condições ecológicas, sistemas agrícolas regionais e o fim a que se destine;

b) não excedendo o limite referido na alínea anterior, e tendo área igual ou superior à dimensão do módulo de propriedade rural, seja mantido inexplorado em relação às possibilidades físicas, econômicas e sociais do meio, com fins especulativos, ou seja deficiente ou inadequadamente explorado, de modo a vedar-lhe a inclusão no conceito de empresa rural;

VI - "Empresa Rural" é o empreendimento de pessoa física ou jurídica, pública ou privada, que explore econômica e racionalmente imóvel rural, dentro de condição de rendimento econômico... Vetado... da região em que se situe e que explore área mínima agricultável do imóvel segundo padrões fixados, pública e previamente, pelo Poder Executivo. Para esse fim, equiparam-se às áreas cultivadas, as pastagens, as matas naturais e artificiais e as áreas ocupadas com benfeitorias;

VII - "Parceleiro", aquele que venha a adquirir lotes ou parcelas em área destinada à Reforma Agrária ou à colonização pública ou privada;

VIII - "Cooperativa Integral de Reforma Agrária (C.I.R.A.)", toda sociedade cooperativa mista, de natureza civil,... Vetado... criada nas áreas prioritárias de Reforma Agrária, contando temporariamente com a contribuição financeira e técnica do Poder Público, através do Instituto Brasileiro de Reforma Agrária, com a finalidade de industrializar, beneficiar, preparar e padronizar a produção agropecuária, bem como realizar os demais objetivos previstos na legislação vigente;
IX - "Colonização", toda a atividade oficial ou particular, que se destine a promover o aproveitamento econômico da terra, pela sua divisão em propriedade familiar ou através de Cooperativas... Vetado...

Parágrafo único. Não se considera latifúndio:

a) o imóvel rural, qualquer que seja a sua dimensão, cujas características recomendem, sob o ponto de vista técnico e econômico, a exploração florestal racionalmente realizada, mediante planejamento adequado;
b) o imóvel rural, ainda que de domínio particular, cujo objeto de preservação florestal ou de outros recursos naturais haja sido reconhecido para fins de tombamento, pelo órgão competente da administração pública.

**Art. 5°** A dimensão da área dos módulos de propriedade rural será fixada para cada zona de características econômicas e ecológicas homogêneas, distintamente, por tipos de exploração rural que nela possam ocorrer.

Parágrafo único. No caso de exploração mista, o módulo será fixado pela média ponderada das partes do imóvel destinadas a cada um dos tipos de exploração considerados.

Com relação à competência para arrecadação do tributo, Harada destaca na p. 447 de sua obra que:

Com o advento da EC 42/03, o ITR continua na competência impositiva da União, mas com caráter progressivo, transferindo o poder fiscalizatório e arrecadatório para os

Municípios, mediante opção destes, hipótese em que 100% do produto de sua arrecadação lhes pertencerá (art. 153, § 4º e art. 158, II CF). Em não havendo opção do município, a ele caberá 50% do produto de arrecadação.

Neste sentido o artigo 153, § 4º quarto, incisos I, II, III da CF, determina que:

> I - será progressivo e terá suas alíquotas fixadas de forma a desestimular a manutenção de propriedades improdutivas; (Incluído pela Emenda Constitucional nº 42, de 19.12.2003)
> II - não incidirá sobre pequenas glebas rurais, definidas em lei, quando as explore o proprietário que não possua outro imóvel; (Incluído pela Emenda Constitucional nº 42, de 19.12.2003)
> III - será fiscalizado e cobrado pelos Municípios que assim optarem, na forma da lei, desde que não implique redução do imposto ou qualquer outra forma de renúncia fiscal. (Incluído pela Emenda Constitucional nº 42, de 19.12.2003) (Regulamento)

## 14.14 IMPOSTO SOBRE GRANDES FORTUNAS - IGF

Imposto positivado no art. 153, VII CF, porém, ainda não estabelecido pela União, dependendo de lei complementar para ser instituído. Há a necessidade de se definir o que é a grande fortuna, fato gerador, base de cálculo e a alíquota correspondente.

## 14.15 CONTRIBUIÇÕES PARA A SEGURIDADE SOCIAL

O Direito da Seguridade Social é um conjunto de princípios, regras e instituições destinadas a estabelecer um sistema de proteção social aos indivíduos contra contingências sociais que os impeçam de prover suas necessidades pessoais básicas e de suas famílias, integrado por ações de iniciativa dos poderes públicos e da sociedade visando assegurar o direito à saúde, previdência e assistência so-

cial[163] e, de acordo com artigo 194 parágrafo único da Constituição Federal, são estes os princípios específicos da seguridade social:
a) – universalidade da cobertura e do atendimento às pessoas. Deve atender os eventos que gerem necessidades abrangendo o maior número de atendidos;
b) – uniformidade e equivalência – São os benefícios e serviços prestados à população rural e urbana que devem ser iguais;
c) – seletividade (escolha) e distributividade (alcance) na prestação dos serviços e benefícios. A lei determina a escolha das contingências sociais merecedoras da proteção social e a distributividade vincula-se aos preceitos de justiça social e redução das desigualdades sociais;
d) – irredutibilidade do valor nominal dos benefícios. A finalidade é evitar a perda de valor do benefício e tem como previsão legal o artigo 201 parágrafo quarto da Constituição Federal;
e) – equidade nas formas de participação do custeio. Cada um deve contribuir de acordo com a sua capacidade (princípio da solidariedade e justiça social);
f) – diversidade da base de financiamento, identificando-se, em rubricas contábeis específicas para cada área, as receitas e as despesas vinculadas a ações de saúde, previdência e assistência social, preservado o caráter contributivo da previdência social. São várias as bases que financiam o sistema, ou seja, contribuições das empresas, dos trabalhadores, dos importadores, dos concursos de prognósticos, da contribuição provisória sobre movimentação financeira e do orçamento dos entes públicos. Estas fontes não podem ser reduzidas e, sim, aumentadas de acordo com o artigo 195 parágrafo quarto da Constituição Federal; e
g) – Caráter democrático e descentralizado da administração, mediante gestão quadripartite, com participação dos trabalhadores, dos empregadores, dos aposentados e do Governo nos órgãos colegiados.

---

[163] MIRANDA, Jediael Galvão, op. cit, p. 9, 27, 28, 29, 30.

## 14.15.1 Contribuições Previdenciárias

Basicamente as contribuições devidas para o INSS são divididas entre os empregadores, empregados, autônomos, trabalhadores temporários e outros, e são distribuídas da seguinte forma[164]:

a) Contribuição de 20% sobre a remuneração paga na folha de pagamento de empregados nos termos do artigo 22, inciso I da lei 8.212/91, porém, para as Instituições Financeiras e Bancos a alíquota é de 22,5%;

b) Contribuição de 20% para os contribuintes individuais, que lhe prestem serviços durante o mês. Esta é uma categoria em que estão abrangidos os segurados empresário, autônomo e eventual, conforme o artigo 22, inciso III da lei 8.212/91;

c) Contribuições para o seguro de acidentes de trabalho – SAT. De acordo com o artigo 22, inciso II da lei 8.212/91, o percentual de contribuição depende do grau de risco de atividade da empresa, sendo: 1% para o grau de risco leve, 2% para o grau de risco médio e 3% para o grau de risco considerado grave, podendo ainda haver contribuição adicional nos termos do artigo 57, parágrafo sexto da lei 8.213/91 (aposentadoria especial);

d) Contribuição sobre serviços prestados por intermédio de cooperativas de trabalho. A empresa tomadora de serviços recolherá 15% do valor bruto da Nota Fiscal de prestação de serviços emitida pela cooperativa, nos termos do artigo 22, inciso IV da lei 8.212/91; porém em 2014 o STF declarou inconstitucional esta contribuição e a RFB publicou em 26.05.2015 o Ato Declaratório Interpretativo ADI nº 5 que orienta a contribuição ao INSS em 20% que deverá ser retida do cooperado que presta serviços para a cooperativa;

e) Contribuição para o financiamento da seguridade social – COFINS – A contribuição é proveniente do faturamento da empresa e atualmente encontra-se disciplinada pela lei 10.833/03, e existem dois tipos de alíquotas: cumulativa de

---

[164] Idem, p. 49-100.

3% e não cumulativa de 7,6%, assim como, o COFINS importação que é de 9,65%;

f) PIS e o PASEP – A contribuição é proveniente do faturamento e atualmente encontra-se disciplinada pela lei 10.637/02, e existem dois tipos de alíquotas: cumulativa de 0,65 e não cumulativa de 1,65%. No caso de fundações e instituições sem fins lucrativos a alíquota será de 1% sobre a folha de pagamento; e PIS/COFINS sobre a receita financeira das empresas adotantes do sistema não cumulativo a razão de 0,65% e 4% respectivamente, assim como, o PIS para importações, 2,10%;

g) Contribuição social sobre o lucro líquido – Nos termos do artigo 195, inciso I da Constituição Federal e lei 10.637/02, a alíquota é de 9%;

h) Contribuição da microempresa e empresa de pequeno porte – Estas empresas poderão optar pelo Simples Nacional nos termos da lei complementar 123/06, e efetuarão o pagamento unificado dos tributos e contribuições, e a base de cálculo será a receita bruta mensal, conforme tabelas e alíquotas dependendo da atividade exercida, as quais são definidas na respectiva lei;

i) Contribuições do clube de futebol – Contribuem com 5% sobre a receita bruta de renda de jogos nacionais e internacionais, patrocínios em geral, licenciamento de uso de marcas e símbolos, propaganda e transmissão, nos termos do artigo 22, § 7º e 22-A, da lei 8.212/91;

j) Contribuição do empregador rural e agroindústria – O empregador rural pessoa física contribui com 1,2% da receita bruta proveniente da comercialização da produção, mais 0,1% a título de SAT conforme artigo 25 inciso I. A agroindústria também contribui da mesma forma, porém, a alíquota é de 2,5% nos termos da lei 8.212/91;

k) Contribuição do empregado e trabalhador avulso – Em virtude da EC 103/19 que definiu a reforma previdenciária, modificou o seu artigo 18, onde as alíquotas de contribuição do empregado segurado, que se agora se iniciam em 7,5% chegando a 14% a partir de Março/2020[165];

Vale destacar que o recolhimento será feito na forma de alíquota nominal e contribuição efetiva, por exemplo, o desconto na faixa de 14% será aplicado somente na faixa que exceder os R$ 3.641,03 do salário recebido, portanto, a nova tabela sofre uma variação de alíquota de acordo com os rendimentos.

A seguir descrevemos as alíquotas a respectiva tabela atualizada em vigor no mês de Novembro de 2022:

### Alíquotas

As alíquotas passarão a ser progressivas, ou seja, quem ganha mais pagará mais.

### Para o RGPS

Até um salário mínimo R$ 1.212,00: 7,5%

Entre R$ 1.212,01 a R$ 2.427,35: 9%

Entre R$ 2.427,36 a R$ 3.641,03: 12%

Entre R$ 3.641,04 e o teto do RGPS R$ 7.087,22: 14%

l) Contribuição sobre a receita de concurso de prognósticos – artigo 26 da lei 8.212/91 – A renda líquida dos concursos de loterias deverá ser revertida para seguridade social e nos demais casos apostas e sorteios de números a alíquota será conforme descrito na lei 13.756/18;

m) O empregador doméstico deverá recolher a contribuição com a alíquota de 8% acrescido de 0,8% de SAT, conforme o artigo 24 da lei 8.212/91.

n) Contribuição de terceiros – Além das contribuições devidas à seguridade social, são devidas pelos empregadores contribuições compulsórias sobre a folha de salários destinadas a entidades privadas de serviço social e formação profissional nos termos dos artigos 149 e 240 da Constituição Federal, e as

---

[165] https://www.inss.gov.br/confira-as-principais-mudancas-da-nova-previdencia/ - acesso em 06.01.2020

contribuições feitas pelos empregadores são destinadas para: Serviço Social da Indústria, Serviço Nacional de Aprendizagem Industrial – SENAI, Serviço Nacional de Aprendizagem Comercial – SENAC, Serviço Social do Comércio – SESC, Serviço Nacional de Aprendizagem Rural – SENAR, Serviço Social do Transporte – SEST, Serviço Brasileiro de Apoio a Pequena e Média Empresa – SEBRAE, Fundo Aeroviário e Diretoria de Portos – DPC, Serviço Nacional de Aprendizagem do Cooperativismo – SESCOOP, Salário Educação;

o) Contribuições do segurado – Segue a tabela do item "K". No caso do empregado e trabalhador avulso, o empregador faz a retenção da contribuição repassando o valor que foi retido ao INSS;

p) Segurado facultativo (aquele que não possui qualquer tipo de renda, exemplo: dona de casa) e no caso do segurado contribuinte individual (aquele que presta serviços para outra pessoa física), – A contribuição social é calculada mediante a aplicação da alíquota de 20% sobre o seu salário de contribuição nos termos do artigo 21 da lei 8.212/91. O contribuinte também tem a opção de contribuir com a alíquota de 5% sobre o valor do salário mínimo que perfaz R$ 60,60, porém, não dá direito a aposentadoria por tempo de contribuição e certidão de tempo de contribuição, e caso opte pela alíquota de 11% que totaliza R$ 133,32, também não tem direito a aposentadoria por tempo de contribuição e certidão de tempo de serviço.[166];

q) Contribuição social do importador – Conforme previsto no artigo 195, inciso quarto da Constituição Federal, e lei 13.137/15 o importador na ocasião do desembaraço das mercadorias adquiridas no exterior, ou ainda, no pagamento de serviços efetuados no exterior deverá efetuar o pagamento

---

[166] https://www.gov.br/inss/pt-br/saiba-mais/seus-direitos-e-deveres/calculo-da-guia-da-previdencia-social-gps/tabela-de-contribuicao-mensal - acesso em 07.11.22.

da contribuição do PIS-Importação na alíquota de 2,10% e COFINS – Importação – na alíquota de 9,65%, lembrando que a base de cálculo será o valor aduaneiro, acrescido do ICMS e do próprio valor das contribuições sociais.

## 14.16 FUNDO DE GARANTIA POR TEMPO DE SERVIÇO – FGTS

O Fundo de Garantia do Tempo de Serviço foi instituído pela lei 5.107/66, alterada pelo Decreto-Lei 20/66 e regulamentada pelo Decreto 59.820/66 e lei 8.036/90, e tem como finalidade formar uma poupança para o trabalhador, que poderá ser sacada nas hipóteses previstas em lei, principalmente quando ele é dispensado sem justa causa da empresa. Outrossim, enquanto não for sacado, estes depósitos que são corrigidos monetariamente com base nos parâmetros fixados para atualização dos saldos de poupança e capitalização de juros de 3% ao ano nos termos do artigo 13 da lei 8.036/90, e servem como forma de financiamento para aquisição de moradia pelo Sistema Financeiro da Habitação[167].

### 14.16.1 Contribuintes e Alíquota

Os Contribuintes são os empregadores, como também a União, Estados, Municípios e Distrito Federal, quando contratarem funcionários pelo regime da Consolidação das Leis do Trabalho – CLT, e os beneficiários são os empregados urbanos, rurais, avulsos e temporários, excluídos os autônomos e servidores públicos e militares.

A alíquota do FGTS é de 8% e 2% (aprendizagem) nos termos do artigo 15 da lei 8.036/90 para os contratos de aprendizagem, e incide sobre as verbas salariais pagas ao empregado. O recolhimento deverá ser efetuado mensalmente até o dia 20 do mês seguinte em uma conta vinculada individual do empregado na Caixa Econômica

---

[167] MARTINS, Sérgio Pinto. *Direito do Trabalho*. São Paulo: Ed. Atlas, 2007, p. 441, 442.

Federal, e esta conta receberá atualização monetária pelos índices oficiais de inflação mais juros de 3% ao ano.[168]

A lei também prevê que em caso de dispensa sem justa causa por parte do empregador, o empregado tem direito a uma indenização de 40% sobre o montante de todos os depósitos efetuados na sua conta vinculada durante a vigência do contrato de trabalho, nos termos do artigo 18, § 1º da lei 8.036/90. Destaque para o parágrafo 2º da mesma lei que determina que "Quando ocorrer despedida por culpa recíproca ou força maior, reconhecida pela Justiça do Trabalho, o percentual de que trata o § 1º será de 20 (vinte) por cento." A conta de FGTS do empregado também poderá ser movimentada em diversas situações extraordinárias, as quais estão previstas no artigo 20 da lei 8.036/90.

De acordo com a nova legislação trabalhista em vigor desde 2017, existe a possibilidade da **EXTINÇÃO DO CONTRATO DE TRABALHO MEDIANTE ACORDO ENTRE AS PARTES** – O artigo 484-A da CLT inova no sentido de extinção do contrato de trabalho por acordo entre as partes, que prevê pagamento de metade do aviso prévio e metade da multa do FGTS, podendo o empregado movimentar 80% do valor da conta depositado no FGTS, porém sem direito ao seguro-desemprego.

Certamente a nova legislação irá gerar facilidades quando o trabalhador desejar por vontade própria sair da empresa, assim como, possibilitará regularizar situações que outrora existiam.

---

[168] Idem, p. 448-449.

# 15 TRIBUTOS ESTADUAIS

O presente tópico tem como finalidade descrever de forma concisa os principais tributos Estaduais e do Distrito Federal no âmbito da sua competência, definindo o conceito, fundamentação legal, base de cálculo e alíquota.

Devemos levar em consideração que o presente texto aborda os tributos estaduais de forma genérica, devendo o leitor levar em consideração as consideráveis diferenças e as constantes mudanças da legislação, principalmente no ICMS substituição tributária existentes entre os 27 Estados e Distrito Federal da Federação.

## 15.1 IMPOSTO SOBRE A PROPRIEDADE DE VEÍCULOS AUTOMOTORES - IPVA

A CF positivou o referido imposto através do art. 155, inciso III e tem suas alíquotas mínimas fixadas pelo Senado Federal conforme § 6º, inciso I e II do referido artigo, podendo ter alíquotas diferenciadas em função do tipo e utilização. O tributo foi criado para melhorar a arrecadação dos Estados e Municípios. Tem, todavia, função extrafiscal, quando discrimina, por exemplo, em função do combustível utilizado.

O fato gerador do IPVA é a propriedade do veículo automotor e segue o princípio da anuidade tributária.

A alíquota do IPVA é fixa. Não é indicada em porcentagem, pelo menos em alguns Estados, mas em valor determinado, em referência ao ano de fabricação, à marca e ao modelo do veículo. A base de cálculo é o valor do veículo, ao qual se chega indiretamente, pelo ano de fabricação, marca e modelo do veículo. Geralmente, o Estado utiliza-se o valor atualizado da tabela FIPE (Fundação Instituto de Pesquisas Econômicas) do veículo.

Aliás, a rigor, em referência ao IPVA é inadequado falar-se de alíquota e de base de cálculo. Esse imposto tem o seu valor estabelecido em tabela divulgada pelos Estados. Não há cálculo a fazer. Tendo-se em vista a marca, o modelo e o ano de fabricação do veículo, localiza-se na tabela o valor do imposto a ser pago.[169]

Importante destacar que cinquenta por cento do produto da arrecadação do imposto do Estado sobre a propriedade de veículos automotores são transferidos para o município em que o veículo estiver registrado conforme o artigo 158, inciso III CF.

## 15.2 IMPOSTO DE TRANSMISSÃO CAUSA MORTIS E DOAÇÃO – ITCMD

O inciso I do art. 155 da CF determinou a competência dos Estados e Distrito Federal para instituir imposto sobre transmissão *causa mortis* e doação de quaisquer bens ou direitos. Isso inclui tanto bens imóveis, como móveis.

Nos termos do art. 35 do CTN o imposto tem como fato gerador:

> a) a transmissão, a qualquer título, da propriedade ou domínio útil de bens imóveis, por natureza ou por acessão física, como definidos na lei civil;
> b) a transmissão, a qualquer título, de direitos reais sobre imóveis, exceto os direitos reais de garantia;
> c) a cessão de direitos relativos às transmissões anteriores.

A base de cálculo do imposto é o valor venal[170] dos bens ou direitos transmitidos (art. 38 CTN) e suas alíquotas máximas são definidas pelo Senado Federal (art. 155, § 1º, IV CF) e o contribuinte do imposto é qualquer das partes na operação tributada como dispuser a lei (art. 42 CTN). No Estado de São Paulo o ITCMD foi

---

[169] MACHADO, Hugo de Brito. Curso *de direito tributário*. São Paulo: Malheiros, 2016, p. 396.

[170] Valor Venal – Do latim *venalis* (posto em venda, que está para ser vendido), a rigor, entende-se o que está para vender, o que é de venda, ou é suscetível de venda. Neste sentido, pois, preço venal é o preço de venda, o preço por que se vende, ou por que se vendeu. E valor venal é o valor da venda ou valor para venda. SILVA, De Plácido E. *Vocabulário jurídico*. Rio de Janeiro: Forense, 1994.

instituído pela Lei 10.705/2000 com alterações supervenientes decorrentes da lei 10.992/01 e 16.050/15 e a alíquota praticada atualmente é de 4%, porém, no artigo 6º constam os limites de eventuais isenções. A alíquota máxima fixada pela resolução 09/92 do Senado Federal é de 8%.

## 15.3 IMPOSTO DE CIRCULAÇÃO DE MERCADORIAS E SERVIÇOS - ICMS

O ICMS incide sobre as operações relativas à circulação de mercadorias e sobre a prestação de serviços de transporte interestadual e intermunicipal e de comunicação, ainda que as operações e as prestações se iniciem no exterior.

É um tributo positivado na CF, de competência estadual, não cumulativo, extrafiscal, seletivo, as alíquotas interestaduais e de exportação são fixadas por resolução do Senado Federal, bem como as alíquotas internas mínimas e máximas em cada Estado da federação para resolver conflito de interesse. A lei complementar define o contribuinte, substituição tributária, benefícios etc. Referida lei que regulamenta o ICMS é a 87/96 com as respetivas alterações supervenientes.

O fato gerador do ICMS é a comercialização de bens no interior do país ou na importação desses bens para o território nacional. Esse imposto é indireto, pois o valor do imposto vem embutido no valor do produto.

Um fato importante de se destacar é que o ICMS integra sua própria base de cálculo, ou seja, se o ICMS fosse de 20% e o valor do produto fosse de R$1.000,00 sem o ICMS, um cálculo "por fora" daria o ICMS como R$ 200,00 (20% sobre R$1.00,00), mas como o cálculo do ICMS é "por dentro", o valor do ICMS devido é de R$ 250,00 (R$1.000,00/0,8 − R$ 1.000,00).

As alíquotas interestaduais do ICMS que são determinadas pelo Senado Federal são distribuídas da seguinte forma:

| REGIÃO | ESTADOS |
|---|---|
| Norte | Acre, Amapá, Amazonas, Pará, Rondônia, Roraima e Tocantins |
| Nordeste | Alagoas, Bahia, Ceará, Maranhão, Paraíba, Pernambuco, Rio Grande do Norte e Espirito Santo |
| Centro-Oeste | Goiás, Mato Gross, Mato Grosso do Sul e Distrito Federal |
| Sudeste | Minas Gerais, Rio de Janeiro e São Paulo |
| Sul | Paraná, Rio Grande do Sul e Santa Catarina |

| | |
|---|---|
| Alíquota de 7% | Quando a mercadoria for remetida pelos estados do sul e Sudeste e tiver como destinatário os estados do Norte, Nordeste e Centro Oeste |
| Alíquota de 12% | Quando a mercadoria for remetida pelos estados do Sul e Sudeste e tiver como destinatários estados do Sul e Sudeste |
| Alíquota de 12% | Quando a mercadoria for remetida pelos estados do Norte, Nordeste, Centro Oeste e tiver como destinatário todos os demais estados, incluindo o Distrito Federal |

Considera-se contribuinte o sujeito passivo da obrigação tributária aquele que realiza, com habitualidade ou em volume que caracteriza intuito comercial operações e prestações sujeitas ao ICMS, conforme determinado na lei complementar 87/96. Portanto, não basta a inscrição no Cadastro de Contribuintes do Estado de destino das mercadorias para caracterizar a condição de contribuinte do estabelecimento destinatário. A inscrição é elemento que, exterioriza ou formaliza a condição de contribuinte, mas não necessariamente significa que a pessoa inscrita seja contribuinte do imposto, uma vez que este somente existirá juridicamente se praticar aquelas situações definidas como fato gerador do ICMS.

A Constituição Federal em seu artigo 155, inciso II dispensa um tratamento especial e minucioso com relação a este tributo, especificando hipóteses de incidência, não incidência, competência, isenção e alíquotas. Em virtude da importância do texto constitucional, transcrevemos abaixo o referido o referido artigo e seu inciso correspondente:

> **Art.155.** Compete aos Estados e ao Distrito Federal instituir impostos sobre: (Redação dada pela Emenda Constitucional nº 3, de 1993)
>
> II - operações relativas à circulação de mercadorias e sobre prestações de serviços de transporte interestadual e intermunicipal e de comunicação, ainda que as operações e as prestações se iniciem no exterior; (Redação dada pela Emenda Constitucional nº 3, de 1993)
>
> § 2º O imposto previsto no inciso II atenderá ao seguinte: (Redação dada pela Emenda Constitucional nº 3, de 1993)
>
> I - será não-cumulativo, compensando-se o que for devido em cada operação relativa à circulação de mercadorias ou prestação de serviços com o montante cobrado nas anteriores pelo mesmo ou outro Estado ou pelo Distrito Federal;
> II - a isenção ou não-incidência, salvo determinação em contrário da legislação:
> a) não implicará crédito para compensação com o montante devido nas operações ou prestações seguintes;
> b) acarretará a anulação do crédito relativo às operações anteriores;
> III - poderá ser seletivo, em função da essencialidade das mercadorias e dos serviços;
> IV - resolução do Senado Federal, de iniciativa do Presidente da República ou de um terço dos Senadores, aprovada pela maioria absoluta de seus membros, estabelecerá as alíquotas aplicáveis às operações e prestações, interestaduais e de exportação;
> V - é facultado ao Senado Federal:
> a) estabelecer alíquotas mínimas nas operações internas, mediante resolução de iniciativa de um terço e aprovada pela maioria absoluta de seus membros;
> b) fixar alíquotas máximas nas mesmas operações para resolver conflito específico que envolva interesse de Esta-

dos, mediante resolução de iniciativa da maioria absoluta e aprovada por dois terços de seus membros;

VI - salvo deliberação em contrário dos Estados e do Distrito Federal, nos termos do disposto no inciso XII, "g", as alíquotas internas, nas operações relativas à circulação de mercadorias e nas prestações de serviços, não poderão ser inferiores às previstas para as operações interestaduais;

VII - em relação às operações e prestações que destinem bens e serviços a consumidor final localizado em outro Estado, adotar-se-á:

a) a alíquota interestadual, quando o destinatário for contribuinte do imposto;

b) a alíquota interna, quando o destinatário não for contribuinte dele;

VIII - na hipótese da alínea "a" do inciso anterior, caberá ao Estado da localização do destinatário o imposto correspondente à diferença entre a alíquota interna e a interestadual;

IX - incidirá também:

a) sobre a entrada de bem ou mercadoria importados do exterior por pessoa física ou jurídica, ainda que não seja contribuinte habitual do imposto, qualquer que seja a sua finalidade, assim como o serviço prestado no exterior, cabendo o imposto ao Estado onde estiver situado o domicílio ou o estabelecimento do destinatário da mercadoria bem ou serviço;

b) sobre o valor da operação, quando mercadorias forem fornecidas com serviços não compreendidos na competência tributária dos municípios;

X - não incidirá:

a) sobre operações que destinem ao exterior produtos industrializados, excluídos os semi-elaborados definidos em lei complementar;

b) sobre operações que destinem mercadorias para o exterior, nem sobre serviços prestados a destinatários no exterior, assegurada a manutenção e o aproveitamento do montante do imposto cobrado nas operações e prestações anteriores; (Redação dada pela Emenda Constitucional nº 42, de 19.12.2003)

c) sobre operações que destinem a outros Estados petróleo, inclusive lubrificantes, combustíveis líquidos e gasosos dele derivados, e energia elétrica;

d) sobre o ouro, nas hipóteses definidas no art. 153, § 5º;

e) nas prestações de serviço de comunicação nas modalidades de radiodifusão sonora e de sons e imagens de recepção livre e gratuita; (Incluído pela Emenda Constitucional nº 42, de 19.12.2003)

XI - não compreenderá, em sua base de cálculo, o montante do imposto sobre produtos industrializados, quando a operação, realizada entre contribuintes e relativa a produto destinado à industrialização ou à comercialização, configure fato gerador dos dois impostos;

XII - cabe à lei complementar:

a) definir seus contribuintes;

b) dispor sobre substituição tributária;

c) disciplinar o regime de compensação do imposto;

d) fixar, para efeito de sua cobrança e definição do estabelecimento responsável, o local das operações relativas à circulação de mercadorias e das prestações de serviços;

e) excluir da incidência do imposto, nas exportações para o exterior, serviços e outros produtos além dos mencionados no inciso X, "a";

f) prever casos de manutenção de crédito, relativamente à remessa para outro Estado e exportação para o exterior, de serviços e de mercadorias;

g) regular a forma como, mediante deliberação dos Estados e do Distrito Federal, isenções, incentivos e benefícios fiscais serão concedidos e revogados;

h) definir os combustíveis e lubrificantes sobre os quais o imposto incidirá uma única vez, qualquer que seja a sua finalidade, hipótese em que não se aplicará o disposto no inciso X, b; (Incluída pela Emenda Constitucional nº 33, de 2001)

i) fixar a base de cálculo, de modo que o montante do imposto a integre, também na importação do exterior de bem, mercadoria ou serviço. (Incluída pela Emenda Constitucional nº 33, de 2001)

§ 3º À exceção dos impostos de que tratam o inciso II do *caput* deste artigo e o art. 153, I e II, nenhum outro imposto poderá incidir sobre operações relativas à energia elétrica, serviços de telecomunicações, derivados de petróleo, combustíveis e minerais do País. (Redação dada pela Emenda Constitucional nº 33, de 2001)

§ 4º Na hipótese do inciso XII, h, observar-se-á o seguinte: (Incluído pela Emenda Constitucional nº 33, de 2001)

I - nas operações com os lubrificantes e combustíveis derivados de petróleo, o imposto caberá ao Estado onde ocorrer o consumo; (Incluído pela Emenda Constitucional nº 33, de 2001)

II - nas operações interestaduais, entre contribuintes, com gás natural e seus derivados, e lubrificantes e combustíveis não incluídos no inciso I deste parágrafo, o imposto será repartido entre os Estados de origem e de destino, mantendo-se a mesma proporcionalidade que ocorre nas operações com as demais mercadorias; (Incluído pela Emenda Constitucional nº 33, de 2001)

III - nas operações interestaduais com gás natural e seus derivados, e lubrificantes e combustíveis não incluídos no inciso I deste parágrafo, destinadas a não contribuinte, o imposto caberá ao Estado de origem; (Incluído pela Emenda Constitucional nº 33, de 2001)

IV - as alíquotas do imposto serão definidas mediante deliberação dos Estados e Distrito Federal, nos termos do § 2º, XII, g, observando-se o seguinte: (Incluído pela Emenda Constitucional nº 33, de 2001)

a) serão uniformes em todo o território nacional, podendo ser diferenciadas por produto; (Incluído pela Emenda Constitucional nº 33, de 2001)

b) poderão ser específicas, por unidade de medida adotada, ou *ad valorem*, incidindo sobre o valor da operação ou sobre o preço que o produto ou seu similar alcançaria em uma venda em condições de livre concorrência; (Incluído pela Emenda Constitucional nº 33, de 2001)

c) poderão ser reduzidas e restabelecidas, não se lhes aplicando o disposto no art. 150, III, b. (Incluído pela Emenda Constitucional nº 33, de 2001)

§ 5º As regras necessárias à aplicação do disposto no § 4º, inclusive as relativas à apuração e à destinação do imposto, serão estabelecidas mediante deliberação dos Estados e do Distrito Federal, nos termos do § 2º, XII, g. (Incluído pela Emenda Constitucional nº 33, de 2001)
§ 6º O imposto previsto no inciso III: (Incluído pela Emenda Constitucional nº 42, de 19.12.2003)

I - terá alíquotas mínimas fixadas pelo Senado Federal; (Incluído pela Emenda Constitucional nº 42, de 19.12.2003)
II - poderá ter alíquotas diferenciadas em função do tipo e utilização. (Incluído pela Emenda Constitucional nº 42, de 19.12.2003)

Importante destacar que vinte e cinco por cento do produto da arrecadação do imposto do Estado sobre operações relativas à circulação de mercadorias e sobre prestações de serviços de transporte interestadual e intermunicipal e de comunicação pertence ao Município de origem conforme o artigo 158 inciso IV da CF.

Fato relevante é a decisão do acordão STF em 29.09.2017 que publicou a ementa do RE 574.706/PR determinando a exclusão do ICMS da base de cálculo do PIS/COFINS, porém o STF ainda não modulou os efeitos da decisão.

### 15.3.1 ICMS – SUBSTITUIÇÃO TRIBUTÁRIA – ST

Ainda com relação ao ICMS não poderíamos deixar de enfatizar o modelo de substituição tributária, que foi criado com o objetivo de tornar mais eficiente e eficaz a arrecadação do ICMS, instituindo a figura do substituto tributário, que é o contribuinte (fabricante) obrigado a calcular, cobrar e recolher o imposto que será devido nas operações posteriores. É a denominada substituição tributária progressiva conforme previsto no artigo 150 § 7º da CF necessitando de lei estadual para ser instituída, assim como, os artigos 121 e 122 do CTN, e a Lei Complementar 87/96 artigos 6 a 10 e Convênio ICMS 92/2015.

Devido à relevância do tema, a seguir destacamos os artigos da lei complementar:

**Art. 6º** Lei estadual poderá atribuir a contribuinte do imposto ou a depositário a qualquer título a responsabilidade pelo seu pagamento, hipótese em que assumirá a condição de substituto tributário. (Redação dada pela LCp 114, de 16.12.2002)

§ 1º A responsabilidade poderá ser atribuída em relação ao imposto incidente sobre uma ou mais operações ou prestações, sejam antecedentes, concomitantes ou subsequentes, inclusive ao valor decorrente da diferença entre alíquotas interna e interestadual nas operações e prestações que destinem bens e serviços a consumidor final localizado em outro Estado, que seja contribuinte do imposto.

§ 2º A atribuição de responsabilidade dar-se-á em relação a mercadorias, bens ou serviços previstos em lei de cada Estado. (Redação dada pela LCp 114, de 16.12.2002)

**Art. 7º** Para efeito de exigência do imposto por substituição tributária, inclui-se, também, como fato gerador do imposto, a entrada de mercadoria ou bem no estabelecimento do adquirente ou em outro por ele indicado.

**Art. 8º** A base de cálculo, para fins de substituição tributária, será:

I - em relação às operações ou prestações antecedentes ou concomitantes, o valor da operação ou prestação praticado pelo contribuinte substituído;

II - em relação às operações ou prestações subsequentes, obtida pelo somatório das parcelas seguintes:

a) o valor da operação ou prestação própria realizada pelo substituto tributário ou pelo substituído intermediário;

b) o montante dos valores de seguro, de frete e de outros encargos cobrados ou transferíveis aos adquirentes ou tomadores de serviço;

c) a margem de valor agregado, inclusive lucro, relativa às operações ou prestações subsequentes.

§ 1º Na hipótese de responsabilidade tributária em relação às operações ou prestações antecedentes, o imposto devido pelas referidas operações ou prestações será pago pelo responsável, quando:

I - da entrada ou recebimento da mercadoria, do bem ou do serviço; (Redação dada pela LCp 114, de 16.12.2002)
II - da saída subsequente por ele promovida, ainda que isenta ou não tributada;
III - ocorrer qualquer saída ou evento que impossibilite a ocorrência do fato determinante do pagamento do imposto.

§ 2º Tratando-se de mercadoria ou serviço cujo preço final a consumidor, único ou máximo, seja fixado por órgão público competente, a base de cálculo do imposto, para fins de substituição tributária, é o referido preço por ele estabelecido.

§ 3º Existindo preço final a consumidor sugerido pelo fabricante ou importador, poderá a lei estabelecer como base de cálculo este preço.

§ 4º A margem a que se refere a alínea c do inciso II do *caput* será estabelecida com base em preços usualmente praticados no mercado considerado, obtidos por levantamento, ainda que por amostragem ou através de informações e outros elementos fornecidos por entidades representativas dos respectivos setores, adotando-se a média ponderada dos preços coletados, devendo os critérios para sua fixação ser previstos em lei.

§ 5º O imposto a ser pago por substituição tributária, na hipótese do inciso II do *caput*, corresponderá à diferença entre o valor resultante da aplicação da alíquota prevista para as operações ou prestações internas do Estado de destino sobre a respectiva base de cálculo e o valor do imposto devido pela operação ou prestação própria do substituto.

§ 6º Em substituição ao disposto no inciso II do *caput*, a base de cálculo em relação às operações ou prestações subsequentes poderá ser o preço a consumidor final usualmente praticado no mercado considerado, relativamente ao serviço, à mercadoria ou sua similar, em condições de livre concorrência, adotando-se para sua apuração as regras estabelecidas no § 4º deste artigo. (Redação dada pela LCp 114, de 16.12.2002)

**Art. 9º** A adoção do regime de substituição tributária em operações interestaduais dependerá de acordo específico celebrado pelos Estados interessados.

§ 1º A responsabilidade a que se refere o art. 6º poderá ser atribuída:

I - ao contribuinte que realizar operação interestadual com petróleo, inclusive lubrificantes, combustíveis líquidos e gasosos dele derivados, em relação às operações subsequentes;
II - às empresas geradoras ou distribuidoras de energia elétrica, nas operações internas e interestaduais, na condição de contribuinte ou de substituto tributário, pelo pagamento do imposto, desde a produção ou importação até a última operação, sendo seu cálculo efetuado sobre o preço praticado na operação final, assegurado seu recolhimento ao Estado onde deva ocorrer essa operação.

§ 2º Nas operações interestaduais com as mercadorias de que tratam os incisos I e II do parágrafo anterior, que tenham como destinatário consumidor final, o imposto incidente na operação será devido ao Estado onde estiver localizado o adquirente e será pago pelo remetente.

**Art. 10.** É assegurado ao contribuinte substituído o direito à restituição do valor do imposto pago por força da substituição tributária, correspondente ao fato gerador presumido que não se realizar.

§ 1º Formulado o pedido de restituição e não havendo deliberação no prazo de noventa dias, o contribuinte substituído poderá se creditar, em sua escrita fiscal, do valor objeto do pedido, devidamente atualizado segundo os mesmos critérios aplicáveis ao tributo.

§ 2º Na hipótese do parágrafo anterior, sobrevindo decisão contrária irrecorrível, o contribuinte substituído, no prazo de quinze dias da respectiva notificação, procederá ao estorno dos créditos lançados, também devidamente atualizados, com o pagamento dos acréscimos legais cabíveis.

A principal característica da substituição tributária é a retenção do imposto pelo fabricante no momento da venda para o atacadista, distribuidor ou comerciante.

No sistema normal de apuração (débito – crédito – RPA) a indústria emite a nota fiscal para o cliente destacando o valor do ICMS que compõe o valor total do produto e da nota fiscal. Na ocasião do recolhimento do tributo a indústria se aproveita do sistema de não cumulatividade do ICMS, ou seja, ela aproveita o crédito do ICMS dos insumos que adquiriu para fabricar a mercadoria, e deduz os respectivos do valor do ICMS a pagar das notas fiscais de venda.

No sistema de substituição tributária existe o contribuinte substituto e contribuinte substituído. Neste caso a indústria irá agregar na nota fiscal de venda o ICMS-ST (substituição tributária) que é o ICMS que seria pago pelo seu cliente. Portanto, na substituição tributária a indústria arca com o custo dos dois modelos de apuração e recolhimento do ICMS.

A substituição tributária não é aplicada nos seguintes casos: Mercadoria destinada a posterior industrialização ou consumo próprio, mercadoria destinada à pessoa física, mercadoria destinada a posterior saída amparada por isenção ou não incidência (exemplo: exportação), transferência entre matriz e filiais atacadistas, mercadoria destinada a outro contribuinte que tiver a obrigação de reter a ST, mercadoria destinada a outro estado (salvo onde houver convenio/protocolo celebrado).

Esclarecemos ainda que o Estado determina duas formas de cálculo[171] da substituição tributária, a saber:

---

[171] As formas de cálculo não são as mesmas entre os Estados da Federação, existindo diferentes formas de cálculos, principalmente em função da nomenclatura dos produtos.

a) Pauta – O Estado elabora uma pesquisa regional e determinada o preço médio do produto para o consumidor final. Este preço servirá de base de cálculo para o ICMS substituição tributária a ser agregado na nota fiscal de venda da indústria para o cliente revendedor do produto.
b) MVA – Margem de valor agregado – O Estado através de pesquisas, determina em porcentagem a margem de lucro que o varejista aplica ao produto. Esta margem será aplicada pelo fabricante para cálculo do ICMS substituição tributária.

Após breve análise do ICMS e levando em consideração a complexidade do tema, não podemos deixar de enfatizar que devemos avaliar que cada Estado da federação possui um regulamento específico para este tributo, como também, **são distintas as hipóteses de substituição tributária por cada ente federativo**. Além do mais, vale a pena ressaltar que o fabricante obrigado ao recolhimento do ICMS-ST substituição tributária, também continua sendo obrigado a recolher também o ICMS pelo sistema de apuração – RPA.

A fim de facilitar a compreensão do complexo tema da substituição tributária descrevemos abaixo dois exemplos de cálculo, sendo o primeiro o simples cálculo da emissão de uma nota fiscal com Substituição Tributária; o segundo exemplo compreende a simulação de cálculo da venda de um veículo importado em São Paulo revendido para outro estado (Bahia), simulando o ICMS apuração, o ICMS-ST pela sistemática do MVA e valor total da nota fiscal de venda emitida pelo contribuinte vendedor. A seguir apresentamos um exemplo simplificado de cálculo da substituição tributária simples:

## EXEMPLO: CÁLCULO DA SUBSTITUIÇÃO TRIBUTÁRIA SIMPLES

A Indústria XYZ Ltda. irá vender para a Comercial ABC o produto "Z" no valor de R$ 1.000,00, levando-se em conta que para fins de apuração (RPA) a XYZ não possui créditos anteriores de ICMS e a alíquota do MVA é 40%. Portanto, o cálculo deve ser feito da seguinte forma:

| ITEM | VALORES em R$ |
|---|---|
| VALOR DA VENDA (TRANSAÇÃO COMERCIAL) | 1.000,00 |
| BASE DE CÁLCULO DO ICMS – APURAÇÃO – RPA 18% 1.000,00/0,82 = 219,51 | 219,51 |
| ICMS ST – COM UMA MVA DE 40% – R$ 1.000,00 X 40% | 400,00 |
| CÁLCULO DA ST DEVIDA NA EMISSÃO DA NFE R$ 400,00 X 18% | 72,00 |
| **VALOR TOTAL DA NFE A SER EMITIDA** | **1.072,00** |

Levando-se em conta neste exemplo que a indústria XYZ não possui créditos anteriores de ICMS pelo Regime de Apuração Periódica, deverá recolher a título de ICMS o valor de R$ 291,51 -> (219,51 + 72,00).

### 15.3.2 ICMS – DIFAL – DIFERENÇA DE ALÍQUOTAS

Ainda no tocante ao ICMS destacamos o **DIFAL** – diferença de alíquotas que deverá ser recolhido pelo contribuinte nas operações interestaduais e tem como fato gerador:
a) Na entrada, em estabelecimento de contribuinte sujeito ao RPA, de mercadoria oriunda de outro Estado da Federação destinada ao seu uso ou consumo ou integração ao ativo permanente;
b) Na utilização, por contribuinte sujeito ao RPA, de serviço cuja prestação se tenha iniciado em outro Estado e não esteja vinculada a operação ou prestação subsequente alcançada pela incidência do ICMS;
c) Na em trada em estabelecimento de contribuinte sujeito às normas do Simples Nacional, de mercadorias, oriundas de outro Estado ou do Distrito Federal.

Nas hipóteses das letras "a" e "b" acima, a obrigação do contribuinte consistirá, afinal em pagar o ICMS correspondente à diferença entre a alíquota interna e a interestadual, ou seja, o Diferencial de Alíquota – DIFAL. Para tanto, o contribuinte paulista deverá escriturar no livro Registro de Apuração do ICMS (LRAICMS), no período em que a mercadoria tiver entrado no estabelecimento ou tiver sido tomado o serviço, o valor devido a título de Diferencial de Alíquota, na forma prescrita no artigo 117 do RICMS/2000-SP.

Existem quatro modalidades de DIFAL: a) DIFAL Clássico, que é a operação entre contribuintes, b) DIFAL – Substituição Tributária, que tem por base convênios e protocolos entre os Estados, c) DIFAL – Emenda Constitucional 87/15 relativo a operações com não contribuintes, d) DIFAL – Simples Nacional, Lei Complementar 123/06 artigo 13, § 1º.

Com a finalidade de facilitar o entendimento deste complexo tema, abaixo elaboramos um exemplo de cálculo com DIFAL – operação entre contribuintes, lembrando que a sistemática de cálculo é diferente para cada modalidade:

| Valor da base de cálculo = R$ 10.000,00 |
| --- |
| Alíquota interestadual aplicada pelo remetente na emissão da NFE – 12% |
| Alíquota Interna – 18% |
| (18% x R$ 10.000,00) = R$ 1.800,00 |
| (12% x R$ 10.000,00) = R$ 1.200,00 |
| DIFAL = R$ 600,00 |

Não podemos deixar de destacar o Fundo Estadual de Combate à Pobreza que estabelece o adicional de até 2 pontos percentuais na alíquota do ICMS aplicável às operações e prestações, destinado ao financiamento dos Fundos Estaduais e Distrital de Combate à Pobreza. É considerado para cálculo do imposto relativo ao diferencial de alíquotas, cujo recolhimento deve observar a legislação da respectiva Unidade de Federação de destino. O fundamento legal para cobrança do tributo é o artigo 82 – ADCT da Constituição Federal, e no caso do Estado de São Paulo, a Lei 16.006/15 publicada no DOE de 25.11.2015.

A título de exemplo, abaixo destacamos a legislação do Estado de São Paulo:[172]

> A Constituição Federal determina que os Estados devem instituir Fundos de Combate à Pobreza com base no artigo 82 do ADCT (Ato das Disposições Constitucionais Transitórias):
>
> Art. 82. Os Estados, o Distrito Federal e os Municípios devem instituir Fundos de Combate á Pobreza, com os recursos de que trata este artigo e outros que vierem a destinar, devendo os referidos Fundos ser geridos por entidades que contem com a participação da sociedade civil. (Incluído pela Emenda Constitucional nº 31, de 2000)
>
> § 1º Para o financiamento dos Fundos Estaduais e Distrital, poderá ser criado adicional de até dois pontos percentuais na alíquota do Imposto sobre Circulação de Mercadorias e Serviços - ICMS, sobre os produtos e serviços supérfluos e nas condições definidas na lei complementar de que trata o art. 155, § 2º, XII, da Constituição, não se aplicando, sobre este percentual, o disposto no art. 158, IV, da Constituição. (Redação dada pela Emenda Constitucional nº 42, de 19.12.2003)

No Estado de São Paulo, a Lei 16.006/2015 instituiu o FECOEP – Fundo Estadual de Combate e Erradicação da Pobreza, com o objetivo de viabilizar para a população do Estado o acesso a níveis dignos de subsistência. Como principal fonte de recursos, foi previsto um adicional de 2% na alíquota de ICMS das seguintes mercadorias:

> **Artigo 2º** - Constituem receitas do FECOEP:
>
> **I** - a parcela do produto da arrecadação correspondente ao adicional de 2% (dois por cento) na alíquota do ICMS,

---

[172] http://www.fazenda.sp.gov.br/fecoep/ - acesso em 29.07.17.

ou do imposto que vier a substituí-lo, incidente sobre as seguintes mercadorias:
a) bebidas alcoólicas classificadas na posição 22.03;
b) fumo e seus sucedâneos manufaturados, classificados no capítulo 24;
**II** - doações, auxílios, subvenções e legados, de qualquer natureza, de pessoas físicas ou jurídicas do País ou do exterior;
**III** - receitas decorrentes da aplicação dos seus recursos;
**IV** - outras receitas que venham a ser destinadas ao Fundo.

§ 1º - Os recursos do FECOEP não poderão ser utilizados em finalidade diversa da prevista nesta lei, nem serão objeto de remanejamento, transposição ou transferência.
§ 2º - É vedada a utilização dos recursos do FECOEP para remuneração de pessoal e encargos sociais.

## 15.3.3 CRÉDITO DE ICMS SOBRE ATIVO IMOBILIZADO (SÃO PAULO)

A legislação do ICMS permite somente aos contribuintes do tributo a utilização do ICMS pago referente às compras de ativo imobilizado, podendo referido crédito ser utilizado em 48 parcelas mensais e sucessivas a partir da data de aquisição do bem.

Vale destacar que sua utilização está condicionada às receitas tributadas pelo contribuinte, portanto, se a empresa vender mercadorias com saídas isentas, deverá utilizar o crédito somente do percentual das saídas tributadas com relação às vendas, exceção com referência às exportações que se equiparam as saídas tributadas.

A seguir demonstramos um **exemplo de cálculo do ICMS** com aproveitamento do crédito de imobilizado, onde utilizaremos uma **alíquota exemplificativa de 20%** com o cálculo por fora a fim de facilitar o entendimento:

A) A empresa Alfa no mês de janeiro efetua compra de mercadorias por R$ 200.000,00, ou seja, R$ 200.000,00 x 20% = R$ 40.000,00 à Crédito de ICMS
B) Em janeiro adquire um veículo para transporte de mercadorias no valor R$ 120.000,00, portanto:

R$ 120.000,00 x 20% Alíquota do ICMS = R$ 24.000,00 de Crédito total

R$ 24.000,00 / 48 meses = R$ 500,00 mês à limite mensal para aproveitamento do crédito

Em termos de lançamento contábil:

**Débito – Ativo Imobilizado Veículos**   R$ 96.000,00
**Débito – ICMS s/Imobilizado a recuperar**   R$ 24.000,00
**Crédito – Banco XYZ**   R$ 120.000,00

Observação: o valor da base de cálculo da depreciação considerando que não há valor residual será de R$ 96.000,00, portanto, R$ 96.000,00 / 60 meses = R$ 1.600,00 de encargo mensal de depreciação

C) Em janeiro efetua venda de mercadorias no valor de R$ 300.000,00, ou seja, R$ 300.000,00 x 20% = R$ 60.000,00 à Débito

| ITEM | HISTÓRICO JANEIRO | SAÍDAS | ENTRADAS | SALDO |
|---|---|---|---|---|
| 1 | COMPRA DE MERCADORIAS | | 40.000,00 | 40.000,00 |
| 2 | AQUISIÇÃO DE IMOBILIZADO | | 500,00 | 40.500,00 |
| 3 | VENDA DE MERCADORIAS | 60.000,00 | | 19.500,00 |
| 4 | SALDO DEVEDOR DE ICMS | 60.000,00 | 40.500,00 | 19.500,00 |

# 16 TRIBUTOS MUNICIPAIS

O presente item tem como finalidade descrever de forma objetiva e genérica os principais tributos Municipais e do Distrito Federal, definindo de forma objetiva o conceito, fundamentação legal, base de cálculo e alíquotas.

O leitor deverá levar em consideração as diferenças existentes na legislação dos diversos municípios (5.568) brasileiros integrantes da Federação.

## 16.1 IMPOSTO SOBRE TRANSMISSÃO DE BENS IMÓVEIS – ITBI

O art. 156, inciso II da CF, determina que compete aos municípios instituir imposto sobre transmissão de bens Inter vivos, a qualquer título, por ato oneroso, de bens imóveis, por natureza ou acessão física, e de direitos reais sobre imóveis, exceto os de garantia, bem como cessão de direitos a sua aquisição. Compete ao município da situação do bem.[173]

A CF diz no inciso I do § 2º do art. 156 que o ITBI

> Não incide sobre a transmissão de bens ou direitos incorporados ao patrimônio de pessoa jurídica em integralização de capital social, nem sobre a transmissão de bens ou direitos decorrentes de fusão, incorporação, cisão ou extinção de pessoa jurídica, salvo se, nesses casos, a atividade preponderante do adquirente for a compra e venda desses bens ou direitos, locação de bens imóveis ou arrendamento mercantil.

A base de cálculo do ITBI teoricamente é o valor da transação imobiliária, porém, a alíquota deste imposto não mais se sujeita ao

---

[173] MARTINS, Sérgio Pinto. *Manual de direito tributário*. São Paulo: Atlas, 2005, p. 293.

limite máximo a ser estabelecido pelo Senado Federal, como ocorria no sistema constitucional antecedente (Harada, 2015, p. 499).

Neste sentido:

> O município é livre para estabelecer alíquotas que bem entender. Poderá, também, estatuir alíquotas progressivas em razão da variação do valor venal, com base no salutar dispositivo programático do § 1º do art. 145 CF. Realmente, se o município pode tributar com 2%, por exemplo, nada o impede de graduar essa tributação segundo a capacidade contributiva de cada um, estabelecendo alíquotas progressivas de 0,50%, 0,80% e 2,0%, de conformidade com as faixas do valor venal dos imóveis, conferindo caráter pessoal a esse imposto (Harada, 2015, p. 500).

No município de São Paulo o ITBI é regido pela lei municipal 11.154/91 com alterações inseridas pela lei 16.098/14, e a alíquota é de 3%.

Especificamente no caso do município de São Paulo destacamos os artigos 7º e 10º da referida lei:

> **Art. 7º.** Para fins de lançamento do Imposto, a base de cálculo é o valor venal dos bens ou direitos transmitidos, assim considerado o valor pelo qual o bem ou direito seria negociado à vista, em condições normais de mercado. (Redação dada pela Lei nº 14.256/2006)
>
> § 1º. Não serão abatidas do valor venal quaisquer dívidas que onerem o imóvel transmitido. (Redação dada pela Lei nº 14.256/2006)
>
> § 2º. Nas cessões de direitos à aquisição, o valor ainda não pago pelo cedente será deduzido da base de cálculo. (Redação dada pela Lei nº 14.256/2006)
>
> **Art. 7º-A.** A Secretaria Municipal de Finanças tornará públicos os valores venais atualizados dos imóveis inscritos no Cadastro Imobiliário Fiscal do Município de São Paulo. (Incluído pela Lei nº 14.256/2006)

Parágrafo único. A Secretaria Municipal de Finanças deverá estabelecer a forma de publicação dos valores venais a que se refere o *caput* deste artigo. (Incluído pela Lei n° 14.256/2006)

Art. 7º-B. Caso não concorde com a base de cálculo do imposto divulgada pela Secretaria Municipal de Finanças, nos termos de regulamentação própria, o contribuinte poderá requerer avaliação especial do imóvel, apresentando os dados da transação e os fundamentos do pedido, na forma prevista em portaria da Secretaria Municipal de Finanças, que poderá, inclusive, viabilizar a formulação do pedido por meio eletrônico. (Incluído pela Lei n° 14.256/2006)

**Art. 10.** O imposto será calculado: (Redação dada pela Lei n° 15.891/2013)
I - nas transmissões de imóveis de até R$ 600.000,00 (seiscentos mil reais) compreendidas no Sistema Financeiro da Habitação – SFH, no Programa de Arrendamento Residencial – PAR e de Habitação de Interesse Social – HIS, bem como aquelas realizadas por meio de consórcios: (Redação dada pela Lei nº 17.719/2021 – **Vigência: a partir de 1º de janeiro de 2022 ou 90 (noventa) dias após a publicação da Lei nº 17.719/2021, o que ocorrer por último**)
a) à razão de 0,5% (meio por cento) sobre o valor efetivamente financiado ou sobre o valor do crédito efetivamente utilizado para aquisição do imóvel, até o limite de R$ 100.000,00 (cem mil reais); (Redação dada pela Lei nº 17.719/2021 – **Vigência: a partir de 1º de janeiro de 2022 ou 90 (noventa) dias após a publicação da Lei nº 17.719/2021, o que ocorrer por último**)
b) pela aplicação da alíquota de 3% (três por cento) sobre o valor restante; (Redação dada pela Lei n° 16.098/2014)
II - nas demais transmissões, pela alíquota de 3% (três por cento). (Redação dada pela Lei n° 16.098/2014)

§ 1º Na hipótese prevista no inciso I do *caput* deste artigo, quando o valor da transação for superior ao limite nele fixado, o valor do imposto será determinado pela soma das parcelas estabelecidas em suas alíneas "a" e "b". (Redação dada pela Lei n° 15.891/2013)

§ 2º As importâncias fixas previstas neste artigo serão atualizadas na forma do disposto no art. 2º e parágrafo único da Lei nº 13.105, de 29 de dezembro de 2000; (Redação dada pela Lei n° 15.891/2013)

## 16.2 IMPOSTO PREDIAL E TERRITORIAL URBANO – IPTU

A função do IPTU é tipicamente fiscal e segue o princípio da anterioridade tributária. Seu objetivo primordial é a obtenção de recursos financeiros para os Municípios.[174]

O fato gerador do IPTU é a propriedade, o domínio útil ou a posse de bem imóvel por natureza ou acessão física, como definido na lei civil, localizado na zona urbana do Município (art. 32, 33, 34 CTN) e 156, Inciso I, CF.

O CTN define em seu artigo 32 e seguintes o conceito de propriedade urbana:

> Art. 32. O imposto, de competência dos Municípios, sobre a propriedade predial e territorial urbana tem como fato gerador a propriedade, o domínio útil ou a posse de bem imóvel por natureza ou por acessão física, como definido na lei civil, localizado na zona urbana do Município.
>
> § 1º Para os efeitos deste imposto, entende-se como zona urbana a definida em lei municipal; observado o requisito mínimo da existência de melhoramentos indicados em pelo menos 2 (dois) dos incisos seguintes, construídos ou mantidos pelo Poder Público:
>
> I - meio-fio ou calçamento, com canalização de águas pluviais;
> II - abastecimento de água;
> III - sistema de esgotos sanitários;

---

[174] MACHADO, Hugo de Brito. *Curso de direito tributário*. São Paulo: Malheiros, 2016, p. 406.

IV - rede de iluminação pública, com ou sem posteamento para distribuição domiciliar;
V - escola primária ou posto de saúde a uma distância máxima de 3 (três) quilômetros do imóvel considerado.

§ 2º A lei municipal pode considerar urbanas as áreas urbanizáveis, ou de expansão urbana, constantes de loteamentos aprovados pelos órgãos competentes, destinados à habitação, à indústria ou ao comércio, mesmo que localizados fora das zonas definidas nos termos do parágrafo anterior.

Art. 33. A base do cálculo do imposto é o valor venal do imóvel.

Parágrafo único. Na determinação da base de cálculo, não se considera o valor dos bens móveis mantidos, em caráter permanente ou temporário, no imóvel, para efeito de sua utilização, exploração, aformoseamento ou comodidade.

Art. 34. Contribuinte do imposto é o proprietário do imóvel, o titular do seu domínio útil, ou o seu possuidor a qualquer título.

Classificam-se os imóveis da seguinte forma: a) por natureza; b) por acessão física; c) por acessão intelectual; d) por disposição de lei.

Imóvel por natureza é o solo com sua superfície, os acessórios e adjacências naturais, compreendendo as árvores e frutos pendentes, o espaço aéreo e o subsolo.

Imóvel por acessão física é tudo o que o homem incorporar de forma permanente ao solo, como a semente lançada a terra, os edifícios e construções. Acessão quer dizer aumento, justaposição, acréscimo ou aderência de uma coisa a outra.

O proprietário tem o direito de usar gozar e dispor (vender) de seus bens, como reavê-los de quem quer que injustamente os possua.

Possuidor é a pessoa que tem de fato o exercício, pleno, ou não, de algum dos poderes inerentes do domínio ou propriedade.[175]

---

[175] MARTINS, Sérgio Pinto. *Manual de direito tributário*. São Paulo: Atlas, 2005, p. 290.

A base de cálculo do imposto é o valor venal do imóvel, que é a importância obtida pela venda à vista do imóvel de acordo com as condições de mercado.

O IPTU poderá ser progressivo, na forma do inciso II, do § 4º do art. 182 da CF, em razão do valor do imóvel e ter alíquotas diferentes de acordo com a localização e o uso do imóvel. O IPTU também pode ser progressivo em razão da localização e do uso. A conjunção é aditiva e não alternativa. Assim, o imposto não poderá ser progressivo apenas em razão da localização ou apenas do uso, mas dos dois elementos.

É facultado ao Poder Público municipal, mediante lei específica para área incluída no plano diretor, exigir nos termos da lei federal, do proprietário do solo urbano não edificado, subutilizado ou não utilizado, que promova seu adequado aproveitamento, sob pena, sucessivamente de:[176]

I – parcelamento ou edificação compulsórios;

II – IPTU progressivo no tempo;

III – desapropriação com pagamento mediante títulos da dívida pública de emissão previamente aprovada pelo Senado Federal, com prazo de resgate de até 10 anos, em parcelas anuais, iguais e sucessivas, assegurados o valor real da indenização e dos juros legais (art. 182, parágrafo quarto CF)

## 16.3 IMPOSTO SOBRE SERVIÇOS DE QUALQUER NATUREZA – ISS

O Município poderá exigir o ISS não compreendidos no ICMS, definidos na lei complementar 116/2003, alterada pela LC 157/16 e art. 156, inciso III CF.

O STF entende que a lista de serviços é taxativa e não meramente exemplificativa. Apenas os serviços constantes da lista é que podem ser tributados pelo ISS.

---

[176] MARTINS, Sérgio Pinto. *Manual de direito tributário*. São Paulo: Atlas, 2005, p. 291, 292.

Em relação ao ISS, cabe à lei complementar excluir da incidência do imposto exportações de serviços para o exterior.

O fato gerador do ISS é a prestação de serviços constantes da lista anexa à LC 116/2003, ainda que esses não se constituam como atividade preponderante do prestador (art. 1. da LC 116/03). Mesmo que o prestador de serviços venda mercadorias ou produza bens, que são suas atividades preponderantes, se prestar serviços, deverá pagar o ISS.

O Artigo 3º da LC 116 alterado pela LC 157/17 a seguir descrito, define o local onde o ISS deverá ser recolhido pelo prestador de serviços:

> Art. 3º O serviço considera-se prestado, e o imposto, devido, no local do estabelecimento prestador ou, na falta do estabelecimento, no local do domicílio do prestador, exceto nas hipóteses previstas nos incisos I a XXV, quando o imposto será devido no local: (Redação dada pela Lei Complementar nº 157, de 2016) (Vide ADIN 3.142)
>
> I – do estabelecimento do tomador ou intermediário do serviço ou, na falta de estabelecimento, onde ele estiver domiciliado, na hipótese do § 1º do art. 1º desta Lei Complementar;
> II – da instalação dos andaimes, palcos, coberturas e outras estruturas, no caso dos serviços descritos no subitem 3.05 da lista anexa;
> III – da execução da obra, no caso dos serviços descritos no subitem 7.02 e 7.19 da lista anexa;
> IV – da demolição, no caso dos serviços descritos no subitem 7.04 da lista anexa;
> V – das edificações em geral, estradas, pontes, portos e congêneres, no caso dos serviços descritos no subitem 7.05 da lista anexa;
> VI – da execução da varrição, coleta, remoção, incineração, tratamento, reciclagem, separação e destinação final de lixo, rejeitos e outros resíduos quaisquer, no caso dos serviços descritos no subitem 7.09 da lista anexa;
> VII – da execução da limpeza, manutenção e conservação de vias e logradouros públicos, imóveis, chaminés, piscinas,

parques, jardins e congêneres, no caso dos serviços descritos no subitem 7.10 da lista anexa;

VIII – da execução da decoração e jardinagem, do corte e poda de árvores, no caso dos serviços descritos no subitem 7.11 da lista anexa;

IX – do controle e tratamento do efluente de qualquer natureza e de agentes físicos, químicos e biológicos, no caso dos serviços descritos no subitem 7.12 da lista anexa;

X – (VETADO)

XI – (VETADO)

XII – do florestamento, reflorestamento, semeadura, adubação, reparação de solo, plantio, silagem, colheita, corte, descascamento de árvores, silvicultura, exploração florestal e serviços congêneres indissociáveis da formação, manutenção e colheita de florestas para quaisquer fins e por quaisquer meios; (Redação dada pela Lei Complementar nº 157, de 2016)

XIII – da execução dos serviços de escoramento, contenção de encostas e congêneres, no caso dos serviços descritos no subitem 7.17 da lista anexa;

XIV – da limpeza e dragagem, no caso dos serviços descritos no subitem 7.18 da lista anexa;

XV – onde o bem estiver guardado ou estacionado, no caso dos serviços descritos no subitem 11.01 da lista anexa;

XVI - dos bens, dos semoventes ou do domicílio das pessoas vigiados, segurados ou monitorados, no caso dos serviços descritos no subitem 11.02 da lista anexa; (Redação dada pela Lei Complementar nº 157, de 2016)

XVII – do armazenamento, depósito, carga, descarga, arrumação e guarda do bem, no caso dos serviços descritos no subitem 11.04 da lista anexa;

XVIII – da execução dos serviços de diversão, lazer, entretenimento e congêneres, no caso dos serviços descritos nos subitens do item 12, exceto o 12.13, da lista anexa;

XIX – do Município onde está sendo executado o transporte, no caso dos serviços descritos pelo item 16 da lista anexa; (Redação dada pela Lei Complementar nº 157, de 2016)

XX – do estabelecimento do tomador da mão de obra ou, na falta de estabelecimento, onde ele estiver domiciliado, no caso dos serviços descritos pelo subitem 17.05 da lista anexa;
XXI – da feira, exposição, congresso ou congênere a que se referir o planejamento, organização e administração, no caso dos serviços descritos pelo subitem 17.10 da lista anexa;
XXII – do porto, aeroporto, ferroporto, terminal rodoviário, ferroviário ou metroviário, no caso dos serviços descritos pelo item 20 da lista anexa.
XXIII – do domicílio do tomador dos serviços dos subitens 4.22, 4.23 e 5.09; (Incluído pela Lei Complementar nº 157, de 2016)
XXIV – do domicílio do tomador do serviço no caso dos serviços prestados pelas administradoras de cartão de crédito ou débito e demais descritos no subitem 15.01; (Incluído pela Lei Complementar nº 157, de 2016)
XXV – do domicílio do tomador do serviço do subitem 15.09. (Redação dada pela Lei Complementar nº 175, de 2020)

§ 1º No caso dos serviços a que se refere o subitem 3.04 da lista anexa, considera-se ocorrido o fato gerador e devido o imposto em cada Município em cujo território haja extensão de ferrovia, rodovia, postes, cabos, dutos e condutos de qualquer natureza, objetos de locação, sublocação, arrendamento, direito de passagem ou permissão de uso, compartilhado ou não. (Vide ADIN 3.142)

§ 2º No caso dos serviços a que se refere o subitem 22.01 da lista anexa, considera-se ocorrido o fato gerador e devido o imposto em cada Município em cujo território haja extensão de rodovia explorada.

§ 3º Considera-se ocorrido o fato gerador do imposto no local do estabelecimento prestador nos serviços executados em águas marítimas, excetuados os serviços descritos no subitem 20.01.

§ 4º § 4º Na hipótese de descumprimento do disposto no caput ou no § 1º, ambos do art. 8º-A desta Lei Complementar, o imposto será devido no local do estabelecimento do tomador ou intermediário do serviço ou, na falta de estabelecimento, onde ele estiver domiciliado. Incluído pela Lei Complementar nº 157, de 2016)

§ 5º Ressalvadas as exceções e especificações estabelecidas nos §§ 6º a 12 deste artigo, considera-se tomador dos serviços referidos nos incisos XXIII, XXIV e XXV do caput deste artigo o contratante do serviço e, no caso de negócio jurídico que envolva estipulação em favor de unidade da pessoa jurídica contratante, a unidade em favor da qual o serviço foi estipulado, sendo irrelevantes para caracterizá-la as denominações de sede, filial, agência, posto de atendimento, sucursal, escritório de representação ou contato ou quaisquer outras que venham a ser utilizadas. (Incluído pela Lei Complementar nº 175, de 2020)

§ 6º No caso dos serviços de planos de saúde ou de medicina e congêneres, referidos nos subitens 4.22 e 4.23 da lista de serviços anexa a esta Lei Complementar, o tomador do serviço é a pessoa física beneficiária vinculada à operadora por meio de convênio ou contrato de plano de saúde individual, familiar, coletivo empresarial ou coletivo por adesão. (Incluído pela Lei Complementar nº 175, de 2020)

§ 7º Nos casos em que houver dependentes vinculados ao titular do plano, será considerado apenas o domicílio do titular para fins do disposto no § 6º deste artigo. (Incluído pela Lei Complementar nº 175, de 2020)

§ 8º No caso dos serviços de administração de cartão de crédito ou débito e congêneres, referidos no subitem 15.01 da lista de serviços anexa a esta Lei Complementar, prestados diretamente aos portadores de cartões de crédito ou débito e congêneres, o tomador é o primeiro titular do cartão. (Incluído pela Lei Complementar nº 175, de 2020)

§ 9º O local do estabelecimento credenciado é considerado o domicílio do tomador dos demais serviços referidos no subitem 15.01 da lista de serviços anexa a esta Lei Complementar relativos às transferências realizadas por meio de cartão de crédito ou débito, ou a eles conexos, que sejam prestados ao tomador, direta ou indiretamente, por: (Incluído pela Lei Complementar nº 175, de 2020)

I – bandeiras; (Incluído pela Lei Complementar nº 175, de 2020)
II – credenciadoras; ou (Incluído pela Lei Complementar nº 175, de 2020)
III – emissoras de cartões de crédito e débito. (Incluído pela Lei Complementar nº 175, de 2020)

§ 10. No caso dos serviços de administração de carteira de valores mobiliários e dos serviços de administração e gestão de fundos e clubes de investimento, referidos no subitem 15.01 da lista de serviços anexa a esta Lei Complementar, o tomador é o cotista. (Incluído pela Lei Complementar nº 175, de 2020)

§ 11. No caso dos serviços de administração de consórcios, o tomador de serviço é o consorciado. (Incluído pela Lei Complementar nº 175, de 2020)

§ 12. No caso dos serviços de arrendamento mercantil, o tomador do serviço é o arrendatário, pessoa física ou a unidade beneficiária da pessoa jurídica, domiciliado no País, e, no caso de arrendatário não domiciliado no País, o tomador é o beneficiário do serviço no País. (Incluído pela Lei Complementar nº 175, de 2020)

O ISS **não incide** sobre: locação, serviços de telecomunicações e transportes interestaduais e intermunicipais e o próprio trabalho (CLT).

O imposto também **incide sobre o serviço proveniente do exterior** do país ou cuja prestação se tenha iniciado no exterior do país.

A base de cálculo é o preço do serviço e a alíquota máxima fixada para o imposto é de 5%. Foi, assim, fixada a alíquota máxima, e podem os Municípios, por meio de lei ordinária, fixar alíquota inferior.

A lei complementar 157/16 determinou que a alíquota mínima do ISS seja de 2%.[177] Ver LC – EC 37, art. 88 ADCT – que fixa alíquota máxima e mínima do ISS – artigo 156 § 3º – CF.

Considera-se estabelecimento prestador o local onde o contribuinte desenvolve a atividade de prestar serviços, de modo permanente ou temporário, e que configure unidade econômica ou profissional, sendo irrelevantes para caracterizá-lo as denominações de sede, filial, agência, posto de atendimento, sucursal, escritório de representação ou contato ou quaisquer outras que venham a ser utilizados.[178]

Existem algumas exceções em diversas cidades do território nacional, onde os profissionais liberais prestadores de serviços, efetuam o recolhimento de um único valor fixo anual por profissional.

---

[177] MARTINS, Sérgio Pinto. *Manual de direito tributário*. São Paulo: Atlas, 2005, p. 299. – Ver LC 157/16
[178] Lei complementar 116/2003, art. 4º.

# 17 SIMPLES NACIONAL

Neste capítulo será apresentado de forma breve o conceito da nova tributação do Simples Nacional que pode ser utilizado de forma facultativa pelas empresas de Pequeno Porte (EPP), Microempresas (ME) e também pelo microempreendedor individual (MEI), podendo diminuir sensivelmente a carga tributária da pessoa jurídica, bem como, reduzir a burocracia e o custo administrativo, o que efetivamente, na prática, não ocorreu, pois o elevado grau de complexidade da lei aliado a sucessivas alterações tornam o sistema por diversas vezes impraticável.

## 17.1 CONCEITO

A lei complementar 123 de dezembro de 2006 instituiu o estatuto da microempresa e da empresa de pequeno porte, revogando as leis 9.317/96 e 9.841/99, criando o denominado Simples Nacional a partir de julho de 2007, como também, criou o Comitê Gestor de Tributação das Microempresas e Empresas de Pequeno Porte – CGSN, criado pelo decreto 6.038 de fevereiro de 2007. Referida LC foi alterada pelas LC 127/07, 128/08, 133/09, 139/11, 147/15, 155/16, 168/19.

A Receita Federal do Brasil justifica a criação do regime simplificado para Microempresas – ME e Empresas de Pequeno Porte – EPP, pelos seguintes motivos:[179]
   a) Estas empresas possuem baixo potencial de arrecadação e, portanto, não devem ter um ônus excessivo nas atividades de controle exercidas pela administração;
   b) a concessão de benefícios tributários diretos (redução da carga tributária) deve observar uma transição suave, de tal sorte

---

[179] PÊGAS, Paulo Henrique. *Manual de Contabilidade Tributária*. Rio de Janeiro: Freitas Bastos, 2014, p. 759, 760.

a não criar descontinuidades acentuadas que induzam à prática de planejamento fiscal;
c) O regime simplificado destina-se a buscar um ambiente mais competitivo entre grandes e pequenas empresas e não a conceder privilégios a determinado grupo. O ingresso no regime deve ser destinado exclusivamente aos setores econômicos que estão sujeitos à concorrência assimétrica em razão da dimensão da empresa. As atividades econômicas que, por natureza, encontram-se pulverizadas e, portanto, não sofrem concorrência desigual não devem ter acesso ao regime;
d) Dada a importância destas empresas (geração de empregos, inovação tecnológica, competição no mercado etc.), o custo do cumprimento das obrigações tributárias para esse segmento deve ser minimizado, de modo a não comprometer sua sobrevivência; e
e) A relação entre contribuinte e Estado, sempre que possível, deve ser única, a despeito da existência de distintos níveis de governo e administração tributária envolvida.

## 17.2 DA OPÇÃO PELO SIMPLES NACIONAL

A formalização da opção pelo Simples Nacional está prevista no artigo 4º e 16 § 2º, 3º da lei complementar 123/06, e é irretratável para todo o ano calendário devendo ser feita até o último dia útil do mês de novembro de cada ano, valendo a inscrição já para o próprio ano-calendário de acordo com artigo 18 § 3º da referida lei, conforme descriminado a seguir:

> Art. 18. A opção pelo regime de reconhecimento de receita bruta de que trata o § 1º do art. 16 deverá ser registrada em aplicativo disponibilizado no Portal do Simples Nacional, quando da apuração dos valores devidos relativos ao mês de: (Lei Complementar nº 123, de 2006, art. 18, § 3º)
>
> I - novembro de cada ano-calendário, com efeitos para o ano-calendário subsequente, na hipótese de ME ou EPP já optante pelo Simples Nacional;

II - dezembro, com efeitos para o ano-calendário subsequente, na hipótese de ME ou EPP em início de atividade, com efeitos da opção pelo Simples Nacional no mês de dezembro;

III - início dos efeitos da opção pelo Simples Nacional, nas demais hipóteses, com efeitos para o próprio ano-calendário.

Parágrafo único. A opção pelo Regime de Caixa servirá exclusivamente para a apuração da base de cálculo mensal, aplicando-se o Regime de Competência para as demais finalidades, especialmente, para determinação dos limites e sublimites, bem como da alíquota a ser aplicada sobre a receita bruta recebida no mês. (Lei Complementar nº 123, de 2006, art. 18, § 3º)

A resolução 94/11 do CGSN, artigos 16 a 19 regulamentou a forma opcional de apurar os tributos devidos pelo regime de caixa devendo esta opção ser exercida do mês de novembro sendo irretratável para o respectivo ano. Vale destacar que no caso de débitos vencidos que não forem pagos até o último mês do exercício seguinte, os mesmos deverão integrar a base de cálculo nos termos do artigo 19:

Art. 19. Para a ME ou EPP optante pelo Regime de Caixa: (Lei Complementar nº 123, de 2006, art. 18, § 3º)

I - nas prestações de serviços ou operações com mercadorias com valores a receber a prazo, a parcela não vencida deverá obrigatoriamente integrar a base de cálculo dos tributos abrangidos pelo Simples Nacional até o último mês do ano-calendário subsequente àquele em que tenha ocorrido a respectiva prestação de serviço ou operação com mercadorias;

II - a receita auferida e ainda não recebida deverá integrar a base de cálculo dos tributos abrangidos pelo Simples Nacional, na hipótese de:

a) encerramento de atividade, no mês em que ocorrer o evento;

b) retorno ao Regime de Competência, no último mês de vigência do Regime de Caixa;

c) exclusão do Simples Nacional, no mês anterior ao dos efeitos da exclusão;

III - o registro dos valores a receber deverá ser mantido nos termos do art. 70.

## 17.3 NÃO PODEM OPTAR PELO SIMPLES NACIONAL

Os tipos societários abaixo não podem optar pela sistemática do Simples Nacional conforme previsto nos artigos 3º, inciso II, § 2º, 4º e 17:

> Art. 17. Não poderão recolher os impostos e contribuições na forma do Simples Nacional a microempresa ou empresa de pequeno porte: (Redação dada pela Lei Complementar nº 167, de 2019)
>
> I - que explore atividade de prestação cumulativa e contínua de serviços de assessoria creditícia, gestão de crédito, seleção e riscos, administração de contas a pagar e a receber, gerenciamento de ativos (asset management) ou compra de direitos creditórios resultantes de vendas mercantis a prazo ou de prestação de serviços (factoring) ou que execute operações de empréstimo, de financiamento e de desconto de títulos de crédito, exclusivamente com recursos próprios, tendo como contrapartes microempreendedores individuais, microempresas e empresas de pequeno porte, inclusive sob a forma de empresa simples de crédito; (Redação dada pela Lei Complementar nº 167, de 2019)
> II - que tenha sócio domiciliado no exterior;
> III - de cujo capital participe entidade da administração pública, direta ou indireta, federal, estadual ou municipal;

V - que possua débito com o Instituto Nacional do Seguro Social – INSS, ou com as Fazendas Públicas Federal, Estadual ou Municipal, cuja exigibilidade não esteja suspensa;
VI - que preste serviço de transporte intermunicipal e interestadual de passageiros, exceto quando na modalidade fluvial ou quando possuir características de transporte urbano ou metropolitano ou realizar-se sob fretamento contínuo em área metropolitana para o transporte de estudantes ou trabalhadores; (Redação dada pela Lei Complementar nº 147, de 2014) (Produção de efeito)
VII - que seja geradora, transmissora, distribuidora ou comercializadora de energia elétrica;
VIII - que exerça atividade de importação ou fabricação de automóveis e motocicletas;
IX - que exerça atividade de importação de combustíveis;
X - que exerça atividade de produção ou venda no atacado de:
a) cigarros, cigarrilhas, charutos, filtros para cigarros, armas de fogo, munições e pólvoras, explosivos e detonantes;
b) bebidas não alcoólicas a seguir descritas: (Redação dada pela Lei Complementar nº 155, de 2016) Produção de efeito
2 - refrigerantes, inclusive águas saborizadas gaseificadas;
3 - preparações compostas, não alcoólicas (extratos concentrados ou sabores concentrados), para elaboração de bebida refrigerante, com capacidade de diluição de até 10 (dez) partes da bebida para cada parte do concentrado;
4 - cervejas sem álcool;
c) bebidas alcoólicas, exceto aquelas produzidas ou vendidas no atacado por: (Incluído pela Lei Complementar nº 155, de 2016) Produção de efeito
1. micro e pequenas cervejarias; (Incluído pela Lei Complementar nº 155, de 2016) Produção de efeito
2. micro e pequenas vinícolas; (Incluído pela Lei Complementar nº 155, de 2016) Produção de efeito
3. produtores de licores; (Incluído pela Lei Complementar nº 155, de 2016) Produção de efeito
4. micro e pequenas destilarias; (Incluído pela Lei Complementar nº 155, de 2016) Produção de efeito

XII - que realize cessão ou locação de mão de obra;

XIV - que se dedique ao loteamento e à incorporação de imóveis;

XV - que realize atividade de locação de imóveis próprios, exceto quando se referir a prestação de serviços tributados pelo ISS;

XVI - com ausência de inscrição ou com irregularidade em cadastro fiscal federal, municipal ou estadual, quando exigível.

§ 1º As vedações relativas a exercício de atividades previstas no caput deste artigo não se aplicam às pessoas jurídicas que se dediquem exclusivamente às atividades referidas nos §§ 5º-B a 5º-E do art. 18 desta Lei Complementar, ou as exerçam em conjunto com outras atividades que não tenham sido objeto de vedação no caput deste artigo.

§ 2º Também poderá optar pelo Simples Nacional a microempresa ou empresa de pequeno porte que se dedique à prestação de outros serviços que não tenham sido objeto de vedação expressa neste artigo, desde que não incorra em nenhuma das hipóteses de vedação previstas nesta Lei Complementar.

§ 4º Na hipótese do inciso XVI do *caput*, deverá ser observado, para o MEI, o disposto no art. 4º desta Lei Complementar.

§ 5º As empresas que exerçam as atividades previstas nos itens da alínea c do inciso X do *caput* deste artigo deverão obrigatoriamente ser registradas no Ministério da Agricultura, Pecuária e Abastecimento e obedecerão também à regulamentação da Agência Nacional de Vigilância Sanitária e da Secretaria da Receita Federal do Brasil quanto à produção e à comercialização de bebidas alcoólicas. (Incluído pela Lei Complementar nº 155, de 2016) Produção de efeito

## 17.4 TRIBUTOS UNIFICADOS NO SIMPLES NACIONAL

O objetivo do Simples Nacional é fazer com que o contribuinte efetue um único recolhimento mensal, aplicando-se um percentual estabelecido na lei, o qual inclui os seguintes tributos:

I. IRPJ;
II. CSLL;
III. PIS;
IV. COFINS;
V. IPI;
VI. INSS Patronal – CPP (possui exceções, tal como as empresas que se dediquem as atividades referidas no artigo 18, § 5º, C da LC 123);
VII. ICMS (possui exceções);
VIII. ICMS Substituição tributária (possui exceções);
IX. ISS para empresas contribuintes destes impostos (possui exceções).

A empresa inscrita no Simples Nacional continua desobrigada de efetuar o pagamento das contribuições para órgãos como SESC, SESI ou SEST, SENAC, SENAI ou SENAT, SEBRAE, INCRA, além do salário-educação. Esta isenção é prevista na LC 123/2006, art. 13, § 3º.

Não estão compreendidos no documento de arrecadação do Simples Nacional, os seguintes tributos descritos no artigo 13 § 1º da LC 123, o qual transcrevemos a seguir:

§ 1º O recolhimento na forma deste artigo não exclui a incidência dos seguintes impostos ou contribuições, devidos na qualidade de contribuinte ou responsável, em relação aos quais será observada a legislação aplicável às demais pessoas jurídicas:

I. Imposto sobre Operações de Crédito, Câmbio e Seguro, ou Relativas a Títulos ou Valores Mobiliários – IOF;
II. Imposto sobre a Importação de Produtos Estrangeiros – II;
III. Imposto sobre a Exportação, para o Exterior, de Produtos Nacionais ou Nacionalizados – IE;
IV. Imposto sobre a Propriedade Territorial Rural – ITR;

V. Imposto de Renda, relativo aos rendimentos ou ganhos líquidos auferidos em aplicações de renda fixa ou variável;
VI. Imposto de Renda relativo aos ganhos de capital auferidos na alienação de bens do ativo permanente;
VII. Contribuição Provisória sobre Movimentação ou Transmissão de Valores e de Créditos e Direitos de Natureza Financeira – CPMF;
VIII. Contribuição para o Fundo de Garantia do Tempo de Serviço – FGTS;
IX. Contribuição para manutenção da Seguridade Social, relativa ao trabalhador;
X. Contribuição para a Seguridade Social, relativa à pessoa do empresário, na qualidade de contribuinte individual;
XI. Imposto de Renda relativo aos pagamentos ou créditos efetuados pela pessoa jurídica a pessoas físicas;
XII. Contribuição para o PIS/Pasep, Cofins e IPI incidentes na importação de bens e serviços;
XIII. ICMS devido:
a) nas operações sujeitas ao regime de substituição tributária, tributação concentrada em uma única etapa (monofásica) e sujeitas ao regime de antecipação do recolhimento do imposto com encerramento de tributação, envolvendo combustíveis e lubrificantes; energia elétrica; cigarros e outros produtos derivados do fumo; bebidas; óleos e azeites vegetais comestíveis; farinha de trigo e misturas de farinha de trigo; massas alimentícias; açúcares; produtos lácteos; carnes e suas preparações; preparações à base de cereais; chocolates; produtos de padaria e da indústria de bolachas e biscoitos; sorvetes e preparados para fabricação de sorvetes em máquinas; cafés e mates, seus extratos, essências e concentrados; preparações para molhos e molhos preparados; preparações de produtos vegetais; rações para animais domésticos; veículos automotivos e automotores, suas peças, componentes e acessórios; pneumáticos; câmaras de ar e protetores de borracha; medicamentos e outros produtos farmacêuticos para uso huma-

no ou veterinário; cosméticos; produtos de perfumaria e de higiene pessoal; papéis; plásticos; canetas e malas; cimentos; cal e argamassas; produtos cerâmicos; vidros; obras de metal e plástico para construção; telhas e caixas d'água; tintas e vernizes; produtos eletrônicos, eletroeletrônicos e eletrodomésticos; fios; cabos e outros condutores; transformadores elétricos e reatores; disjuntores; interruptores e tomadas; isoladores; para-raios e lâmpadas; máquinas e aparelhos de ar-condicionado; centrifugadores de uso doméstico; aparelhos e instrumentos de pesagem de uso doméstico; extintores; aparelhos ou máquinas de barbear; máquinas de cortar o cabelo ou de tosquiar; aparelhos de depilar, com motor elétrico incorporado; aquecedores elétricos de água para uso doméstico e termômetros; ferramentas; álcool etílico; sabões em pó e líquidos para roupas; detergentes; alvejantes; esponjas; palhas de aço e amaciantes de roupas; venda de mercadorias pelo sistema porta a porta; nas operações sujeitas ao regime de substituição tributária pelas operações anteriores; e nas prestações de serviços sujeitas aos regimes de substituição tributária e de antecipação de recolhimento do imposto com encerramento de tributação; (Redação dada pela Lei Complementar nº 147, de 2014)

b) por terceiro, a que o contribuinte se ache obrigado, por força da legislação estadual ou distrital vigente;

c) na entrada, no território do Estado ou do Distrito Federal, de petróleo, inclusive lubrificantes e combustíveis líquidos e gasosos dele derivados, bem como energia elétrica, quando não destinados à comercialização ou industrialização;

d) por ocasião do desembaraço aduaneiro;

e) na aquisição ou manutenção em estoque de mercadoria desacobertada de documento fiscal;

f) na operação ou prestação desacobertada de documento fiscal;

g) nas operações com bens ou mercadorias sujeitas ao regime de antecipação do recolhimento do imposto, nas aquisições em outros Estados e Distrito Federal:

1. com encerramento da tributação, observado o disposto no inciso IV do § 4º do art. 18 desta Lei Complementar;
2. sem encerramento da tributação, hipótese em que será cobrada a diferença entre a alíquota interna e a interestadual, sendo vedada a agregação de qualquer valor;
h) nas aquisições em outros Estados e no Distrito Federal de bens ou mercadorias, não sujeitas ao regime de antecipação do recolhimento do imposto, relativo à diferença entre a alíquota interna e a interestadual;

XIV. ISS devido:
a) em relação aos serviços sujeitos à substituição tributária ou retenção na fonte;
b) na importação de serviços;

XV. demais tributos de competência da União, dos Estados, do Distrito Federal ou dos Municípios, não relacionados nos incisos anteriores.

§ 2º Observada a legislação aplicável, a incidência do imposto de renda na fonte, na hipótese do inciso V do § 1º deste artigo, será definitiva.

## 17.5 LIMITES PARA ENQUADRAMENTO

Conforme estabelecido pelo artigo 3º, Incisos I e II, será considerada microempresa para fins tributários aquela com receita bruta anual até R$ 360.000,00 no ano anterior, e empresa de pequeno porte (EPP) a empresa com receita bruta anual superior a R$ 360.000,01 até R$ 3.600.000,00 no ano anterior.

De acordo com a LC 155/16 o limite de R$ 3.600.000,00 foi ampliado para R$ 4.800.000,00 a partir do ano 2018. Os artigos 68 e 18-A § 1º definem como pequeno empresário, o empresário individual caracterizado como microempresa, microempreendedor individual[180] (MEI) aquele que aufira receita bruta anual até R$ 60.000,00 e R$ 81.000,00 a partir de 2018.

---

[180] Microempreendedor individual é a pessoa física que trabalha por conta própria e que se legaliza como pequeno empresário, sendo vedada sua participação em outra empresa, podendo ter um empregado que receba salário mínimo ou piso da categoria profissional.

Nesse mesmo sentido o artigo 13-A da LC 155/16, para efeito de recolhimento do ICMS e ISS no Simples Nacional, estabelece que o limite máximo de que trata o inciso II do *caput* do artigo 3º será de R$ 3.600.000,00.

A legislação define receita bruta como o produto da venda de bens e serviços nas operações de conta própria, o preço dos serviços prestados e o resultado nas operações em conta alheia, não incluídas as vendas canceladas e os descontos incondicionais concedidos.

A base de cálculo para apuração dos valores devidos no Simples Nacional é a receita bruta auferida no mês pela empresa. Sobre esta receita, incidirá a alíquota descrita nas novas tabelas do Simples Nacional.

Para determinação da alíquota considera-se o faturamento total da empresa nos últimos 12 meses anteriores ao período de apuração.

## 17.6 PAGAMENTO MENSAL

A LC 123/2006 artigo 21, inciso III, define que o prazo de pagamento do Simples Nacional será o último dia útil da primeira quinzena do mês seguinte ao mês de apuração, enquanto não regulamentado pelo Comitê Gestor do Simples Nacional.

## 17.7 RECEITAS ALCANÇADAS PELO SIMPLES NACIONAL

Nos termos do artigo 3º, inciso II, § 1º, o Simples Nacional tributa apenas a receita bruta da pessoa jurídica, não alcançando as demais receitas eventualmente obtidas, podendo ser excluídas da receita bruta: as devoluções de vendas e as vendas canceladas, e os descontos incondicionais concedidos.

Não são incluídas no Simples Nacional as receitas financeiras. Contudo, o imposto de renda retido na fonte sobre estas receitas será considerado como tributação definitiva, sendo tratado como despesa.

## 17.8 GANHOS DE CAPITAL

A tributação do ganho de capital será definitiva mediante a incidência da alíquota de 15% sobre a diferença positiva entre o valor de alienação e o custo de aquisição diminuído da depreciação e amortização acumulada, ainda que a ME ou a EPP não mantenha escrituração contábil desses lançamentos.

Caso a ME ou EPP não tenha escrituração contábil deverá comprovar, mediante documentação hábil e idônea, o valor e data de aquisição do bem ou direito e demonstrar o cálculo da depreciação e amortização acumulada. A legislação esclarece ainda que os valores acrescidos em virtude de reavaliação somente poderão ser computados como parte integrante dos custos de aquisição dos bens e direitos se a empresa comprovar que os valores acrescidos foram computados na determinação da base de cálculo do imposto. O IR sobre o ganho de capital deverá ser pago até o último dia útil do mês subsequente ao da percepção dos ganhos.[181]

## 17.9 DISTRIBUIÇÃO DE LUCROS E IRRF SOBRE SERVIÇOS PRESTADOS

Os rendimentos distribuídos aos sócios das empresas inscritas no Simples Nacional são considerados isentos do imposto de renda na fonte e na declaração de ajuste do sócio da empresa no Simples Nacional, com exceção do pró-labore, aluguéis e serviços prestados nos termos do artigo 14 da LC 123/06.

A pessoa jurídica que mantiver escrituração contábil com observância da legislação comercial e tributária poderá distribuir, com isenção de imposto, o lucro apurado contabilmente. Caso a empresa não tenha escrituração contábil, a isenção na distribuição de lucros está limitada ao valor resultante da aplicação dos percentuais para determinação do lucro presumido, de que trata o art. 15 da Lei. 9.249/95, sobre a receita bruta mensal ou anual, subtraído somente o valor devido a título de simples nacional. O art. 6º § 1º da Resolução 4 de 2007, alterado pela Resolução 14 de 23.07.07, mudou a base de cálculo do lucro isento na distribuição da LC e manda sub-

---

[181] PÊGAS, Paulo Henrique. Manual de Contabilidade *Tributária*. Rio de Janeiro: Freitas Bastos, 2014, p. 763.

trair somente o valor do IRPJ devido no simples nacional em vez do valor devido a título de Simples Nacional.[182]

Vale ressaltar que a empresa inscrita no Simples Nacional fica desobrigada exclusivamente para fins fiscais, da escrituração contábil, bastando escriturar o livro caixa (controle da movimentação financeira) e o livro registro de inventário (controle de estoque).

Com referência a retenção de Imposto de Renda sobre serviços prestados as pessoas jurídicas optantes pelo Simples Nacional, por recolherem os impostos e as contribuições em um único documento de arrecadação emitido pela Receita Federal, não tem como compensar o imposto de renda retido na fonte. Por essa razão não estão sujeitas à retenção do imposto sobre as receitas decorrentes de serviços prestados.[183]

Portanto, está dispensada à retenção do IRRF sobre as importâncias pagas ou creditadas a pessoa jurídica inscrita no Simples Nacional (IN 765 de 02.08.07). A dispensa não se aplica aos rendimentos ou ganhos líquidos auferidos em aplicações de renda fixa ou variável.

Para melhor entendimento do tema, demonstramos abaixo um exemplo de cálculo de distribuição com base mensal de uma empresa **que não possui escrituração contábil**:
- Empresa Comercial com Receita Bruta Mensal no mês de julho de 2017 R$ 100.000,00
- Percentual da alíquota do Lucro Presumido para Comércio – 8%
- A empresa encontra-se enquadrada na sétima faixa da tabela do simples nacional ano 2017 – comércio com a alíquota de 8,36%, (1.080,00 a 1.260.000,00), portanto, 0,39% destina-se ao IRPJ, conforme tabela.

---

[182] HIGUCHI, Hiromi. *Imposto de renda das empresas – interpretação e prática.* São Paulo: IR Publicações, 2016, p. 99.

[183] HIGUCHI, Hiromi. *Imposto de renda das empresas – interpretação e prática.* São Paulo: IR Publicações, 2016, p. 97.

| APURAÇÃO DO IRPJ DEVIDO NO SIMPLES NACIONAL | CÁLCULO |
|---|---|
| RECEITA BRUTA DO MÊS DE JULHO DE 2017 | R$ 100.000,00 |
| (X) ALÍQUOTA DO IRPJ DA TABELA DO SIMPLES NACIONAL | 0,39% |
| IRPJ DEVIDO NO SIMPLES NACIONAL | R$ 390,00 |

| APURAÇÃO DO LUCRO MÁXIMO DISTRIBUÍVEL | CÁLCULO |
|---|---|
| RECEITA BRUTA DO MÊS DE JULHO 2017 | R$ 100.000,00 |
| (X) PERCENTUAL APLICÁVEL DO LUCRO PRESUMIDO PARA FINS DE APURAÇÃO | 8% |
| (=) VALOR DO LUCRO PRESUMIDO | R$ 8.000,00 |
| (-) IRPJ DEVIDO DO SIMPLES NACIONAL (QUADRO ANTERIOR) | R$ 390,00 |
| LUCRO MÁXIMO QUE PODE SER DISTRIBUÍDO COM ISENÇÃO DO IMPOSTO DE RENDA (R$ 8.000,00 – R$ 390,00) | R$ 7.610,00 |

## 17.10 CÁLCULO DO SIMPLES NACIONAL

O Cálculo do tributo devido no Simples Nacional é obtido através de tabelas definidas na Lei Complementar nº 123/2006 e alterações supervenientes que levam em consideração a atividade desenvolvida pela empresa, portanto, para facilitar o entendimento da demonstração do cálculo a opção será apresentá-lo por segmento de atividade juntamente com as tabelas, as quais seguem descritas:[184]

A seguir serão descritas as novas tabelas relativas à LC 155/16 que devem ser utilizadas pelo contribuinte a partir de janeiro de 2018:

---

[184] Fonte: http://www.planalto.gov.br/ccivil_03/leis/LCP/Lcp123.htm - acesso em 09.07.2016

Observa-se que com relação às tabelas anteriores as faixas foram reduzidas de 20 para 6, e o cálculo deve ser feito da seguinte maneira: receita anual total durante o ano multiplicado pela alíquota respectiva. Posteriormente é preciso subtrair o valor a ser descontado e dividir o valor final pela receita anual bruta total.

$$\frac{RBT \times ALIQ - PD}{RBT12}$$

FÓRMULA: (RBT12 * Aliq) − PD/RBT12
RTB12 = Receita Bruta total acumulada nos últimos 12 meses
Aliq = Alíquota nominal constante nas tabelas
PD = Parcela de dedução constante nas tabelas

## ANEXO I DO SIMPLES NACIONAL 2018
**Participantes:** empresas de comércio (lojas em geral)
Alíquotas e Partilha do Simples Nacional – Comércio

| Receita Bruta em 12 Meses (em R$) | | Alíquota | Valor a Deduzir (em R$) |
|---|---|---|---|
| 1ª Faixa | Até 180.000,00 | 4,00% | - |
| 2ª Faixa | De 180.000,01 a 360.000,00 | 7,30% | 5.940,00 |
| 3ª Faixa | De 360.000,01 a 720.000,00 | 9,50% | 13.860,00 |
| 4ª Faixa | De 720.000,01 a 1.800.000,00 | 10,70% | 22.500,00 |
| 5ª Faixa | De 1.800.000,01 a 3.600.000,00 | 14,30% | 87.300,00 |
| 6ª Faixa | De 3.600.000,01 a 4.800.000,00 | 19,00% | 378.000,00 |

| Faixas | Percentual de Repartição dos Tributos | | | | | |
|---|---|---|---|---|---|---|
| | IRPJ | CSLL | Cofins | PIS/Pasep | CPP | ICMS |
| 1ª Faixa | 5,50% | 3,50% | 12,74% | 2,76% | 41,50% | 34,00% |
| 2ª Faixa | 5,50% | 3,50% | 12,74% | 2,76% | 41,50% | 34,00% |
| 3ª Faixa | 5,50% | 3,50% | 12,74% | 2,76% | 42,00% | 33,50% |
| 4ª Faixa | 5,50% | 3,50% | 12,74% | 2,76% | 42,00% | 33,50% |
| 5ª Faixa | 5,50% | 3,50% | 12,74% | 2,76% | 42,00% | 33,50% |
| 6ª Faixa | 13,50% | 10,00% | 28,27% | 6,13% | 42,10% | - |

EXEMPLO: Empresa Comercial declarou Receita Bruta de R$ 200.000,00 em Junho/18

Receita Bruta Acumulada nos últimos 12 meses anteriores ao mês de Junho/18 R$ 1.000.000,00.

Cálculo da Alíquota Efetiva:

$$\frac{R\$1.000.000,00 \times 10,7\% - R\$22.500,00}{1.000.000,00} = 8,45\%$$

Simples Nacional a Recolher = R$ 200.000,00 X 8,45% = R$ 16.900,00

Obs.: 10,70% é a quarta faixa da tabela do anexo I

## ANEXO II DO SIMPLES NACIONAL 2018

**Participantes:** fábricas/indústrias e empresas industriais – artigo 18 § 5º

| Receita Bruta em 12 Meses (em R$) | | Alíquota | Valor a Deduzir (em R$) |
|---|---|---|---|
| 1ª Faixa | Até 180.000,00 | 4,50% | - |
| 2ª Faixa | De 180.000,01 a 360.000,00 | 7,80% | 5.940,00 |
| 3ª Faixa | De 360.000,01 a 720.000,00 | 10,00% | 13.860,00 |
| 4ª Faixa | De 720.000,01 a 1.800.000,00 | 11,20% | 22.500,00 |
| 5ª Faixa | De 1.800.000,01 a 3.600.000,00 | 14,70% | 85.500,00 |
| 6ª Faixa | De 3.600.000,01 a 4.800.000,00 | 30,00% | 720.000,00 |

| Faixas | Percentual de Repartição dos Tributos | | | | | | |
|---|---|---|---|---|---|---|---|
| | IRPJ | CSLL | Cofins | PIS/Pasep | CPP | IPI | ICMS |
| 1ª Faixa | 5,50% | 3,50% | 11,51% | 2,49% | 37,50% | 7,50% | 32,00% |
| 2ª Faixa | 5,50% | 3,50% | 11,51% | 2,49% | 37,50% | 7,50% | 32,00% |
| 3ª Faixa | 5,50% | 3,50% | 11,51% | 2,49% | 37,50% | 7,50% | 32,00% |
| 4ª Faixa | 5,50% | 3,50% | 11,51% | 2,49% | 37,50% | 7,50% | 32,00% |
| 5ª Faixa | 5,50% | 3,50% | 11,51% | 2,49% | 37,50% | 7,50% | 32,00% |
| 6ª Faixa | 8,50% | 7,50% | 20,96% | 4,54% | 23,50% | 35,00% | - |

EXEMPLO: Empresa Industrial declarou Receita Bruta de R$ 200.000,00 em Junho/18

Receita Bruta Acumulada nos últimos 12 meses anteriores ao mês de Junho/18 R$ 3.600.000,00.

Cálculo da Alíquota Efetiva:

$$\frac{R\$3.600.000,00 \times 14,7\% - R\$85.500,00}{3.600.000,00} = 12,32\%$$

Simples Nacional a Recolher = R$ 200.000,00 X 12,32% = R$ 24.640,00

## ANEXO III DO SIMPLES NACIONAL 2018

**Participantes: Prestação de Serviços em Geral.** A lista do Anexo III está no § 5º-B, § 5º-D e § 5º-F do artigo 18 da Lei Complementar

- creche, pré-escola e estabelecimento de ensino fundamental, escolas técnicas, profissionais e de ensino médio, de línguas estrangeiras, de artes, cursos técnicos de pilotagem, preparatórios para concursos, gerenciais e escolas livres, exceto as previstas nos incisos II e III do § 5º-D deste artigo;
- agência terceirizada de correios;
- agência de viagem e turismo;
- centro de formação de condutores de veículos automotores de transporte terrestre de passageiros e de carga;
- agência lotérica;

- serviços de instalação, de reparos e de manutenção em geral, bem como de usinagem, solda, tratamento e revestimento em metais;
- transporte municipal de passageiros;
- escritórios de serviços contábeis, observado o disposto nos §§ 22-B e 22-C deste artigo;
- produções cinematográficas, audiovisuais, artísticas e culturais, sua exibição ou apresentação, inclusive no caso de música, literatura, artes cênicas, artes visuais, cinematográficas e audiovisuais;
- fisioterapia;
- corretagem de seguros;
- arquitetura e urbanismo;
- medicina, inclusive laboratorial, e enfermagem;
- odontologia e prótese dentária;
- psicologia, psicanálise, terapia ocupacional, acupuntura, podologia, fonoaudiologia, clínicas de nutrição e de vacinação e bancos de leite;
- administração e locação de imóveis de terceiros;
- academias de dança, de capoeira, de ioga e de artes marciais;
- academias de atividades físicas, desportivas, de natação e escolas de esportes;
- elaboração de programas de computadores, inclusive jogos eletrônicos, desde que desenvolvidos em estabelecimento do optante;
- licenciamento ou cessão de direito de uso de programas de computação;
- planejamento, confecção, manutenção e atualização de páginas eletrônicas, desde que realizados em estabelecimento do optante;
- empresas montadoras de estandes para feiras;
- laboratórios de análises clínicas ou de patologia clínica;
- serviços de tomografia, diagnósticos médicos por imagem, registros gráficos e métodos óticos, bem como ressonância magnética;

- serviços de prótese em geral;
- Sem prejuízo do disposto no § 1º do art. 17 desta Lei Complementar, as atividades de prestação de serviços de comunicação e de transportes interestadual e intermunicipal de cargas, e de transportes autorizados no inciso VI do *caput* do art. 17, inclusive na modalidade fluvial, serão tributadas na forma do Anexo III, deduzida a parcela correspondente ao ISS e acrescida a parcela correspondente ao ICMS prevista no Anexo I.

| Receita Bruta em 12 Meses (em R$) | | Alíquota | Valor a Deduzir (em R$) |
|---|---|---|---|
| 1ª Faixa | Até 180.000,00 | 6,00% | – |
| 2ª Faixa | De 180.000,01 a 360.000,00 | 11,20% | 9.360,00 |
| 3ª Faixa | De 360.000,01 a 720.000,00 | 13,50% | 17.640,00 |
| 4ª Faixa | De 720.000,01 a 1.800.000,00 | 16,00% | 35.640,00 |
| 5ª Faixa | De 1.800.000,01 a 3.600.000,00 | 21,00% | 125.640,00 |
| 6ª Faixa | De 3.600.000,01 a 4.800.000,00 | 33,00% | 648.000,00 |

| Faixas | Percentual de Repartição dos Tributos | | | | | |
|---|---|---|---|---|---|---|
| | IRPJ | CSLL | Cofins | PIS/Pasep | CPP | ISS (*) |
| 1ª Faixa | 4,00% | 3,50% | 12,82% | 2,78% | 43,40% | 33,50% |
| 2ª Faixa | 4,00% | 3,50% | 14,05% | 3,05% | 43,40% | 32,00% |
| 3ª Faixa | 4,00% | 3,50% | 13,64% | 2,96% | 43,40% | 32,50% |
| 4ª Faixa | 4,00% | 3,50% | 13,64% | 2,96% | 43,40% | 32,50% |
| 5ª Faixa | 4,00% | 3,50% | 12,82% | 2,78% | 43,40% | 33,50% (*) |
| 6ª Faixa | 35,00% | 15,00% | 16,03% | 3,47% | 30,50% | – |
| (*) O percentual efetivo máximo devido ao ISS será de 5%, transferindo-se a diferença, de forma proporcional, aos tributos federais da mesma faixa de receita bruta anual. Sendo assim, na 5ª faixa, quando a alíquota efetiva for superior a 14,92537%, a repartição será: | | | | | | |

|  | IRPJ | CSLL | Cofins | PIS/Pasep | CPP | ISS |
|---|---|---|---|---|---|---|
| 5a Faixa, com Alíquota efetiva superior a 14,92537% | (Alíquota efetiva – 5%) x 6,02% | (Alíquota efetiva – 5%) x 5,26% | (Alíquota efetiva – 5%) x 19,28% | (Alíquota efetiva – 5%) x 4,18% | (Alíquota efetiva – 5%) x 65,26% | Percentual de ISS fixo em 5% |

EXEMPLO: Empresa de Serviços declarou Receita Bruta de R$ 200.000,00 em Junho/18

Receita Bruta Acumulada nos últimos 12 meses anteriores ao mês de Junho/18 R$ 700.000,00.

Cálculo da Alíquota Efetiva:

$$\frac{R\$700.000,00 \times 13,5\% - R\$17.640,00}{700.000,00} = 10,98\%$$

Simples Nacional a Recolher = R$ 200.000,00 X 10,98% = R$ 21.960,00

## ANEXO IV DO SIMPLES NACIONAL 2018

**Participantes: Prestação de Serviços** a lista do Anexo IV está no § 5º-C do artigo 18 da Lei Complementar 123 e Receitas decorrentes da prestação de serviços.

Construção de imóveis e obras de engenharia em geral, inclusive sob a forma de subempreitadora, execução de projetos e serviços de paisagismo, bem como decoração de interiores;

Serviços de vigilância, limpeza ou conservação;

Serviços advocatícios.

## Tributos compreendidos: IRPJ, CSLL, PIS/COFINS, ISS
## A CPP é devida, portanto, fora do Simples Nacional

| Receita Bruta em 12 Meses (em R$) | | Alíquota | Valor a Deduzir (em R$) |
|---|---|---|---|
| 1ª Faixa | Até 180.000,00 | 4,50% | - |
| 2ª Faixa | De 180.000,01 a 360.000,00 | 9,00% | 8.100,00 |
| 3ª Faixa | De 360.000,01 a 720.000,00 | 10,20% | 12.420,00 |
| 4ª Faixa | De 720.000,01 a 1.800.000,00 | 14,00% | 39.780,00 |
| 5ª Faixa | De 1.800.000,01 a 3.600.000,00 | 22,00% | 183.780,00 |
| 6ª Faixa | De 3.600.000,01 a 4.800.000,00 | 33,00% | 828.000,00 |

| Faixas | Percentual de Repartição dos Tributos | | | | |
|---|---|---|---|---|---|
| | IRPJ | CSLL | Cofins | PIS/Pasep | ISS (*) |
| 1ª Faixa | 18,80% | 15,20% | 17,67% | 3,83% | 44,50% |
| 2ª Faixa | 19,80% | 15,20% | 20,55% | 4,45% | 40,00% |
| 3ª Faixa | 20,80% | 15,20% | 19,73% | 4,27% | 40,00% |
| 4ª Faixa | 17,80% | 19,20% | 18,90% | 4,10% | 40,00% |
| 5ª Faixa | 18,80% | 19,20% | 18,08% | 3,92% | 40,00% (*) |
| 6ª Faixa | 53,50% | 21,50% | 20,55% | 4,45% | - |

(*) O percentual efetivo máximo devido ao ISS será de 5%, transferindo-se a diferença, de forma proporcional, aos tributos federais da mesma faixa de receita bruta anual. Sendo assim, na 5ª faixa, quando a alíquota efetiva for superior a 12,5%, a repartição será:

| Faixa | IRPJ | CSLL | Cofins | PIS/Pasep | ISS |
|---|---|---|---|---|---|
| 5ª Faixa, com alíquota efetiva superior a 12,5% | Alíquota efetiva – 5%) x 31,33% | (Alíquota efetiva – 5%) x 32,00% | (Alíquota efetiva – 5%) x 30,13% | Alíquota efetiva – 5%) x 6,54% | Percentual de ISS fixo em 5% |

# ANEXO V DO SIMPLES NACIONAL 2018
### Participantes: empresas do artigo 18, § 5º, I, J

- Medicina veterinária;
- Serviços de comissária, de despachantes, de tradução e de interpretação;
- Engenharia, medição, cartografia, topografia, geologia, geodesia, testes, suporte e análises técnicas e tecnológicas, pesquisa, design, desenho e agronomia;
- Representação comercial e demais atividades de intermediação de negócios e serviços de terceiros;
- Perícia, leilão e avaliação;
- Auditoria, economia, consultoria, gestão, organização, controle e administração;
- Jornalismo e publicidade;
- Agenciamento, exceto de mão de obra;
- Outras atividades do setor de serviços que tenham por finalidade a prestação de serviços decorrentes do exercício de atividade intelectual, de natureza técnica, científica, desportiva, artística ou cultural, que constitua profissão regulamentada ou não, desde que não sujeitas à tributação na forma dos Anexos III ou V desta lei.

**Destacamos que o contido no artigo 18, § 5º J, onde as atividades de prestação de serviços que se refere o § 5º I serão tributadas na forma do anexo III desta lei complementar caso a razão entre a folha de pagamento e a receita bruta da pessoa jurídica seja igual ou superior a 28%.**

| | Receita Bruta em 12 Meses (em R$) | Alíquota | Valor a Deduzir (em R$) |
|---|---|---|---|
| 1ª Faixa | Até 180.000,00 | 15,50% | - |
| 2ª Faixa | De 180.000,01 a 360.000,00 | 18,00% | 4.500,00 |
| 3ª Faixa | De 360.000,01 a 720.000,00 | 19,50% | 9.900,00 |
| 4ª Faixa | De 720.000,01 a 1.800.000,00 | 20,50% | 17.100,00 |
| 5ª Faixa | De 1.800.000,01 a 3.600.000,00 | 23,00% | 62.100,00 |
| 6ª Faixa | De 3.600.000,01 a 4.800.000,00 | 30,50% | 540.000,00 |

| Faixas | Percentual de Repartição dos Tributos | | | | | |
|---|---|---|---|---|---|---|
| | IRPJ | CSLL | Cofins | PIS/Pasep | CPP | ISS |
| 1ª Faixa | 25,00% | 15,00% | 14,10% | 3,05% | 28,85% | 14,00% |
| 2ª Faixa | 23,00% | 15,00% | 14,10% | 3,05% | 27,85% | 17,00% |
| 3ª Faixa | 24,00% | 15,00% | 14,92% | 3,23% | 23,85% | 19,00% |
| 4ª Faixa | 21,00% | 15,00% | 15,74% | 3,41% | 23,85% | 21,00% |
| 5ª Faixa | 23,00% | 12,50% | 14,10% | 3,05% | 23,85% | 23,50% |
| 6ª Faixa | 35,00% | 15,50% | 16,44% | 3,56% | 29,50% | - |

## 17.11 CONSIDERAÇÕES GERAIS RELATIVAS À LC 155/16 E 169/19

1 - Certas atividades descritas no artigo 18, § 5º, I, para efeito de cálculo, deverão seguir a proporcionalidade entre a folha de pagamento e a receita bruta. A finalidade é determinar se o montante da folha de pagamento for superior a 28% em relação à receita bruta, o contribuinte deverá utilizar para cálculo do imposto a tabela do anexo III, caso contrário deverá utilizar a tabela do anexo V, conforme descrito a seguir:

**Artigo 18 § 5º-J.** As atividades de prestação de serviços a que se refere o § 5º- inciso I serão tributadas na forma do Anexo III desta Lei Complementar caso a razão entre a folha de salários e a receita bruta da pessoa jurídica seja igual ou superior a 28% (vinte e oito por cento).

**Artigo 18 § 5º-M.** Quando a relação entre a folha de salários e a receita bruta da microempresa ou da empresa de pequeno porte for inferior a 28% (vinte e oito por cento), serão tributadas na forma do Anexo V desta Lei Complementar as atividades previstas:

§ 24. Para efeito de aplicação do § 5º-K, considera-se folha de salários, incluídos encargos, o montante pago, nos doze meses anteriores ao período de apuração, a título de remunerações a pessoas físicas trabalho, acrescido do montante efetivamente recolhido a título de contribuição patronal previdenciária e FGTS, incluídas as retiradas de pró-labore.

Portanto, a tributação de algumas atividades de serviços dependerá do nível de utilização de mão de obra remunerada de pessoas físicas (folha de pagamento) nos últimos 12 meses, considerados salários, pró-labore, contribuição patronal previdenciária e FGTS.

Quando o fator "R" ou "EMPREGO", que representa o resultado da divisão da massa salarial pelo faturamento nos últimos 12 meses, for igual ou superior a 28%, a tributação será na forma do Anexo III da LC 123/2006.

Quando o fator "R" ou "EMPREGO" inferior a 28%, a tributação será na forma do Anexo V da LC 123/2006.

## 2 – INVESTIDOR ANJO

A nova legislação em seu artigo 61-A a 61-D criou a figura do Investidor Anjo para incentivar as micro e pequenas empresas na área da inovação e investimentos produtivos.

As pessoas físicas ou jurídicas e até fundos de investimentos, poderão fazer um aporte de capital que não integrará o capital social da empresa e não serão consideradas sócias. Tais investidores não responderão por dívidas das empresas, não serão considerados sócios e não poderão exercer o direito de gerência do empreendimento. O capital terá que permanecer investido no mínimo dois anos e o investidor ao final de cada período fará jus à remuneração correspondente aos resultados obtidos, conforme contrato de participação, não superior a 50% dos lucros da sociedade.

### 3 – SIMPLES EXPORTAÇÃO

Referida lei com o intuito de facilitar as exportações das empresas de menor porte, autoriza as empresas de logística internacional a prestarem serviços para as empresas do simples nacional de forma simplificada, conforme descrito no artigo 49.

> Art. 49-A. A microempresa e a empresa de pequeno porte beneficiárias do SIMPLES usufruirão de regime de exportação que contemplará procedimentos simplificados de habilitação, licenciamento, despacho aduaneiro e câmbio, na forma do regulamento. (Incluído pela Lei Complementar nº 147, de 2014)
>
> Parágrafo único. As pessoas jurídicas prestadoras de serviço de logística internacional, quando contratadas pelas empresas descritas nesta Lei Complementar, estão autorizadas a realizar atividades relativas a licenciamento administrativo, despacho aduaneiro, consolidação e desconsolidação de carga e a contratar seguro, câmbio, transporte e armazenagem de mercadorias, objeto da prestação do serviço, de forma simplificada e por meio eletrônico, na forma de regulamento. (Redação dada pela Lei Complementar nº 155, de 2016)

Neste contexto e após a publicação do Decreto nº 8.870, de 5 de outubro de 2016, a RFB publicou em 6 de dezembro de 2016 no Diário Oficial da União (DOU), a Instrução Normativa RFB nº 1.676/2016 que estabelece o procedimento simplificado de exportação destinado às microempresas e empresas de pequeno porte optantes pelo Simples Nacional.[185]

O procedimento simplificado de exportação permite às empresas optantes pelo Simples Nacional a contratação, sem exigência de qualquer formalidade perante a RFB, de um operador logístico habilitado pela RFB para realizarem exportações por sua conta e ordem.

Na declaração de exportação (DE) do operador logístico, deverá conter o nome empresarial e o CNPJ da microempresa ou da empresa de pequeno porte que o contratou por conta e ordem e a informação de que ela é a real vendedora da mercadoria.

Regulamentando o procedimento foi publicada no Diário Oficial da União de 8 de dezembro de 2016 a Portaria Coana nº 91 que disciplina os procedimentos relativos à habilitação dos operadores logísticos que pretendam realizar procedimentos de despacho aduaneiro de exportação em nome das microempresas e empresas de pequeno porte que sejam optantes pelo Simples Nacional.

Poderão ser habilitados como operadores logísticos:

*a Empresa Brasileira de Correios e Telégrafos (ECT);

*as empresas de transporte internacional expresso *(courier)* habilitadas pela Receita Federal; e

*os transportadores certificados como Operadores Econômicos Autorizados (OEA).

As normas preveem um procedimento simplificado e ágil com benefícios para a Micro e Pequena Empresa. Além disso, é mais uma alternativa de internacionalização e maior inserção das empresas no exterior.

As empresas interessadas em se habilitar como operadores logísticos devem instruir seu pedido com:

* formulário de Requerimento de Habilitação de Operador Logístico

---

[185] https://idg.receita.fazenda.gov.br/noticias/ascom/2017/fevereiro/empresas-optantes-do-simples-sao-beneficiadas-pelo-procedimento-simplificado-de-exportacao - acesso em 28.07.2017.

\* cópia do Ato Declaratório Executivo (ADE) de habilitação para operar como Recinto Especial para Despacho Aduaneiro de Exportação (Redex) em caráter permanente ou de prova de contratação de área nesse tipo de recinto ou em recinto alfandegado, quando se tratar de empresa de transporte internacional expresso ou transportador certificado como OEA; e

\* quando o requerimento for assinado sem utilização de certificado digital:

a) cópia do documento de identificação do responsável legal pela pessoa jurídica e do signatário do requerimento, se forem pessoas distintas;
b) cópia do documento que confere poderes de representação ao signatário (contrato social, ata de assembleia etc.); e
c) instrumento de outorga de poderes para representação da pessoa jurídica, quando for o caso.

## 4 – ATIVIDADES QUE PODERÃO OPTAR PELO SIMPLES NACIONAL A PARTIR DE 2018

As atividades de produção abaixo descritas, desde que devidamente registradas no Ministério da Agricultura, Pecuária e Abastecimento – MAPA, e na Anvisa:
- micro e pequenas cervejarias;
- micro e pequenas vinícolas;
- produtores de licores;
- micro e pequenas destilarias.

(Art. 17, inciso X, da LC 123/2006) Vigência: 2018

**5 - ICMS e ISS** – Art. 24 da Res CGSN 94 O novo teto de faturamento agora é de R$ 4,8 milhões por ano, mas com uma ressalva: o ICMS e o ISS serão cobrados separado do DAS e com todas as obrigações acessórias de uma empresa normal quando a receita bruta acumulada no ano-calendário em curso exceder R$ 3,6 milhões acumulados nos últimos 12 meses, ficando apenas os impostos federais com recolhimento unificado.

{[(3.600.000,00 x alíquota nominal da 5ª faixa) Comércio – Tabela anexo I
Parcela a deduzir da 5ª faixa]/3.600.000,00} x percentual de distribuição do ICMS/ISS da 5ª faixa
{[(3.600.000,00 x 14,30%) – 87.300]/3.600.000,00} x 33,5%
{427.500/3.600.000,00} x 33,5% (Tabela de percentual de repartição dos tributos)
11,88 x 33,5% = 3,98%

Tributos federais: calculados pela alíquota efetiva = 11,88%
ICMS = 3,98% – CALCULADO

## 6 – CÁLCULO DO ISS QUE EXCEDE O LIMITE DE R$ 3.600.000,00

A alíquota máxima do ISS será sempre de 5%, então, se na repartição de tributos o valor do ISS representar mais de 5% da alíquota efetiva total, essa deverá ser limitada a 5%, e a diferença é separada entre as demais alíquotas dos impostos.

Exemplo utilizando o anexo III, com as seguintes informações:
Empresa com Receita Bruta dos últimos 12 meses R$ 3.082.017,10
Receita Mensal R$ 170.935,10
Efetuando os cálculos:

$$\frac{3.082.017,10 \times 21\% - 125.640,00}{3.082,017,10} = 16,92\%$$

Então, qual será a alíquota de ISS dentro de 16,92%?

ISS: 33,50% / 100 = 0,335 x 16,92% = 5,67%
Como 5,67% é maior que 5%, então teremos de limitar a alíquota do ISS a 5%, e os 0,67% restantes serão separados entre os demais impostos que compõe o cálculo.
16,92% - 5% = 11,92%
Portanto, utilizando a tabela de cálculo de distribuição abaixo descrita, temos:

| IRPJ:   | 11,92 x 6,02% = 0,71  |
|---------|-----------------------|
| CSLL:   | 11,92 x 5,26% = 0,62  |
| COFINS: | 11,92 x 19,28% = 2,30 |
| PIS:    | 11,92 x 4,18% = 0,50  |
| CPP:    | 11,92 x 65,26% = 7,79 |
| ISS:    | 5%                    |
| TOTAL:  | 16,92%                |

Se somarmos todas as alíquotas encontradas e o ISS de 5%, encontraremos a mesma alíquota efetiva de 16,92%.

| Faixas | Percentual de Repartição dos Tributos | | | | | |
|---|---|---|---|---|---|---|
| | IRPJ | CSLL | Cofins | PIS/ Pasep | CPP | ISS (*) |
| 1a Faixa | 4,00% | 3,50% | 12,82% | 2,78% | 43,40% | 33,50% |
| 2a Faixa | 4,00% | 3,50% | 14,05% | 3,05% | 43,40% | 32,00% |
| 3a Faixa | 4,00% | 3,50% | 13,64% | 2,96% | 43,40% | 32,50% |
| 4a Faixa | 4,00% | 3,50% | 13,64% | 2,96% | 43,40% | 32,50% |
| 5a Faixa | 4,00% | 3,50% | 12,82% | 2,78% | 43,40% | 33,50% (*) |
| 6a Faixa | 35,00% | 15,00% | 16,03% | 3,47% | 30,50% | – |
| (*) O percentual efetivo máximo devido ao ISS será de 5%, transferindo-se a diferença, de forma proporcional, aos tributos federais da mesma faixa de receita bruta anual. Sendo assim, na 5a faixa, quando a alíquota efetiva for superior a 14,92537%, a repartição será: | | | | | | |
| | IRPJ | CSLL | Cofins | PIS/ Pasep | CPP | ISS |
| 5a Faixa, com alíquota efetiva superior a 14,92537% | (Alíquota efetiva – 5%) x 6,02% | (Alíquota efetiva – 5%) x 5,26% | (Alíquota efetiva – 5%) x 19,28% | (Alíquota efetiva – 5%) x 4,18% | (Alíquota efetiva – 5%) x 65,26% | Percentual de ISS fixo em 5% |

## 7– PARTICIPAÇÃO EM LICITAÇÕES

Não serão mais exigidas as certidões negativas para participação em licitações públicas, apenas serão exigidas do vencedor na assinatura do contrato.

Caso o vencedor não consiga emitir as respectivas, a lei concede o prazo de 5 dias úteis para regularização (pagamento ou parcelamento) e emissão das certidões negativas, ou positivas com efeito negativo. Art. 42 e 43 da LC 123.

## 8 – MICRO EMPREENDEDOR INDIVIDUAL – MEI

Requisitos:
Optante do Simples Nacional;
Atividades do Anexo II, da Resolução;
Possuir um único estabelecimento;
Não participar de outra empresa como titular, sócio ou administrador;
Não contratar mais de um empregado;
Não guardar, cumulativamente, com o contratante do serviço, relação de pessoalidade, subordinação e habitualidade.

## TRIBUTAÇÃO FIXA MENSAL DO MEI[186]

| COMÉRCIO/INDÚSTRIA | PRESTAÇÃO SERVIÇOS | COMÉRCIO SERVIÇOS |
|---|---|---|
| INSS/ICMS | INSS/ISS | INSS/ICMS/ISS |
| R$ 45,65 | R$ 50,65 | R$ 1,65 |

O fundamento: Art. 18-A § 1º e 2º LC 123 a seguir transcrito:

> **Art. 18-A.** O Microempreendedor Individual – MEI poderá optar pelo recolhimento dos impostos e contribuições abrangidos pelo Simples Nacional em valores fixos men-

---

[186] http://www.planalto.gov.br/ccivil_03/_Ato2019-2022/2019/Decreto/D9661.htm - acesso em 21.10.19 – valores atualizados em Janeiro/19 em virtude do novo valor do salário mínimo.

sais, independentemente da receita bruta por ele auferida no mês, na forma prevista neste artigo.

§ 1º Para os efeitos desta Lei Complementar, considera-se MEI quem tenha auferido receita bruta, no ano-calendário anterior, de até R$ 81.000,00 (oitenta e um mil reais), que seja optante pelo Simples Nacional e que não esteja impedido de optar pela sistemática prevista neste artigo, e seja empresário individual que se enquadre na definição do art. 966 da Lei nº 10.406, de 10 de janeiro de 2002 (Código Civil), ou o empreendedor que exerça: (Redação dada pela Lei Complementar nº 188, de 2021)

I - as atividades de que trata o § 4º-A deste artigo; (Incluído pela Lei Complementar nº 188, de 2021)
II - as atividades de que trata o § 4º-B deste artigo estabelecidas pelo CGSN; e (Incluído pela Lei Complementar nº 188, de 2021)
III - as atividades de industrialização, comercialização e prestação de serviços no âmbito rural. (Incluído pela Lei Complementar nº 188, de 2021)

§ 2º No caso de início de atividades, o limite de que trata o § 1º será de R$ 6.750,00 (seis mil, setecentos e cinquenta reais) multiplicados pelo número de meses compreendido entre o início da atividade e o final do respectivo ano-calendário, consideradas as frações de meses como um mês inteiro. (Redação dada pela Lei Complementar nº 155, de 2016) Produção de efeito

§ 3º Na vigência da opção pela sistemática de recolhimento prevista no *caput* deste artigo:

I – não se aplica o disposto no § 18 do art. 18 desta Lei Complementar;
II – não se aplica a redução prevista no § 20 do art. 18 desta Lei Complementar ou qualquer dedução na base de cálculo;
III - não se aplicam as isenções específicas para as microempresas e empresas de pequeno porte concedidas pelo

Estado, Município ou Distrito Federal a partir de 1o de julho de 2007 que abranjam integralmente a faixa de receita bruta anual até o limite previsto no § 1º;
IV – a opção pelo enquadramento como Microempreendedor Individual importa opção pelo recolhimento da contribuição referida no inciso X do § 1º do art. 13 desta Lei Complementar na forma prevista no § 2º do art. 21 da Lei nº 8.212, de 24 de julho de 1991;
V – o MEI, com receita bruta anual igual ou inferior a R$ 81.000,00 (oitenta e um mil reais), recolherá, na forma regulamentada pelo Comitê Gestor, valor fixo mensal correspondente à soma das seguintes parcelas: (Redação dada pela Lei Complementar nº 155, de 2016) Produção de efeito
a) R$ 45,65 (quarenta e cinco reais e sessenta e cinco centavos), a título da contribuição prevista no inciso IV deste parágrafo;
b) R$ 1,00 (um real), a título do imposto referido no inciso VII do *caput* do art. 13 desta Lei Complementar, caso seja contribuinte do ICMS; e
c) R$ 5,00 (cinco reais), a título do imposto referido no inciso VIII do *caput* do art. 13 desta Lei Complementar, caso seja contribuinte do ISS;
VI – sem prejuízo do disposto nos §§ 1º a 3º do art. 13, o MEI terá isenção dos tributos referidos nos incisos I a VI do caput daquele artigo, ressalvado o disposto no art. 18-C.

§ 4º Não poderá optar pela sistemática de recolhimento prevista no caput deste artigo o MEI:

I - cuja atividade seja tributada na forma dos Anexos V ou VI desta Lei Complementar, salvo autorização relativa a exercício de atividade isolada na forma regulamentada pelo CGSN (Redação dada pela Lei Complementar nº 147, de 2014) (Produção de efeito)
II - que possua mais de um estabelecimento;
III - que participe de outra empresa como titular, sócio ou administrador; ou
V - constituído na forma de *startup*. (Incluído pela Lei Complementar nº 167, de 2019)

§ 4º-A. Observadas as demais condições deste artigo, poderá optar pela sistemática de recolhimento prevista no *caput* o empresário individual que exerça atividade de comercialização e processamento de produtos de natureza extrativista.

§ 4º-B. O CGSN determinará as atividades autorizadas a optar pela sistemática de recolhimento de que trata este artigo, de forma a evitar a fragilização das relações de trabalho, bem como sobre a incidência do ICMS e do ISS.

§ 5º A opção de que trata o *caput* deste artigo dar-se-á na forma a ser estabelecida em ato do Comitê Gestor, observando-se que:

I - será irretratável para todo o ano-calendário.

## 9 - LEI COMPLEMENTAR 169 DE 01/12/2019 ALTERA A LEI COMPLEMENTAR 123/06 SIMPLES NACIONAL – AUTORIZANDO A CONSTITUIÇÃO DE SOCIEDADE DE GARANTIA SOLIDÁRIA (SGS) E DE SOCIEDADE DE CONTRAGARANTIA

Referida lei autorizou através da inserção dos artigos 61-E, 61-F, 61-G, 61-H, 61-I, na lei do Simples Nacional, relativo à constituição das Sociedades de Garantia Solidária (SGS) a serem formadas por Micro e Pequenas Empresas, tendo como objetivo serem avalistas de empréstimos no mercado financeiro.[187]

A seguir destacamos algumas particularidades deste novo tipo de sociedade:

A – A sociedade deverá ser criada na forma de sociedade por ações, sendo que é definida a livre negociação destas ações entre os sócios;

B – Os sócios participantes poderão ser: grandes investidores e empresas de pequeno porte;

C – A garantia fornecida pela SGS será vinculada a uma taxa de remuneração pelo serviço prestado, a qual é definida previamente em contrato;

---

[187] Fonte: Lei complementar 169/19.

D – A SGS poderá exigir a contragarantia do sócio;

E – A lei autoriza também a criação de sociedades de contragarantia, com o objetivo de oferecer apoio financeiro às operações da SGS;

F – A criação das SGS e Contragarantia deverão obrigatoriamente integrar o Sistema Financeiro Nacional e sua constituição e funcionamento serão disciplinados pelo Conselho Monetário Nacional (CMN), que neste lapso de tempo, deverá definir as respectivas regras para este tipo societário.

# 18 ADMINISTRAÇÃO TRIBUTÁRIA

A Administração Tributária é atividade administrativa vinculada exercida pelo Estado e seus órgãos competentes, com o objetivo de aplicar a lei fiscal, fiscalizar o contribuinte visando a arrecadação tributária e a proteção aos direitos dos referidos contribuintes e do patrimônio público.

Neste sentido a administração tributária deverá obedecer aos preceitos constitucionais da legalidade, impessoalidade, moralidade, publicidade e eficiência (LIMPE), que se encontram presentes no *caput* do art. 37 da CF, como também, observar que a respectiva administração deverá ser exercida por servidores públicos de carreira, estabelecidos no referido artigo incisos XVIII e XXII a seguir transcritos:

> Art. 37. A administração pública direta e indireta de qualquer dos Poderes da União, dos Estados, do Distrito Federal e dos Municípios obedecerá aos princípios de legalidade, impessoalidade, moralidade, publicidade e eficiência e, também, ao seguinte: (Redação dada pela Emenda Constitucional nº 19, de 1998)
>
> XVIII - a administração fazendária e seus servidores fiscais terão, dentro de suas áreas de competência e jurisdição, precedência sobre os demais setores administrativos, na forma da lei;
> XXII - as administrações tributárias da União, dos Estados, do Distrito Federal e dos Municípios, atividades essenciais ao funcionamento do Estado, exercidas por servidores de carreiras específicas, terão recursos prioritários para a realização de suas atividades e atuarão de forma integrada, inclusive com o compartilhamento de cadastros e de informações fiscais, na forma da lei ou convênio. (Incluído pela Emenda Constitucional nº 42, de 19.12.2003)

Ainda com relação à CF, destacamos o artigo 145 § 1º que também enfatiza o dever de fiscalização por parte do Estado:

§ 1º Sempre que possível, os impostos terão caráter pessoal e serão graduados segundo a capacidade econômica do contribuinte, facultado à administração tributária, especialmente para conferir efetividade a esses objetivos, identificar, respeitados os direitos individuais e nos termos da lei, o patrimônio, os rendimentos e as atividades econômicas do contribuinte.

## 18.1 FISCALIZAÇÃO

A fiscalização é uma atividade administrativa vinculada exercida pelo Fisco com o objetivo de verificar o cumprimento das obrigações tributárias por parte dos contribuintes e não contribuintes (exemplo: entidades com imunidade tributária). Referida atividade de fiscalização é disciplinada pelos artigos 194 a 200 do CTN a seguir transcritos e explicados:

> Art. 194. A legislação tributária, observado o disposto nesta Lei, regulará, em caráter geral, ou especificamente em função da natureza do tributo de que se tratar, a competência e os poderes das autoridades administrativas em matéria de fiscalização da sua aplicação.
>
> Parágrafo único. A legislação a que se refere este artigo aplica-se às pessoas naturais ou jurídicas, contribuintes ou não, inclusive às que gozem de imunidade tributária ou de isenção de caráter pessoal.

Com referência ao artigo 195 abaixo citado fica claro que não há sigilo no tocante ao exame dos livros fiscais dos contribuintes por parte do Fisco. É o dever do contribuinte de prestar informações à autoridade pública:

> Art. 195. Para os efeitos da legislação tributária, não têm aplicação quaisquer disposições legais excludentes ou limitativas do direito de examinar mercadorias, livros, arquivos, documentos, papéis e efeitos comerciais ou fiscais, dos co-

> merciantes industriais ou produtores, ou da obrigação destes de exibi-los.
>
> Parágrafo único. Os livros obrigatórios de escrituração comercial e fiscal e os comprovantes dos lançamentos neles efetuados serão conservados até que ocorra a prescrição dos créditos tributários decorrentes das operações a que se refiram.

No âmbito empresarial existem livros que são obrigatórios para as empresas, os quais são objetos de fiscalização, tais como: livro diário, livro razão, livro de apuração do lucro real (ECF-Lalur), livro caixa, livro de apuração do IPI, livro de apuração do ICMS, livro de entrada e saída de mercadorias (controle de estoque) e inventário, entre outras obrigações acessórias que devem ser realizadas de forma eletrônica dependendo do ramo de atividade da empresa, bem como, Estado e Município onde estiver localizada.

Porém, em alguns casos destacamos o artigo 5º, incisos X e XII da CF dos direitos e garantias individuais, que garante o sigilo do cidadão, principalmente com relação aos dados bancários e comunicações que deverão ser obtidos somente mediante ordem judicial:

> X - são invioláveis a intimidade, a vida privada, a honra e a imagem das pessoas, assegurado o direito a indenização pelo dano material ou moral decorrente de sua violação;
> XII - é inviolável o sigilo da correspondência e das comunicações telegráficas, de dados e das comunicações telefônicas, salvo, no último caso, por ordem judicial, nas hipóteses e na forma que a lei estabelecer para fins de investigação criminal ou instrução processual penal; (Vide Lei nº 9.296, de 1996)

O artigo 196 do CTN enfatiza que o ato de fiscalização é um ato administrativo vinculado, formal e que tem tempo para iniciar e terminar. É a segurança jurídica.

> Art. 196. A autoridade administrativa que proceder ou presidir a quaisquer diligências de fiscalização lavrará os termos necessários para que se documente o início do proce-

dimento, na forma da legislação aplicável, que fixará prazo máximo para a conclusão daquelas.

Parágrafo único. Os termos a que se refere este artigo serão lavrados, sempre que possível, em um dos livros fiscais exibidos; quando lavrados em separado deles se entregará, à pessoa sujeita à fiscalização, cópia autenticada pela autoridade a que se refere este artigo.

No artigo seguinte trata-se da obrigatoriedade de terceiros prestarem informações ao fisco relativas aos fatos econômicos realizados pelo contribuinte:

Art. 197. Mediante intimação escrita, são obrigados a prestar à autoridade administrativa todas as informações de que disponham com relação aos bens, negócios ou atividades de terceiros:

I - os tabeliães, escrivães e demais serventuários de ofício;
II - os bancos, casas bancárias, Caixas Econômicas e demais instituições financeiras;
III - as empresas de administração de bens;
IV - os corretores, leiloeiros e despachantes oficiais;
V - os inventariantes;
VI - os síndicos, comissários e liquidatários;
VII - quaisquer outras entidades ou pessoas que a lei designe, em razão de seu cargo, ofício, função, ministério, atividade ou profissão.

Parágrafo único. A obrigação prevista neste artigo não abrange a prestação de informações quanto a fatos sobre os quais o informante esteja legalmente obrigado a observar segredo em razão de cargo, ofício, função, ministério, atividade ou profissão.

As informações obtidas pelo Fisco junto ao contribuinte têm caráter de confidencialidade, tratando-se do sigilo fiscal que é previsto no CTN:

Art. 198. Sem prejuízo do disposto na legislação criminal, é vedada a divulgação, por parte da Fazenda Pública ou de seus servidores, de informação obtida em razão do ofício sobre a situação econômica ou financeira do sujeito passivo ou de terceiros e sobre a natureza e o estado de seus negócios ou atividades. (Redação dada pela LCp nº 104, de 2001)

§ 1º Excetuam-se do disposto neste artigo, além dos casos previstos no art. 199, os seguintes: (Redação dada pela LCp nº 104, de 2001)

I – requisição de autoridade judiciária no interesse da justiça; (Incluído pela LCp nº 104, de 2001)
II – solicitações de autoridade administrativa no interesse da Administração Pública, desde que seja comprovada a instauração regular de processo administrativo, no órgão ou na entidade respectiva, com o objetivo de investigar o sujeito passivo a que se refere a informação, por prática de infração administrativa. (Incluído pela LCp nº 104, de 2001)

§ 2º O intercâmbio de informação sigilosa, no âmbito da Administração Pública, será realizado mediante processo regularmente instaurado, e a entrega será feita pessoalmente à autoridade solicitante, mediante recibo, que formalize a transferência e assegure a preservação do sigilo. (Incluído pela LCp nº 104, de 2001)

§ 3º Não é vedada a divulgação de informações relativas a: (Incluído pela LCp nº 104, de 2001)

I – representações fiscais para fins penais; (Incluído pela LCp nº 104, de 2001)
II – inscrições na Dívida Ativa da Fazenda Pública; (Incluído pela LCp nº 104, de 2001)
III – parcelamento ou moratória. (Incluído pela LCp nº 104, de 2001)

O CTN também prevê sobre a assistência mútua (intercâmbio) entre a União, Estados, Municípios e Distrito Federal, que deverão trabalhar de forma integrada no âmbito da fiscalização tributária:

> Art. 199. A Fazenda Pública da União e as dos Estados, do Distrito Federal e dos Municípios prestar-se-ão mutuamente assistência para a fiscalização dos tributos respectivos e permuta de informações, na forma estabelecida, em caráter geral ou específico, por lei ou convênio.
>
> Parágrafo único. A Fazenda Pública da União, na forma estabelecida em tratados, acordos ou convênios, poderá permutar informações com Estados estrangeiros no interesse da arrecadação e da fiscalização de tributos.(Incluído pela LCp nº 104, de 2001)

Visando a proteção do patrimônio público e a característica da indisponibilidade com relação aos tributos, o CTN prevê a possibilidade de utilizar o auxílio dos agentes públicos:

> Art. 200. As autoridades administrativas federais poderão requisitar o auxílio da força pública federal, estadual ou municipal, e reciprocamente, quando vítimas de embaraço ou desacato no exercício de suas funções, ou quando necessário à efetivação dê medida prevista na legislação tributária, ainda que não se configure fato definido em lei como crime ou contravenção.

## 18.2 DÍVIDA ATIVA

Após a autoridade tributária competente promover a cobrança do crédito tributário junto ao contribuinte na esfera administrativa, e o mesmo não promova a contestação do crédito tributário e nem efetue o pagamento, o processo será enviado para a Procuradoria da Fazenda, com a finalidade de que o crédito tributário seja inscrito no livro de registro da dívida ativa para posteriormente ser extraída uma certidão de inscrição na dívida ativa (CDA), a qual é um título executivo extrajudicial, que será utilizado para a proposição de ação[188] de execução fiscal. Ao mesmo tempo, o nome do contri-

---

[188] A lei 6.830/80 dispõe sobre a cobrança judicial da Dívida Ativa da Fazenda Pública.

buinte inadimplente é inserido na lista (cadastro) de inadimplentes do fisco (Cadin).

Os efeitos da inscrição do contribuinte na dívida ativa são os seguintes:
a) Veda a expedição de certidão negativa de débitos;
b) Autoriza o Fisco a adotar providências cautelares para garantir a satisfação do crédito tributário, tais como: obter a indisponibilidade de bens e direitos do devedor, inclusive de forma eletrônica nos termos do art. 185-A do CTN;
c) Sujeita o patrimônio do devedor a diversas limitações como forma de garantir o crédito do fisco, tais como: presunção de fraude na alienação de bens do devedor caso não ocorra reserva de patrimônio para quitação do débito tributário, art. 185 CTN.

Crepaldi (2014, p. 44, 45) destaca em sua obra o procedimento de inscrição da Dívida Ativa:

A inscrição de um crédito na Dívida Ativa é o último procedimento administrativo na sequência que se inicia com a ocorrência do fato gerador de um tributo e termina com a execução judicial do crédito a ele correspondente.

> O Crédito não pago, na forma prevista na legislação própria, e não sujeito a nenhuma das causas de suspensão da exigibilidade, é encaminhado para inscrição na chamada Dívida Ativa pela repartição administrativa competente, segundo o art. 202 CTN. O ato de inscrição constitui-se num controle administrativo da legalidade do crédito tributário e suspende a prescrição, para todos os efeitos de direito, por 180 dias ou até a distribuição da execução fiscal, se esta ocorrer antes do findo aquele prazo.
>
> A dívida regularmente inscrita goza de presunção relativa (*juris tantum*) de certeza e liquidez e tem efeito de prova pré-constituída.
>
> Da inscrição lavra-se o competente termo. Expede-se também, com os mesmos elementos do termo, certidão que instruirá a ação judicial de execução fiscal do crédito em questão.

O CTN determina nos artigos 201 a 204 o procedimento de inscrição na dívida ativa, a seguir transcrito:

> **Art. 201.** Constitui dívida ativa tributária a proveniente de crédito dessa natureza, regularmente inscrita na repartição administrativa competente, depois de esgotado o prazo fixado, para pagamento, pela lei ou por decisão final proferida em processo regular.
>
> Parágrafo único. A fluência de juros de mora não exclui, para os efeitos deste artigo, a liquidez do crédito.
>
> **Art. 202.** O termo de inscrição da dívida ativa, autenticado pela autoridade competente, indicará obrigatoriamente:
>
> I - o nome do devedor e, sendo caso, o dos corresponsáveis, bem como, sempre que possível, o domicílio ou a residência de um e de outros;
> II - a quantia devida e a maneira de calcular os juros de mora acrescidos;
> III - a origem e natureza do crédito, mencionada especificamente a disposição da lei em que seja fundado;
> IV - a data em que foi inscrita;
> V - sendo caso, o número do processo administrativo de que se originar o crédito.
>
> Parágrafo único. A certidão conterá, além dos requisitos deste artigo, a indicação do livro e da folha da inscrição.
>
> **Art. 203.** A omissão de quaisquer dos requisitos previstos no artigo anterior, ou o erro a eles relativo, são causas de nulidade da inscrição e do processo de cobrança dela decorrente, mas a nulidade poderá ser sanada até a decisão de primeira instância, mediante substituição da certidão nula, devolvido ao sujeito passivo, acusado ou interessado o prazo para defesa, que somente poderá versar sobre a parte modificada.
>
> **Art. 204.** A dívida regularmente inscrita goza da presunção de certeza e liquidez e tem o efeito de prova pré-constituída.

Parágrafo único. A presunção a que se refere este artigo é relativa e pode ser ilidida por prova inequívoca, a cargo do sujeito passivo ou do terceiro a que aproveite.

Neste sentido não podemos deixar de destacar que o crédito tributário possui garantias e privilégios na sua cobrança conforme os artigos 183 a 185-A, a seguir destacados:

> **Art. 183.** A enumeração das garantias atribuídas neste Capítulo ao crédito tributário não exclui outras que sejam expressamente previstas em lei, em função da natureza ou das características do tributo a que se refiram.
>
> Parágrafo único. A natureza das garantias atribuídas ao crédito tributário não altera a natureza deste nem a da obrigação tributária a que corresponda.
>
> **Art. 184.** Sem prejuízo dos privilégios especiais sobre determinados bens, que sejam previstos em lei, responde pelo pagamento do crédito tributário a totalidade dos bens e das rendas, de qualquer origem ou natureza, do sujeito passivo, seu espólio ou sua massa falida, inclusive os gravados por ônus real ou cláusula de inalienabilidade ou impenhorabilidade, seja qual for a data da constituição do ônus ou da cláusula, excetuados unicamente os bens e rendas que a lei declare absolutamente impenhoráveis.
>
> **Art. 185.** Presume-se fraudulenta a alienação ou oneração de bens ou rendas, ou seu começo, por sujeito passivo em débito para com a Fazenda Pública, por crédito tributário regularmente inscrito como dívida ativa. (Redação dada pela LCp nº 118, de 2005)
>
> Parágrafo único. O disposto neste artigo não se aplica na hipótese de terem sido reservados, pelo devedor, bens ou rendas suficientes ao total pagamento da dívida inscrita. (Redação dada pela LCp nº 118, de 2005)
>
> **Art. 185-A.** Na hipótese de o devedor tributário, devidamente citado, não pagar nem apresentar bens à penhora no prazo legal e não forem encontrados bens penhoráveis, o

juiz determinará a indisponibilidade de seus bens e direitos, comunicando a decisão, preferencialmente por meio eletrônico, aos órgãos e entidades que promovem registros de transferência de bens, especialmente ao registro público de imóveis e às autoridades supervisoras do mercado bancário e do mercado de capitais, a fim de que, no âmbito de suas atribuições, façam cumprir a ordem judicial. (Incluído pela LCp nº 118, de 2005)

§ 1º A indisponibilidade de que trata o caput deste artigo limitar-se-á ao valor total exigível, devendo o juiz determinar o imediato levantamento da indisponibilidade dos bens ou valores que excederem esse limite. (Incluído pela LCp nº 118, de 2005)

§ 2º Os órgãos e entidades aos quais se fizer a comunicação de que trata o caput deste artigo enviarão imediatamente ao juízo a relação discriminada dos bens e direitos cuja indisponibilidade houverem promovido. (Incluído pela LCp nº 118, de 2005)

## 18.3 CERTIDÕES NEGATIVAS

Eventualmente o contribuinte pode vir a necessitar por exigência da lei a comprovação de que não possui dívidas tributárias. Neste caso o contribuinte dever requer junto ao Poder Público a respectiva certidão, que não pode se recusar a expedi-la nos termos do artigo 5º inciso XXXIV "b" CF. É um documento que prova a quitação dos tributos.

Neste sentido o contribuinte pode obter três tipos de certidões, a saber:
a) Certidão Negativa de Débitos (CND) – significa que o contribuinte não possui qualquer dívida vencida e não paga com relação a tributos. É um certificado de regularidade fiscal;
b) Certidão Positiva – significa que o contribuinte possui débitos tributários vencidos e exigíveis;
c) Certidão Positiva com efeitos Negativos – significa que o contribuinte possui débitos tributários, porém os mesmos es-

tão com a exigibilidade suspensa ou garantidos por penhora ou depósito judicial.

Para melhor entendimento transcrevermos abaixo os artigos 205 a 208 do CTN que tratam da certidão relativo ao tema da dívida ativa:

> **Art. 205.** A lei poderá exigir que a prova da quitação de determinado tributo, quando exigível, seja feita por certidão negativa, expedida à vista de requerimento do interessado, que contenha todas as informações necessárias à identificação de sua pessoa, domicílio fiscal e ramo de negócio ou atividade e indique o período a que se refere o pedido.
>
> Parágrafo único. A certidão negativa será sempre expedida nos termos em que tenha sido requerida e será fornecida dentro de 10 (dez) dias da data da entrada do requerimento na repartição.
>
> **Art. 206.** Tem os mesmos efeitos previstos no artigo anterior a certidão de que conste a existência de créditos não vencidos, em curso de cobrança executiva em que tenha sido efetivada a penhora, ou cuja exigibilidade esteja suspensa.
>
> **Art. 207.** Independentemente de disposição legal permissiva, será dispensada a prova de quitação de tributos, ou o seu suprimento, quando se tratar de prática de ato indispensável para evitar a caducidade de direito, respondendo, porém, todos os participantes no ato pelo tributo porventura devido, juros de mora e penalidades cabíveis, exceto as relativas a infrações cuja responsabilidade seja pessoal ao infrator.
>
> **Art. 208.** A certidão negativa expedida com dolo ou fraude, que contenha erro contra a Fazenda Pública, responsabiliza pessoalmente o funcionário que a expedir, pelo crédito tributário e juros de mora acrescidos.
>
> Parágrafo único. O disposto neste artigo não exclui a responsabilidade criminal e funcional que no caso couber.

# 19 PROCESSO ADMINISTRATIVO TRIBUTÁRIO

O processo administrativo tributário é a discussão no âmbito administrativo da exigência do tributo. No âmbito federal é realizado no CARF – Conselho Administrativo de Recursos Fiscais e no plano estadual especificamente no Estado de São Paulo no TIT – Tribunal de Impostos e Taxas.

Destina-se a regular a prática dos atos da administração, e do contribuinte, no que se pode chamar acertamento da relação tributária.

O artigo quinto, inciso LIV e LV da CF destacam que os litigantes em processo judicial ou administrativo, e aos acusados em geral são assegurados o contraditório e a ampla defesa, com os meios e recursos a ela inerentes. Assim, mesmo no âmbito administrativo, devem-se assegurar o princípio do contraditório e a ampla defesa do contribuinte.[189] No âmbito federal o processo administrativo é regido pelo decreto 70.235/72 que dispõe sobre o processo administrativo fiscal, aplicando-se subsidiariamente a Lei 9.784/99 que regula o processo administrativo no âmbito público federal, com alterações pela lei 12.008/09 que regula o processo administrativo federal em termos gerais.

Nessa linha, Hely Lopes Meirelles define o Processo Administrativo Tributário como:

> Processo administrativo tributário ou fiscal, propriamente dito, é todo aquele que se destina à determinação, exigência ou dispensa do crédito fiscal, como à fixação do alcance de normas de tributação em casos concretos, pelos órgãos competentes tributantes, ou à imposição de penalidade ao contribuinte. Nesse conceito amplo e genérico estão com-

---

[189] MARTINS, Sérgio Pinto. *Manual de direito tributário*. São Paulo: Atlas, 2005, p. 240.

preendidos todos os procedimentos fiscais próprios, sob as modalidades de controle (processos de lançamento e de consulta), de outorga (processos de isenção) e de punição (processos por infração fiscal), sem se falar nos processos impróprios, que são as simples autuações de expediente que tramitam pelos órgãos tributantes e repartições arrecadadoras para notificação do contribuinte, cadastramento e outros atos complementares de interesse do fisco.[190]

Somam-se ainda os argumentos de Maria Sylvia Zanella di Pietro:[191]

> O processo administrativo, que pode ser instaurando mediante provocação do interessado ou por iniciativa da própria administração, estabelece uma relação bilateral, interpartes, ou seja, de um lado, o administrado, que deduz uma pretensão e, de outro, a administração que, quando decide não age como terceiro, estranho à controvérsia, mas como parte que atua no próprio interesse e nos limites que lhe são impostos por lei. Provocada ou não pelo particular, a administração atua no interesse da própria administração e para atender a fins que lhe são específicos. Justamente por isso alguns autores preferem falar em "interessados" e não "partes"; no entanto, partindo-se do conceito de "parte" como aquele que propõe ou contra quem se propõe uma pretensão, é possível falar em "parte" nos processos administrativos em que se estabelecem controvérsias entre administração e administrado.
>
> Dessa posição da administração como parte interessada decorre a gratuidade do processo administrativo, em oposição à onerosidade do processo judicial. Neste, o Estado atua como terceiro, a pedidos dos interessados; movimenta-se toda a máquina do Poder judiciário para resolver um conflito de interesse particular. Naquele, o Estado atua, ainda

---

[190] MEIRELLES, Hely Lopes. *Direito administrativo brasileiro*. São Paulo: Malheiros, 1993, p. 599.
[191] DI PIETRO, Maria Sylvia Zanella. *Direito administrativo*. São Paulo: Atlas, 2003, p. 505.

quando provocado pelo particular, no interesse da própria administração. Daí não caber no processo administrativo à aplicação do princípio da sucumbência.

Pela mesma razão, não pode a administração proferir decisões com força de coisa julgada, pois ninguém pode ser juiz e parte, ao mesmo tempo, ou ninguém pode ser juiz em causa própria. Aliás, é essa precisamente a distinção fundamental entre a função administrativa e a função jurisdicional.

O processo administrativo tributário pode ser sintetizado da seguinte forma: a) início de um procedimento fiscal no contribuinte; b) eventual elaboração do auto de infração – AIIM e notificação de lançamento; c) Impugnação do contribuinte por escrito apresentada em até 30 dias, ao órgão preparador e julgador competente. A interposição do recurso administrativo suspende a exigibilidade do crédito tributário impedindo a execução fiscal; d) Julgamento em primeira instância. Da decisão cabe recurso voluntário total ou parcial, com efeito suspensivo, no prazo de 30 dias; e) Julgamento em segunda instância; f) Julgamento perante a Câmara Superior de Recursos Fiscais de decisão que der á lei tributária interpretação divergente da que lhe tenha dado outra câmara (no caso do CARF denomina-se Turma), prazo 15 dias; g) decisão definitiva – se for favorável ao contribuinte, cumpre à autoridade preparadora exonerá-lo dos gravames decorrentes do litígio, excluindo o crédito tributário, porém se desfavorável, o mesmo será intimado para dar cumprimento no prazo de 30 dias, sob pena de encaminhamento do processo à autoridade competente para promover a execução fiscal.[192]

O processo administrativo é relevante para o contribuinte, pois proporciona muitas vantagens para o respectivo, tais como:
a) O processo administrativo não tem custas processuais;
b) Não há sucumbência;
c) O contribuinte não precisa garantir a instância, ou seja, não é necessário depósito prévio para garantir o processo;

---

[192] HARADA, Kiyoshi. *Direito financeiro e tributário*. São Paulo: Atlas, 2015, p. 649, 650.

d) Não submete de imediato o contribuinte a lei 8.137/90 – dos crimes contra a ordem tributária, pois o AIIM ainda não está concretizado. Em síntese, o questionamento é suspenso e, por consequência, também a execução fiscal e a denúncia de crime contra a ordem tributária até o julgamento final;
e) Todas as decisões no processo administrativo devem ser motivadas e fundamentadas;
f) Caso o contribuinte logre êxito no processo administrativo a decisão se torna definitiva.

O processo administrativo tributário ocorre na esfera federal, porém no âmbito da esfera estadual, observa-se que cada Estado da Federação e também Município, possuem um procedimento diferente para o processo administrativo tributário, a título de sugestão poderíamos unificar o procedimento estadual e municipal no sentido de termos uma legislação uniforme para todo o território Nacional.

# 20 A REPONSABILIDADE TRIBUTÁRIA, CIVIL E CRIMINAL DOS SÓCIOS E ADMINISTRADORES DAS SOCIEDADES LIMITADAS

Neste capítulo iremos analisar de forma objetiva, a responsabilidade dos sócios e administradores da sociedade limitada no contexto da legislação brasileira, ou seja, Código Civil, CTN, Lei das Sociedades Anônimas e demais legislação infraconstitucional.

Este estudo se inicia efetuando um breve resumo sobre o conceito da sociedade limitada para em seguida descrever a responsabilidade dos sócios e administradores, abordando as principais hipóteses de ocorrência da desconsideração da pessoa jurídica e da responsabilidade ilimitada e suas consequências para o empresário.

## 20.1 A SOCIEDADE LIMITADA NO CÓDIGO CIVIL

A sociedade limitada é do tipo societário empresarial contratual, em que todos os sócios respondem limitadamente ao total do capital subscrito e integralizado, e é regida pelos artigos 1.052 a 1.087 do Código Civil, podendo adotar como diploma supletivo a Lei das Sociedades Anônimas (Lei 6.404/76), desde que conste expressamente no contrato social, ou no silêncio deste as regras da sociedade simples (artigo 1.053 e parágrafo único do Código Civil).

Basicamente, a personalização da sociedade limitada consiste na separação patrimonial entre a pessoa jurídica e seus membros (sócios). Portanto, sócio e sociedade são sujeitos distintos, em seus direitos e deveres. As obrigações de um, portanto, não se podem imputar ao outro, salvo exceções. A regra é a irresponsabilidade dos sócios pelas dívidas sociais, ou seja, os sócios respondem apenas pelo valor das quotas que foram subscritas no contrato social, sendo este teoricamente o limite de sua responsabilidade, desde que o capital social esteja totalmente integralizado[193].

Conforme estabelecido pelos artigos 981 e 997 do Código Civil, a sociedade limitada se constitui por um contrato entre os sócios, o qual é disciplinado por normas do direito civil e comercial, inspiradas no direito contratual, assumindo o tipo de contrato plurilateral ou multilateral, em que dois ou mais sócios assumem cada um perante o outro, direitos e obrigações reciprocas relacionadas à exploração conjunta de uma ou mais atividades econômicas.

Os requisitos de validade do contrato social são definidos no artigo 104 do Código Civil, ou seja, são os requisitos de validade de qualquer ato jurídico, pertinentes também no contrato social, são eles: agente capaz, objeto lícito e a forma prescrita ou não defesa em lei.[194]

A constituição de sociedade limitada, para produzir todos os seus efeitos legais perante terceiros, em especial a limitação da responsabilidade dos sócios pelas obrigações sociais, deve ser registrada na Junta Comercial do Estado sede da empresa de acordo com o artigo 967 do Código Civil[195]. A sociedade que funciona sem registro, ou

---

[193] O Capital Social compreende: Os recursos iniciais conferidos pelos sócios à empresa; os aportes posteriores de capital efetuados, ambos sob a forma de dinheiro ou bens; os aumentos ou transferências das contas de reservas e lucros acumulados. O valor do capital social que deve constar no Patrimônio Líquido é o Realizado, ou seja, o total efetivamente integralizado pelos proprietários. Dessa forma, se existir parcela do capital não integralizada pelos proprietários, a empresa apresentará a conta de Capital Social Subscrito e a conta devedora de Capital a integralizar, sendo que o líquido entre ambas representa o capital integralizado. MATARAZZO, Dante Carmine. *Análise Financeira de Balanços*. São Paulo: Atlas, 2003, p. 65.

[194] COELHO, Fabio Ulhoa. *Curso de Direito Comercial*. São Paulo: Saraiva, 2007, v. 2, p. 384-385.

[195] Anote-se que a inscrição é obrigatória, sendo certo, no entanto, que não é a inscrição na Junta Comercial que atribui a qualidade jurídica de empresário a quem faz tal inscrição. Em rigor, a qualidade de empresário decorre da situação fática consistente em exercer efetivamente a atividade econômica organi-

antes, dele, é irregular ou de fato e é denominada sociedade em comum ou não personificada nos termos do artigo 986 do Código Civil, fato este que ocasiona graves consequências para os sócios, trazendo sanções, tais como: ilegitimidade ativa para o pedido de falência, responsabilidade ilimitada dos sócios, inacessibilidade à recuperação judicial, falta de matrícula nos órgãos públicos como, por exemplo, Receita Federal do Brasil e INSS. Destacamos também, a **SLU** – Sociedade Limitada Unipessoal, do artigo 1.052 a 1.054 do Código Civil, a seguir descritos:

> **Art. 1.052.** Na sociedade limitada, a responsabilidade de cada sócio é restrita ao valor de suas quotas, mas todos respondem solidariamente pela integralização do capital social.
>
> § 1º A sociedade limitada pode ser constituída por 1 (uma) ou mais pessoas. (Incluído pela Lei nº 13.874, de 2019)
>
> § 2º Se for unipessoal, aplicar-se-ão ao documento de constituição do sócio único, no que couber, as disposições sobre o contrato social. (Incluído pela Lei nº 13.874, de 2019)
>
> **Art. 1.053.** A sociedade limitada rege-se, nas omissões deste Capítulo, pelas normas da sociedade simples.
>
> Parágrafo único. O contrato social poderá prever a regência supletiva da sociedade limitada pelas normas da sociedade anônima.
>
> **Art. 1.054.** O contrato mencionará, no que couber, as indicações do art. 997, e, se for o caso, a firma social.

## 20.2 RESPONSABILIDADE DOS SÓCIOS E ADMINISTRADORES

Na sociedade limitada todos os sócios têm a responsabilidade limitada ao valor total do capital social, desde que o respectivo esteja

---

zada para produzir ou circular bens ou serviços. CALÇAS, Manoel Queiroz Pereira. *Revista do Advogado*. São Paulo: AASP, 2005, p. 87/92, vol. 81.

totalmente integralizado. Conceitualmente, a sociedade em si tem responsabilidade ilimitada por dívidas por ela contraídas, enquanto os sócios respondem apenas pela integralização das quotas. A responsabilidade é, contudo, solidária entre os sócios até a integralização do capital, conforme previsto no artigo 1.052 do Código Civil.

Além da responsabilidade da propositura da ação para obrigar os sócios a integralizarem o capital social, há hipóteses de responsabilidade pessoal e ilimitada dos sócios e dos administradores, em que os credores que não dispõem de meios negociais para preservação de seus interesses podem demandar o patrimônio pessoal dos sócios.

Com relação aos administradores, sejam eles sócios ou não sócios, há de se ressaltar que as empresas desfrutam no plano ideal, de titularidade empresarial, titularidade processual e responsabilidade patrimonial, sendo que, no plano fático quem utiliza esse poder são os administradores. Estes poderes concedidos aos administradores[196] e trata-se do poder de representar a pessoa jurídica da qual são, geralmente, partes, no caso das sociedades limitadas.

A representação legal se refere à função externa dos administradores da sociedade. Como membros do órgão encarregado de exteriorizar a vontade da pessoa jurídica, eles negociam operações e assinam documentos, falando e agindo pela sociedade empresária. Em razão desses atos praticados pelos administradores, em nome da sociedade limitada, criam-se direitos e obrigações.[197]

A representação pode ser exercida pelo Administrador que é nomeado no Contrato Social da empresa, estabelecendo inclusive seus poderes e limitações, como também, pode ser exercida por mandato

---

[196] Administrador – Pessoa a quem se comete a direção ou gerência de qualquer negócio ou serviço, seja de caráter público ou privado, seja em caráter permanente, à frente de um estabelecimento comercial ou departamento público, seja, em caráter provisório para desempenho de determinado negócio. É, assim, a pessoa a quem se confiou uma administração, qualquer que seja a sua natureza. SILVA, De Plácido. *Vocabulário jurídico* Rio de Janeiro: Forense, 1994.

[197] BAPTISTA, Ezio Carlos S. – Autor, ALMEIDA, Marcos Elidius Michelle de – Coord. *Aspectos Jurídicos da Sociedade Limitada*. São Paulo: Quartier Latin, 2004, p. 169.

de procuração Pública, ou até eventualmente em determinados casos, por instrumento particular.

Nesse cenário, apresentamos a seguir o instituto da desconsideração da pessoa jurídica e os casos em que existe a ocorrência de responsabilidade pessoal dos sócios e administradores[198].

### 20.2.1 Desconsideração da Pessoa jurídica *(Disregard of legal entity)*

A expressão desconsideração da pessoa jurídica é utilizada para indicar a ignorância, para um caso concreto, da personificação societária. Vale dizer, aprecia-se a situação jurídica tal como se a pessoa jurídica não existisse, o que significa que se trata a sociedade e o sócio como fosse uma mesma e única pessoa. Atribuem-se ao sócio ou à sociedade condutas que, não fosse à desconsideração, seriam atribuídos respectivamente à sociedade ou ao sócio individualmente.

Como a desconsideração se passa em nível de funcionamento do instituto jurídico, tem-se em mente o desvio de resultado que seria propiciado, se não efetivada a desconsideração.

Assim, a utilização abusiva da pessoa jurídica é combatida através da desconsideração, ou seja, como o sacrifício que se vislumbra inevitável e que se busca evitar será produzido pela aplicação do regime correspondente à pessoa jurídica, então, a solução jurídica é ignorar os efeitos da personificação.[199]

O que justifica toda a teoria da desconsideração é o risco de uma utilização anômala do regime correspondente à pessoa jurídica acarretar um resultado indesejável. Podemos ainda afirmar, que é a ignorância para casos concretos e sem retirar a validade do ato jurídico específico dos efeitos da personificação jurídica validamente

---

[198] Maria Helena Diniz em sua obra *Código Civil Anotado*, p. 802, destaca a responsabilidade solidária dos administradores que responderão solidariamente perante a sociedade e terceiros pelos prejuízos que culposamente lhe causaram com seu proceder, comissivo ou omissivo, no exercício de suas atribuições e funções nos termos do artigo 1.016 do Código Civil.

[199] JUSTEN FILHO, Marçal. *Desconsideração da Personalidade Societária no Direito Brasileiro.* São Paulo: Editora RT, 1987, p. 55, 57.

reconhecida a uma ou mais sociedades, a fim de evitar um resultado incompatível com a função da pessoa jurídica.[200]

No entendimento de Marçal Justen Filho, a desconsideração consiste tanto na ignorância total do regime jurídico da personificação societária como em um abrandamento desse regime jurídico.

Assim, a mais intensa manifestação da superação da personalidade jurídica societária consiste na total ignorância da pessoa jurídica, considerando-se os atos e as relações jurídicas como imputados diretamente à pessoa dos sócios (ou vice-versa). Passa-se por cima da pessoa jurídica para alcançar-se direta e exclusivamente a pessoa do sócio, chamaremos esse caso de desconsideração plena ou máxima.

Pode-se considerar como manifestação de intensidade média da teoria a hipótese em que haja identificação entre sócio e sociedade. Vale dizer, não se ignora a existência da sociedade, mas se toma como se houvesse uma única e só pessoa, ou, mais precisamente, duas pessoas com posição jurídica idêntica, compartilhando dos mesmos deveres e responsabilidades. A essa hipótese denominamos desconsideração média.

Por fim a manifestação menos intensa da desconsideração reside na ignorância de um ângulo do regime jurídico personificatório. Isso se passa quando não se desconsidera a personificação societária nem a distinção entre sociedade e sócio, mas se considera que sócio ou sociedade tem uma responsabilidade subsidiária pelos efeitos dos atos praticados pela sociedade ou respectivamente pelo sócio. Denominamos o caso de desconsideração mínima.[201]

Definida a conceituação básica da desconsideração, passamos a analisar o tema de acordo com os artigos 133 a 137 do Código de Processo Civil e o artigo 50 do Código Civil[202], onde, na eventua-

---

[200] JUSTEN FILHO, Marçal. *Desconsideração da Personalidade Societária no Direito Brasileiro*. São Paulo: Editora RT, 1987, p. 155.
[201] JUSTEN FILHO, Marçal. *Desconsideração da Personalidade Societária no Direito Brasileiro*. São Paulo: Editora RT, 1987, p. 61.
[202] FIUZA, Ricardo. op. cit., p. 65. O autor afirma que o Código Civil pretende que, quando a pessoa jurídica se desviar de seus fins determinantes de sua constituição, ou quando houver confusão patrimonial, em razão de abuso da personalidade jurídica, o órgão judicante, a requerimento da parte ou do Mi-

lidade dos sócios fraudarem os credores, valendo-se da separação patrimonial da empresa e de seus bens particulares ou desviando a finalidade, o juiz poderá desconsiderar momentaneamente a personalidade jurídica, atingindo seus bens pessoais, conforme descrito no referido artigo a seguir descrito e nos casos abaixo descritos na legislação:

> Art. 50. Em caso de abuso da personalidade jurídica, caracterizado pelo desvio de finalidade ou pela confusão patrimonial, pode o juiz, a requerimento da parte, ou do Ministério Público quando lhe couber intervir no processo, desconsiderá-la para que os efeitos de certas e determinadas relações de obrigações sejam estendidos aos bens particulares de administradores ou de sócios da pessoa jurídica beneficiados direta ou indiretamente pelo abuso. (Redação dada pela Lei nº 13.874, de 2019)
>
> § 1º Para os fins do disposto neste artigo, desvio de finalidade é a utilização da pessoa jurídica com o propósito de lesar credores e para a prática de atos ilícitos de qualquer natureza. (Incluído pela Lei nº 13.874, de 2019)
>
> § 2º Entende-se por confusão patrimonial a ausência de separação de fato entre os patrimônios, caracterizada por: (Incluído pela Lei nº 13.874, de 2019)
>
> I - cumprimento repetitivo pela sociedade de obrigações do sócio ou do administrador ou vice-versa; (Incluído pela Lei nº 13.874, de 2019)
> II - transferência de ativos ou de passivos sem efetivas contraprestações, exceto os de valor proporcionalmente insignificante; e (Incluído pela Lei nº 13.874, de 2019)
> III - outros atos de descumprimento da autonomia patrimonial. (Incluído pela Lei nº 13.874, de 2019)

---

nistério Público, quando lhe couber intervir no processo, esteja autorizado a desconsiderar episodicamente a personalidade jurídica, para coibir fraudes de sócios que dela se valeram como escudo sem importar essa medida numa dissolução da pessoa jurídica.

§ 3º O disposto no *caput* e nos §§ 1º e 2º deste artigo também se aplica à extensão das obrigações de sócios ou de administradores à pessoa jurídica. (Incluído pela Lei nº 13.874, de 2019)

§ 4º A mera existência de grupo econômico sem a presença dos requisitos de que trata o *caput* deste artigo não autoriza a desconsideração da personalidade da pessoa jurídica. (Incluído pela Lei nº 13.874, de 2019)

§ 5º Não constitui desvio de finalidade a mera expansão ou a alteração da finalidade original da atividade econômica específica da pessoa jurídica. (Incluído pela Lei nº 13.874, de 2019)

Art. 51. Nos casos de dissolução da pessoa jurídica ou cassada a autorização para seu funcionamento, ela subsistirá para os fins de liquidação, até que está se conclua.

§ 1º Far-se-á, no registro onde a pessoa jurídica estiver inscrita, a averbação de sua dissolução.

§ 2º As disposições para a liquidação das sociedades aplicam-se, no que couber, às demais pessoas jurídicas de direito privado.

§ 3º Encerrada a liquidação, promover-se-á o cancelamento da inscrição da pessoa jurídica.

Art. 52. Aplica-se às pessoas jurídicas, no que couber, a proteção dos direitos da personalidade.

a) Código de Defesa do Consumidor – Lei 8.078/90

O artigo 28 não deixa dúvidas quando define em seu texto que o juiz poderá desconsiderar a personalidade jurídica da sociedade quando, em detrimento do consumidor, houver abuso de direito[203],

---

[203] O ato abusivo é entendido, doutrinariamente como o ato que, mesmo originando-se de um direito subjetivo e tendo observado os requisitos formais e materiais aplicáveis, apresenta-se contrário ao direito, na sua acepção abrangente. MORAES, Luiza Rangel de – autora, WALD, Arnold – Coord. *Revista de Direito Bancário e Mercado de Capitais*. São Paulo: RT, 2004, p. 36.

excesso de poder, infração de lei, fato ou ato ilícito ou violação dos estatutos do contrato social. A desconsideração também será efetivada quando houver falência, estado de insolvência, encerramento ou inatividade da pessoa jurídica provocada pela má administração. Também poderá ser desconsiderada a pessoa jurídica sempre que sua personalidade for de alguma forma, obstáculo ao ressarcimento de prejuízos causados aos consumidores.[204]

b) Sistema Brasileiro da defesa da concorrência – Lei 12.529/11

Os artigos 31 a 35 da referida lei, faculta a desconsideração da personalidade jurídica do responsável por infração de ordem econômica, quando houver, por parte desse abuso de direito, excesso de poder, infração da lei, fato ou ato ilícito ou violação de contrato social, admitindo ainda a desconsideração quando houver falência, estado de insolvência, encerramento ou inatividade da pessoa jurídica provocados por má gestão dos negócios.

A referida lei, especificamente no artigo 36, dispõe que qualquer ato que possa limitar ou de qualquer forma prejudicar a livre concorrência, ou resultar na dominação de mercados relevantes de bens ou serviços.

Eventuais dúvidas, poderão ser deverão ser submetidas à apreciação do Conselho Administrativo de Defesa Econômica – CADE.[205]

Além do mais o artigo 173 parágrafos 4º e 5º da CF, destacam que:

> § 4º A lei reprimirá o abuso do poder econômico que vise à dominação dos mercados, à eliminação da concorrência e ao aumento arbitrário dos lucros.
>
> § 5º A lei, sem prejuízo da responsabilidade individual dos dirigentes da pessoa jurídica, estabelecerá a responsabilidade desta, sujeitando-a às punições compatíveis com sua natureza, nos atos praticados contra a ordem econômica e financeira e contra a economia popular.

---

[204] CALÇAS, Manoel de Queiroz Pereira. op. cit., p. 100-101.
[205] SILVA, Bruno Mattos e. *Direito da Empresa*. São Paulo: Atlas, 2.007, p. 512.

c) Lei Ambiental – 9.605/98

A Constituição Federal de 1988 passou a admitir a responsabilidade penal da pessoa jurídica em nosso ordenamento jurídico em dois dispositivos: artigo 173, § 5º e artigo 225 § 3º, e, envolvido por essa ideia, o legislador ordinário, em 1998, elaborou a Lei dos Crimes Ambientais que prevê a desconsideração da pessoa jurídica sempre que sua personalidade for obstáculo ao ressarcimento de prejuízos causados à qualidade do meio ambiente.

Devido à relevância do tema, destacamos a seguir os artigos 2º a 4º da lei 9.605/98:

> **Art. 2º** Quem, de qualquer forma, concorre para a prática dos crimes previstos nesta Lei, incide nas penas a estes cominadas, na medida da sua culpabilidade, bem como o diretor, o administrador, o membro de conselho e de órgão técnico, o auditor, o gerente, o preposto ou mandatário de pessoa jurídica, que, sabendo da conduta criminosa de outrem, deixar de impedir a sua prática, quando podia agir para evitá-la.
>
> **Art. 3º** As pessoas jurídicas serão responsabilizadas administrativa, civil e penalmente conforme o disposto nesta Lei, nos casos em que a infração seja cometida por decisão de seu representante legal ou contratual, ou de seu órgão colegiado, no interesse ou benefício da sua entidade.
>
> Parágrafo único. A responsabilidade das pessoas jurídicas não exclui a das pessoas físicas, autoras, coautoras ou partícipes do mesmo fato.
>
> **Art. 4º** Poderá ser desconsiderada a pessoa jurídica sempre que sua personalidade for obstáculo ao ressarcimento de prejuízos causados à qualidade do meio ambiente.

O texto constitucional também visa à garantia de instrumentalização de proteção ao Meio Ambiente, exigindo a salvaguarda dos recursos naturais e a regulamentação dos processos físicos e químicos que interajam com a biosfera, para preservá-los às gerações futuras, garantindo-se o potencial evolutivo a partir da aplicação dos princípios fundamentais da ação comunitária (artigo 130 do Tratado da União Europeia): precaução e ação preventiva; correção prioritariamente na fonte dos danos causados ao meio ambiente e princípio do poluidor pagador.[206]

Examinando os artigos segundo e terceiro da Lei do Meio Ambiente, constata-se que a responsabilidade civil e criminal pelos danos ambientais é atribuída simultaneamente aos diretores, administradores, pessoas físicas em geral que atuem como autoras, coautoras ou partícipes do mesmo fato, ocorrendo à solidariedade entre as pessoas físicas e a sociedade, evidentemente colocando em risco o patrimônio pessoal de cada uma destas pessoas.

d) Dívidas Fiscais – Créditos Tributários

A aplicabilidade da desconsideração no campo tributário relaciona-se estritamente com o princípio da legalidade estrita que ali impera, com colorações muito rígidas.

É que a imposição tributária produz um sacrifício da propriedade individual em prol do Estado. O tributo significa a apropriação de uma parcela da riqueza particular por parte do Estado, sem outro fundamento jurídico senão a simples existência da mesma riqueza. O tributo não encontra fundamento nem na noção de ilicitude nem na ideia de comutatividade. Aquele que está obrigado ao pagamento da prestação tributária encontra-se em tal situação jurídica por exclusiva decorrência de, em última análise ser titular da riqueza.[207]

Nessa ambiência, analisando o artigo 135 incisos II e III do Código Tributário Nacional, tem responsabilidade pessoal pelos créditos correspondentes às obrigações tributárias relativas aos atos praticados com excesso de poderes ou infração da lei, contrato social ou estatutos, os diretores, gerentes ou representantes de pessoas jurídicas de direito privado. Observa-se, portanto, que os administradores somente responderão pessoalmente se tiverem cometido infração à legislação tributária e não em caso de simples inadimplemento, que se verifica quando a sociedade simplesmente não possui recursos

---

[206] MORAES, Alexandre de. *Direito constitucional.* São Paulo: Atlas, 2009, p. 840.
[207] JUSTEN FILHO, Marçal. *Desconsideração da Personalidade Societária no Direito Brasileiro.* São Paulo: Editora RT, 1987, p. 107.

financeiros para efetuar o pagamento dos tributos, em razão do insucesso do empreendimento.

Em síntese, o artigo 135 inciso III do Código Tributário Nacional, não disciplina a responsabilidade dos sócios por dívidas fiscais, mas, sim, a responsabilidade dos administradores da sociedade por tais débitos decorrentes de infrações tributárias.[208]

Calças (2003, p. 96) menciona que "o sócio da limitada, pela simples circunstância de ostentar tal *status* não responde pessoalmente com seu patrimônio pelas dívidas da sociedade", citando, também, o referido autor, a jurisprudência do Superior Tribunal de Justiça, que assim tem entendido:

> Execução Fiscal. Sociedade por cotas de responsabilidade limitada. Dívida da sociedade. Penhora. Bens de sócio não gerente: O quotista, sem função de gerência, não responde por dívida contraída pela sociedade de responsabilidade limitada. Seus bens não podem ser penhorados em processo de execução fiscal movida contra a pessoa jurídica.[209]

No mesmo sentido:

> Nos termos do que dispõe a lei tributária nacional, há que ser observado o princípio da responsabilidade subjetiva, não prevalecendo a simples presunção quando ao descumprimento, pelo sócio, de suas obrigações sociais. Não tendo ficado provado que o sócio exerce a gerência da sociedade, impossível imputar-lhe a prática de atos abusivos, com excesso de mandado ou violação da lei ou do contrato. (Resp. 109.163-0-PR, Rel. Min. Francisco Peçanha Martins, DJU de 23-8-1999, julgados STJ, número 108, p. 41)

Portanto, não há dúvida no que se refere à interpretação do *caput* do artigo 135 do Código Tributário Nacional, **no sentido de que os administradores não podem ser pessoalmente responsabilizados**

---

[208] CALÇAS, Manoel de Queiroz Pereira. op. cit., p. 96.
[209] CTN, artigo 134, decreto 3708/19, artigo segundo (Julgados do STJ, número 105, p. 23, Resp. 151209-0-AL, Rel. Min. Humberto Gomes de Barros, DJU de 8-3-1999).

pelos débitos fiscais da sociedade, pelo simples fato de exercerem a administração, portanto, somente terão responsabilidade pessoal (artigo 1.016 Código Civil) quando as obrigações tributárias resultarem de ato ilícito praticado pelo sócio ou administrador, com excesso de poderes, infração de lei ou do contrato social.[210]

Ocorre que acordo com a decisão do Supremo Tribunal Federal (STF),[211] os contribuintes que não repassarem ao Estado os valores do ICMS cobrado no preço das mercadorias poderão ser processados pelo crime de apropriação indébita, pois o entendimento é que a empresa é mera depositária do valor, conforme o artigo 2º, inciso II da lei 8.137/90 – crimes contra a ordem tributária, a seguir descrito:

> Art. 2° Constitui crime da mesma natureza: (Vide Lei nº 9.964, de 10.4.2000)
>
> I - fazer declaração falsa ou omitir declaração sobre rendas, bens ou fatos, ou empregar outra fraude, para eximir-se, total ou parcialmente, de pagamento de tributo;
> II - deixar de recolher, no prazo legal, valor de tributo ou de contribuição social, descontado ou cobrado, na qualidade de sujeito passivo de obrigação e que deveria recolher aos cofres públicos;
> III - exigir, pagar ou receber, para si ou para o contribuinte beneficiário, qualquer percentagem sobre a parcela dedutível ou deduzida de imposto ou de contribuição como incentivo fiscal;
> IV - deixar de aplicar, ou aplicar em desacordo com o estatuído, incentivo fiscal ou parcelas de imposto liberadas por órgão ou entidade de desenvolvimento;
> V - utilizar ou divulgar programa de processamento de dados que permita ao sujeito passivo da obrigação tributária possuir informação contábil diversa daquela que é, por lei, fornecida à Fazenda Pública.
>
> Pena - detenção, de 6 (seis) meses a 2 (dois) anos, e multa.

---

[210] CALÇAS, Manoel de Queiroz Pereira. op. cit, p. 96.
[211] http://stf.jus.br/portal/cms/verNoticiaDetalhe.asp?idConteudo=433114&caixaBusca=N – acesso em 09.01.2020.

Na respectiva decisão do STF o ministro frisou que para caracterizar o delito, é preciso comprovar a existência de intenção de praticar o ilícito que é a conduta dolosa[212] do contribuinte, portanto, não se trata de criminalização da inadimplência, mas da apropriação indébita.

Vale destacar que o ICMS é um tributo não cumulativo, onde a empresa se credita do tributo nas compras de matéria-prima e debita na venda, portanto, o recolhimento é calculado sobre esta diferença.

Evidente que a possibilidade de uma ação criminal será uma forma que o Estado poderá utilizar para cobrança do referido tributo em atraso, e para o contribuinte, é incontestável que o procedimento pode ser suspenso pelo pagamento da dívida, parcelamento ou programas de refinanciamento incentivados pelo próprio governo.

Não podemos deixar de mencionar que a respectiva ação penal deverá ser interposta contra a empresa, porém, efetivamente quem irá responder o processo criminal serão seus sócios ou administradores.

Nesta linha de raciocínio entendemos que o simples inadimplemento da empresa, não constitui motivo para criminalização, efetivamente para que isto ocorra é necessário demonstrar de forma efetiva a conduta dolosa do contribuinte de não cumprir suas obrigações tributárias.

e) Dívidas perante o Instituto Nacional da Seguridade Social – INSS Lei 8.620/93

De acordo com o artigo 13 da referida lei, o sócio, administrador, gerentes e diretores da sociedade limitada respondem solidariamente e ilimitadamente, independente de culpa, com seus bens pessoais, pelos débitos junto à Seguridade Social.[213] Referido artigo foi revogado com a entrada em vigor da Lei 11.941 de 2009, além do que o STF já havia entendido ser a norma contrária ao artigo 146, inciso III, "b" da Constituição Federal.

---

[212] Dolo – é o desígnio criminoso, a intenção criminosa em fazer o mal, que se constitui crime ou delito, seja por ação ou omissão. Silva, De Plácido. *Dicionário jurídico*. Rio de Janeiro: Forense, 1994.

[213] CALÇAS, Manoel de Queiroz Pereira. op. cit. p. 95.

Via de regra, estes débitos consistem no não recolhimento das seguintes contribuições: INSS parte do empregador sobre a folha de pagamento, INSS parte do empregado retido quando do pagamento de salários, INSS sobre acordos elaborados na Justiça do Trabalho, INSS retido de prestadores de serviços.

f) Créditos Trabalhistas

Pode-se afirmar que a desconsideração da personificação societária no direito do trabalho, tem por pressuposto a verificação de sacrifício de faculdade assegurado ao trabalhador, ou seja, não é que se ignore o conceito de pessoa jurídica no direito do trabalho, não se postula a inexistência dessa categoria perante tal ramo, o que se conclui é que basta a possibilidade do sacrifício de uma faculdade assegurada ao trabalhador para que se produza a desconsideração.[214]

A despeito de não haver lei específica regulamentando a questão, a Justiça do Trabalho tem executado os bens do patrimônio dos sócios, indistintamente às condenações decretadas à sociedade limitada, garantindo aos trabalhadores o direito de atingirem o patrimônio pessoal dos sócios de quaisquer sociedades, pois, a Justiça do Trabalho na interpretação da legislação trabalhista, tem como norte obter de forma concreta, a igualdade jurídica entre empregados e empregadores, e como objetivo atingir a justiça social[215].

A jurisprudência, com o apoio na doutrina, tem decidido que os administradores das sociedades limitadas respondem ilimitada e subsidiariamente pelos débitos trabalhistas nas seguintes hipóteses:

---

[214] JUSTEN FILHO, Marçal, *Desconsideração da Personalidade Societária no Direito Brasileiro*. São Paulo: Editora RT, 1987, p. 106.

[215] Eros Roberto Grau define, na p. 223-224 de sua obra *A ordem Econômica na Constituição de 1988*, que Justiça Social é expressão que no contexto constitucional, não designa meramente uma espécie de justiça, porém um dado ideológico. Justiça social, inicialmente quer significar superação das injustiças na repartição, a nível pessoal, do produto econômico. Com o passar do tempo, contudo, passa a conotar cuidados, referidos à repartição do produto econômico, não apenas inspirados em razão micro, porém macroeconômicas: as correções na injustiça da repartição deixam de ser apenas uma imposição ética, passando a consubstanciar exigência de qualquer política econômica capitalista.

a) dissolução irregular; b) dissolução irregular ou de fato; c) falência. Assim, não sendo encontrados bens sociais que possam ser penhorados ou arrecadados, o patrimônio particular dos administradores poderá ser atingido pela execução judicial para atender ao cumprimento das obrigações trabalhistas.[216]

> Tal orientação pretoriana é correta, uma vez que seria injusto permitir que os administradores da sociedade se eximissem da obrigação de pagar os empregados da sociedade que eles administram, invocando a proteção do escudo legal da pessoa jurídica disciplinado pela legislação empresarial, cujos princípios são incompatíveis com o escopo protetivo que o direito do trabalho confere aos trabalhadores. (...) Se a sociedade não possui bens para solver a obrigação a isso será chamado o sócio gerente, pouco importando que tenha integralizado suas quotas do capital ou não tenha agido com exorbitância do mandato, infringência do contrato ou norma legal. (ALMEIDA, 1999, p. 129 *apud* CALÇAS, 2003, p. 103)

A par de tais princípios, invoca-se a teoria da desconsideração da personalidade jurídica para sustentar a execução dos créditos trabalhistas de responsabilidade da sociedade ser direcionada contra o patrimônio pessoal dos sócios e administradores, não se exige o rigor dos pressupostos doutrinários que autorizam a aplicação da desconsideração da personalidade jurídica previsto no artigo 50 do Código Civil.[217]

Em sentido contrário, existe entendimento no sentido de que o redirecionamento da execução aos sócios da empresa executada somente será possível desde que previamente declarada à desconsideração da pessoa jurídica, o que deverá se dar por decisão fundamentada, em estrita observância à regra constitucional disposta no artigo 93, inciso IX, da Constituição Federal, sob pena de nulidade.[218]

---

[216] CALÇAS, Manoel de Queiroz Pereira. op. cit., p. 103.
[217] CALÇAS, Manoel de Queiroz Pereira. op. cit., p. 103.
[218] TRT-12 Região – 6 Câm.: AP 07512-2005=026-12-85-0-Florianópolis-SC; Rel. Des. Federal do Trabalho Ligia Maria Gouvêa; j.22/1/2010;v.u. – Boletim AASP 2.699.

g) Responsabilidade por Excessos

Os sócios e administradores são responsáveis pela gestão do empreendimento, quando incorrerem em atos ilícitos, contrários à lei ou ao contrato social, os quais foram feitos em nome da sociedade. Esta exceção à regra da irresponsabilidade dos sócios tem como finalidade punir as condutas ilícitas e inviabilizar a prática de atos irregulares nos termos do artigo 1.016 e 1.017 do Código Civil:

> **Art. 1.016.** Os administradores respondem solidariamente perante a sociedade e os terceiros prejudicados, por culpa no desempenho de suas funções.
>
> **Art. 1.017.** O administrador que, sem consentimento escrito dos sócios, aplicar créditos ou bens sociais em proveito próprio ou de terceiros, terá de restituí-los à sociedade, ou pagar o equivalente, com todos os lucros resultantes, e, se houver prejuízo, por ele também responderá.
>
> Parágrafo único. Fica sujeito às sanções o administrador que, tendo em qualquer operação interesse contrário ao da sociedade, tome parte na correspondente deliberação.

Nos termos do artigo 1.080 do Código Civil, as deliberações que infringirem o contrato ou a lei, tornam ilimitada a responsabilidade dos sócios que expressamente a aprovarem.

h) Lei de Falência – 11.101/05

Os artigos 82 a 82-A da referida Lei de Falência estabelece de maneira clara que a responsabilidade pessoal dos sócios de responsabilidade limitada, dos controladores e dos administradores da sociedade falida, será apurada no próprio juízo da falência, independentemente da realização do ativo e da prova da sua insuficiência para cobrir o passivo, observado o procedimento ordinário no Código de Processo Civil. A ação de responsabilização deverá ser proposta pelo administrador judicial antes da ocorrência do prazo prescricional, que é de dois anos contados do trânsito em julgado da sentença de encerramento da falência.

A fim de aclarar o entendimento transcrevemos a seguir os referidos artigos:

**Art. 81.** A decisão que decreta a falência da sociedade com sócios ilimitadamente responsáveis também acarreta a falência destes que ficam sujeitos aos mesmos efeitos jurídicos produzidos em relação à sociedade falida e, por isso, deverão ser citados para apresentar contestação, se assim o desejarem.

§ 1º O disposto no *caput* deste artigo aplica-se ao sócio que tenha se retirado voluntariamente ou que tenha sido excluído da sociedade, há menos de 2 (dois) anos, quanto às dívidas existentes na data do arquivamento da alteração do contrato, no caso de não terem sido solvidas até a data da decretação da falência.

§ 2º As sociedades falidas serão representadas na falência por seus administradores ou liquidantes, os quais terão os mesmos direitos e, sob as mesmas penas, ficarão sujeitos às obrigações que cabem ao falido.

**Art. 82.** A responsabilidade pessoal dos sócios de responsabilidade limitada, dos controladores e dos administradores da sociedade falida, estabelecida nas respectivas leis, será apurada no próprio juízo da falência, independentemente da realização do ativo e da prova da sua insuficiência para cobrir o passivo, observado o procedimento ordinário previsto no Código de Processo Civil.

§ 1º Prescreverá em 2 (dois) anos, contados do trânsito em julgado da sentença de encerramento da falência, a ação de responsabilização prevista no *caput* deste artigo.

§ 2º O juiz poderá, de ofício ou mediante requerimento das partes interessadas, ordenar a indisponibilidade de bens particulares dos réus, em quantidade compatível com o dano provocado, até o julgamento da ação de responsabilização.

**Art. 82-A.** É vedada a extensão da falência ou de seus efeitos, no todo ou em parte, aos sócios de responsabilidade limitada, aos controladores e aos administradores da sociedade falida, admitida, contudo, a desconsideração da personalidade jurídica. (Incluído pela Lei nº 14.112, de 2020) (Vigência)

Parágrafo único. A desconsideração da personalidade jurídica da sociedade falida, para fins de responsabilização de terceiros, grupo, sócio ou administrador por obrigação desta, somente pode ser decretada pelo juízo falimentar com a observância do <u>art. 50 da Lei nº 10.406, de 10 de janeiro de 2002 (Código Civil)</u> e dos <u>arts. 133, 134, 135, 136 e 137 da Lei nº 13.105, de 16 de março de 2015 (Código de Processo Civil)</u>, não aplicada a suspensão de que trata o <u>§ 3º do art. 134 da Lei nº 13.105, de 16 de março de 2015 (Código de Processo Civil)</u>. (Incluído pela Lei nº 14.112, de 2020) (Vigência)

i) Propriedade Industrial – 9.279/96

O artigo 195, parágrafo primeiro define que será responsabilizado por crime de concorrência desleal, o sócio, administrador ou empregado que incorrer nas tipificações do artigo 195 Incisos XI e XII da referida lei.

j) Responsabilidade dos Sócios pela Exata Estimação dos Bens

O capital social da sociedade limitada, após subscrito, deverá ser integralizado em dinheiro, mas poderá ser integralizado em direitos creditícios e bens, e, neste caso, de acordo com o Código Civil artigo 1.055 parágrafo primeiro, "a responsabilidade é solidária de todos os sócios, pelo prazo de cinco anos contados da data do registro da sociedade" na Junta Comercial, pela exata estimação do valor dos bens conferidos sob a forma de integralização ao capital social.

Recomenda-se aos sócios que pretendam prevenir-se contra futura responsabilidade por erros, culposos ou dolosos, na estimação dos bens conferidos ao capital social pelos demais sócios, a exigência de apresentação de laudo de avaliação, feito por empresa especializada ou por peritos de reconhecida idoneidade técnica e moral, aplicando-se analogicamente o artigo oitavo da lei de sociedade por ações, devendo o laudo pericial ser aprovado pelos demais sócios, providenciando-se seu arquivamento juntamente com o contrato social na Junta Comercial respectiva.[219]

---

[219] CALÇAS, Manoel de Queiroz Pereira. op. cit., p. 92.

k) Responsabilidade pela Evicção e Solvência do Devedor

Se previamente definido no contrato social, o sócio pode integralizar suas cotas mediante a transferência de bens particulares à sociedade, seja a título de domínio, posse ou uso, e naturalmente responde pela sua evicção[220], nos termos do artigo 1.005 do código civil.[221]

Portanto, se por sentença judicial, a sociedade perder o bem conferido ao capital social, em face do reconhecimento de que tal bem é de propriedade de terceiro, caberá à sociedade exigir do sócio que ofereceu o bem, o pagamento do valor correspondente à estimativa pela qual o bem foi conferido. No caso de o sócio não realizar o pagamento correspondente, poderá ser excluído da sociedade, com observância do artigo 1.004 cc. Artigo 1.058 ambos do código civil.[222]

> Não integralizada a quota de sócio remisso, os outros sócios podem, sem prejuízo do disposto no art. 1.004 e seu parágrafo único, tomá-la para si ou transferi-la a terceiros, excluindo o primitivo titular e devolvendo-lhe o que houver pago, deduzidos os juros da mora, as prestações estabelecidas no contrato mais as despesas.

A integralização de quotas também pode ser feita pela transferência de créditos, e, nesse caso, o legislador estabelece que o sócio responde pela solvência do devedor do crédito transferido para a sociedade. A responsabilidade do sócio pela solvência do devedor ocorre no momento da subscrição do capital e perdura até o vencimento da dívida. Caso o devedor não efetue o pagamento da dívida,

---

[220] Evicção – Significa o ato pelo qual vem um terceiro desapossar a pessoa da coisa ou do direito, que se encontrava em sua posse, por ter direito a ela. É o desapossamento judicial, ou seja, a tomada da coisa ou do direito real, detida por outrem, embora por justo título. Decorre da sentença que atribui ao evencente o direito sobre a coisa, em virtude da qual se assegura no direito de evencer a coisa ou o direito, que não se encontrava em sua posse e domínio. SILVA, De Plácido. *Vocabulário Jurídico*. Rio de Janeiro: Forense, 1994.
[221] CALÇAS, Manoel de Queiroz Pereira. op. cit., p. 92.
[222] CALÇAS, Manoel de Queiroz Pereira. op. cit. p. 93.

a sociedade deverá cobrar o débito dele, pois a responsabilidade do sócio que transferiu o crédito é subsidiária e não solidária. Somente se a cobrança do devedor não lograr êxito, poderá a sociedade exigir do sócio o valor pelo qual o crédito foi conferido ao capital social.[223]

l) Reposição dos Lucros

Os sócios têm direito à retirada dos lucros gerados pela sociedade, os quais são apurados no balanço patrimonial[224] e demonstração de resultado econômico, conforme previsto no artigo 1.065 do Código Civil, porém, na eventual ocorrência de distribuição de lucros fictícios ou ainda quaisquer retiradas indevidas por parte dos sócios, ainda que autorizadas no contrato social, ficam os mesmos obrigados a repor em favor da sociedade os valores por eles indevidamente recebidos, nos termos do artigo 1.059 do Código Civil.

O Código Civil, ao proibir a distribuição de lucros fictícios, bem como qualquer espécie de pagamento aos sócios, feitos em prejuízo do capital da sociedade, observa o princípio de ordem pública da intangibilidade ou integralidade do capital social, como o escopo de resguardar os interesses dos credores, dos sócios e da sociedade.[225]

A finalidade é resguardar os direitos de terceiros, como também preservar o capital social da empresa, objetivando a continuidade dos negócios empresariais e sua função social[226].

---

[223] CALÇAS, Manoel de Queiroz Pereira. op. cit., p. 93.
[224] O Balanço é um ato jurídico e não simples ato material. De balanço, a rigor, só se pode falar depois que o titular do patrimônio balanceado pessoa física ou pessoa jurídica o aprova, obedecendo as formalidades legais. Antes disso, o que há é um projeto ou uma minuta de balanço, sem valor contábil ou existência jurídica. (COMPARATO, Fábio Konder. *Ensaios e Pareceres de Direito Empresarial*. Rio de Janeiro: Ed. Forense, 1.973, p. 31).
[225] CALÇAS, Manoel de Queiroz Pereira. op. cit., p. 105.
[226] Se se quiser indicar uma instituição social que, pela sua influência, dinamismo e poder de transformação, sirva de elemento explicativo e definidor da civilização contemporânea, a escolha é indubitável: esta instituição é a empresa. É dela que depende, diretamente, a subsistência da maior parte da população ativa deste país, pela organização do trabalho assalariado (...). É das empresas que provém à grande maioria dos bens e serviços consumidos pelo povo, e é delas que o Estado retira a parcela maior de suas receitas fiscais. É em torno da empresa, ademais, que gravitam vários agentes econômicos não assalaria-

Frise-se que a distribuição de lucros fictícios realizada pelo gerente tipifica o crime de fraude previsto no artigo 177, parágrafo primeiro, inciso VI do Código Penal.

A título de comentário, e em função dos escândalos financeiros ocorridos nos Estados Unidos da América, relativo a empresas americanas que possuem ações na bolsa de valores daquele País surge, a partir de 23 de janeiro de 2002, nos Estados Unidos a Lei *Sarbanes--Oxley* que imputa responsabilidade penal para os administradores destas empresas que agirem com dolo ou má-fé durante a sua gestão.

Este tipo de procedimento já vem sendo adotado no Brasil, principalmente pelas empresas que possuem ações na Bolsa de Valores, com a finalidade específica de oferecer aos investidores transparência nas demonstrações financeiras por meio do sistema de governança corporativa, o qual assegura a fidelidade dos demonstrativos financeiros e evita a distribuição disfarçada de lucros, como também, qualquer prática desleal dos administradores na condução dos negócios empresariais.

m) Lei Anticorrupção

A Lei 12.846/13 estabelece a responsabilidade jurídica, administrativa e civil ao comprovar atos de corrupção praticados contra a administração pública por companhias privadas, sociedades empresárias e simples, fundações, associações de entidades e pessoas e sociedades estrangeiras sediadas ou que tenham filial ou representação no Brasil. A responsabilização da pessoa jurídica não exclui a responsabilidade individual de seus dirigentes ou administradores ou de qualquer pessoa natural, autora, coatora ou participe do ato ilícito.

As principais sanções são: multas de 0,1% a 20% do faturamento bruto da empresa (ou de R$ 6.000,00 a R$ 60.000.000,00), deduzidos os impostos, restituição integral dos benefícios obtidos ilegalmente, perda de bens, direitos ou outros valores que sejam fruto da infração, suspensão ou interdição parcial das atividades,

---

dos, como investidores de capital, os fornecedores, os prestadores de serviço. COMPARATO, Fábio Konder. A reforma da empresa. Direito Empresarial - Estudos e Pareceres. São Paulo: Saraiva, 1995, p. 3

dissolução compulsória, declaração de inidoneidade por período de 1 a 5 anos, além da possibilidade da aplicação de outras penalidades simultaneamente.

Considerando a relevância do tema destacamos os artigos 5º e 6º da referida lei:

> **Art. 5º** Constituem atos lesivos à administração pública, nacional ou estrangeira, para os fins desta Lei, todos aqueles praticados pelas pessoas jurídicas mencionadas no parágrafo único do art. 1º, que atentem contra o patrimônio público nacional ou estrangeiro, contra princípios da administração pública ou contra os compromissos internacionais assumidos pelo Brasil, assim definidos:
>
> I - prometer, oferecer ou dar, direta ou indiretamente, vantagem indevida a agente público, ou a terceira pessoa a ele relacionada;
> II - comprovadamente, financiar, custear, patrocinar ou de qualquer modo subvencionar a prática dos atos ilícitos previstos nesta Lei;
> III - comprovadamente, utilizar-se de interposta pessoa física ou jurídica para ocultar ou dissimular seus reais interesses ou a identidade dos beneficiários dos atos praticados;
> IV - no tocante a licitações e contratos:
> a) frustrar ou fraudar, mediante ajuste, combinação ou qualquer outro expediente, o caráter competitivo de procedimento licitatório público;
> b) impedir, perturbar ou fraudar a realização de qualquer ato de procedimento licitatório público;
> c) afastar ou procurar afastar licitante, por meio de fraude ou oferecimento de vantagem de qualquer tipo;
> d) fraudar licitação pública ou contrato dela decorrente;
> e) criar, de modo fraudulento ou irregular, pessoa jurídica para participar de licitação pública ou celebrar contrato administrativo;
> f) obter vantagem ou benefício indevido, de modo fraudulento, de modificações ou prorrogações de contratos celebrados com a administração pública, sem autorização em lei, no ato convocatório da licitação pública ou nos respectivos instrumentos contratuais; ou

g) manipular ou fraudar o equilíbrio econômico-financeiro dos contratos celebrados com a administração pública;

V - dificultar atividade de investigação ou fiscalização de órgãos, entidades ou agentes públicos, ou intervir em sua atuação, inclusive no âmbito das agências reguladoras e dos órgãos de fiscalização do sistema financeiro nacional.

§ 1º Considera-se administração pública estrangeira os órgãos e entidades estatais ou representações diplomáticas de país estrangeiro, de qualquer nível ou esfera de governo, bem como as pessoas jurídicas controladas, direta ou indiretamente, pelo poder público de país estrangeiro.

§ 2º Para os efeitos desta Lei, equiparam-se à administração pública estrangeira as organizações públicas internacionais.

§ 3º Considera-se agente público estrangeiro, para os fins desta Lei, quem, ainda que transitoriamente ou sem remuneração, exerça cargo, emprego ou função pública em órgãos, entidades estatais ou em representações diplomáticas de país estrangeiro, assim como em pessoas jurídicas controladas, direta ou indiretamente, pelo poder público de país estrangeiro ou em organizações públicas internacionais.

## DA RESPONSABILIZAÇÃO ADMINISTRATIVA

Art. 6º Na esfera administrativa, serão aplicadas às pessoas jurídicas consideradas responsáveis pelos atos lesivos previstos nesta Lei as seguintes sanções:

I - multa, no valor de 0,1% (um décimo por cento) a 20% (vinte por cento) do faturamento bruto do último exercício anterior ao da instauração do processo administrativo, excluídos os tributos, a qual nunca será inferior à vantagem auferida, quando for possível sua estimação; e

II - publicação extraordinária da decisão condenatória.

§ 1º As sanções serão aplicadas fundamentadamente, isolada ou cumulativamente, de acordo com as peculiaridades do caso concreto e com a gravidade e natureza das infrações.

§ 2º A aplicação das sanções previstas neste artigo será precedida da manifestação jurídica elaborada pela Advocacia Pública ou pelo órgão de assistência jurídica, ou equivalente, do ente público.

§ 3º A aplicação das sanções previstas neste artigo não exclui, em qualquer hipótese, a obrigação da reparação integral do dano causado.

§ 4º Na hipótese do inciso I do *caput*, caso não seja possível utilizar o critério do valor do faturamento bruto da pessoa jurídica, a multa será de R$ 6.000,00 (seis mil reais) a R$ 60.000.000,00 (sessenta milhões de reais).

§ 5º A publicação extraordinária da decisão condenatória ocorrerá na forma de extrato de sentença, a expensas da pessoa jurídica, em meios de comunicação de grande circulação na área da prática da infração e de atuação da pessoa jurídica ou, na sua falta, em publicação de circulação nacional, bem como por meio de afixação de edital, pelo prazo mínimo de 30 (trinta) dias, no próprio estabelecimento ou no local de exercício da atividade, de modo visível ao público, e no sítio eletrônico na rede mundial de computadores.

## 20.3 CONCLUSÕES

A partir dos argumentos apresentados em nosso estudo, podemos concluir que um dos principais motivos da Sociedade Limitada ser largamente utilizado no Brasil, é o que permite que os investidores ou empreendedores não comprometam seu patrimônio particular em caso de insucesso do empreendimento.

Tecnicamente os sócios da sociedade limitada tem sua responsabilidade limitada ao valor de suas quotas do capital social integralizado, sendo exceção a esta regra, os atos ilícitos, e os credores não negociais.

Com relação ao tema da responsabilização da pessoa jurídica, somam-se os argumentos de que os entes coletivos somente detêm personalidade jurídica se agirem dentro de sua finalidade, levando-se em conta que estes perseguem sempre um fim lícito. Se exorbitarem sua finalidade, estarão praticando atos ilegais, ocorrendo então à desconsideração da pessoa jurídica, que por sua vez, torna a responsabilidade do sócio ou administrador ilimitada.

Uma dúvida resta com relação aos administradores que constam no contrato social e que não são sócios da empresa: devem eles responder ilimitadamente no caso de eventuais problemas de gestão com os credores não negociais?

A resposta é depende, se praticarem atos ilegais ou ainda atos contrários ao constante no contrato social, o administrador deverá responder civil e criminalmente na medida de sua culpabilidade[227]. Há de se ressaltar que para que haja responsabilização da pessoa jurídica e punição dos representantes legais da empresa e seus funcionários, é imprescindível que se apure individualmente a conduta dos seus agentes, determinando a culpabilidade de cada um na conduta ilícita, analisando-se ainda esta culpabilidade em face de três elementos: imputabilidade, potencial consciência da ilicitude e exigibilidade de conduta adversa; como também apurar se a empresa e os respectivos obtiveram proveito em função da ilicitude. Não podemos aceitar a punição de um sócio ou administrador, pelo simples fato daquele indivíduo ocupar determinado cargo dentro da empresa.

Atualmente, com a finalidade de evitar prejuízos decorrentes de problemas de ordem ética e conduta ilícita de seus empregados, administradores e sócios; as empresas estão desenvolvendo um programa de governança corporativa, que consiste em definir normas e procedimentos de trabalho, estabelecendo um código de ética e conduta, como também contratado uma nova modalidade de seguro de responsabilidade civil denominado *Directors and Officers*, que se

---

[227] Culpabilidade – É o juízo de censura que recai sobre a formação e a manifestação de vontade do agente, com o objetivo de imposição da pena. É, pois, o pressuposto de aplicação da pena. Deve-se à culpabilidade a aproximação da responsabilidade penal à vontade do homem. BARROS, Flávio Monteiro. *Direito Penal*. São Paulo: Saraiva, 1999, p. 283.

destina a garantir o patrimônio pessoal dos administradores e da empresa na eventual ocorrência de atos irregulares e eventos danosos por parte da administração, ou ainda, contratando seguros contra erros e omissões cometidos por seus administradores que se denomina Responsabilidade Civil Profissional.

# 21 DIREITO FINANCEIRO

## 21.1 DEFINIÇÃO

Entendemos a definição de Direito Financeiro como o ramo do direito público interno que estuda os princípios e regras jurídicas relativas aos atos e fatos que envolvem as finanças[228] públicas e a atividade financeira do Estado[229], incluindo as receitas e despesas públicas, as leis orçamentárias, o crédito público, os sistemas de fiscalização e controle da administração pública[230] e a responsabilidade fiscal.

Harada (2015, p. 17) define o Direito Financeiro como:

> Podemos dizer que o Direito Financeiro é o ramo do Direito Público que estuda a atividade financeira do Estado sob o ponto de vista jurídico.
>
> Seu objeto material é o mesmo da ciência das finanças, ou seja, a atividade financeira do Estado que se desdobra em receita, despesa, orçamento e crédito público. Enquanto esta estuda esses desdobramentos sob o ponto de vista especulativo, o Direito Financeiro disciplina normativamen-

---

[228] Finanças – A arte de administrar o dinheiro. GUITMANN, Lawrence J. *Princípios de administração financeira*. São Paulo: Pearson, 2012, p. 3.

[229] Atividade financeira do Estado – Daí a atividade financeira do Estado que visa à busca do dinheiro e a sua aplicação para consecução das necessidades públicas primárias, que são aquelas de interesse geral, satisfeitas exclusivamente pelo processo do serviço público. HARADA, Kiyoshi. *Direito financeiro e tributário*. São Paulo: Atlas, 2015, p. 4.

[230] Administração Pública – É todo aparelhamento do Estado, preordenado à realização de seus serviços, visando à satisfação das necessidades coletivas. Administrar é gerir os serviços públicos; significa não só prestar serviço, executá-lo, como também, dirigir, governar, exercer à vontade com o objetivo de obter um resultado útil. Heilio, Kohama. *Contabilidade pública – teoria e prática*. São Paulo: Atlas, 2014, p. 9.

te toda a atividade financeira do Estado, compreendendo todos os aspectos em que se desdobra. Ambas as ciências têm o mesmo objetivo, diferenciando-se uma da outra apenas pela forma pela cada qual uma delas estuda o mesmo fenômeno.

No mesmo sentido, Torres (2013, p. 12) conceitua o Direito Financeiro:

> Como sistema objetivo, é o conjunto de normas e princípios que regulam a atividade financeira. Incumbe-lhe disciplinar a constituição e a gestão da Fazenda Pública, estabelecendo as regras e procedimentos para a obtenção da receita pública e a realização dos gastos necessários à consecução dos objetivos do Estado.

Ampliando o raciocínio, podemos afirmar que o Estado não produz ou gera receita, ou ainda, não fabrica recursos financeiros, ele simplesmente arrecada os recursos através dos tributos, venda de patrimônio, empréstimos e recebimento de dividendos de suas empresas, e com a administração destes recursos cobre os seus gastos e realiza os investimentos necessários para a população.

Embora o Direito Público seja autônomo conforme artigo 24 da CF, e também devido ao fato de possuir princípios jurídicos específicos não aplicáveis a outros ramos do direito, ele tem uma relação direta com os seguintes ramos do direito:

**A - DIREITO CONSTITUCIONAL** – É a constituição federal que determina as regras do direito financeiro, as quais estão previstas nos seus artigos 24, incisos I, II, 70 a 75 da fiscalização contábil, financeira e orçamentária e 163 a 169 das finanças públicas e orçamento.

Define ainda o sistema tributário e suas limitações, os princípios financeiros básicos, determina a partilha dos tributos, estabelece as regras orçamentárias, sua execução e fiscalização.

**B - DIREITO TRIBUTÁRIO** – O direito tributário teve sua origem no direito financeiro e sua relação refere-se ao ingresso de recursos financeiros através dos tributos para o Estado.

**C - DIREITO ADMINISTRATIVO** – Uma das finalidades do direito administrativo é administrar os bens do Estado e na sequência ingressa o direito financeiro com o aspecto financeiro na gestão das finanças públicas, Meirelles define o Direito Administrativo como:

> O conceito de Direito Administrativo Brasileiro, para nós, sintetiza-se no conjunto harmônico de princípios jurídicos que regem os órgãos, os agentes e as atividades tendentes a realizar concreta e imediatamente os fins desejados pelo Estado.[231]

Somam-se os argumentos de Pietro (2002, p. 52) na definição de Direito Administrativo:

> É o ramo do direito público que tem por objeto os órgãos, agentes, e pessoas jurídicas administrativas que integram a Administração Pública, a atividade jurídica não contenciosa que exerce e os bens que se utiliza para a consecução de seus fins, de natureza pública.

**D - DIREITO CIVIL** – Os conceitos utilizados pelo direito financeiro e tributário, encontram-se descritos no Código Civil, tais como: pessoa jurídica, pessoa física, contrato, propriedade, prescrição e decadência etc.

**E - DIREITO PENAL** – As diversas penalidades, entre elas a pecuniária ou multa fiscal, emana do poder de punir atribuído ao Estado no pacto constitucional, e não do poder tributário, do qual procedem o tributo e a obrigação de contribuir para as despesas.[232] Relaciona-se também, como os crimes de responsabilidade no tocante ao orçamento e responsabilidade fiscal.

**F - DIREITO INTERNACIONAL** – As regras de harmonização de sistemas tributários e financeiros sobre o comércio exterior,

---

[231] MEIRELLIES, Hely Lopes. *Direito administrativo brasileiro*. São Paulo: Malheiros, 1993, p. 29.
[232] TORRES, Ricardo Lobo. *Curso de direito financeiro e tributário*. Rio de Janeiro: Renovar, 2014, p. 21.

começam a ganhar papel de relevo no Direito Constitucional Financeiro, que passa a se colocar como vértice do relacionamento entre o Direito Internacional e o nacional.[233] Podemos citar como exemplo os tratados e convenções internacionais realizados entre o governo brasileiro e outras nações que afetam a arrecadação tributária.

**G - DIREITO PROCESSUAL** – Para garantir as normas do direito tributário e financeiro, em diversas ocasiões o Estado tem de utilizar o poder judiciário para execução, cobranças e punição para o administrador público e contribuintes. O Código de Processo civil, Código de Processo Penal e a legislação processual extravagante oferecem e garantem os meios de execução do crédito tributário.

## 21.2 FONTES E PRINCÍPIOS DO DIREITO FINANCEIRO

As fontes do direito financeiro refletem a sua origem na legislação vigente. Neste sentido Torres (2013, p. 35) conceitua as fontes como:

> Entende-se por fontes do Direito Financeiro o conjunto de normas, preceitos e princípios que compõem o ordenamento positivo das finanças públicas. O problema das fontes do Direito Financeiro é o mesmo das fontes de direito em geral, com as seguintes particularidades: dá-se ênfase à lei como fonte formal, em virtude do regime de legalidade estrita desse ramo do direito; o costume tem diminutíssima importância.
>
> A fonte superior do Direito Financeiro é a Constituição Financeira. Fontes principais são emanadas do Poder legislativo: a lei complementar, a lei ordinária, os tratados, a medida provisória, os convênios ICMS. Fontes secundárias são as de complementação das principais, constituídas pelos atos dos órgãos do poder executivo: decreto, regulamento, resolução, portaria. Discutível se a jurisprudência é fonte do Direito Financeiro. Os costumes *secundum legem* completam o quadro das fontes. A doutrina já não é considerada

---

[233] TORRES, Ricardo Lobo. *Curso de direito financeiro e tributário*. Rio de Janeiro: Renovar, 2014, p. 22.

fonte, pois se confunde com o próprio Direito Financeiro, em seu momento externo, como sistema subjetivo.

Destacamos a seguir as principais fontes do Direito Financeiro existentes em nosso ordenamento jurídico:

**1 – CONSTITUIÇÃO FEDERAL** – A matéria encontra-se disciplinada nos artigos, 24, 70 a 75 e 163 a 169;

**2 – LEI 4.320/64** – É a lei que define as regras de elaboração, execução e fiscalização do orçamento público;

**3 – LEI COMPLEMENTAR 101/00** – É a lei de responsabilidade fiscal (LRF) que limita os gastos públicos;

Referida lei é um código de conduta para o administrador público da esfera federal, estadual e municipal incluindo os três poderes. O objetivo da lei é a melhoria das contas públicas, como também o cumprimento do orçamento e das metas públicas estabelecidas no PPA, LDO e LOA. A lei fixa limites para a dívida pública, despesas com pessoal, assim como, destaca que para administrador público criar uma nova despesa o mesmo tem que indicar uma nova fonte de receita ou reduzir uma despesa. Caso o administrador público não cumpra a lei fica sujeito a sanções, tais como, crime de responsabilidade fiscal (lei 1.079/50);

Hugo de Brito Machado Segundo destaca na p. 20 de sua obra que:

> Dentro da ideia de impor uma gestão fiscal responsável, a LRF formula exigências a serem cumpridas pela Lei de Diretrizes Orçamentárias e pela Lei Orçamentária. Quanto à Lei de Diretrizes Orçamentárias, deverá ela dispor, à luz da LRF, sobre: equilíbrio entre receitas e despesas, critérios e forma de limitação de empenho, normas relativas a controle de custos e à avaliação dos resultados dos programas financiados com recursos dos orçamentos e outras condições e exigências para que se transfiram recursos públicos a entidades públicas e privadas.
>
> Ainda nos termos da LRF, a LDO deverá ser acompanhada de um Anexo de Metas Fiscais, em que deverão ser estabelecidas metas anuais, em valores correntes e constantes,

relativas a receitas, despesas, resultados nominal e primário e montante da dívida pública, para exercício a que se referir e para os dois seguintes.

**4 – MEDIDAS PROVISÓRIAS E DECRETOS DO PODER EXECUTIVO** – O chefe do Poder Executivo Federal pode editar as respectivas para obtenção de autorização de créditos extraordinários para necessidades urgentes e não previstas no orçamento;

**5 – RESOLUÇÕES DO SENADO FEDERAL** – São os atos que autorizam os limites da dívida pública para os entes federativos, bem como a concessão de garantias;

**6 – DECRETO LEGISLATIVO** – Se destina resolver definitivamente sobre tratados, acordos ou atos internacionais que acarretem encargos ao patrimônio público;

**7 – TRATADOS E CONVENÇÕES INTERNACIONAIS** – São fontes do Direito financeiro desde que firmados pelo pode executivo e aprovados pelo Congresso Nacional;

**8 – LEI 8.429/92 – IMPROBIDADE ADMINISTRATIVA – ALTERADA PELA LEI 14.230/21;**

**9 – DIREITO FINANCEIRO** – Com referência aos princípios do Direito Financeiro destacamos abaixo a definição do quadro geral de valores conceituais elaborado por Torres (2013, 89, 90) em sua obra:

**VALOR JUSTIÇA:** Economicidade, custo/benefício, capacidade contributiva, redistribuição de rendas, desenvolvimento econômico, solidariedade, territorialidade, País de destino, País de fonte, *Non olet*. Destaca ainda os subprincípios: Progressividade, proporcionalidade, personalização, seletividade.

**VALOR EQUIDADE:** Equidade entre regiões, equidade vertical no federalismo, equidade entre gerações.

**VALOR SEGURANÇA JURÍDICA:** Proibição de analogia, legalidade, tipicidade tributária, clareza, irretroatividade, anterioridade, anualidade, proteção da confiança do contribuinte, irrevisibilidade do lançamento, publicidade, unidade do orçamento, universalidade do orçamento, exclusividade da lei orçamentária, não-afetação da receita, especialidade do orçamento, destinação pública do tributo. Destaca ainda os subprincípios: Superlegalidade, reserva da lei, primado da lei.

**VALOR LEGITIMIDADE**: Equilíbrio orçamentário, igualdade, devido processo legal, transparência fiscal, responsabilidade fiscal, ponderação, razoabilidade.

## 21.3 RECEITA PÚBLICA

As receitas públicas são os ingressos em espécie em benefício de uma pessoa jurídica de direito público, com o objetivo de satisfazer as necessidades financeiras do Estado de forma que o mesmo possa realizar os investimentos e serviços públicos[234].

Existe uma distinção entre **Ingresso ou Entrada** e **Receita Pública**, onde o ingresso é a movimentação de caixa e a Receita Pública é uma entrada de recursos para o patrimônio público sem reservas ou condições, é definitiva.

Harada (2015, p. 36) conceitua a Receita Pública:

> Como despesa Pública pressupõe receita, pode-se dizer que receita pública é o ingresso de dinheiro aos cofres do Estado para atendimento de suas finalidades.

Somam-se os argumentos de Claudio Carneiro, que destaca nas p. 46, 47 de sua obra a distinção entre Ingresso e Receita:

> Considera-se **Ingresso** toda quantia recebida pelos cofres públicos, seja restituível ou não, daí também ser chamado simplesmente de "entradas". Assim, diz-se também que ingresso é toda e qualquer entrada de dinheiro para o Estado, como, por exemplo, os empréstimos públicos. Destaque-se que, pela definição dada, nem todo ingresso constitui receita, pois não acresce o patrimônio estatal, como é o caso das indenizações devidas por danos causados ao patrimônio

---

[234] Consideram-se serviços públicos o conjunto de atividades e bens que são exercidos ou colocados à disposição da coletividade, visando abranger e proporcionar o maior grau possível de bem-estar social da prosperidade pública. KOHAMA, Heilio. *Contabilidade pública – teoria e prática*. São Paulo: Atlas, 2014, p. 1.

público. Já a **Receita** é considerada a entrada ou o ingresso definitivo de dinheiro nos cofres públicos, de que o Estado lança mão para fazer frente às suas despesas, com o intuito de realizar o interesse público e movimentar a máquina administrativa. Por esse motivo, em alguns países, as Secretarias respectivas são denominadas Secretaria de Ingressos Públicos.

Podemos citar como exemplo de Receita Pública o IPI que é arrecadado pela União do contribuinte, e o ingresso o valor retido contratualmente pelo Estado no pagamento de um fornecedor, como garantia de conclusão da obra contratada, onde após a conclusão da obra o valor é devolvido para o fornecedor.

## 21.3.1 Fontes das Receitas Públicas

As receitas públicas são oriundas das seguintes fontes:

**PATRIMÔNIO DO ESTADO** – O Estado pode obter receitas utilizando seu patrimônio nas seguintes operações: locação de bens móveis e imóveis, rentabilidade com títulos e valores mobiliários e a exploração de atividades econômicas através de empresas estatais.

**TRIBUTOS** – É a principal fonte de recursos do Estado. O conceito de tributo encontra-se definido no artigo 3º do CTN. Cabe destacar que as receitas tributárias devem ser repartidas entre os entes da federação seguindo as regras estabelecidas na CF artigos 157 a 162, a seguir descritos:

> Art. 157. Pertencem aos Estados e ao Distrito Federal:
>
> I - o produto da arrecadação do imposto da União sobre renda e proventos de qualquer natureza, incidente na fonte, sobre rendimentos pagos, a qualquer título, por eles, suas autarquias e pelas fundações que instituírem e mantiverem;
> II - vinte por cento do produto da arrecadação do imposto que a União instituir no exercício da competência que lhe é atribuída pelo art. 154, I.

**Art. 158.** Pertencem aos Municípios:

I - o produto da arrecadação do imposto da União sobre renda e proventos de qualquer natureza, incidente na fonte, sobre rendimentos pagos, a qualquer título, por eles, suas autarquias e pelas fundações que instituírem e mantiverem;
II - cinquenta por cento do produto da arrecadação do imposto da União sobre a propriedade territorial rural, relativamente aos imóveis neles situados, cabendo a totalidade na hipótese da opção a que se refere o art. 153, § 4º, III; (Redação dada pela Emenda Constitucional nº 42, de 19.12.2003) (Regulamento)
III - cinquenta por cento do produto da arrecadação do imposto do Estado sobre a propriedade de veículos automotores licenciados em seus territórios;
IV - vinte e cinco por cento do produto da arrecadação do imposto do Estado sobre operações relativas à circulação de mercadorias e sobre prestações de serviços de transporte interestadual e intermunicipal e de comunicação.

Parágrafo único. As parcelas de receita pertencentes aos Municípios, mencionadas no inciso IV, serão creditadas conforme os seguintes critérios:

I - 65% (sessenta e cinco por cento), no mínimo, na proporção do valor adicionado nas operações relativas à circulação de mercadorias e nas prestações de serviços, realizadas em seus territórios; (Redação dada pela Emenda Constitucional nº 108, de 2020)
II - até 35% (trinta e cinco por cento), de acordo com o que dispuser lei estadual, observada, obrigatoriamente, a distribuição de, no mínimo, 10 (dez) pontos percentuais com base em indicadores de melhoria nos resultados de aprendizagem e de aumento da equidade, considerado o nível socioeconômico dos educandos. (Redação dada pela Emenda Constitucional nº 108, de 2020)

**Art. 159.** A União entregará: (Vide Emenda Constitucional nº 55, de 2007)

I - do produto da arrecadação dos impostos sobre renda e proventos de qualquer natureza e sobre produtos industrializados, 50% (cinquenta por cento), da seguinte forma: (Redação dada pela Emenda Constitucional nº 112, de 2021) Produção de efeitos

a) vinte e um inteiros e cinco décimos por cento ao Fundo de Participação dos Estados e do Distrito Federal; (Vide Lei Complementar nº 62, de 1989) (Regulamento)

b) vinte e dois inteiros e cinco décimos por cento ao Fundo de Participação dos Municípios; (Vide Lei Complementar nº 62, de 1989) (Regulamento)

c) três por cento, para aplicação em programas de financiamento ao setor produtivo das Regiões Norte, Nordeste e Centro-Oeste, através de suas instituições financeiras de caráter regional, de acordo com os planos regionais de desenvolvimento, ficando assegurada ao semi-árido do Nordeste a metade dos recursos destinados à Região, na forma que a lei estabelecer; (Regulamento)

d) um por cento ao Fundo de Participação dos Municípios, que será entregue no primeiro decêndio do mês de dezembro de cada ano; (Incluído pela Emenda Constitucional nº 55, de 2007)

e) 1% (um por cento) ao Fundo de Participação dos Municípios, que será entregue no primeiro decêndio do mês de julho de cada ano; (Incluída pela Emenda Constitucional nº 84, de 2014)

f) 1% (um por cento) ao Fundo de Participação dos Municípios, que será entregue no primeiro decêndio do mês de setembro de cada ano; (Incluído pela Emenda Constitucional nº 112, de 2021) Produção de efeitos

II - do produto da arrecadação do imposto sobre produtos industrializados, dez por cento aos Estados e ao Distrito Federal, proporcionalmente ao valor das respectivas exportações de produtos industrializados. (Regulamento)

III - do produto da arrecadação da contribuição de intervenção no domínio econômico prevista no art. 177, § 4º, 29% (vinte e nove por cento) para os Estados e o Distrito Federal, distribuídos na forma da lei, observada a destinação a que se refere o inciso II, c, do referido parágrafo. (Redação dada pela Emenda Constitucional nº 44, de 2004)

§ 1º Para efeito de cálculo da entrega a ser efetuada de acordo com o previsto no inciso I, excluir-se-á a parcela da arrecadação do imposto de renda e proventos de qualquer natureza pertencente aos Estados, ao Distrito Federal e aos Municípios, nos termos do disposto nos arts. 157, I, e 158, I.

§ 2º A nenhuma unidade federada poderá ser destinada parcela superior a vinte por cento do montante a que se refere o inciso II, devendo o eventual excedente ser distribuído entre os demais participantes, mantido, em relação a esses, o critério de partilha nele estabelecido.

§ 3º Os Estados entregarão aos respectivos Municípios vinte e cinco por cento dos recursos que receberem nos termos do inciso II, observados os critérios estabelecidos no art. 158, parágrafo único, I e II.

§ 4º Do montante de recursos de que trata o inciso III que cabe a cada Estado, vinte e cinco por cento serão destinados aos seus Municípios, na forma da lei a que se refere o mencionado inciso. (Incluído pela Emenda Constitucional nº 42, de 19.12.2003)

**Art. 160.** É vedada a retenção ou qualquer restrição à entrega e ao emprego dos recursos atribuídos, nesta seção, aos Estados, ao Distrito Federal e aos Municípios, neles compreendidos adicionais e acréscimos relativos a impostos.

§ 1º A vedação prevista neste artigo não impede a União e os Estados de condicionarem a entrega de recursos: (Renumerado do Parágrafo único pela Emenda Constitucional nº 113, de 2021)

I - ao pagamento de seus créditos, inclusive de suas autarquias; (Incluído pela Emenda Constitucional nº 29, de 2000)
II - ao cumprimento do disposto no art. 198, § 2º, incisos II e III. (Incluído pela Emenda Constitucional nº 29, de 2000)

§ 2º Os contratos, os acordos, os ajustes, os convênios, os parcelamentos ou as renegociações de débitos de qualquer espécie, inclusive tributários, firmados pela União com os entes federativos conterão cláusulas para autorizar a dedução dos valores devidos dos montantes a serem repassados relacionados às respectivas cotas nos Fundos de Participação ou aos precatórios federais. (Incluído pela Emenda Constitucional nº 113, de 2021)

**Art. 161.** Cabe à lei complementar:

I - definir valor adicionado para fins do disposto no art. 158, parágrafo único, I;
II - estabelecer normas sobre a entrega dos recursos de que trata o art. 159, especialmente sobre os critérios de rateio dos fundos previstos em seu inciso I, objetivando promover o equilíbrio socioeconômico entre Estados e entre Municípios;
III - dispor sobre o acompanhamento, pelos beneficiários, do cálculo das quotas e da liberação das participações previstas nos arts. 157, 158 e 159.

Parágrafo único. O Tribunal de Contas da União efetuará o cálculo das quotas referentes aos fundos de participação a que alude o inciso II.

**Art. 162.** A União, os Estados, o Distrito Federal e os Municípios divulgarão, até o último dia do mês subsequente ao da arrecadação, os montantes de cada um dos tributos arrecadados, os recursos recebidos, os valores de origem tributária entregues e a entregar e a expressão numérica dos critérios de rateio.

Parágrafo único. Os dados divulgados pela União serão discriminados por Estado e por Município; os dos Estados, por Município.

**CRÉDITO PÚBLICO** – O Estado participa do mercado financeiro oferecendo títulos públicos que serão resgatados no futuro, acrescido de uma remuneração definida entre as partes.

**OUTRAS FONTES** – Podemos definir como: multas, doações recebidas, venda de patrimônio etc.

## 21.3.2 Classificação das Receitas Públicas

As receitas Públicas podem ser classificadas segundo os seguintes critérios:

**RECEITAS ORIGINÁRIAS** – São aquelas que resultam da atuação do Estado sob regime de direito privado, na exploração do seu próprio patrimônio. São as receitas do patrimônio imobiliário, mobiliário, empresarial, industrial e agropecuário, exemplo: lucro de empresa estatal (Petrobras), laudêmio[235].

Neste caso o ente público atua como empresário através de um acordo de vontades, e não por meio de seu poder de império, por isso não há coerção na sua instituição. Temos como exemplo o concurso de prognósticos e a locação de um bem público;[236]

**RECEITAS DERIVADAS** – Decorrem do poder impositivo do Estado sobre a economia privada. Trata-se dos tributos e respectivas penalidades (multas) é a arrecadação fiscal;

**RECEITAS TRANSFERIDAS** – São as transferências constitucionais da União para o estado membro e municípios (artigos 157 e 159 CF).

A doutrina também classifica as receitas públicas segundo a regularidade das entradas, sendo:

**RECEITAS ORDINÁRIAS** – São as receitas periódicas que são arrecadadas em caráter constante, periódica ou permanente, com previsibilidade e regularidade, e são anualmente previstas no orçamento, exemplo: impostos, taxas e contribuições de melhoria;

**RECEITAS EXTRAORDINÁRIAS** – São ingressos financeiros excepcionais e imprevisíveis, que se produzem excepcionalmente, tais como os impostos extraordinários previstos nos artigos

---

[235] Laudêmio – Designa um reconhecimento ou aprovação por parte do senhorio direto do prédio aforado ao novo enfiteuta, em face da transferência ou alienação que para ele se faz da enfiteuse (domínio útil). O laudêmio é sempre calculado sobre o preço de venda ou dação em pagamento. SILVA, De Plácido. *Vocabulário jurídico*. Rio de Janeiro: Forense, 1994.

[236] CARNEIRO, Claudio. *Curso de direito tributário e financeiro*. São Paulo: Saraiva, p. 49.

148 (empréstimo compulsório) e 154 (impostos extraordinários), incisos I, II da CF e doações para o patrimônio público.

Ainda com relação ao tema, destacamos que a lei 4.320/64 alterada pela lei complementar 101/2000 que classifica as receitas da seguinte maneira:

**RECEITAS CORRENTES** – Prevista no artigo 11 § 1º e decorrem de três fontes: a) poder impositivo do Estado sobre a iniciativa privada com tributos e multas); b) exploração dos bens do patrimônio do Estado; c) recursos recebidos de outras pessoas de direito público ou privado, destinadas a atender despesas correntes;[237]

Em síntese a classificação deve obedecer ao seguinte esquema: Receitas: Tributária, Contribuições, patrimonial, agropecuária, Industrial, Serviços, transferências correntes[238], outras receitas correntes.

**RECEITAS DE CAPITAL** – Descrita no artigo 11 § 2º e resultam de três fontes: a) pagamento de dívidas onde o Estado é o credor; b) recursos recebidos de outras pessoas de direito público ou privado destinadas a atender despesas de capital; c) superávit do orçamento corrente, porém o parágrafo 3º do referido artigo destaca que:

> § 3º - O *superávit* do Orçamento Corrente resultante do balanceamento dos totais das receitas e despesas correntes, apurado na demonstração a que se refere o Anexo nº 1, não constituirá item de receita orçamentária. (Redação dada pelo Decreto-Lei nº 1.939, de 1982)[239]

---

[237] Lei Federal 4.320/64 artigo 11.

[238] As transferências correntes são outra origem oriunda de recursos financeiros recebidos de outras entidades de direito público ou privado e destinados ao atendimento de gastos, classificáveis em despesas correntes. Artigo 11 § 1º da lei 4.320/64.

[239] § 2º Lei 4.320/64 – São Receitas de Capital as provenientes da realização de recursos financeiros oriundos de constituição de dívidas; da conversão, em espécie, de bens e direitos; os recursos recebidos de outras pessoas de direito público ou privado, destinados a atender despesas classificáveis em Despesas de Capital e, ainda, o *superávit* do Orçamento Corrente.

**RECEITA EXTRA ORÇAMENTÁRIA** – A receita extra orçamentária compreende os recolhimentos feitos que constituirão compromissos exigíveis, cujo pagamento independe de autorização orçamentária e, portanto, independe de autorização legislativa. Por conseguinte, o Estado é obrigado a arrecadar valores que em princípio, não lhe pertencem. O Estado figura apenas como depositário dos valores quem ingressam a esse título, como, por exemplo: as cauções, as fianças, as consignações e outras, sendo a sua arrecadação classificada como receita extra orçamentária.[240]

Ainda com referência as receitas públicas, destaca-se ainda a repartição constitucional das receitas decorrentes da arrecadação tributária, entre a União, Estados, Municípios e Distrito Federal, mencionadas nos artigos 157 a 162 da CF.

Em síntese, na repartição de receitas tributárias, atribui-se ao ente central a competência de instituir e arrecadar o tributo, mas se lhe impõe o dever de dividir com os entes periféricos o resultado dessa arrecadação. Exemplo: O IPVA é arrecadado pelo Estado, porém os Municípios recebem do Estado 50% do IPVA relativo aos veículos licenciados em seus territórios nos termos do artigo 158 inciso III da CF.

Para maior esclarecimento transcrevemos os artigos 157 a 159 da CF que tratam da distribuição dos tributos entre os entes federativos:

> **Art. 157.** Pertencem aos Estados e ao Distrito Federal:
>
> I - o produto da arrecadação do imposto da União sobre renda e proventos de qualquer natureza, incidente na fonte, sobre rendimentos pagos, a qualquer título, por eles, suas autarquias e pelas fundações que instituírem e mantiverem;
> II - vinte por cento do produto da arrecadação do imposto que a União instituir no exercício da competência que lhe é atribuída pelo art. 154, I.

---

[240] KOHAMA, Hélio. *Contabilidade pública – teoria e prática*. São Paulo: Atlas, 2014, p. 77.

**Art. 158.** Pertencem aos Municípios:

I - o produto da arrecadação do imposto da União sobre renda e proventos de qualquer natureza, incidente na fonte, sobre rendimentos pagos, a qualquer título, por eles, suas autarquias e pelas fundações que instituírem e mantiverem;
II - cinquenta por cento do produto da arrecadação do imposto da União sobre a propriedade territorial rural, relativamente aos imóveis neles situados, cabendo a totalidade na hipótese da opção a que se refere o art. 153, § 4º, III; (Redação dada pela Emenda Constitucional nº 42, de 19.12.2003) (Regulamento)
III - cinquenta por cento do produto da arrecadação do imposto do Estado sobre a propriedade de veículos automotores licenciados em seus territórios;
IV - vinte e cinco por cento do produto da arrecadação do imposto do Estado sobre operações relativas à circulação de mercadorias e sobre prestações de serviços de transporte interestadual e intermunicipal e de comunicação.
Parágrafo único. As parcelas de receita pertencentes aos Municípios, mencionadas no inciso IV, serão creditadas conforme os seguintes critérios:
I - 65% (sessenta e cinco por cento), no mínimo, na proporção do valor adicionado nas operações relativas à circulação de mercadorias e nas prestações de serviços, realizadas em seus territórios; (Redação dada pela Emenda Constitucional nº 108, de 2020)
II - até 35% (trinta e cinco por cento), de acordo com o que dispuser lei estadual, observada, obrigatoriamente, a distribuição de, no mínimo, 10 (dez) pontos percentuais com base em indicadores de melhoria nos resultados de aprendizagem e de aumento da equidade, considerado o nível socioeconômico dos educandos. (Redação dada pela Emenda Constitucional nº 108, de 2020)

**Art. 159.** A União entregará: (Vide Emenda Constitucional nº 55, de 2007)

I - do produto da arrecadação dos impostos sobre renda e proventos de qualquer natureza e sobre produtos industrializados, 50% (cinquenta por cento), da seguinte forma: (Redação dada pela Emenda Constitucional nº 112, de 2021) Produção de efeitos

a) vinte e um inteiros e cinco décimos por cento ao Fundo de Participação dos Estados e do Distrito Federal; (Vide Lei Complementar nº 62, de 1989) (Regulamento)

b) vinte e dois inteiros e cinco décimos por cento ao Fundo de Participação dos Municípios; (Vide Lei Complementar nº 62, de 1989) (Regulamento)

c) três por cento, para aplicação em programas de financiamento ao setor produtivo das Regiões Norte, Nordeste e Centro-Oeste, através de suas instituições financeiras de caráter regional, de acordo com os planos regionais de desenvolvimento, ficando assegurada ao semi-árido do Nordeste a metade dos recursos destinados à Região, na forma que a lei estabelecer; Regulamento)

d) um por cento ao Fundo de Participação dos Municípios, que será entregue no primeiro decêndio do mês de dezembro de cada ano; (Incluído pela Emenda Constitucional nº 55, de 2007)

e) 1% (um por cento) ao Fundo de Participação dos Municípios, que será entregue no primeiro decêndio do mês de julho de cada ano; (Incluída pela Emenda Constitucional nº 84, de 2014)

f) 1% (um por cento) ao Fundo de Participação dos Municípios, que será entregue no primeiro decêndio do mês de setembro de cada ano; (Incluído pela Emenda Constitucional nº 112, de 2021) Produção de efeitos

II - do produto da arrecadação do imposto sobre produtos industrializados, dez por cento aos Estados e ao Distrito Federal, proporcionalmente ao valor das respectivas exportações de produtos industrializados. (Regulamento)

III - do produto da arrecadação da contribuição de intervenção no domínio econômico prevista no art. 177, § 4º, 29% (vinte e nove por cento) para os Estados e o Distrito Federal, distribuídos na forma da lei, observada a destinação a que se refere o inciso II, *c*, do referido parágrafo. (Redação dada pela Emenda Constitucional nº 44, de 2004)

§ 1º Para efeito de cálculo da entrega a ser efetuada de acordo com o previsto no inciso I, excluir-se-á a parcela da arrecadação do imposto de renda e proventos de qualquer natureza pertencente aos Estados, ao Distrito Federal e aos Municípios, nos termos do disposto nos arts. 157, I, e 158, I.

§ 2º A nenhuma unidade federada poderá ser destinada parcela superior a vinte por cento do montante a que se refere o inciso II, devendo o eventual excedente ser distribuído entre os demais participantes, mantido, em relação a esses, o critério de partilha nele estabelecido.

§ 3º Os Estados entregarão aos respectivos Municípios vinte e cinco por cento dos recursos que receberem nos termos do inciso II, observados os critérios estabelecidos no art. 158, parágrafo único, I e II.

§ 4º Do montante de recursos de que trata o inciso III que cabe a cada Estado, vinte e cinco por cento serão destinados aos seus Municípios, na forma da lei a que se refere o mencionado inciso. (Incluído pela Emenda Constitucional nº 42, de 19.12.2003)

## 21.4 DESPESA PÚBLICA

A despesa pública indica o conjunto de dispêndios do Estado ou de uma pessoa jurídica de direito público interno com o objetivo de fazer frente às necessidades Públicas, sendo parte integrante do orçamento público, representando a distribuição e emprego das receitas para cumprimento das atribuições da administração pública[241] dentro de uma autorização legislativa (autorização do Poder Legislativo), e ainda de acordo com os princípios estabelecidos na lei 4.210/64 e LC 101/2000.

---

[241] Administração Pública – é todo aparelhamento do Estado, preordenado à realização de seus serviços, visando à satisfação das necessidades coletivas. Administrar é gerir os serviços públicos; significa não só prestar o serviço, executá-lo, como também, dirigir, governar, exercer a vontade com o objetivo de obter um resultado útil. KOHAMA, Heilio. *Contabilidade pública – teoria e prática*. São Paulo: Atlas, 2014, p. 9.

Kohama (2014, p. 98) define a Despesa Pública como:

> Constituem Despesa Pública os gastos fixados na lei orçamentária ou em leis especiais e destinados à execução dos serviços públicos e dos aumentos patrimoniais; à satisfação dos compromissos da dívida pública; ou ainda à restituição ou pagamento de importâncias recebidas a título de cauções, depósitos, consignações etc.

Neste mesmo sentido, Claudio Carneiro na p. 51 de sua obra define a Despesa Pública como:

> A despesa pública é a soma dos gastos em dinheiro feito pelo Estado para a realização do interesse público, incluindo o gasto com a máquina administrativa, obras e serviços públicos. Vale ressaltar o que já dissemos anteriormente: é através da receita pública que são angariados recursos para a realização das despesas do Estado. Contudo, em diversos dispositivos constitucionais as despesas devem ser previamente autorizadas pelo Poder Legislativo, seja pelo orçamento ou pela abertura de créditos adicionais. A violação dessa regra enseja a prática de crime e violação à lei de Responsabilidade Fiscal.

## 21.4.1 Classificação das Despesas Públicas

Na doutrina existem diversas classificações, porém iremos destacar as principais classificações utilizadas no ordenamento jurídico:

### QUANTO À PERIODICIDADE

A - Despesas ordinárias – Decorrentes da atividade do serviço público, as quais são previstas no orçamento anual. São aquelas renováveis anualmente em função do seu caráter regular, como, por exemplo: manutenção de prédio público, compra de material de escritório;

B - Despesas extraordinárias – Destinadas a atender necessidades de caráter eventual, não previstas e urgentes no orçamento em situações excepcionais que não se repetem, e precisam ser realizadas, tais como: Desastres naturais, incêndios, calamidade pública, guerra etc. (art. 167, § 3º e 62 CF). A receita para abertura dos créditos extraordinários tem como fonte os tributos de maneira temporária, tais como os empréstimos compulsórios (art. 148, Inciso I CF) e impostos extraordinários (art. 154, inciso II CF).

C - Despesas orçamentárias – Aquela que está inserida na lei orçamentária anual, bem como a decorrente dos créditos adicionais constantes no artigo 41 da lei 4.320/64 (**extraordinários** destinados a despesas urgentes e imprevistas em caso de guerra, comoção ou calamidade pública, **especiais** que são destinados a despesas para as quais não haja dotação orçamentária e **suplementares** que são destinados a reforço de dotação orçamentária) que são abertos durante o exercício financeiro.

Com referência aos créditos suplementares destinados ao reforço da dotação orçamentária, os mesmos podem ser abertos por decreto mediante prévia autorização legislativa, utilizando como fontes de seu custeio o superavit financeiro, os recursos provenientes do excesso de arrecadação, da anulação parcial de dotações orçamentárias e do produto de operações de crédito autorizadas em lei. Já os créditos especiais a serem abertos por decreto mediante prévia autorização legal, destinam-se a atender necessidades públicas que não foram previstas no orçamento.

## QUANTO À UTILIDADE OU PRODUTIVIDADE ECONÔMICA

- Despesas produtivas – Na realidade são as despesas ordinárias que são utilizadas na manutenção da maquina estatal, exemplo: atividade policial.
- Despesas reprodutivas – São os gastos do Estado destinados a melhorar a capacidade produtiva do país, tais como: construção de portos, aeroportos.
- Despesas improdutivas – São contrarias ao interesse público, como, por exemplo: obras inacabadas, propaganda governamental.

## CLASSIFICAÇÃO DA LEI 4.320/64

Referida lei estabeleceu normas gerais para a elaboração e execução do orçamento e classifica a despesa pública por um critério preponderantemente econômico, ao estremar as despesas correntes das despesas de capital.

- Despesas correntes – Tem como objetivo o funcionamento da máquina estatal, e se dividem em: a) custeio – gastos para manutenção dos serviços públicos, tais como: pessoal, material de consumo etc.; b) transferências correntes – despesas que não tenha relação com a contraprestação direta de bens ou serviços. São incluídas as despesas relativas à: subvenções[242] econômicas, aposentadorias, pensões, abono familiar, juros da dívida pública, diversas transferências correntes que podem ser definidas como as dotações para despesas às quais não corresponde contraprestação direta em bens ou serviços, inclusive para contribuições e subvenções destinadas a atender à manutenção de outras entidades de direito público ou privado (Torres, 2013, p. 196).
- Despesas de capital – Gastos relativos ao aumento da capacidade produtiva, e se dividem em: a) Investimentos – gastos relativos ao planejamento, execução de obras; b) Inversões financeiras – despesas decorrentes de aquisição de imóveis prontos ou bens de capital, aquisição de participação societária de empresa existente, gera patrimônio; c) Transferências de capital – Investimentos realizados em benefício de outras pessoas de direito público ou privado, independente de contraprestação de serviços, amortização da dívida pública. Em síntese, uma pessoa estatal transfere para outra pessoa estatal

---

[242] Subvenção – Entende-se o auxílio, ou a ajuda pecuniária, que se dá a alguém, ou a alguma instituição, no sentido de os proteger, ou para que realizem ou cumpram seus objetivos. Juridicamente a subvenção não tem o caráter de paga nem de compensação. É mera contribuição pecuniária destinada a auxílio ou em favor de uma pessoa, ou de uma instituição, para que se mantenha, ou para que execute os serviços ou obras pertinentes a seu objeto. SILVA, De Plácido. *Vocabulário Jurídico*. Rio de Janeiro, Forense, 1994.

que vai fazer o investimento ou inversão, exemplo: a União fornece recursos financeiros para que o Estado da federação construa penitenciárias.

Torres ainda destaca na página 196 de sua obra, que além da classificação econômica, a despesa pública, também pode ser classificada segundo:

a) critério institucional, que leva em conta o órgão ou instituição a quem se atribuiu a realização do gasto (Ministério, Secretaria, Departamento etc.);

b) critério programático, que toma em consideração o programa governamental nas diversas áreas de atuação (ensino, saúde, transporte etc.).

## 21.4.2 Execução das Despesas Públicas

Para realização da despesa pública, considerando o fato de que de acordo com a legislação nenhuma despesa pode ser realizada sem previsão orçamentária, e neste sentido são necessários quatro atos distintos: empenho, liquidação, ordem de pagamento e pagamento a seguir descritos:

**EMPENHO** – É a reserva de recursos na dotação do orçamento ou no saldo existente para garantir aos fornecedores ou prestadores de serviço os respectivos recursos financeiros ao pagamento. O empenho se materializa quando da emissão do documento denominado nota de empenho para cada despesa, incluindo os seguintes dados: nome do fornecedor, especificação das despesas, a importância, e a dedução desta do saldo da dotação própria orçamentária (art. 58 e 61 da lei 4.320/64).

**LIQUIDAÇÃO** – É realizada pela autoridade competente uma análise do fornecimento ou do serviço prestado com relação ao seu direito creditício, como também, serão analisados os documentos comprobatórios do crédito nos termos do art. 63 da lei 4.320/64. Em síntese, verifica-se a entrega do material ou da prestação de serviços e seus respectivos comprovantes de entrega, nota de empenho e demais documentos.

**ORDEM DE PAGAMENTO** – É o despacho proferido pela autoridade competente (que é o ordenador da despesa) determinando para que a despesa seja paga (art. 64 lei 4.320/64).

**PAGAMENTO** – É a transferência dos recursos financeiros para o credor nos termos do art. 65 da lei 4.320/64.

A realização da despesa pública obrigatoriamente deve seguir o princípio da legalidade, pois a sua realização fora das normas legais poderá acarretar para o agente público a consequência do crime de responsabilidade constante na lei 1.079/50, constituindo também crime de improbidade administrativa conforme o artigo 10, inciso IX e artigo 12, inciso II da lei 8.429/92.

Destacamos também que a tradicional técnica de contenção de gastos através do contingenciamento de despesas e economia de recursos financeiros, efetuada pelo governo, significa tecnicamente a inexecução do orçamento que pode ter como origem diversos fatores econômicos e financeiros.

Ainda com relação ao tema, destacamos outras duas formas de execução da despesa/dívida pública:

**DÉBITOS DECORRENTES DE CONDENAÇÕES JUDICIAIS** – A Fazenda Pública, em face da condenação judicial transitada em julgado, tem de realizar o pagamento, e para tanto, segue-se a execução, chegando-se a um valor líquido e certo cujo pagamento será realizado através de precatório ou requisitório.

Neste sentido o juiz da causa mandará expedir o precatório, remetendo-o, em seguida, para o Presidente do respectivo tribunal, e este, por sua vez, o enviará à entidade devedora para que esta faça incluir o valor do débito no próximo orçamento conforme artigo 100 CF.

Os precatórios que forem apresentados ao Presidente do Tribunal até o dia 1º de julho devem ter os seus valores incluídos no orçamento do exercício seguinte para pagamento até o final daquele exercício, com inclusão de correção monetária e, ainda, devendo ser respeitada a ordem cronológica de apresentação. Os precatórios que ingressarem após 1º de julho deverão ser quitados apenas no exercício subsequente.

Nos termos do artigo 34, inciso V, a e 35, Inciso I da CF o não pagamento por parte dos Estados do precatório por dois anos consecutivos, autoriza a intervenção da União nos Estados e estes nos Municípios. Na prática, não temos observado essa intervenção federal quando o motivo da inadimplência se referir a falta de recursos financeiros disponíveis.

Regis Fernandes de Oliveira conceitua na página 129 de sua obra o Precatório como:

> Precatório ou ofício precatório é a solicitação do juiz de primeiro grau faz ao Presidente do Tribunal respectivo para que este requisite a verba necessária para o pagamento do crédito de algum credor perante a União, Estado, Distrito Federal ou Município, em face de decisão judicial. Quando alguém entende ter um direito perante o Poder Público e, exauridas as vias administrativas para seu reconhecimento e satisfação, ingressa no Poder judiciário com a necessária ação, uma vez resolvida esta, condenada a Fazenda Pública, o mecanismo de satisfação do crédito é o Precatório. Após liquidada a condenação, apurando seu quantum, o juiz expede o ofício ao Presidente do Tribunal, comunicando seu montante e solicitando a ele que requisite a quantia necessária ao pagamento do crédito.
>
> O Chefe do Poder Judiciário, recebendo o ofício, denominado precatório, numera-o e comunica à Fazenda Pública respectiva para que efetue o pagamento. Há uma ordem de chegada dos precatórios que não pode ser quebrada. Os pagamentos serão efetuados na ordem rigorosa do protocolo.
>
> De seu turno, é obrigatória a inserção, por parte do Poder Público competente, de numerário suficiente e razoável para atender a tais pagamentos. Com as comunicações do Poder Judiciário, o Executivo vai liberando as verbas que tem em seu poder e consignadas no orçamento para pagamento dos precatórios. De posse delas, o Presidente do Tribunal vai encaminhando o numerário aos juízes, para que efetuem o pagamento dos precatórios sob sua responsabilidade.

Precisamente com relação ao tema, destacamos o disposto no artigo 100 § 3º da CF com relação a não aplicação dos precatórios para pagamentos de pequeno valor, e sim, um procedimento diferenciado, neste sentido Flavio Augusto Monteiro de Barros[243], define que:

> Requisitório é o nome do ofício em que o juiz da execução requisita o pagamento dos débitos de pequeno valor da Fazenda Pública. É dirigido à autoridade na pessoa de quem o ente público foi citado no processo, para que efetue o pagamento no prazo de dois meses, contado da entrega da requisição, mediante depósito na agência do banco oficial mais próxima da residência do exequente (art. 535, § 3º, II, do CPC).
>
> O § 3º do art. 100 dispensa a expedição de precatório para os débitos de pequeno valor, definidos em lei, resultantes de sentença judicial transitada em julgado. Em vez do precatório, expede-se o RPA (requisição de pagamentos autônomos), devendo o pagamento concretizar-se em 60 dias, sob pena de sequestro do valor devido. O pequeno valor, na seara federal, é de 60 salários mínimos (art. 17, da lei 10.259/2001).

Com a finalidade de ampliar o entendimento do tema, transcrevemos abaixo o artigo 100 da Constituição Federal que trata dos Precatórios:

> **Art. 100.** Os pagamentos devidos pelas Fazendas Públicas Federal, Estaduais, Distrital e Municipais, em virtude de sentença judiciária, far-se-ão exclusivamente na ordem cronológica de apresentação dos precatórios e à conta dos créditos respectivos, proibida a designação de casos ou de pessoas nas dotações orçamentárias e nos créditos adicionais abertos para este fim. (Redação dada pela Emenda Constitucional nº 62, de 2009). (Vide Emenda Constitucional nº 62, de 2009) **(Vide ADI 4.425)**

---

[243] BARROS, Flavio Augusto Monteiro de. *Manual de Processo Civil*. São Paulo: São Paulo: Editora MB, 2016, p. 627.

§ 1º Os débitos de natureza alimentícia compreendem aqueles decorrentes de salários, vencimentos, proventos, pensões e suas complementações, benefícios previdenciários e indenizações por morte ou por invalidez, fundadas em responsabilidade civil, em virtude de sentença judicial transitada em julgado, e serão pagos com preferência sobre todos os demais débitos, exceto sobre aqueles referidos no § 2º deste artigo. (Redação dada pela Emenda Constitucional nº 62, de 2009).

§ 2º Os débitos de natureza alimentícia cujos titulares, originários ou por sucessão hereditária, tenham 60 (sessenta) anos de idade, ou sejam portadores de doença grave, ou pessoas com deficiência, assim definidos na forma da lei, serão pagos com preferência sobre todos os demais débitos, até o valor equivalente ao triplo fixado em lei para os fins do disposto no § 3º deste artigo, admitido o fracionamento para essa finalidade, sendo que o restante será pago na ordem cronológica de apresentação do precatório. (Redação dada pela Emenda Constitucional nº 94, de 2016)

§ 3º O disposto no caput deste artigo relativamente à expedição de precatórios não se aplica aos pagamentos de obrigações definidas em leis como de pequeno valor que as Fazendas referidas devam fazer em virtude de sentença judicial transitada em julgado. (Redação dada pela Emenda Constitucional nº 62, de 2009).

§ 4º Para os fins do disposto no § 3º, poderão ser fixados, por leis próprias, valores distintos às entidades de direito público, segundo as diferentes capacidades econômicas, sendo o mínimo igual ao valor do maior benefício do regime geral de previdência social. (Redação dada pela Emenda Constitucional nº 62, de 2009).

§ 5º É obrigatória a inclusão no orçamento das entidades de direito público de verba necessária ao pagamento de seus débitos oriundos de sentenças transitadas em julgado constantes de precatórios judiciários apresentados até 2 de abril, fazendo-se o pagamento até o final do exercício seguinte, quando terão seus valores atualizados monetariamente. (Redação dada pela Emenda Constitucional nº 114, de 2021) (Vigência)

§ 6º As dotações orçamentárias e os créditos abertos serão consignados diretamente ao Poder Judiciário, cabendo ao Presidente do Tribunal que proferir a decisão exequenda determinar o pagamento integral e autorizar, a requerimento do credor e exclusivamente para os casos de preterimento de seu direito de precedência ou de não alocação orçamentária do valor necessário à satisfação do seu débito, o sequestro da quantia respectiva. (Redação dada pela Emenda Constitucional nº 62, de 2009).

§ 7º O Presidente do Tribunal competente que, por ato comissivo ou omissivo, retardar ou tentar frustrar a liquidação regular de precatórios incorrerá em crime de responsabilidade e responderá, também, perante o Conselho Nacional de Justiça. (Incluído pela Emenda Constitucional nº 62, de 2009).

§ 8º É vedada a expedição de precatórios complementares ou suplementares de valor pago, bem como o fracionamento, repartição ou quebra do valor da execução para fins de enquadramento de parcela do total ao que dispõe o § 3º deste artigo. (Incluído pela Emenda Constitucional nº 62, de 2009).

§ 9º Sem que haja interrupção no pagamento do precatório e mediante comunicação da Fazenda Pública ao Tribunal, o valor correspondente aos eventuais débitos inscritos em dívida ativa contra o credor do requisitório e seus substituídos deverá ser depositado à conta do juízo responsável pela ação de cobrança, que decidirá pelo seu destino definitivo. (Redação dada pela Emenda Constitucional nº 113, de 2021)

§ 10. Antes da expedição dos precatórios, o Tribunal solicitará à Fazenda Pública devedora, para resposta em até 30 (trinta) dias, sob pena de perda do direito de abatimento, informação sobre os débitos que preencham as condições estabelecidas no § 9º, para os fins nele previstos. (Incluído pela Emenda Constitucional nº 62, de 2009). (Vide ADI 4.425)

§ 11. É facultada ao credor, conforme estabelecido em lei do ente federativo devedor, com auto aplicabilidade para a União, a oferta de créditos líquidos e certos que originalmente lhe são próprios ou adquiridos de terceiros reconhecidos pelo ente federativo ou por decisão judicial transitada em julgado para: (Redação dada pela Emenda Constitucional nº 113, de 2021)

I - quitação de débitos parcelados ou débitos inscritos em dívida ativa do ente federativo devedor, inclusive em transação resolutiva de litígio, e, subsidiariamente, débitos com a administração autárquica e fundacional do mesmo ente; (Incluído pela Emenda Constitucional nº 113, de 2021)

II - compra de imóveis públicos de propriedade do mesmo ente disponibilizados para venda; (Incluído pela Emenda Constitucional nº 113, de 2021)

III - pagamento de outorga de delegações de serviços públicos e demais espécies de concessão negocial promovidas pelo mesmo ente; (Incluído pela Emenda Constitucional nº 113, de 2021)

IV - aquisição, inclusive minoritária, de participação societária, disponibilizada para venda, do respectivo ente federativo; ou (Incluído pela Emenda Constitucional nº 113, de 2021)

V - compra de direitos, disponibilizados para cessão, do respectivo ente federativo, inclusive, no caso da União, da antecipação de valores a serem recebidos a título do excedente em óleo em contratos de partilha de petróleo. (Incluído pela Emenda Constitucional nº 113, de 2021)

§ 12. A partir da promulgação desta Emenda Constitucional, a atualização de valores de requisitórios, após sua expedição, até o efetivo pagamento, independentemente de sua natureza, será feita pelo índice oficial de remuneração básica da caderneta de poupança, e, para fins de compensação da mora, incidirão juros simples no mesmo percentual de juros incidentes sobre a caderneta de poupança, ficando excluída a incidência de juros compensatórios. (Incluído pela Emenda Constitucional nº 62, de 2009). (Vide ADI 4.425)

§ 13. O credor poderá ceder, total ou parcialmente, seus créditos em precatórios a terceiros, independentemente da concordância do devedor, não se aplicando ao cessionário o disposto nos §§ 2º e 3º. (Incluído pela Emenda Constitucional nº 62, de 2009)

§ 14. A cessão de precatórios, observado o disposto no § 9º deste artigo, somente produzirá efeitos após comunicação, por meio de petição protocolizada, ao Tribunal de origem e ao ente federativo devedor. (Redação dada pela Emenda Constitucional nº 113, de 2021)

§ 15. Sem prejuízo do disposto neste artigo, lei complementar a esta Constituição Federal poderá estabelecer regime especial para pagamento de crédito de precatórios de Estados, Distrito Federal e Municípios, dispondo sobre vinculações à receita corrente líquida e forma e prazo de liquidação. (Incluído pela Emenda Constitucional nº 62, de 2009)

§ 16. A seu critério exclusivo e na forma de lei, a União poderá assumir débitos, oriundos de precatórios, de Estados, Distrito Federal e Municípios, refinanciando-os diretamente. (Incluído pela Emenda Constitucional nº 62, de 2009)

§ 17. A União, os Estados, o Distrito Federal e os Municípios aferirão mensalmente, em base anual, o comprometimento de suas respectivas receitas correntes líquidas com o pagamento de precatórios e obrigações de pequeno valor. (Incluído pela Emenda Constitucional nº 94, de 2016)

§ 18. Entende-se como receita corrente líquida, para os fins de que trata o § 17, o somatório das receitas tributárias, patrimoniais, industriais, agropecuárias, de contribuições e de serviços, de transferências correntes e outras receitas correntes, incluindo as oriundas do § 1º do art. 20 da Constituição Federal, verificado no período compreendido pelo segundo mês imediatamente anterior ao de referência e os 11 (onze) meses precedentes, excluídas as duplicidades, e deduzidas: (Incluído pela Emenda Constitucional nº 94, de 2016)

I - na União, as parcelas entregues aos Estados, ao Distrito Federal e aos Municípios por determinação constitucional; (Incluído pela Emenda Constitucional nº 94, de 2016)
II - nos Estados, as parcelas entregues aos Municípios por determinação constitucional; (Incluído pela Emenda Constitucional nº 94, de 2016)
III - na União, nos Estados, no Distrito Federal e nos Municípios, a contribuição dos servidores para custeio de seu sistema de previdência e assistência social e as receitas provenientes da compensação financeira referida no § 9º do art. 201 da Constituição Federal. (Incluído pela Emenda Constitucional nº 94, de 2016)

§ 19. Caso o montante total de débitos decorrentes de condenações judiciais em precatórios e obrigações de pequeno valor, em período de 12 (doze) meses, ultrapasse a média do comprometimento percentual da receita corrente líquida nos 5 (cinco) anos imediatamente anteriores, a parcela que exceder esse percentual poderá ser financiada, excetuada dos limites de endividamento de que tratam os incisos VI e VII do art. 52 da Constituição Federal e de quaisquer outros limites de endividamento previstos, não se aplicando a esse financiamento a vedação de vinculação de receita prevista no inciso IV do art. 167 da Constituição Federal. (Incluído pela Emenda Constitucional nº 94, de 2016)

§ 20. Caso haja precatório com valor superior a 15% (quinze por cento) do montante dos precatórios apresentados nos termos do § 5º deste artigo, 15% (quinze por cento) do valor deste precatório serão pagos até o final do exercício seguinte e o restante em parcelas iguais nos cinco exercícios subsequentes, acrescidas de juros de mora e correção monetária, ou mediante acordos diretos, perante Juízos Auxiliares de Conciliação de Precatórios, com redução máxima de 40% (quarenta por cento) do valor do crédito atualizado, desde que em relação ao crédito não penda recurso ou defesa judicial e que sejam observados os requisitos definidos na regulamentação editada pelo ente federado. (Incluído pela Emenda Constitucional nº 94, de 2016)

§ 21. Ficam a União e os demais entes federativos, nos montantes que lhes são próprios, desde que aceito por ambas as partes, autorizados a utilizar valores objeto de sentenças transitadas em julgado devidos a pessoa jurídica de direito público para amortizar dívidas, vencidas ou vincendas: (Incluído pela Emenda Constitucional nº 113, de 2021)

I - nos contratos de refinanciamento cujos créditos sejam detidos pelo ente federativo que figure como devedor na sentença de que trata o caput deste artigo; (Incluído pela Emenda Constitucional nº 113, de 2021)

II - nos contratos em que houve prestação de garantia a outro ente federativo; (Incluído pela Emenda Constitucional nº 113, de 2021)

III - nos parcelamentos de tributos ou de contribuições sociais; e (Incluído pela Emenda Constitucional nº 113, de 2021)

IV - nas obrigações decorrentes do descumprimento de prestação de contas ou de desvio de recursos. (Incluído pela Emenda Constitucional nº 113, de 2021)

§ 22. A amortização de que trata o § 21 deste artigo: (Incluído pela Emenda Constitucional nº 113, de 2021)

I - nas obrigações vencidas, será imputada primeiramente às parcelas mais antigas; (Incluído pela Emenda Constitucional nº 113, de 2021)

II - nas obrigações vincendas, reduzirá uniformemente o valor de cada parcela devida, mantida a duração original do respectivo contrato ou parcelamento. (Incluído pela Emenda Constitucional nº 113, de 2021)

**RESTOS A PAGAR** – São as despesas empenhadas, mas não pagas até o término do exercício que é o mês de dezembro (art. 36

da lei 4.320/64), as quais se transformam em restos a pagar, devendo o pagamento ser efetuado no ano seguinte:

> Artigo 36 "Consideram-se Restos a Pagar as despesas empenhadas, mas não pagas até o dia 31 de dezembro distinguindo-se as processadas das não processadas."
>
> Parágrafo único. Os empenhos que sorvem a conta de créditos com vigência plurienal, que não tenham sido liquidados, só serão computados como Restos a Pagar no último ano de vigência do crédito.

Os artigos 42 e 20 da lei complementar 101/00 determinam que é vedado ao titular do Poder ou órgão público nos últimos oito meses do seu mandato:
a) contrair obrigação de despesa que não possa ser cumprida integralmente dentro dele;
b) caso existam parcelas a vencer no exercício seguinte, é de rigor existir suficiente disponibilidade de caixa desde o instante da assunção da despesa.

Ainda no tocante a execução do orçamento destacamos o processo de avaliação que deverá ser efetuado com referência à vista dos dados relativos à execução do orçamento realizado.

Os arts. 165 § 3º e 163-A da CF destacam que o Poder Executivo publicará, até trinta dias após o encerramento de cada bimestre, relatório resumido da execução orçamentária. Kohama (2014, p. 54) destaca que:

> "Se verificado, ao final de um bimestre, que a realização da receita poderá não comportar o cumprimento das metas de resultado primário ou nominal estabelecidas no Anexo de Metas Fiscais, os Podres e o Ministério Público promoverão, por ato próprio e nos montantes necessários, nos trinta dias subsequentes, limitação de empenho e movimentação financeira, segundo os critérios adotados na Lei de Diretrizes Orçamentárias. Não são objeto de limitação das despesas que constituam obrigações constitucionais e legais do ente, inclusive as destinadas ao pagamento do serviço da

dívida e as ressalvadas pela LDO e, no caso de os Poderes Legislativo e Judiciário e o Ministério Público não promoverem a limitação no prazo estabelecido, é o Poder Executivo autorizado a limitar os valores financeiros segundo os critérios da LDO".[244]

## 21.5 LEI ORÇAMENTÁRIA

A Constituição Federal no seu artigo 165 § 5º define que a lei orçamentária anual deverá ser elaborada em peça única, abrangendo a previsão de receita e gastos relativos aos: a) três podres da União (executivo, legislativo, judiciário), órgãos da administração pública direta e indireta e as fundações mantidas pelo poder público; b) orçamento de investimento das empresas em que a União, direta ou indiretamente, detenha a maioria do capital social com direito a voto; c) orçamento da seguridade social.

Torres (2013, p. 172) define o planejamento da lei orçamentaria como:

> A CF prevê, no art. 165, três planejamentos orçamentários: o plano plurianual, as diretrizes orçamentárias e o orçamento anual. Os três se integram harmoniosamente, devendo a lei orçamentária anual respeitar as diretrizes orçamentárias, consonando ambas com o orçamento plurianual (art. 165 § 7º, 166 § 4º, 167 § 1º). E os três tem que se compatibilizar com o planejamento global, econômico e social (art. 165, § 4º).

O descumprimento das normas orçamentárias constitui crime de responsabilidade, conforme artigo 85, VI da CF e da lei 1.079/50, artigo 4º inciso VI, e artigo 10, incisos a seguir transcritos:

> **Art. 4º** São crimes de responsabilidade os atos do Presidente da República que atentarem contra a Constituição Federal, e, especialmente, contra:

---

[244] Lei Complementar 101/00 – artigo 9º § 2º, 3º.

I - A existência da União:
II - O livre exercício do Poder Legislativo, do Poder Judiciário e dos poderes constitucionais dos Estados;
III - O exercício dos direitos políticos, individuais e sociais:
IV - A segurança interna do país:
V - A probidade na administração;
VI - A lei orçamentária;
VII - A guarda e o legal emprego dos dinheiros públicos;
VIII - O cumprimento das decisões judiciárias (Constituição, artigo 89).

**Art. 10.** São crimes de responsabilidade contra a lei orçamentária:

1- Não apresentar ao Congresso Nacional a proposta do orçamento da República dentro dos primeiros dois meses de cada sessão legislativa;
2 - Exceder ou transportar, sem autorização legal, as verbas do orçamento;
3 - Realizar o estorno de verbas;
4 - Infringir patentemente, e de qualquer modo, dispositivo da lei orçamentária;
5 - deixar de ordenar a redução do montante da dívida consolidada, nos prazos estabelecidos em lei, quando o montante ultrapassar o valor resultante da aplicação do limite máximo fixado pelo Senado Federal; (Incluído pela Lei nº 10.028, de 2000)
6 - ordenar ou autorizar a abertura de crédito em desacordo com os limites estabelecidos pelo Senado Federal, sem fundamento na lei orçamentária ou na de crédito adicional ou com inobservância de prescrição legal; (Incluído pela Lei nº 10.028, de 2000)
7 - deixar de promover ou de ordenar na forma da lei, o cancelamento, a amortização ou a constituição de reserva para anular os efeitos de operação de crédito realizada com inobservância de limite, condição ou montante estabelecido em lei; (Incluído pela Lei nº 10.028, de 2000)
8 - deixar de promover ou de ordenar a liquidação integral de operação de crédito por antecipação de receita orçamen-

tária, inclusive os respectivos juros e demais encargos, até o encerramento do exercício financeiro; (Incluído pela Lei nº 10.028, de 2000)
9 - ordenar ou autorizar, em desacordo com a lei, a realização de operação de crédito com qualquer um dos demais entes da Federação, inclusive suas entidades da administração indireta, ainda que na forma de novação, refinanciamento ou postergação de dívida contraída anteriormente; (Incluído pela Lei nº 10.028, de 2000)
10 - captar recursos a título de antecipação de receita de tributo ou contribuição cujo fato gerador ainda não tenha ocorrido; (Incluído pela Lei nº 10.028, de 2000)
11 - ordenar ou autorizar a destinação de recursos provenientes da emissão de títulos para finalidade diversa da prevista na lei que a autorizou; (Incluído pela Lei nº 10.028, de 2000)
12 - realizar ou receber transferência voluntária em desacordo com limite ou condição estabelecida em lei. (Incluído pela Lei nº 10.028, de 2000)

A lei orçamentária contempla três diplomas legais para elaboração e execução do orçamento: Plano Plurianual (PPA), lei de diretrizes orçamentárias (LDO) e lei do orçamento anual (LOA), a seguir descritas:

### 21.5.1 Plano Plurianual (PPA)

De acordo com o artigo 165 da Constituição Federal o Poder Executivo deverá elaborar a lei ordinária que institui o Plano Plurianual que estabelecerá de forma regionalizada as diretrizes, objetivos e metas da administração pública federal para as despesas de capital e outras decorrentes, como também para as despesas relativas aos programas de duração continuada.

Torres (2014, p. 172) define o Plano Plurianual como:

> O Plano Plurianual tem por objetivo estabelecer os programas e as metas governamentais de longo prazo. É planejamento conjuntural para a promoção do desenvolvimento

econômico, do equilíbrio entre as diversas regiões do País e da estabilidade econômica.

Nessa mesma linha de raciocínio, Kohama, (2014, p. 41) destaca o Plano Plurianual como:

> É um plano de médio prazo, através do qual se procura ordenar as ações do governo que levem ao atingimento dos objetivos e metas fixados para um período de quatro anos, ao nível do governo federal, e também de quatro anos ao nível dos governos estaduais e municipais.

O Plano Plurianual tem vigência de quatro anos (art. 35, § 2º, 1º ADCT), sendo que o projeto deve ser encaminhado pelo chefe do poder executivo até quatro meses antes do encerramento do primeiro exercício financeiro e devolvido pelo legislativo para sanção ou veto do chefe do executivo até o encerramento da sessão legislativa conforme determina o referido artigo:

> § 2º Até a entrada em vigor da lei complementar a que se refere o art. 165, § 9º, I e II, serão obedecidas as seguintes normas:
>
> I - o projeto do plano plurianual, para vigência até o final do primeiro exercício financeiro do mandato presidencial subsequente, será encaminhado até quatro meses antes do encerramento do primeiro exercício financeiro e devolvido para sanção até o encerramento da sessão legislativa;
> II - o projeto de lei de diretrizes orçamentárias será encaminhado até oito meses e meio antes do encerramento do exercício financeiro e devolvido para sanção até o encerramento do primeiro período da sessão legislativa;
> III - o projeto de lei orçamentária da União será encaminhado até quatro meses antes do encerramento do exercício financeiro e devolvido para sanção até o encerramento da sessão legislativa.

## 21.5.2 Lei de Diretrizes Orçamentárias (LDO)

O artigo 165 da Constituição Federal define que a LDO compreenderá as metas e prioridades da administração pública federal, incluindo as despesas de capital para o exercício financeiro subsequente, orientará a elaboração da lei do orçamento anual, disporá sobre as alterações na legislação tributária e estabelecerá a política de aplicação das agências financeiras oficiais de fomento.

Kohama (2014, p. 42, 43) define a LDO, como:

> A lei de diretrizes orçamentárias tem a finalidade de nortear a elaboração dos orçamentos anuais, compreendidos aqui o orçamento fiscal, o orçamento de investimento das empresas e o orçamento da seguridade social, de forma a adequá-los às diretrizes, objetivos e metas da administração pública, estabelecidos no plano plurianual.
>
> A LDO compreenderá as metas e prioridades da administração pública, incluindo as despesas de capital para o exercício financeiro subsequente, orientará a elaboração da lei orçamentária anual, disporá sobre as alterações na legislação tributária e estabelecerá a política de aplicação das agências financeiras oficiais de fomento.

A LDO é elaborada pelo chefe do poder executivo precedendo a LOA, e o projeto deve ser encaminhado ao poder legislativo com oito meses e meio antes do exercício financeiro e devolvido para sanção ou veto até o encerramento do primeiro período da sessão legislativa conforme o artigo 35, § 2º, inciso II da ADCT da CF.

Em síntese a LDO define as regras para elaboração da LOA, que também devem seguir as metas estabelecidas no PPA, tendo como função:

Estabelecer as metas e prioridades da administração pública para o exercício seguinte;
Orientar a elaboração da LOA;
Dispor sobre alterações na legislação tributária;
Estabelecer a política de aplicação financeira das agências de fomento, BNDES;

Estabelecer o equilíbrio entre despesas e receitas;
Fixa critérios e formas de limitação dos empenhos;
Define normas relativas ao controle de custos e à avaliação dos resultados dos programas financiados com recursos do orçamento;
Estabelece condições e exigências para transferências de recursos a entidades públicas e privadas.

### 21.5.3 Lei do Orçamento (LOA)

Para viabilizar a concretização das situações planejadas no plano plurianual e, obviamente, transformá-las em realidade, obedecida à lei de diretrizes orçamentárias, o chefe do poder executivo elabora o Orçamento Anual, que deve ser veiculado por lei, onde são programadas as ações a serem executadas, visando alcançar objetivos determinados.[245]

Hugo de Brito Machado Segundo define o orçamento como:[246]

> É o ato ou efeito de orçar, calcular, de estimar. É a previsão feita, em qualquer atividade, das receitas e das despesas a ela inerentes, de como serão obtidos e aplicados os recursos etc.

Tem como objetivo elaborar a previsão de arrecadação e as despesas autorizadas, porém, é comum surgirem durante o exercício financeiro necessidades que não foram previstas. Neste caso o poder executivo deve providenciar a abertura de créditos adicionais (art. 40 lei 4.320/64), que se dividem em:

Créditos Suplementares – O objetivo é reforçar uma dotação orçamentária que se mostrou insuficiente para atender as despesas conforme o artigo 41, I da Lei 4.320/64. Estes créditos são abertos pelo chefe do poder executivo e são concedidos através de lei. Exceção pode ocorrer em casos em que a LOA tiver previsão para esta hipótese, ocasião que não será necessária lei específica.

---

[245] , KOHAMA, Heilio. Contabilidade pública – teoria e prática. São Paulo: Atlas, 2014, p. 44.
[246] MACHADO SEGUNDO, Hugo de Brito. Primeiras linhas de direito financeiro e tributário. São Paulo: Atlas, 2014, p. 11 KOHAMA.

Créditos Especiais – Tem por objetivo despesas para as quais não ocorreu dotação orçamentária específica. Referidos créditos são abertos pelo chefe do poder executivo e são concedidos através de lei desde que haja recursos financeiros disponíveis nos termos do artigo 41, inciso II.

Créditos Extraordinários – Tem como objetivo atender despesas urgentes e imprevistas e podem ser autorizados por Medida Provisória conforme determina o artigo 41, inciso III.

O orçamento anual deverá seguir os seguintes princípios do Direito Financeiro:

PRINCÍPIO DA UNIVERSALIDADE – Deve ser elaborado em uma única peça contendo todas as receitas e despesas previstas para toda a União. Deverão ser incluídos no orçamento todos os aspectos do programa de cada órgão, principalmente aqueles que envolvam qualquer transação financeira ou econômica.

PRINCÍPIO DA EXCLUSIVIDADE – O orçamento não deve conter qualquer dispositivo que trate de matéria que não seja exclusiva das receitas e despesas previstas, em síntese, não devem ser incluídos no orçamento matérias que não sejam relativas às receitas e despesas orçamentárias.

PRINCÍPIO DA UNIDADE – Em uma única peça devem estar previstos os gastos e receitas dos três poderes, seus órgãos, fundos e entidades de administração direta e indireta. Kohama (2014, p. 47) acrescenta que:

> Os orçamentos de todos os órgãos autônomos que constituem o setor público devem se fundamentar em uma única política orçamentária uniformemente e que se ajuste a um método único. É necessário, portanto, que cada orçamento se ajuste ao princípio da unidade em seu conteúdo, metodologia e expressão, e com isto contribuirá para evitar a duplicação de funções ou superposição de entidades na realização de atividades correlatas, colaborando de maneira valiosa para racionalização na utilização dos recursos.

PRINCÍPIO DA ANUALIDADE – Para cada ano deve existir uma LOA, portanto, deve ser renovada anualmente, nos termos do art. 165, § 5º CF que determina que:

> § 5º A lei orçamentária anual compreenderá:
>
> I - o orçamento fiscal referente aos Poderes da União, seus fundos, órgãos e entidades da administração direta e indireta, inclusive fundações instituídas e mantidas pelo Poder Público;
> II - o orçamento de investimento das empresas em que a União, direta ou indiretamente, detenha a maioria do capital social com direito a voto;
> III - o orçamento da seguridade social, abrangendo todas as entidades e órgãos a ela vinculados, da administração direta ou indireta, bem como os fundos e fundações instituídos e mantidos pelo Poder Público.

**PRINCÍPIO DA CLAREZA** – O orçamento deve ser elaborado de forma clara, ordenada e objetiva.

**PRINCÍPIO DA NÃO AFETAÇÃO OU NÃO VINCULAÇÃO DA RECEITA** – De acordo com o artigo 167, IV da CF é vedada a vinculação (afetação) de receita da União a órgão, fundo ou despesa, ressalvadas as hipóteses referidas no referido artigo. Portanto, são vedados:

> IV - a vinculação de receita de impostos a órgão, fundo ou despesa, ressalvadas a repartição do produto da arrecadação dos impostos a que se referem os arts. 158 e 159, a destinação de recursos para as ações e serviços públicos de saúde, para manutenção e desenvolvimento do ensino e para realização de atividades da administração tributária, como determinado, respectivamente, pelos arts. 198, § 2º, 212 e 37, XXII, e a prestação de garantias às operações de crédito por antecipação de receita, previstas no art. 165, § 8º, bem como o disposto no § 4º deste artigo; (Redação dada pela Emenda Constitucional nº 42, de 19.12.2003)

**PRINCÍPIO DO EQUILIBRIO ORÇAMENTÁRIO** – A regra determina que o orçamento deva manter o equilíbrio entre a despesa e a receita. Kohama (2014, p. 49) destaca que:

Procura-se consolidar uma salutar política que produza a igualdade entre valores de receita e despesa, evitando desta forma déficits espirais, que causam endividamento, isto é, déficit que obriga a constituição de dívida que, por sua vez, causa o déficit.

**PRINCÍPIO DA LEGALIDADE** – Ninguém é obrigado a fazer, ou deixar de fazer senão em virtude de lei (art. 5º II CF), portanto, a administração pública em termos de matéria orçamentária deve fazer exclusivamente o que está previsto em lei, por consequência, **os atos do administrador público são vinculados, não havendo, portanto, discricionariedade no tocante a lei orçamentária.**

**PRINCÍPIO DA PUBLICIDADE ORÇAMENTÁRIA** – O artigo 37 da CF determina que a administração pública obedeça aos princípios da: legalidade, impessoalidade, moralidade e publicidade. A própria CF em seu artigo 165 § 3º determina que o poder executivo publique até 30 dias após o encerramento de cada bimestre, relatório resumido da execução orçamentária.

### 21.5.4 Fiscalização e Controle Orçamentário

A administração pública deve ser pautada no princípio da legalidade, portanto, portanto, a execução da lei orçamentária deve ser seguida com rigor pela administração pública.

Hely Lopes Meirelles, (1993, p. 601) destaca que a fiscalização financeira orçamentária é:

> Conferida em termos amplos ao Congresso Nacional, mas se refere fundamentalmente à prestação de contas de todo aquele que administra bens, valores ou dinheiros públicos. É decorrência natural da administração como atividade exercida em relação a interesses alheios. Não, é, pois, a natureza do órgão ou da pessoa que obriga a prestar contas; é a origem pública do bem administrado ou do dinheiro gerido que acarreta para o gestor o dever de comprovar seu zelo e bom emprego.
>
> Toda administração pública, – já o dissemos – fica sujeita a fiscalização hierárquica, mas, certamente sua repercussão

imediata no erário, à administração financeira e orçamentária submete-se a maiores rigores de acompanhamento, tendo a Constituição da República determinado o controle interno pelo Executivo e o controle externo pelo Congresso Nacional auxiliado pelo Tribunal de Contas da União (arts. 70 a 75 CF). Além destas normas constitucionais, a lei 4.320/64, dispõe sobre a elaboração e controle dos orçamentos e balanços da União, dos Estados, dos Municípios e do Distrito Federal.

A CF possui uma seção própria nos artigos 70 a 75 determinando as regras da Fiscalização Contábil, Financeira e Orçamentária, as quais se encontram a seguir transcritas:

> DA FISCALIZAÇÃO CONTÁBIL, FINANCEIRA E ORÇAMENTÁRIA
>
> **Art. 70.** A fiscalização contábil, financeira, orçamentária, operacional e patrimonial da União e das entidades da administração direta e indireta, quanto à legalidade, legitimidade, economicidade, aplicação das subvenções e renúncia de receitas, será exercida pelo Congresso Nacional, mediante controle externo, e pelo sistema de controle interno de cada Poder.
>
> Parágrafo único. Prestará contas qualquer pessoa física ou jurídica, pública ou privada, que utilize, arrecade, guarde, gerencie ou administre dinheiros, bens e valores públicos ou pelos quais a União responda, ou que, em nome desta, assuma obrigações de natureza pecuniária. (Redação dada pela Emenda Constitucional nº 19, de 1998)
>
> **Art. 71.** O controle externo, a cargo do Congresso Nacional, será exercido com o auxílio do Tribunal de Contas da União, ao qual compete:
>
> I - apreciar as contas prestadas anualmente pelo Presidente da República, mediante parecer prévio que deverá ser elaborado em sessenta dias a contar de seu recebimento;
> II - julgar as contas dos administradores e demais responsáveis por dinheiros, bens e valores públicos da administração

direta e indireta, incluídas as fundações e sociedades instituídas e mantidas pelo Poder Público federal, e as contas daqueles que derem causa a perda, extravio ou outra irregularidade de que resulte prejuízo ao erário público;

III - apreciar, para fins de registro, a legalidade dos atos de admissão de pessoal, a qualquer título, na administração direta e indireta, incluídas as fundações instituídas e mantidas pelo Poder Público, excetuadas as nomeações para cargo de provimento em comissão, bem como a das concessões de aposentadorias, reformas e pensões, ressalvadas as melhorias posteriores que não alterem o fundamento legal do ato concessório;

IV - realizar, por iniciativa própria, da Câmara dos Deputados, do Senado Federal, de Comissão técnica ou de inquérito, inspeções e auditorias de natureza contábil, financeira, orçamentária, operacional e patrimonial, nas unidades administrativas dos Poderes Legislativo, Executivo e Judiciário, e demais entidades referidas no inciso II;

V - fiscalizar as contas nacionais das empresas supranacionais de cujo capital social a União participe, de forma direta ou indireta, nos termos do tratado constitutivo;

VI - fiscalizar a aplicação de quaisquer recursos repassados pela União mediante convênio, acordo, ajuste ou outros instrumentos congêneres, a Estado, ao Distrito Federal ou a Município;

VII - prestar as informações solicitadas pelo Congresso Nacional, por qualquer de suas Casas, ou por qualquer das respectivas Comissões, sobre a fiscalização contábil, financeira, orçamentária, operacional e patrimonial e sobre resultados de auditorias e inspeções realizadas;

VIII - aplicar aos responsáveis, em caso de ilegalidade de despesa ou irregularidade de contas, as sanções previstas em lei, que estabelecerá, entre outras cominações, multa proporcional ao dano causado ao erário;

IX - assinar prazo para que o órgão ou entidade adote as providências necessárias ao exato cumprimento da lei, se verificada ilegalidade;

X - sustar, se não atendido, a execução do ato impugnado, comunicando a decisão à Câmara dos Deputados e ao Senado Federal;

XI - representar ao Poder competente sobre irregularidades ou abusos apurados.

§ 1º No caso de contrato, o ato de sustação será adotado diretamente pelo Congresso Nacional, que solicitará, de imediato, ao Poder Executivo as medidas cabíveis.

§ 2º Se o Congresso Nacional ou o Poder Executivo, no prazo de noventa dias, não efetivar as medidas previstas no parágrafo anterior, o Tribunal decidirá a respeito.

§ 3º As decisões do Tribunal de que resulte imputação de débito ou multa terão eficácia de título executivo.

§ 4º O Tribunal encaminhará ao Congresso Nacional, trimestral e anualmente, relatório de suas atividades.

**Art. 72.** A Comissão mista permanente a que se refere o art. 166, § 1º, diante de indícios de despesas não autorizadas, ainda que sob a forma de investimentos não programados ou de subsídios não aprovados, poderá solicitar à autoridade governamental responsável que, no prazo de cinco dias, preste os esclarecimentos necessários.

§ 1º Não prestados os esclarecimentos, ou considerados estes insuficientes, a Comissão solicitará ao Tribunal pronunciamento conclusivo sobre a matéria, no prazo de trinta dias.

§ 2º Entendendo o Tribunal irregular a despesa, a Comissão, se julgar que o gasto possa causar dano irreparável ou grave lesão à economia pública, proporá ao Congresso Nacional sua sustação.

**Art. 73.** O Tribunal de Contas da União, integrado por nove Ministros, tem sede no Distrito Federal, quadro próprio de pessoal e jurisdição em todo o território nacional, exercendo, no que couber, as atribuições previstas no art. 96.

§ 1º Os Ministros do Tribunal de Contas da União serão nomeados dentre brasileiros que satisfaçam os seguintes requisitos:

I - mais de trinta e cinco e menos de setenta anos de idade; (Redação dada pela Emenda Constitucional nº 122, de 2022)
II - idoneidade moral e reputação ilibada;
III - notórios conhecimentos jurídicos, contábeis, econômicos e financeiros ou de administração pública;
IV - mais de dez anos de exercício de função ou de efetiva atividade profissional que exija os conhecimentos mencionados no inciso anterior.

§ 2º Os Ministros do Tribunal de Contas da União serão escolhidos:

I - um terço pelo Presidente da República, com aprovação do Senado Federal, sendo dois alternadamente dentre auditores e membros do Ministério Público junto ao Tribunal, indicados em lista tríplice pelo Tribunal, segundo os critérios de antiguidade e merecimento;
II - dois terços pelo Congresso Nacional.

§ 3º Os Ministros do Tribunal de Contas da União terão as mesmas garantias, prerrogativas, impedimentos, vencimentos e vantagens dos Ministros do Superior Tribunal de Justiça, aplicando-se-lhes, quanto à aposentadoria e pensão, as normas constantes do art. 40. (Redação dada pela Emenda Constitucional nº 20, de 1998)

§ 4º O auditor, quando em substituição a Ministro, terá as mesmas garantias e impedimentos do titular e, quando no exercício das demais atribuições da judicatura, as de juiz de Tribunal Regional Federal.

**Art. 74.** Os Poderes Legislativo, Executivo e Judiciário manterão, de forma integrada, sistema de controle interno com a finalidade de:

I - avaliar o cumprimento das metas previstas no plano plurianual, a execução dos programas de governo e dos orçamentos da União;
II - comprovar a legalidade e avaliar os resultados, quanto à eficácia e eficiência, da gestão orçamentária, financeira e pa-

trimonial nos órgãos e entidades da administração federal, bem como da aplicação de recursos públicos por entidades de direito privado;
III - exercer o controle das operações de crédito, avais e garantias, bem como dos direitos e haveres da União;
IV - apoiar o controle externo no exercício de sua missão institucional.

§ 1º Os responsáveis pelo controle interno, ao tomarem conhecimento de qualquer irregularidade ou ilegalidade, dela darão ciência ao Tribunal de Contas da União, sob pena de responsabilidade solidária.

§ 2º Qualquer cidadão, partido político, associação ou sindicato é parte legítima para, na forma da lei, denunciar irregularidades ou ilegalidades perante o Tribunal de Contas da União.

**Art. 75.** As normas estabelecidas nesta seção aplicam-se, no que couber, à organização, composição e fiscalização dos Tribunais de Contas dos Estados e do Distrito Federal, bem como dos Tribunais e Conselhos de Contas dos Municípios.

Parágrafo único. As Constituições estaduais disporão sobre os Tribunais de Contas respectivos, que serão integrados por sete Conselheiros.

Portanto, o administrador público deverá controlar a execução do orçamento, procurando otimizar a arrecadação da receita, adotar medidas para redução dos gastos, analisar o que foi previsto no orçamento com o que está efetivamente sendo realizado. Também deverá verificar as autorizações e limitações da lei orçamentária, certificando-se que todo pagamento deve ter previsão orçamentária, sob pena de crime de responsabilidade (art. 85, inciso VI CF).

O controle externo orçamentário é exercido pelo poder legislativo (Congresso Nacional, Assembleias Legislativas e Câmaras Municipais), com o auxílio do Tribunal de Contas. Nos municípios onde não houver Tribunal de Contas, prestarão auxílio os Tribunais de Contas dos Estados ou os Conselhos ou Tribunais de Contas dos Municípios (art. 31 CF).

Harada (2015, p. 114, 115) define o papel do Tribunal de Contas da União como:

> O exercício de uma das atribuições do Tribunal de Contas consiste em julgar as contas, não lhe confere o exercício da atividade jurisdicional, privativo do poder judiciário. O Tribunal não julga as pessoas, limitando-se a julgar contas, isto é, restringe-se a proferir uma decisão técnica, considerando-as regulares ou irregulares. Sua decisão não opera coisa julgada, pelo que tem natureza meramente administrativa. Tanto é assim que as contas julgadas pelo Tribunal de Contas podem ser reapreciadas pelo Poder Judiciário, como se depreende do artigo 5º inciso XXV e XXXVII da CF, que introduz o princípio da inafastabilidade da jurisdição e repele o juízo ou tribunal de exceção respectivamente.
>
> Enquanto órgão que auxilia o Congresso Nacional no controle externo, o parecer prévio do Tribunal de Contas da União acerca das contas anuais prestadas pelo Presidente da República não vincula a decisão do parlamento. Nada impede de o Congresso Nacional, por uma decisão política, aprovar as contas apesar do parecer contrário de seu órgão técnico auxiliar. Entretanto, o Tribunal de Contas recebeu da carta política atribuições próprias, como se verifica do art. 71. Pode-se dizer que, a par da sua função de auxiliar do Poder legislativo, desempenha atividade contenciosa (incisos II e VII do art. 71 CF), bem com a atividade fiscalizadora de natureza preventiva ou repressiva.

Nessa mesma linha, Harada (2015, p. 122, 123) também define o papel dos Tribunais de Contas dos Estados e Municípios:

> Existe o Tribunal de Contas da União na esfera Federal e uma corte de contas em cada Estado-Membro e Distrito Federal. Até o advento da CF/88, apenas os Municípios de São Paulo e Rio de Janeiro eram dotados de Tribunais de Contas. Os demais municípios eram fiscalizados pelas

Câmaras Municipais e Conselho de Contas Municipais auxiliadas por Tribunais de Contas dos Estados ou por Tribunais e Conselhos de Contas Municipais, instituídos pelos Estados-membros.

A CF/88 vedou expressamente a criação de novos Tribunais, Conselhos ou órgãos de Contas Municipais. Nada impede os Estados-membros de criarem Conselhos ou órgãos de contas para fiscalização dos Municípios.

O controle interno tem previsão no legal no artigo 70 da CF, o qual foi anteriormente transcrito, que determina que a fiscalização seja realizada pelo sistema de controle interno de cada poder e a finalidade encontra-se descrita no artigo 74 da CF.

Hely Lopes Meirelles (1993, p. 601, 602) diferencia o controle interno do controle externo, afirmando que:

> O controle interno objetiva a criação de condições indispensáveis à eficácia do controle externo e visa assegurar a regularidade da realização da receita e da despesa, possibilitando o acompanhamento da execução do orçamento, dos programas de trabalho e a avaliação dos respectivos resultados. É na sua plenitude, um controle de legalidade, conveniência, oportunidade e eficiência.
>
> O Controle externo visa comprovar a probidade da Administração e a regularidade da guarda e do emprego dos bens, valores e dinheiros públicos, assim como a fiel execução do orçamento. É, por excelência, um controle político de legalidade contábil e financeira, primeiro aspecto a cargo do legislativo; o segundo do Tribunal de Contas.

Ainda com referência ao Controle Interno a ser exercido pelos três poderes, destacamos a importância da auditoria operacional que pode ser realizada pelo próprio órgão contando com auditores próprios ou ainda contratando serviços de auditoria externa independente.

Araújo define o conceito de Auditoria Operacional como:[247]

> A auditoria operacional ou *performance audit*, como determinam os americanos, é a análise e avaliação do desempenho de uma organização no todo ou em partes, objetivando formular recomendações e comentários que contribuirão para melhorar os aspectos de **economicidade, eficiência e eficácia**. (grifo nosso)
>
> Auditoria Operacional é o conjunto de procedimentos aplicados, com base em normas profissionais, sobre qualquer processo administrativo com o objetivo de verificar se eles foram realizados com observância aos princípios da economicidade, eficiência, eficácia e efetividade. Portanto, o auditor ao executar uma auditoria operacional, deverá emitir um relatório apresentando seus comentários sobre se a administração adquiriu seus insumos com qualidade e ao menor custo, se eles foram bem utilizados e no tempo certo, se os resultados propostos foram alcançados, assim como comentários sobre o impacto ocasionado pelo uso desses insumos.

Destacamos a seguir os campos de atuação da auditoria operacional também mencionado na obra de Inaldo da Paixão Santos Araújo, p. 21, 22:

> QUANTO AO CAMPO DE ATUAÇÃO
>
> A – Auditoria Governamental – é o tipo de auditoria que está voltada para o acompanhamento das ações empreendidas pelos órgãos e entidades que compõe a administração direta e indireta das três esferas de governo, ou seja, que gerem a *res pública*. Normalmente é realizada por entidades superiores de fiscalização, sob a forma de tribunais de contas ou controladorias, e organismos de controle interno da administração pública;
>
> B – Privada – é a auditoria cuja atuação se dá no âmbito das entidades que objetivam lucro, de maneira geral.

---

[247] ARAÚJO, Inaldo da Paixão. *Introdução à auditoria operacional*. Rio de Janeiro: FGV, 2008, p. 31.

## QUANTO À FORMA DE REALIZAÇÃO

A – Interna – é a auditoria realizada por profissionais vinculados à entidade auditada. Além das informações contábeis, preocupam-se também com os aspectos operacionais. Normalmente, a auditoria interna se reporta à Presidência da organização, funcionando como órgão de assessoramento;

B – Externa – é a auditoria realizada por profissionais qualificados, que não são empregados da administração auditada, com o objetivo precípuo de emitir uma opinião independente, com base em normas técnicas, sobre a adequação ou não das demonstrações contábeis. Também conceituada como auditora contábil realizada por especialistas não vinculados a organização examinada.

## QUANTO AO OBJETIVO DO TRABALHO

A – Contábil ou Financeira – representa o conjunto de procedimentos técnicos aplicados de forma independente por um profissional habilitado, segundo normas estabelecidas, com o objetivo de emitir uma opinião sobre a adequação das demonstrações contábeis tomadas em conjunto;

B – Operacional ou otimização de resultados – é a auditoria que objetiva avaliar o desempenho e a eficácia das operações, e os sistemas de informação e de organização, e os métodos de administração; a propriedade e o cumprimento das políticas administrativas; e a adequação e a oportunidade das decisões estratégicas;

C – Integrada – também conhecida como *comprehensive audit* ou auditoria de amplo escopo, envolve três aspectos relacionados, mas individualmente distinguíveis no que se refere à *accountability* (obrigação de responder por uma responsabilidade conferida), quais sejam: exame de demonstrações contábeis ou financeiras, exame de conformidade com as autorizações ou exame de legalidade; e exame de economicidade, eficiência e eficácia na gerência dos recursos públicos e privados.

O controle privado ou controle popular tem previsão legal no art. 74 § 2º da CF que menciona que qualquer cidadão, partido político, associação ou sindicato é parte legítima para, na forma da lei, denunciar irregularidades ou ilegalidades perante o Tribunal de Contas da União.[248]

## 21.6 IMPROBIDADE[249] ADMINISTRATIVA

A administração orçamentária deverá pautar a sua gestão com base no artigo 37 da Constituição Federal, que destaca que o Administrador Público deverá obedecer aos princípios da Legalidade, Impessoalidade, Moralidade, Publicidade e eficiência durante sua gestão.

Alexandre de Moraes, define o ato de improbidade como:

> Atos de improbidade administrativa são aqueles que, possuindo natureza civil e devidamente tipificados em lei federal, ferem direta ou indiretamente os princípios constitucionais e legais da administração pública, independentemente de importarem enriquecimento ilícito ou de causarem prejuízo material ao erário público.
>
> A lei de improbidade, portanto, não pune a mera ilegalidade, mas sim a conduta ilegal ou imoral do agente público, e de todo aquele que o auxilie, voltada para a corrupção.[250]

Em caso de descumprimento, o art. 37 § 4º determina que os atos de improbidade administrativa importarão em:

---

[248] Harada, Kiyoshi. *Direito financeiro e tributário*. São Paulo: Atlas, 2015, p. 113.

[249] Improbidade – Derivado do latim *improbitas* (má qualidade, imoralidade, malícia), juridicamente ligado ao sentido de desonestidade, má fama, incorreção, má conduta, má índole, mau caráter. Desse modo improbidade revela a qualidade do homem que não procede bem, por não ser honesto, que age indignamente, por não ter bom caráter, que não atua com decência, por ser amoral. Improbidade é a qualidade do ímprobo. E o ímprobo é o mau moralmente, é o incorreto, o transgressor das regras da lei e da moral. Silva, De Plácido. Vocabulário jurídico. São Paulo: Forense, 1994.

[250] MORAES, Alexandre de. *Direito Constitucional*. São Paulo: Atlas, 2017, p. 390.

√ Suspensão dos direitos políticos
√ Perda da função pública
√ Indisponibilidade de bens
√ Ressarcimento ao erário, sem prejuízo da ação penal cabível.

Adicionalmente a lei 8.429/92 atualizada pela lei 14.230/21 em seu artigo 12 também determina as punições para os atos de improbidade:

> **Art. 12.** Independentemente do ressarcimento integral do dano patrimonial, se efetivo, e das sanções penais comuns e de responsabilidade, civis e administrativas previstas na legislação específica, está o responsável pelo ato de improbidade sujeito às seguintes cominações, que podem ser aplicadas isolada ou cumulativamente, de acordo com a gravidade do fato: (Redação dada pela Lei nº 14.230, de 2021)
> I - na hipótese do art. 9º desta Lei, perda dos bens ou valores acrescidos ilicitamente ao patrimônio, perda da função pública, suspensão dos direitos políticos até 14 (catorze) anos, pagamento de multa civil equivalente ao valor do acréscimo patrimonial e proibição de contratar com o poder público ou de receber benefícios ou incentivos fiscais ou creditícios, direta ou indiretamente, ainda que por intermédio de pessoa jurídica da qual seja sócio majoritário, pelo prazo não superior a 14 (catorze) anos; (Redação dada pela Lei nº 14.230, de 2021)
> II - na hipótese do art. 10 desta Lei, perda dos bens ou valores acrescidos ilicitamente ao patrimônio, se concorrer esta circunstância, perda da função pública, suspensão dos direitos políticos até 12 (doze) anos, pagamento de multa civil equivalente ao valor do dano e proibição de contratar com o poder público ou de receber benefícios ou incentivos fiscais ou creditícios, direta ou indiretamente, ainda que por intermédio de pessoa jurídica da qual seja sócio majoritário, pelo prazo não superior a 12 (doze) anos; (Redação dada pela Lei nº 14.230, de 2021)
> III - na hipótese do art. 11 desta Lei, pagamento de multa civil de até 24 (vinte e quatro) vezes o valor da remunera-

ção percebida pelo agente e proibição de contratar com o poder público ou de receber benefícios ou incentivos fiscais ou creditícios, direta ou indiretamente, ainda que por intermédio de pessoa jurídica da qual seja sócio majoritário, pelo prazo não superior a 4 (quatro) anos; (Redação dada pela Lei nº 14.230, de 2021)

IV - (revogado). (Redação dada pela Lei nº 14.230, de 2021)

Parágrafo único. (Revogado). (Redação dada pela Lei nº 14.230, de 2021)

§ 1º A sanção de perda da função pública, nas hipóteses dos incisos I e II do *caput* deste artigo, atinge apenas o vínculo de mesma qualidade e natureza que o agente público ou político detinha com o poder público na época do cometimento da infração, podendo o magistrado, na hipótese do inciso I do *caput* deste artigo, e em caráter excepcional, estendê-la aos demais vínculos, consideradas as circunstâncias do caso e a gravidade da infração. (Incluído pela Lei nº 14.230, de 2021)

§ 2º A multa pode ser aumentada até o dobro, se o juiz considerar que, em virtude da situação econômica do réu, o valor calculado na forma dos incisos I, II e III do *caput* deste artigo é ineficaz para reprovação e prevenção do ato de improbidade. (Incluído pela Lei nº 14.230, de 2021)

§ 3º Na responsabilização da pessoa jurídica, deverão ser considerados os efeitos econômicos e sociais das sanções, de modo a viabilizar a manutenção de suas atividades. (Incluído pela Lei nº 14.230, de 2021)

§ 4º Em caráter excepcional e por motivos relevantes devidamente justificados, a sanção de proibição de contratação com o poder público pode extrapolar o ente público lesado pelo ato de improbidade, observados os impactos econômicos e sociais das sanções, de forma a preservar a função social da pessoa jurídica, conforme disposto no § 3º deste artigo. (Incluído pela Lei nº 14.230, de 2021)

§ 5º No caso de atos de menor ofensa aos bens jurídicos tutelados por esta Lei, a sanção limitar-se-á à aplicação de multa, sem prejuízo do ressarcimento do dano e da perda dos valores obtidos, quando for o caso, nos termos do *caput* deste artigo. (Incluído pela Lei nº 14.230, de 2021)

§ 6º Se ocorrer lesão ao patrimônio público, a reparação do dano a que se refere esta Lei deverá deduzir o ressarcimento ocorrido nas instâncias criminal, civil e administrativa que tiver por objeto os mesmos fatos. (Incluído pela Lei nº 14.230, de 2021)

§ 7º As sanções aplicadas a pessoas jurídicas com base nesta Lei e na Lei nº 12.846, de 1º de agosto de 2013, deverão observar o princípio constitucional do *non bis in idem*. (Incluído pela Lei nº 14.230, de 2021)

§ 8º A sanção de proibição de contratação com o poder público deverá constar do Cadastro Nacional de Empresas Inidôneas e Suspensas (CEIS) de que trata a Lei nº 12.846, de 1º de agosto de 2013, observadas as limitações territoriais contidas em decisão judicial, conforme disposto no § 4º deste artigo. (Incluído pela Lei nº 14.230, de 2021)

§ 9º As sanções previstas neste artigo somente poderão ser executadas após o trânsito em julgado da sentença condenatória. (Incluído pela Lei nº 14.230, de 2021)

§ 10. Para efeitos de contagem do prazo da sanção de suspensão dos direitos políticos, computar-se-á retroativamente o intervalo de tempo entre a decisão colegiada e o trânsito em julgado da sentença condenatória. (Incluído pela Lei nº 14.230, de 2021)

Com referência à lei orçamentária, não poderíamos deixar de destacar os artigos 9 a 11 da referida lei que definem os crimes de improbidade administrativa do servidor público:

## Dos Atos de Improbidade Administrativa que Importam Enriquecimento Ilícito

**Art. 9º** Constitui ato de improbidade administrativa importando em enriquecimento ilícito auferir, mediante a prática de ato doloso, qualquer tipo de vantagem patrimonial indevida em razão do exercício de cargo, de mandato, de função, de emprego ou de atividade nas entidades referidas no art. 1º desta Lei, e notadamente: (Redação dada pela Lei nº 14.230, de 2021)

I - receber, para si ou para outrem, dinheiro, bem móvel ou imóvel, ou qualquer outra vantagem econômica, direta ou indireta, a título de comissão, percentagem, gratificação ou presente de quem tenha interesse, direto ou indireto, que possa ser atingido ou amparado por ação ou omissão decorrente das atribuições do agente público;

II - perceber vantagem econômica, direta ou indireta, para facilitar a aquisição, permuta ou locação de bem móvel ou imóvel, ou a contratação de serviços pelas entidades referidas no art. 1° por preço superior ao valor de mercado;

III - perceber vantagem econômica, direta ou indireta, para facilitar a alienação, permuta ou locação de bem público ou o fornecimento de serviço por ente estatal por preço inferior ao valor de mercado;

IV - utilizar, em obra ou serviço particular, qualquer bem móvel, de propriedade ou à disposição de qualquer das entidades referidas no art. 1º desta Lei, bem como o trabalho de servidores, de empregados ou de terceiros contratados por essas entidades; (Redação dada pela Lei nº 14.230, de 2021)

V - receber vantagem econômica de qualquer natureza, direta ou indireta, para tolerar a exploração ou a prática de jogos de azar, de lenocínio, de narcotráfico, de contrabando, de usura ou de qualquer outra atividade ilícita, ou aceitar promessa de tal vantagem;

VI - receber vantagem econômica de qualquer natureza, direta ou indireta, para fazer declaração falsa sobre qualquer dado técnico que envolva obras públicas ou qualquer outro serviço ou sobre quantidade, peso, medida, qualidade ou característica de mercadorias ou bens fornecidos a qualquer das entidades referidas no art. 1º desta Lei; (Redação dada pela Lei nº 14.230, de 2021)

VII - adquirir, para si ou para outrem, no exercício de mandato, de cargo, de emprego ou de função pública, e em razão deles, bens de qualquer natureza, decorrentes dos atos descritos no caput deste artigo, cujo valor seja desproporcional à evolução do patrimônio ou à renda do agente público, assegurada a demonstração pelo agente da licitude da origem dessa evolução; (Redação dada pela Lei nº 14.230, de 2021)

VIII - aceitar emprego, comissão ou exercer atividade de consultoria ou assessoramento para pessoa física ou jurídica que tenha interesse suscetível de ser atingido ou amparado por ação ou omissão decorrente das atribuições do agente público, durante a atividade;

IX - perceber vantagem econômica para intermediar a liberação ou aplicação de verba pública de qualquer natureza;

X - receber vantagem econômica de qualquer natureza, direta ou indiretamente, para omitir ato de ofício, providência ou declaração a que esteja obrigado;

XI - incorporar, por qualquer forma, ao seu patrimônio bens, rendas, verbas ou valores integrantes do acervo patrimonial das entidades mencionadas no art. 1° desta lei;

XII - usar, em proveito próprio, bens, rendas, verbas ou valores integrantes do acervo patrimonial das entidades mencionadas no art. 1° desta lei.

**Dos Atos de Improbidade Administrativa que Causam Prejuízo ao Erário**

**Art. 10.** Constitui ato de improbidade administrativa que causa lesão ao erário qualquer ação ou omissão dolosa, que enseje, efetiva e comprovadamente, perda patrimonial, desvio, apropriação, malbaratamento ou dilapidação dos bens ou haveres das entidades referidas no art. 1º desta Lei, e notadamente: (Redação dada pela Lei nº 14.230, de 2021)

I - facilitar ou concorrer, por qualquer forma, para a indevida incorporação ao patrimônio particular, de pessoa física ou jurídica, de bens, de rendas, de verbas ou de valores integrantes do acervo patrimonial das entidades referidas no art. 1º desta Lei; (Redação dada pela Lei nº 14.230, de 2021)

II - permitir ou concorrer para que pessoa física ou jurídica privada utilize bens, rendas, verbas ou valores integrantes do acervo patrimonial das entidades mencionadas no art. 1º desta lei, sem a observância das formalidades legais ou regulamentares aplicáveis à espécie;

III - doar à pessoa física ou jurídica bem como ao ente despersonalizado, ainda que de fins educativos ou assistências, bens, rendas, verbas ou valores do patrimônio de qualquer das entidades mencionadas no art. 1º desta lei, sem observância das formalidades legais e regulamentares aplicáveis à espécie;

IV - permitir ou facilitar a alienação, permuta ou locação de bem integrante do patrimônio de qualquer das entidades referidas no art. 1º desta lei, ou ainda a prestação de serviço por parte delas, por preço inferior ao de mercado;

V - permitir ou facilitar a aquisição, permuta ou locação de bem ou serviço por preço superior ao de mercado;

VI - realizar operação financeira sem observância das normas legais e regulamentares ou aceitar garantia insuficiente ou inidônea;

VII - conceder benefício administrativo ou fiscal sem a observância das formalidades legais ou regulamentares aplicáveis à espécie;

VIII - frustrar a licitude de processo licitatório ou de processo seletivo para celebração de parcerias com entidades sem fins lucrativos, ou dispensá-los indevidamente, acarretando perda patrimonial efetiva; (Redação dada pela Lei nº 14.230, de 2021)

IX - ordenar ou permitir a realização de despesas não autorizadas em lei ou regulamento;

X - agir ilicitamente na arrecadação de tributo ou de renda, bem como no que diz respeito à conservação do patrimônio público; (Redação dada pela Lei nº 14.230, de 2021)

XI - liberar verba pública sem a estrita observância das normas pertinentes ou influir de qualquer forma para a sua aplicação irregular;

XII - permitir, facilitar ou concorrer para que terceiro se enriqueça ilicitamente;

XIII - permitir que se utilize, em obra ou serviço particular, veículos, máquinas, equipamentos ou material de qualquer natureza, de propriedade ou à disposição de qualquer das entidades mencionadas no art. 1° desta lei, bem como o trabalho de servidor público, empregados ou terceiros contratados por essas entidades;

XIV – celebrar contrato ou outro instrumento que tenha por objeto a prestação de serviços públicos por meio da gestão associada sem observar as formalidades previstas na lei; (Incluído pela Lei nº 11.107, de 2005)

XV – celebrar contrato de rateio de consórcio público sem suficiente e prévia dotação orçamentária, ou sem observar as formalidades previstas na lei; (Incluído pela Lei nº 11.107, de 2005)

XVI - facilitar ou concorrer, por qualquer forma, para a incorporação, ao patrimônio particular de pessoa física ou jurídica, de bens, rendas, verbas ou valores públicos transferidos pela administração pública a entidades privadas mediante celebração de parcerias, sem a observância das formalidades legais ou regulamentares aplicáveis à espécie; (Incluído pela Lei nº 13.019, de 2014) (Vigência)

XVII - permitir ou concorrer para que pessoa física ou jurídica privada utilize bens, rendas, verbas ou valores públicos transferidos pela administração pública a entidade privada mediante celebração de parcerias, sem a observância das formalidades legais ou regulamentares aplicáveis à espécie; (Incluído pela Lei nº 13.019, de 2014) (Vigência)

XVIII - celebrar parcerias da administração pública com entidades privadas sem a observância das formalidades legais ou regulamentares aplicáveis à espécie; (Incluído pela Lei nº 13.019, de 2014) (Vigência)

XIX - agir para a configuração de ilícito na celebração, na fiscalização e na análise das prestações de contas de parcerias firmadas pela administração pública com entidades privadas; (Redação dada pela Lei nº 14.230, de 2021)

XX - liberar recursos de parcerias firmadas pela administração pública com entidades privadas sem a estrita obser-

vância das normas pertinentes ou influir de qualquer forma para a sua aplicação irregular; (Incluído pela Lei nº 13.019, de 2014, com a redação dada pela Lei nº 13.204, de 2015)
XXI - (revogado); (Redação dada pela Lei nº 14.230, de 2021)
XXII - conceder, aplicar ou manter benefício financeiro ou tributário contrário ao que dispõem o *caput* e o § 1º do art. 8º-A da Lei Complementar nº 116, de 31 de julho de 2003. (Incluído pela Lei nº 14.230, de 2021)

§ 1º Nos casos em que a inobservância de formalidades legais ou regulamentares não implicar perda patrimonial efetiva, não ocorrerá imposição de ressarcimento, vedado o enriquecimento sem causa das entidades referidas no art. 1º desta Lei. (Incluído pela Lei nº 14.230, de 2021)

§ 2º A mera perda patrimonial decorrente da atividade econômica não acarretará improbidade administrativa, salvo se comprovado ato doloso praticado com essa finalidade. (Incluído pela Lei nº 14.230, de 2021)

## Seção III

### Dos Atos de Improbidade Administrativa que Atentam Contra os Princípios da Administração Pública

Art. 11. Constitui ato de improbidade administrativa que atenta contra os princípios da administração pública a ação ou omissão dolosa que viole os deveres de honestidade, de imparcialidade e de legalidade, caracterizada por uma das seguintes condutas: (Redação dada pela Lei nº 14.230, de 2021)

I - (revogado); (Redação dada pela Lei nº 14.230, de 2021)
II - (revogado); (Redação dada pela Lei nº 14.230, de 2021)
III - revelar fato ou circunstância de que tem ciência em razão das atribuições e que deva permanecer em segredo, propiciando beneficiamento por informação privilegiada ou colocando em risco a segurança da sociedade e do Estado; (Redação dada pela Lei nº 14.230, de 2021)

IV - negar publicidade aos atos oficiais, exceto em razão de sua imprescindibilidade para a segurança da sociedade e do Estado ou de outras hipóteses instituídas em lei; (Redação dada pela Lei nº 14.230, de 2021)

V - frustrar, em ofensa à imparcialidade, o caráter concorrencial de concurso público, de chamamento ou de procedimento licitatório, com vistas à obtenção de benefício próprio, direto ou indireto, ou de terceiros; (Redação dada pela Lei nº 14.230, de 2021)

VI - deixar de prestar contas quando esteja obrigado a fazê-lo, desde que disponha das condições para isso, com vistas a ocultar irregularidades; (Redação dada pela Lei nº 14.230, de 2021)

VII - revelar ou permitir que chegue ao conhecimento de terceiro, antes da respectiva divulgação oficial, teor de medida política ou econômica capaz de afetar o preço de mercadoria, bem ou serviço.

VIII - descumprir as normas relativas à celebração, fiscalização e aprovação de contas de parcerias firmadas pela administração pública com entidades privadas.

IX - (revogado); (Redação dada pela Lei nº 14.230, de 2021)

X - (revogado); (Redação dada pela Lei nº 14.230, de 2021)

XI - nomear cônjuge, companheiro ou parente em linha reta, colateral ou por afinidade, até o terceiro grau, inclusive, da autoridade nomeante ou de servidor da mesma pessoa jurídica investido em cargo de direção, chefia ou assessoramento, para o exercício de cargo em comissão ou de confiança ou, ainda, de função gratificada na administração pública direta e indireta em qualquer dos Poderes da União, dos Estados, do Distrito Federal e dos Municípios, compreendido o ajuste mediante designações recíprocas; (Incluído pela Lei nº 14.230, de 2021)

XII - praticar, no âmbito da administração pública e com recursos do erário, ato de publicidade que contrarie o disposto no § 1º do art. 37 da Constituição Federal, de forma a promover inequívoco enaltecimento do agente público e personalização de atos, de programas, de obras, de serviços ou de campanhas dos órgãos públicos. (Incluído pela Lei nº 14.230, de 2021)

§ 1º Nos termos da Convenção das Nações Unidas contra a Corrupção, promulgada pelo Decreto nº 5.687, de 31 de janeiro de 2006, somente haverá improbidade administrativa, na aplicação deste artigo, quando for comprovado na conduta funcional do agente público o fim de obter proveito ou benefício indevido para si ou para outra pessoa ou entidade. (Incluído pela Lei nº 14.230, de 2021)

§ 2º Aplica-se o disposto no § 1º deste artigo a quaisquer atos de improbidade administrativa tipificados nesta Lei e em leis especiais e a quaisquer outros tipos especiais de improbidade administrativa instituídos por lei. (Incluído pela Lei nº 14.230, de 2021)

§ 3º O enquadramento de conduta funcional na categoria de que trata este artigo pressupõe a demonstração objetiva da prática de ilegalidade no exercício da função pública, com a indicação das normas constitucionais, legais ou infralegais violadas. (Incluído pela Lei nº 14.230, de 2021)

§ 4º Os atos de improbidade de que trata este artigo exigem lesividade relevante ao bem jurídico tutelado para serem passíveis de sancionamento e independem do reconhecimento da produção de danos ao erário e de enriquecimento ilícito dos agentes públicos. (Incluído pela Lei nº 14.230, de 2021)

§ 5º Não se configurará improbidade a mera nomeação ou indicação política por parte dos detentores de mandatos eletivos, sendo necessária a aferição de dolo com finalidade ilícita por parte do agente. (Incluído pela Lei nº 14.230, de 2021)

Os crimes de responsabilidade têm como fundamento a CF artigo 85, como também, a lei 1.079/50 que define os crimes de responsabilidade contra a probidade da administração, crimes de responsabilidade do Presidente da República, crimes contra a lei orçamentária, crimes contra a guarda legal e emprego dos dinheiros públicos, assim como, regula o processo de julgamento.

Neste mesmo sentido, a lei 10.028/2000 destaca que a desobediência ao princípio da responsabilidade fiscal gera a responsabilidade penal com relação aos crimes contra as finanças públicas, conforme artigo 359-A a 359-H do Código Penal. Referida lei também alterou a lei 1.079/50, que seguem a seguir descritos:

**DOS CRIMES CONTRA AS FINANÇAS PÚBLICAS**
(Incluído pela Lei nº 10.028, de 2000)

**Contratação de operação de crédito**

**Art. 359-A.** Ordenar, autorizar ou realizar operação de crédito, interno ou externo, sem prévia autorização legislativa: (Incluído pela Lei nº 10.028, de 2000)

Pena – reclusão, de 1 (um) a 2 (dois) anos. (Incluído pela Lei nº 10.028, de 2000)

Parágrafo único. Incide na mesma pena quem ordena, autoriza ou realiza operação de crédito, interno ou externo: (Incluído pela Lei nº 10.028, de 2000)

I – com inobservância de limite, condição ou montante estabelecido em lei ou em resolução do Senado Federal; (Incluído pela Lei nº 10.028, de 2000)
II – quando o montante da dívida consolidada ultrapassa o limite máximo autorizado por lei. (Incluído pela Lei nº 10.028, de 2000)

**Inscrição de despesas não empenhadas em restos a pagar**
(Incluído pela Lei nº 10.028, de 2000)

**Art. 359-B.** Ordenar ou autorizar a inscrição em restos a pagar, de despesa que não tenha sido previamente empenhada ou que exceda limite estabelecido em lei: (Incluído pela Lei nº 10.028, de 2000)

Pena – detenção, de 6 (seis) meses a 2 (dois) anos. (Incluído pela Lei nº 10.028, de 2000)

**Assunção de obrigação no último ano do mandato ou legislatura** (Incluído pela Lei nº 10.028, de 2000)

**Art. 359-C.** Ordenar ou autorizar a assunção de obrigação, nos dois últimos quadrimestres do último ano do mandato ou legislatura, cuja despesa não possa ser paga no mesmo exercício financeiro ou, caso reste parcela a ser paga no exercício seguinte, que não tenha contrapartida suficiente de disponibilidade de caixa: (Incluído pela Lei nº 10.028, de 2000)

Pena - reclusão, de 1 (um) a 4 (quatro) anos. (Incluído pela Lei nº 10.028, de 2000)

**Ordenação de despesa não autorizada** (Incluído pela Lei nº 10.028, de 2000)

**Art. 359-D.** Ordenar despesa não autorizada por lei: (Incluído pela Lei nº 10.028, de 2000)

Pena – reclusão, de 1 (um) a 4 (quatro) anos. (Incluído pela Lei nº 10.028, de 2000)

**Prestação de garantia graciosa** (Incluído pela Lei nº 10.028, de 2000)

**Art. 359-E.** Prestar garantia em operação de crédito sem que tenha sido constituída contragarantia em valor igual ou superior ao valor da garantia prestada, na forma da lei: (Incluído pela Lei nº 10.028, de 2000)

Pena – detenção, de 3 (três) meses a 1 (um) ano. (Incluído pela Lei nº 10.028, de 2000)

**Não cancelamento de restos a pagar** (Incluído pela Lei nº 10.028, de 2000)

**Art. 359-F.** Deixar de ordenar, de autorizar ou de promover o cancelamento do montante de restos a pagar inscrito em valor superior ao permitido em lei: (Incluído pela Lei nº 10.028, de 2000)

Pena – detenção, de 6 (seis) meses a 2 (dois) anos. (Incluído pela Lei nº 10.028, de 2000)

**Aumento de despesa total com pessoal no último ano do mandato ou legislatura** (Incluído pela Lei nº 10.028, de 2000)

**Art. 359-G.** Ordenar, autorizar ou executar ato que acarrete aumento de despesa total com pessoal, nos cento e oitenta dias anteriores ao final do mandato ou da legislatura: (Incluído pela Lei nº 10.028, de 2000)

Pena – reclusão, de 1 (um) a 4 (quatro) anos. (Incluído pela Lei nº 10.028, de 2000)

**Oferta pública ou colocação de títulos no mercado** (Incluído pela Lei nº 10.028, de 2000)

**Art. 359-H.** Ordenar, autorizar ou promover a oferta pública ou a colocação no mercado financeiro de títulos da dívida pública sem que tenham sido criados por lei ou sem que estejam registrados em sistema centralizado de liquidação e de custódia: (Incluído pela Lei nº 10.028, de 2000)

Pena – reclusão, de 1 (um) a 4 (quatro) anos. (Incluído pela Lei nº 10.028, de 2000)

Evidente para que o ato de improbidade administrativa para acarretar a aplicação de medidas sancionatórias previstas no artigo 37, § 4º da CF onde "os atos de improbidade administrativa importarão a suspensão dos direitos políticos, a perda da função pública, a indisponibilidade dos bens e o ressarcimento ao erário, na forma e gradação previstas em lei, sem prejuízo da ação penal cabível, "exige a presença de determinados elementos: (Di Pietro, 2022, p. 1.005)

a) Sujeito passivo;

b) Sujeito ativo;

c) Ocorrência de ato danoso descrito em lei, causador de enriquecimento ilícito para o sujeito ativo, prejuízo para o erário público ou atentado contra os princípios da administração pública; o enquadramento do ato pode dar-se isoladamente, em uma das quatro hipóteses, ou, cumulativamente, em duas, três ou quatro;

d) Elemento subjetivo; dolo".

Ainda com referência à Improbidade Administrativa não poderíamos deixar de elencar de forma resumida as inovações introduzidas pela lei 14.230/21 que alterou a lei 8.429/92 citadas na obra de Di Pietro (2022, p. 1.004):
- √ Exigência de dolo para configuração do ato de improbidade administrativa, com exclusão da conduta ou omissão culposa, antes prevista nos artigos 5 e 10;
- √ Elenco taxativo das hipóteses de ato de improbidade administrativa que atentam contra os princípios da administração pública (art.11);
- √ Preocupação com a preservação da vida da empresa, evitando que a punição impeça a continuação das atividades (art. 12, p. 3,4);
- √ Aplicação do princípio do *non bis in idem*, para aplicar aplicação cumulativa de sanções pelo mesmo fato (art. 12, p, 6, 7);
- √ Legitimidade apenas do ministério público para proposição da ação judicial de improbidade (art. 17);
- √ Submissão da ação judicial de improbidade administração às normas do CPC (art. 17);
- √ Definição da ação judicial de improbidade como repressiva, de caráter sancionatório (art. 17-D);
- √ Possibilidade de conversão da ação de improbidade administrativa em ação civil pública, quando não estiverem presentes os requisitos para aplicação das sanções por improbidade (art. 17, p. 17);
- √ Possibilidade de instauração de inquérito civil ou procedimento investigatório semelhante (art. 22);
- √ Permissão expressa de solução consensual (art. 17, p. 10-A) e de acordo de não persecução civil (art. 17-B), com proibição ao investigado que descumprir esse acordo de celebrar novo acordo pelo prazo de 5 anos (p. 7 do artigo 17-B);

√ Previsão de restrições aos pedidos e à outorga da indisponibilidade de bens (parágrafos do artigo 16);
√ Previsão de condenação do réu ao ressarcimento de danos ou a reversão dos bens e valores adquiridos (art.18), hipótese em que a liquidação do dano incumbe à pessoa lesada pelo ato de improbidade administrativa, o que deve ser providenciado no prazo de seis meses; não cumprida essa providência, a competência para a medida se transfere ao ministério público (p. 2 do artigo 3);
√ Observância de normas e princípios já previstos na LINDB (art. 17-C);
√ Prescrição no prazo de 8 anos, com indicação expressa dos casos de suspensão e interrupção (art. 23, p. 1, 4).

## 21.7 O PROCESSO LEGISLATIVO ORÇAMENTÁRIO

Conforme estabelecido no artigo 165 da Constituição Federal o processo legislativo orçamentário segue regras próprias, ou seja, o Plano Plurianual, Lei de Diretrizes Orçamentárias e Lei do Orçamento Anual. Cabe ao Presidente da República que é o chefe do Poder Executivo enviar ao Congresso Nacional os respectivos projetos da lei nos termos do artigo 84, inciso XXIII da CF.

Os projetos de lei são apreciados pelas duas casas do Congresso nacional e examinados por uma comissão mista permanente de Senadores e Deputados, que aprecia em primeiro plano o projeto e emitirá um parecer. Cabe à mesma comissão receber as emendas consignando o parecer acerca delas para posterior encaminhamento para discussão e votação no plenário das duas casas do Congresso Nacional conforme determina o artigo 166 da CF. O cabimento das emendas obedece a critérios peculiares previstos nos parágrafos 3º e 4º do artigo 166 CF, sendo bem amplo o poder de atuação dos parlamentares. No mais são aplicadas as demais regras concernentes ao processo legislativo.[251]

O projeto da lei orçamentária anual deverá ser devolvido pelo Poder Legislativo para o Poder Executivo até o final da sessão le-

---
[251] Harada, Kiyoshi. *Direito financeiro e tributário*. São Paulo: Atlas, 2015, p. 70, 71.

gislativa, pois a realização das despesas públicas deve obedecer ao princípio da legalidade, onde nenhuma despesa pode ser paga sem que esteja prevista no orçamento. Recebido o projeto o Presidente da República poderá sancionar ou vetar no todo ou em parte o projeto da lei aprovado.

A seguir elaboramos um breve resumo das etapas da tramitação orçamentária durante o processo legislativo no Congresso Nacional:
- √ Recebimento da proposta orçamentária do Poder Executivo;
- √ Leitura do projeto do Executivo;
- √ Distribuição dos projetos aos parlamentares;
- √ Designação do relator do projeto;
- √ Realizações de audiências públicas;
- √ Apresentação, discussão e votação dos pareceres preliminares;
- √ Abertura do prazo de emendas ao projeto;
- √ Recebimento e parecer sobre as emendas (relator);
- √ Apreciação e votação do relatório final;
- √ Votação do relatório geral no plenário do Congresso; e
- √ Encaminhamento ao presidente da República para sanção ou veto.

Ainda com relação à Comissão mista Permanente do Congresso Nacional, vale a pena destacar o artigo 72 da CF que enfatiza que a Comissão mista Permanente diante de indícios de despesas não autorizadas, ainda que sob a forma de investimentos não programados ou de subsídios não aprovados, poderá solicitar à autoridade governamental responsável que, no prazo de cinco dias, preste os esclarecimentos necessários. Não prestados os esclarecimentos, ou considerados estes insuficientes a Comissão solicitará ao Tribunal pronunciamento conclusivo sobre a matéria no prazo de trinta dias, e entendendo o Tribunal irregular a despesa proporá ao Congresso Nacional sua sustação.

No âmbito dos Estados e Municípios a aprovação do projeto da lei do orçamento anual é de responsabilidade de uma comissão permanente nas Assembleias Legislativas e Câmara dos Vereadores de cada ente federativo.

### 21.7.1 Novo Regime Fiscal – Emenda Constitucional 95

Em 15 de Dezembro de 2016 foi aprovada a Proposta de Emenda à Constituição (PEC) que altera o Ato das Disposições Constitucionais Transitórias relativas ao Orçamento Público, fixando novos limites para o gasto público.

Em resumo, as despesas não poderão ter crescimento real a partir de 2017, abrangendo todos os órgãos da administração pública pelo prazo de 20 anos, com possibilidade de revisão a partir do 10º ano de vigência, fixando também sanções em caso de descumprimento.

Devido a relevância do tema, transcrevemos abaixo os artigos 106 a 114 da ADCT que foram alterados em decorrência da EC 95 de 2016, com as respectivas alterações supervenientes:

> **Art. 106.** Fica instituído o Novo Regime Fiscal no âmbito dos Orçamentos Fiscal e da Seguridade Social da União, que vigorará por vinte exercícios financeiros, nos termos dos arts. 107 a 114 deste Ato das Disposições Constitucionais Transitórias. (Incluído pela Emenda Constitucional nº 95, de 2016) (Vide Emenda Constitucional nº 126, de 2022)
>
> **Art. 107.** Ficam estabelecidos, para cada exercício, limites individualizados para as despesas primárias: (Incluído pela Emenda Constitucional nº 95, de 2016) (Vide) (Vide Emenda Constitucional nº 126, de 2022)
>
> I - do Poder Executivo; (Incluído pela Emenda Constitucional nº 95, de 2016) (Revogado pela Emenda Constitucional nº 126, de 2022)
> II - do Supremo Tribunal Federal, do Superior Tribunal de Justiça, do Conselho Nacional de Justiça, da Justiça do Trabalho, da Justiça Federal, da Justiça Militar da União, da Justiça Eleitoral e da Justiça do Distrito Federal e Territórios, no âmbito do Poder Judiciário; (Incluído pela Emenda Constitucional nº 95, de 2016)
> III - do Senado Federal, da Câmara dos Deputados e do Tribunal de Contas da União, no âmbito do Poder Legislativo; (Incluído pela Emenda Constitucional nº 95, de 2016)

IV - do Ministério Público da União e do Conselho Nacional do Ministério Público; e (Incluído pela Emenda Constitucional nº 95, de 2016)

V - da Defensoria Pública da União. (Incluído pela Emenda Constitucional nº 95, de 2016)

§ 1º Cada um dos limites a que se refere o *caput* deste artigo equivalerá: (Incluído pela Emenda Constitucional nº 95, de 2016)

I - para o exercício de 2017, à despesa primária paga no exercício de 2016, incluídos os restos a pagar pagos e demais operações que afetam o resultado primário, corrigida em 7,2% (sete inteiros e dois décimos por cento); e (Incluído pela Emenda Constitucional nº 95, de 2016)

II - para os exercícios posteriores, ao valor do limite referente ao exercício imediatamente anterior, corrigido pela variação do Índice Nacional de Preços ao Consumidor Amplo (IPCA), publicado pela Fundação Instituto Brasileiro de Geografia e Estatística, ou de outro índice que vier a substituí-lo, apurado no exercício anterior a que se refere a lei orçamentária. (Redação dada pela Emenda Constitucional nº 113, de 2021) (Revogado pela Emenda Constitucional nº 126, de 2022)

§ 2º Os limites estabelecidos na forma do inciso IV do *caput* do art. 51, do inciso XIII do *caput* do art. 52, do § 1º do art. 99, do § 3º do art. 127 e do § 3º do art. 134 da Constituição Federal não poderão ser superiores aos estabelecidos nos termos deste artigo. (Incluído pela Emenda Constitucional nº 95, de 2016)

§ 3º A mensagem que encaminhar o projeto de lei orçamentária demonstrará os valores máximos de programação compatíveis com os limites individualizados calculados na forma do § 1º deste artigo, observados os §§ 7º a 9º deste artigo. (Incluído pela Emenda Constitucional nº 95, de 2016)

§ 4º As despesas primárias autorizadas na lei orçamentária anual sujeitas aos limites de que trata este artigo não poderão exceder os valores máximos demonstrados nos termos do § 3º deste artigo. (Incluído pela Emenda Constitucional nº 95, de 2016)

§ 5º É vedada a abertura de crédito suplementar ou especial que amplie o montante total autorizado de despesa primária sujeita aos limites de que trata este artigo. (Incluído pela Emenda Constitucional nº 95, de 2016)

§ 6º Não se incluem na base de cálculo e nos limites estabelecidos neste artigo: (Incluído pela Emenda Constitucional nº 95, de 2016) (Revogado pela Emenda Constitucional nº 126, de 2022)

I - transferências constitucionais estabelecidas no § 1º do art. 20, no inciso III do parágrafo único do art. 146, no § 5º do art. 153, no art. 157, nos incisos I e II do *caput* do art. 158, no art. 159 e no § 6º do art. 212, as despesas referentes ao inciso XIV do *caput* do art. 21 e as complementações de que tratam os incisos IV e V do *caput* do art. 212-A, todos da Constituição Federal; (Redação dada pela Emenda constitucional nº 108, de 2020)

II - créditos extraordinários a que se refere o § 3º do art. 167 da Constituição Federal; (Incluído pela Emenda Constitucional nº 95, de 2016)

III - despesas não recorrentes da Justiça Eleitoral com a realização de eleições; e (Incluído pela Emenda Constitucional nº 95, de 2016)

IV - despesas com aumento de capital de empresas estatais não dependentes. (Incluído pela Emenda Constitucional nº 95, de 2016)

V - transferências a Estados, Distrito Federal e Municípios de parte dos valores arrecadados com os leilões dos volumes excedentes ao limite a que se refere o § 2º do art. 1º da Lei nº 12.276, de 30 de junho de 2010, e a despesa decorrente da revisão do contrato de cessão onerosa de que trata a mesma Lei. (Incluído pela Emenda Constitucional nº 102, de 2019) (Produção de efeito)

VI - despesas correntes ou transferências aos fundos de saúde dos Estados, do Distrito Federal e dos Municípios, destinadas ao pagamento de despesas com pessoal para cumprimento dos pisos nacionais salariais para o enfermeiro, o técnico de enfermagem, o auxiliar de enfermagem e a parteira, de acordo com os §§ 12, 13, 14 e 15 do art. 198 da Constituição Federal. (Incluído pela Emenda Constitucional nº 127, de 2022)

§ 6º-A Não se incluem no limite estabelecido no inciso I do *caput* deste artigo, a partir do exercício financeiro de 2023: (Incluído pela Emenda Constitucional nº 126, de 2022)

I - despesas com projetos socioambientais ou relativos às mudanças climáticas custeadas com recursos de doações, bem como despesas com projetos custeados com recursos decorrentes de acordos judiciais ou extrajudiciais firmados em função de desastres ambientais; (Incluído pela Emenda Constitucional nº 126, de 2022)

II - despesas das instituições federais de ensino e das Instituições Científicas, Tecnológicas e de Inovação (ICTs) custeadas com receitas próprias, de doações ou de convênios, contratos ou outras fontes, celebrados com os demais entes da Federação ou entidades privadas; (Incluído pela Emenda Constitucional nº 126, de 2022)

III - despesas custeadas com recursos oriundos de transferências dos demais entes da Federação para a União destinados à execução direta de obras e serviços de engenharia. (Incluído pela Emenda Constitucional nº 126, de 2022)

§ 6º-B Não se incluem no limite estabelecido no inciso I do *caput* deste artigo as despesas com investimentos em montante que corresponda ao excesso de arrecadação de receitas correntes do exercício anterior ao que se refere a lei orçamentária, limitadas a 6,5% (seis inteiros e cinco décimos por cento) do excesso de arrecadação de receitas correntes do exercício de 2021. (Incluído pela Emenda Constitucional nº 126, de 2022)

§ 6º-C As despesas previstas no § 6º-B deste artigo não serão consideradas para fins de verificação do cumprimento da meta de resultado primário estabelecida no *caput* do art. 2º da Lei nº 14.436, de 9 de agosto de 2022. (Incluído pela Emenda Constitucional nº 126, de 2022)

§ 7º Nos três primeiros exercícios financeiros da vigência do Novo Regime Fiscal, o Poder Executivo poderá compensar com redução equivalente na sua despesa primária, consoante os valores estabelecidos no projeto de lei orçamentária encaminhado pelo Poder Executivo no respectivo exercício, o excesso de despesas primárias em relação aos limites de que tratam os incisos II a V do *caput* deste artigo. (Incluído pela Emenda Constitucional nº 95, de 2016)

§ 8º A compensação de que trata o § 7º deste artigo não excederá a 0,25% (vinte e cinco centésimos por cento) do limite do Poder Executivo. (Incluído pela Emenda Constitucional nº 95, de 2016)

§ 9º Respeitado o somatório em cada um dos incisos de II a IV do *caput* deste artigo, a lei de diretrizes orçamentárias poderá dispor sobre a compensação entre os limites individualizados dos órgãos elencados em cada inciso. (Incluído pela Emenda Constitucional nº 95, de 2016)

§ 10. Para fins de verificação do cumprimento dos limites de que trata este artigo, serão consideradas as despesas primárias pagas, incluídos os restos a pagar pagos e demais operações que afetam o resultado primário no exercício. (Incluído pela Emenda Constitucional nº 95, de 2016)

§ 11. O pagamento de restos a pagar inscritos até 31 de dezembro de 2015 poderá ser excluído da verificação do cumprimento dos limites de que trata este artigo, até o excesso de resultado primário dos Orçamentos Fiscal e da Seguridade Social do exercício em relação à meta fixada na lei de diretrizes orçamentárias. (Incluído pela Emenda Constitucional nº 95, de 2016)

§ 12. Para fins da elaboração do projeto de lei orçamentária anual, o Poder Executivo considerará o valor realizado até junho do índice previsto no inciso II do § 1º deste artigo, relativo ao ano de encaminhamento do projeto, e o valor estimado até dezembro desse mesmo ano. (Incluído pela Emenda Constitucional nº 113, de 2021)

§ 13. A estimativa do índice a que se refere o § 12 deste artigo, juntamente com os demais parâmetros macroeconômicos, serão elaborados mensalmente pelo Poder Executivo e enviados à comissão mista de que trata o § 1º do art. 166 da Constituição Federal. (Incluído pela Emenda Constitucional nº 113, de 2021)

§ 14. O resultado da diferença aferida entre as projeções referidas nos §§ 12 e 13 deste artigo e a efetiva apuração do índice previsto no inciso II do § 1º deste artigo será calculado pelo Poder Executivo, para fins de definição da base de cálculo dos respectivos limites do exercício seguinte, a qual será comunicada aos demais Poderes por ocasião da elaboração do projeto de lei orçamentária. (Incluído pela Emenda Constitucional nº 113, de 2021)

**Art. 107-A.** Até o fim de 2026, fica estabelecido, para cada exercício financeiro, limite para alocação na proposta orçamentária das despesas com pagamentos em virtude de sentença judiciária de que trata o art. 100 da Constituição Federal, equivalente ao valor da despesa paga no exercício de 2016, incluídos os restos a pagar pagos, corrigido, para o exercício de 2017, em 7,2% (sete inteiros e dois décimos por cento) e, para os exercícios posteriores, pela variação do Índice Nacional de Preços ao Consumidor Amplo (IPCA), publicado pela Fundação Instituto Brasileiro de Geografia e Estatística, ou de outro índice que vier a substituí-lo, apurado no exercício anterior a que se refere a lei orçamentária, devendo o espaço fiscal decorrente da diferença entre o valor dos precatórios expedidos e o respectivo limite ser destinado ao programa previsto no parágrafo único do art. 6º e à seguridade social, nos termos do art. 194, ambos da Constituição Federal, a ser calculado da seguinte forma: (Redação dada pela Emenda Constitucional nº 126, de 2022)

I - no exercício de 2022, o espaço fiscal decorrente da diferença entre o valor dos precatórios expedidos e o limite estabelecido no *caput* deste artigo deverá ser destinado ao programa previsto no parágrafo único do art. 6º e à seguridade social, nos termos do art. 194, ambos da Constituição Federal; (Incluído pela Emenda Constitucional nº 114, de 2021)

II - no exercício de 2023, pela diferença entre o total de precatórios expedidos entre 2 de julho de 2021 e 2 de abril de 2022 e o limite de que trata o *caput* deste artigo válido para o exercício de 2023; e (Incluído pela Emenda Constitucional nº 114, de 2021) (Vide MI 7300)

III - nos exercícios de 2024 a 2026, pela diferença entre o total de precatórios expedidos entre 3 de abril de dois anos anteriores e 2 de abril do ano anterior ao exercício e o limite de que trata o *caput* deste artigo válido para o mesmo exercício. (Incluído pela Emenda Constitucional nº 114, de 2021)

§ 1º O limite para o pagamento de precatórios corresponderá, em cada exercício, ao limite previsto no *caput* deste artigo, reduzido da projeção para a despesa com o pagamento de requisições de pequeno valor para o mesmo exercício, que terão prioridade no pagamento. (Incluído pela Emenda Constitucional nº 114, de 2021)

§ 2º Os precatórios que não forem pagos em razão do previsto neste artigo terão prioridade para pagamento em exercícios seguintes, observada a ordem cronológica e o disposto no § 8º deste artigo. (Incluído pela Emenda Constitucional nº 114, de 2021)

§ 3º É facultado ao credor de precatório que não tenha sido pago em razão do disposto neste artigo, além das hipóteses previstas no § 11 do art. 100 da Constituição Federal e sem prejuízo dos procedimentos previstos nos §§ 9º e 21 do referido artigo, optar pelo recebimento, mediante acordos diretos perante Juízos Auxiliares de Conciliação de Pagamento de Condenações Judiciais contra a Fazenda Pública Federal, em parcela única, até o final do exercício seguinte, com renúncia de 40% (quarenta por cento) do valor desse crédito. (Incluído pela Emenda Constitucional nº 114, de 2021)

§ 4º O Conselho Nacional de Justiça regulamentará a atuação dos Presidentes dos Tribunais competentes para o cumprimento deste artigo. (Incluído pela Emenda Constitucional nº 114, de 2021)

§ 5º Não se incluem no limite estabelecido neste artigo as despesas para fins de cumprimento do disposto nos §§ 11, 20 e 21 do art. 100 da Constituição Federal e no § 3º deste artigo, bem como a atualização monetária dos precatórios inscritos no exercício. (Incluído pela Emenda Constitucional nº 114, de 2021)

§ 6º Não se incluem nos limites estabelecidos no art. 107 deste Ato das Disposições Constitucionais Transitórias o previsto nos §§ 11, 20 e 21 do art. 100 da Constituição Federal e no § 3º deste artigo. (Incluído pela Emenda Constitucional nº 114, de 2021)

§ 7º Na situação prevista no § 3º deste artigo, para os precatórios não incluídos na proposta orçamentária de 2022, os valores necessários à sua quitação serão providenciados pela abertura de créditos adicionais durante o exercício de 2022. (Incluído pela Emenda Constitucional nº 114, de 2021)

§ 8º Os pagamentos em virtude de sentença judiciária de que trata o art. 100 da Constituição Federal serão realizados na seguinte ordem: (Incluído pela Emenda Constitucional nº 114, de 2021)

I - obrigações definidas em lei como de pequeno valor, previstas no § 3º do art. 100 da Constituição Federal; (Incluído pela Emenda Constitucional nº 114, de 2021)
II - precatórios de natureza alimentícia cujos titulares, originários ou por sucessão hereditária, tenham no mínimo

60 (sessenta) anos de idade, ou sejam portadores de doença grave ou pessoas com deficiência, assim definidos na forma da lei, até o valor equivalente ao triplo do montante fixado em lei como obrigação de pequeno valor; (Incluído pela Emenda Constitucional nº 114, de 2021)

III - demais precatórios de natureza alimentícia até o valor equivalente ao triplo do montante fixado em lei como obrigação de pequeno valor; (Incluído pela Emenda Constitucional nº 114, de 2021) (Incluído pela Emenda Constitucional nº 114, de 2021)

IV - demais precatórios de natureza alimentícia além do valor previsto no inciso III deste parágrafo; (Incluído pela Emenda Constitucional nº 114, de 2021)

V - demais precatórios. (Incluído pela Emenda Constitucional nº 114, de 2021)

**Art. 109.** Se verificado, na aprovação da lei orçamentária, que, no âmbito das despesas sujeitas aos limites do art. 107 deste Ato das Disposições Constitucionais Transitórias, a proporção da despesa obrigatória primária em relação à despesa primária total foi superior a 95% (noventa e cinco por cento), aplicam-se ao respectivo Poder ou órgão, até o final do exercício a que se refere a lei orçamentária, sem prejuízo de outras medidas, as seguintes vedações: (Redação dada pela Emenda Constitucional nº 109, de 2021) (Vide Emenda Constitucional nº 126, de 2022)

I - concessão, a qualquer título, de vantagem, aumento, reajuste ou adequação de remuneração de membros de Poder ou de órgão, de servidores e empregados públicos e de militares, exceto dos derivados de sentença judicial transitada em julgado ou de determinação legal anterior ao início da aplicação das medidas de que trata este artigo; (Redação dada pela Emenda Constitucional nº 109, de 2021)

II - criação de cargo, emprego ou função que implique aumento de despesa; (Incluído pela Emenda Constitucional nº 95, de 2016)

III - alteração de estrutura de carreira que implique aumento de despesa; (Incluído pela Emenda Constitucional nº 95, de 2016)

IV - admissão ou contratação de pessoal, a qualquer título, ressalvadas: (Redação dada pela Emenda Constitucional nº 109, de 2021)

a) as reposições de cargos de chefia e de direção que não acarretem aumento de despesa; (Incluído pela Emenda Constitucional nº 109, de 2021)

b) as reposições decorrentes de vacâncias de cargos efetivos ou vitalícios; (Incluído pela Emenda Constitucional nº 109, de 2021)

c) as contratações temporárias de que trata o inciso IX do *caput* do art. 37 da Constituição Federal; e (Incluído pela Emenda Constitucional nº 109, de 2021)

d) as reposições de temporários para prestação de serviço militar e de alunos de órgãos de formação de militares; (Incluído pela Emenda Constitucional nº 109, de 2021)

V - realização de concurso público, exceto para as reposições de vacâncias previstas no inciso IV; (Incluído pela Emenda Constitucional nº 95, de 2016)

VI - criação ou majoração de auxílios, vantagens, bônus, abonos, verbas de representação ou benefícios de qualquer natureza, inclusive os de cunho indenizatório, em favor de membros de Poder, do Ministério Público ou da Defensoria Pública, de servidores e empregados públicos e de militares, ou ainda de seus dependentes, exceto quando derivados de sentença judicial transitada em julgado ou de determinação legal anterior ao início da aplicação das medidas de que trata este artigo; (Redação dada pela Emenda Constitucional nº 109, de 2021)

VII - criação de despesa obrigatória; e (Incluído pela Emenda Constitucional nº 95, de 2016)

VIII - adoção de medida que implique reajuste de despesa obrigatória acima da variação da inflação, observada a preservação do poder aquisitivo referida no inciso IV do *caput* do art. 7º da Constituição Federal. (Incluído pela Emenda Constitucional nº 95, de 2016)

IX - aumento do valor de benefícios de cunho indenizatório destinados a qualquer membro de Poder, servidor ou empregado da administração pública e a seus dependentes, exceto quando derivado de sentença judicial transitada em julgado ou de determinação legal anterior ao início da aplicação das medidas de que trata este artigo. (Incluído pela Emenda Constitucional nº 109, de 2021)

§ 1º As vedações previstas nos incisos I, III e VI do *caput* deste artigo, quando acionadas as vedações para qualquer dos órgãos elencados nos incisos II, III e IV do *caput* do art. 107 deste Ato das Disposições Constitucionais Transitórias, aplicam-se ao conjunto dos órgãos referidos em cada inciso. (Redação dada pela Emenda Constitucional nº 109, de 2021)

§ 2º Caso as vedações de que trata o *caput* deste artigo sejam acionadas para o Poder Executivo, ficam vedadas: (Redação dada pela Emenda Constitucional nº 109, de 2021)

I - a criação ou expansão de programas e linhas de financiamento, bem como a remissão, renegociação ou refinanciamento de dívidas que impliquem ampliação das despesas com subsídios e subvenções; e (Incluído pela Emenda Constitucional nº 95, de 2016)
II - a concessão ou a ampliação de incentivo ou benefício de natureza tributária. (Incluído pela Emenda Constitucional nº 95, de 2016)

§ 3º Caso as vedações de que trata o *caput* deste artigo sejam acionadas, fica vedada a concessão da revisão geral prevista no inciso X do *caput* do art. 37 da Constituição Federal. (Redação dada pela Emenda Constitucional nº 109, de 2021)

§ 4º As disposições deste artigo: (Redação dada pela Emenda Constitucional nº 109, de 2021)

I - não constituem obrigação de pagamento futuro pela União ou direitos de outrem sobre o erário; (Incluído pela Emenda Constitucional nº 109, de 2021)
II - não revogam, dispensam ou suspendem o cumprimento de dispositivos constitucionais e legais que disponham sobre metas fiscais ou limites máximos de despesas; e (Incluído pela Emenda Constitucional nº 109, de 2021)

III - aplicam-se também a proposições legislativas. (Incluído pela Emenda Constitucional nº 109, de 2021)

§ 5º O disposto nos incisos II, IV, VII e VIII do *caput* e no § 2º deste artigo não se aplica a medidas de combate a calamidade pública nacional cuja vigência e efeitos não ultrapassem a sua duração. (Incluído pela Emenda Constitucional nº 109, de 2021)

**Art. 110.** Na vigência do Novo Regime Fiscal, as aplicações mínimas em ações e serviços públicos de saúde e em manutenção e desenvolvimento do ensino equivalerão: (Incluído pela Emenda Constitucional nº 95, de 2016) (Vide Emenda Constitucional nº 126, de 2022)

I - no exercício de 2017, às aplicações mínimas calculadas nos termos do inciso I do § 2º do art. 198 e do *caput* do art. 212, da Constituição Federal; e (Incluído pela Emenda Constitucional nº 95, de 2016)

II - nos exercícios posteriores, aos valores calculados para as aplicações mínimas do exercício imediatamente anterior, corrigidos na forma estabelecida pelo inciso II do § 1º do art. 107 deste Ato das Disposições Constitucionais Transitórias. (Incluído pela Emenda Constitucional nº 95, de 2016)

**Art. 111.** A partir do exercício financeiro de 2018, até o exercício financeiro de 2022, a aprovação e a execução previstas nos §§ 9º e 11 do art. 166 da Constituição Federal corresponderão ao montante de execução obrigatória para o exercício de 2017, corrigido na forma estabelecida no inciso II do § 1º do art. 107 deste Ato das Disposições Constitucionais Transitórias. (Redação dada pela Emenda Constitucional nº 126, de 2022) (Vide Emenda Constitucional nº 126, de 2022)

**Art. 111-A.** A partir do exercício financeiro de 2024, até o último exercício de vigência do Novo Regime Fiscal, a aprovação e a execução previstas nos §§ 9º e 11 do art. 166 da Constituição Federal corresponderão ao montante de execução obrigatória para o exercício de 2023, corrigido na forma estabelecida no inciso II do § 1º do art. 107 deste Ato das Disposições Constitucionais Transitórias. (Incluído pela Emenda Constitucional nº 126, de 2022) (Vide Emenda Constitucional nº 126, de 2022)

**Art. 112.** As disposições introduzidas pelo Novo Regime Fiscal: (Incluído pela Emenda Constitucional nº 95, de 2016) (Vide Emenda Constitucional nº 126, de 2022)

I - não constituirão obrigação de pagamento futuro pela União ou direitos de outrem sobre o erário; e (Incluído pela Emenda Constitucional nº 95, de 2016)
II - não revogam, dispensam ou suspendem o cumprimento de dispositivos constitucionais e legais que disponham sobre metas fiscais ou limites máximos de despesas. (Incluído pela Emenda Constitucional nº 95, de 2016)

**Art. 113.** A proposição legislativa que crie ou altere despesa obrigatória ou renúncia de receita deverá ser acompanhada da estimativa do seu impacto orçamentário e financeiro. (Incluído pela Emenda Constitucional nº 95, de 2016)

**Art. 114.** A tramitação de proposição elencada no *caput* do art. 59 da Constituição Federal, ressalvada a referida no seu inciso V, quando acarretar aumento de despesa ou renúncia de receita, será suspensa por até vinte dias, a requerimento de um quinto dos membros da Casa, nos termos regimentais, para análise de sua compatibilidade com o Novo Regime Fiscal. (Incluído pela Emenda Constitucional nº 95, de 2016) (Vide Emenda Constitucional nº 126, de 2022)

## 21.8 DÍVIDA PÚBLICA

Entendemos a dívida pública como os empréstimos e compromissos financeiros assumidos pelo Estado para atender suas obrigações financeiras, com a finalidade de cumprir sua função estatal, e também cobrir o déficit orçamentário. A dívida compreende os juros, assim como, a amortização do valor principal.

Os limites e condições de endividamento são estabelecidos pelo Senado Federal, conforme artigo 52, incisos, V, VI, VII, VII, e IX da CF, bem como, a lei complementar deverá dispor sobre a emissão e resgate dos títulos da dívida pública e a concessão de garantias pelas entidades públicas (art. 163, incisos II, III e IV da CF).

Celso Bastos (1991, p. 62) define a dívida pública como:

> Das operações de crédito, em que o Poder Público figura como tomador do dinheiro, acaba por resultar uma dívida pública. Esta é, portanto, uma decorrência das operações creditícias. Daí que seus problemas, sua natureza, suas classificações apresentam, logicamente, estreita relação com o estudo do próprio empréstimo público.

Nessa mesma Linha, Machado Segundo, afirma que:

> A dívida pública decorre da celebração de empréstimos públicos, vale dizer, atos através dos quais o Estado se beneficia de uma transferência de liquidez com a obrigação de restituí-la no futuro, normalmente com o pagamento de juros. Também pode ser considerada dívida pública a concessão de garantias e avais, pois tais atos podem gerar endividamento.[252]

É um procedimento normal e comum, adotado por todas as administrações modernas, para fazer face às deficiências financeiras, decorrentes do excesso de despesa sobre a receita (déficit orçamentário), caso em que o Estado, geralmente, recorre à realização de crédito a curto prazo ou também da necessidade de realização de empreendimentos de vulto, caso em que se justifica a tomada de um empréstimo (operação de crédito) a longo prazo. Observamos que a dívida pública não é apenas a que decorre de empréstimos de longo prazo, mas compreende também os compromissos financeiros de curto prazo, e ainda se origina de outras fontes, como depósito (fianças, cauções, consignações etc.), restos a pagar e outros dessa

---

[252] MACHADO SEGUNDO, Hugo de Brito. *Primeiras linhas de direito financeiro e tributário*. São Paulo: Atlas, 2014, p. 15.

natureza. Podemos dizer, a esta altura, que a Dívida Pública se classifica em fundada ou consolidada (interna ou externa) e flutuante ou administrativa, as quais são descritas a seguir (KOHAMA, 2014, p. 157, 158):

DÍVIDA FUNDADA OU CONSOLIDADA – é aquela que representa um compromisso a longo prazo superior a 12 meses, de valor previamente determinado, garantida por títulos do governo, que rendem juros e são amortizáveis ou resgatáveis, podendo ou não o seu vencimento ser fixado; é ainda efetuada através de contratos de financiamentos, sendo o seu pagamento estipulado em prestações parciais (prestações), distribuídas por certo período de anos. Quando não se determinar o prazo para liquidação, diz-se que a dívida é perpétua. Nesse caso vencem apenas os juros, sendo o seu resgate de natureza não obrigatória e somente é processada quando houver conveniência ou quando a situação financeira permitir.

Harada (2015, p. 132), afirma que:

> Uma das classificações é a que distingue o empréstimo público em perpétuo e temporário. O perpétuo, por sua vez, será remível[253] ou irremível, conforme haja ou não a faculdade do Estado efetuar a restituição do capital quando quiser. Na realidade, empréstimo público sem a possibilidade de exigir a restituição do capital perde a característica de receita creditícia.

A dívida fundada ou consolidada **interna** abrange os empréstimos contraídos por títulos do governo (obrigações do Tesouro, Notas Promissórias do Tesouro, Letras do Tesouro, Bônus Rotativos, Apólices etc.) ou contratos de financiamento dentro do País.

Dizemos que a dívida fundada ou consolidada **externa** é aquela cujos empréstimos são contratados ou lançados no estrangei-

---

[253] Remir: do latim *redimire*, é o mesmo que redimir. Resgatar, pagar, liberar, livrar. Remir de ônus é livrar de ônus. Remir a hipoteca é resgatar a hipoteca, ou liberar os bens dados em garantia hipotecaria. Remição: Exprime propriamente o resgate pelo pagamento. SILVA, De Plácido. *Vocabulário jurídico*. Rio de Janeiro: Forense, 1994.

ro, por intermédio geralmente de banqueiros, incumbidos não só da colocação dos títulos, mas também do pagamento dos juros e amortizações.

Nessa linha Celso Bastos (1991, p. 62, 63) afirma que:

> Enquanto os encargos da dívida interna são geralmente satisfeitos em moeda nacional, os encargos da dívida externa são satisfeitos, ou em ouro, ou em moeda (estrangeira) que goze de confiança internacional, e que pode não ser, e quase sempre não é, a moeda do país devedor. Compreende-se: os credores estrangeiros querem premunir-se contra as variações desfavoráveis do cambio e, portanto, exigem o pagamento dos juros e a amortização ou reembolso em moeda que lhes mereça confiança. Daí resultam duas consequências: a) a dívida externa não assegura ao Estado devedor o benefício da desvalorização da moeda, ou pelo menos não lhe assegura no mesmo grau que se se tratasse de dívida interna sem garantia contra a desvalorização; b) outra diferença, é esta de ordem política: sendo interna a dívida, o Estado deve, na generalidade dos casos, aos seus cidadãos; mas sendo externa, o Estado deve a cidadãos de outros países. E estes – os credores estrangeiros – muitas vezes associam-se, constituindo grupos, que tem força, e, ainda quando se associam, os seus interesses são defendidos pelos Governos dos respectivos países.

**DÍVIDA FLUTUANTE** – Também chamada Administrativa ou Não Consolidada, é aquela que o Tesouro contrai por um breve ou indeterminado período de tempo, quer para atender a eventuais insuficiências de caixa, quer como administrador de bens de terceiros.

As insuficiências de caixa decorrem, geralmente, da falta de coincidência entre a arrecadação da receita e a realização da despesa.

Caracteriza-se, assim, a dívida flutuante por indicar débitos de curto prazo, que variam constantemente de valor e cujo pagamento, geralmente, é feito por resgate e independentemente de autorização legislativa, por corresponderem e advirem de compromissos assumidos por prazo inferior a doze meses.

Harada (2015, p. 136) destaca em sua obra a outra classificação constitucional definida por Regis Fernandes de Oliveira: a) operações de crédito por antecipação de receita; b) operações de crédito em geral.

> As operações de crédito por antecipação de receita constituem uma modalidade de empréstimo que o Estado promove com o objetivo de suprir o déficit de caixa. São empréstimos de curto prazo a serem devolvidos no mesmo exercício financeiro. Para tanto a CF até abre exceção ao princípio da vedação de vinculação do produto da arrecadação de impostos a órgãos, fundos ou despesas, permitindo a utilização de receitas futuras como instrumento de garantia nas operações de crédito por antecipação de receita (art. 167, IV CF).
>
> As operações de crédito em geral são aquelas que, por exclusão, não se acham compreendidas nas operações de crédito por antecipação de receitas, correspondendo aos empréstimos de longo prazo que objetivam atender, em geral, despesas de capital (investimentos, inversões financeiras, e transferências de capital).

Não poderíamos deixar de mencionar a relação entre a Lei de Responsabilidade Fiscal e a dívida pública, e Machado Segundo destaca na p. 23 que:

> A fim de impor aos entes da federação maior responsabilidade na contração de dívidas, a LRF dispõe (art. 31) que se a dívida consolidada de um ente da federação, ao final de um quadrimestre, ultrapassar o limite legalmente estabelecido, deverá ser a ele reconduzida até o término dos três subsequentes, reduzindo o excedente em pelo menos 25% no primeiro. Enquanto durar o excesso da dívida, porém, o ente público sofrerá uma série de restrições, a exemplo da proibição de realizar operações de crédito interna ou externa, inclusive por antecipação de receita. Vencido o prazo e não tendo havido retorno da dívida aos limites legalmente estabelecidos, o ente público ficará inclusive impedido de receber transferências voluntárias.

# BANCO DE QUESTÕES – DIREITO TRIBUTÁRIO E FINANCEIRO

As questões abaixo possuem somente uma alternativa verdadeira, portanto, assinale a opção correta.

## DIREITO TRIBUTÁRIO

**1 – Com relação ao Direito Tributário podemos afirmar que – REMISSÃO significa:**

A – O Estado concede perdão somente da multa do tributo em atraso para o contribuinte
B – O Estado concede perdão da multa e do tributo devido para o contribuinte
C – O pagamento integral do tributo por parte do contribuinte
D – O parcelamento da dívida com redução da multa e juros do tributo em atraso
E – O pagamento parcial da dívida com desconto concedido pelo Estado

**2 – Podemos afirmar que a EVASÃO FISCAL consiste em:**

A – É a não incidência qualificada dos tributos em determinadas regiões do Brasil
B – Compensar ativos e passivos tributários do contribuinte em débito e crédito com o Estado
C – Não pagamento de tributo por meio ilícito que pode consistir em fraude e sonegação
D – Forma legal de não pagar ou diminuir a incidência da carga tributária. É o planejamento tributário
E – É o planejamento tributário lícito

**3 – São espécies de tributos de acordo com a Constituição Federal:**

A – Impostos, Taxas, Contribuição de Melhoria, Contribuições Especiais e Empréstimo Compulsório
B – Impostos e Taxas
C – Contribuições Especiais e Empréstimo Compulsório
D – Contribuições Parafiscais, Paralegais e Impostos
E – Todas as alternativas acima estão incorretas

**4 – Com relação às TAXAS podemos afirmar que:**

A – É o tributo cuja obrigação tem por fato gerador uma situação independente de qualquer atividade estatal específica, relativa ao contribuinte.
B – Tem por fato gerador o exercício regular do poder de polícia, ou a utilização efetiva ou potencial de serviço público específico e divisível, prestado ao contribuinte ou colocado à sua disposição.
C – É o tributo cuja obrigação tem por fato gerador uma situação dependente de qualquer atividade estatal específica, relativa ao contribuinte.
D – São definidas e majoradas exclusivamente por lei complementar
E – Todas as alternativas estão incorretas

**5 – São Impostos exclusivamente da UNIÃO:**

A – ISS, IPTU, ITBCMD
B – ISS, IPTU, ITBIV
C – ICMS, ITBCMD, IPVA
D – ISGF, IOF, II, IE, IR, ITR, IPI
E – Contribuições Previdenciárias e Contribuições de Melhoria

**6 – Imposto Cumulativo significa:**

A – Progressivo no tempo
B – Leva em conta a essencialidade do produto ou serviço

C – Cobrado pelo Estado a cada período de tempo o valor integral sem aproveitar o crédito da etapa anterior
D – Tem o desconto do que foi pago na etapa anterior, ou seja, o contribuinte toma o crédito da etapa anterior
E – Substituição tributária

**7 – A Contribuição de Melhoria é:**

A – É um tributo cujo fato gerador é a renda obtida com a utilização do imóvel do contribuinte
B – Um tributo vinculado, cujo gerador é a valorização do imóvel do contribuinte, decorrente de obra pública.
C – É a diferença a ser paga pelo contribuinte entre o valor de mercado e o valor constante no registro público
D – É a contribuição obrigatória do contribuinte nas obras públicas do município em que estiver localizado
E – É o pagamento efetuado pelo contribuinte na transmissão de bens imóveis a título oneroso

**8 – É uma característica da EXTRAFISCALIDADE em nosso sistema tributário:**

A – Tributos vinculados que, porém, não pertencem diretamente ao Estado
B – O Estado arrecada para satisfazer as necessidades da sociedade e custear os seus gastos
C – Interferência no domínio econômico incentivando ou restringindo determinadas atividades ou consumo de produtos
D – Aquele tributo que é pago por um terceiro que substituiu o contribuinte original na relação jurídico tributária
E – A possibilidade de se criar um tributo de forma extraordinária para atender necessidade urgente

**9 – São Contribuições Especiais:**

A – INSS – empregador e empregado, PIS, COFINS, CSLL, CIDE
B – Imposto de Renda Pessoa Jurídica
C – Imposto de Importação
D – Empréstimo compulsório
E – Contribuições de Melhoria

**10 – A responsabilidade pessoal dos sócios e administradores de uma sociedade limitada em caso de fraude na apuração e pagamento do ICMS é:**

A – Não possui responsabilidade
B – Limitada ao valor do capital social integralizado
C – Somente o sócio responde com os bens particulares, porém, exclui-se o administrador estatutário
D – A responsabilidade é exclusiva do sócio, sendo vedada a responsabilidade pessoal dos administradores e ou funcionários
E – O sócio ou administradores respondem com os bens particulares, na medida da sua culpabilidade

**11 – Interrompe a prescrição nos moldes do artigo 174 CTN:**

A – Citação Válida, pelo protesto judicial, por qualquer ato judicial que constitua em mora o devedor, por qualquer ato inequívoco, ainda que extrajudicial, que importe reconhecimento do débito pelo devedor
B – A prescrição não se interrompe
C – Somente a decadência se interrompe
D – O lançamento do crédito tributário pela autoridade incompetente
E – No direito tributário não há previsão legal para prescrição, pois o tributo é um bem indisponível

**12 – Com relação à prescrição e decadência, podemos afirmar que:**

A – Prescrição é a perda do direito material
B – A prescrição ocorre antes do lançamento e a decadência após o lançamento tributário
C – A decadência ocorre antes do lançamento e a prescrição após o lançamento tributário
D – Decadência é a perda do direito de ação
E – Não existe diferença técnica entre os institutos, pois o tributo é um bem indisponível

**13 – Com relação às contribuições sociais, podemos afirmar que:**

A – Não se submetem ao princípio da anterioridade conforme o artigo 195 Parágrafo 6 da Constituição Federal. Somente podem ser exigidas 30 dias após a data da publicação da lei que houver instituído ou modificado
B – Não se submetem ao princípio da anterioridade conforme o artigo 195 Parágrafo 6 da Constituição Federal. Somente podem ser exigidas 180 dias após a data da publicação da lei que houver instituído ou modificado
C – Se submetem ao princípio da anterioridade conforme o artigo 195 Parágrafo 6 da Constituição Federal. Somente podem ser exigidas no exercício seguinte após a data da publicação da lei que houver instituído ou modificado
D – Não se submetem ao princípio da anterioridade conforme o artigo 195 Parágrafo 6 da Constituição Federal. Somente podem ser exigidas 90 dias após a data da publicação da lei que houver instituído ou modificado
E – Nenhuma das alternativas anteriores esta correta

**14 – Imposto Não Cumulativo significa:**

A – Progressivo no tempo, pois é cobrado anualmente
B – Leva em conta a essencialidade do produto ou serviço
C – Cobrado pelo Estado a cada período de tempo o valor integral sem aproveitar o crédito da etapa anterior
D – Que os débitos em atraso do contribuinte não podem acumular
E – Tem o desconto do que foi pago na etapa anterior, ou seja, o contribuinte toma o crédito da etapa anterior

**15 – A empresa ACME Ltda., conseguiu após grande esforço financeiro e administrativo efetuar a remição dos seus débitos do ICMS. Neste sentido, o termo remição utilizado na frase significa:**

A – Perdão
B – Pagamento
C – Anistia
D – Moratória
E – Parcelamento

**16 – De acordo com o artigo 119 CTN a capacidade tributária ativa significa:**

A – É o processo legislativo para criação de um tributo
B – É o poder de arrecadar tributos e ficar com o produto da arrecadação
C – É o sujeito ativo da obrigação para exigir o seu cumprimento
D – É o efetivo recebimento do tributo
E – É o sujeito passivo da obrigação tributária

**17 – Com relação a Capacidade Econômica do contribuinte, podemos afirmar que:**

A – O Estado deve levar em consideração a condição socioeconômica financeira do contribuinte

B – Toda pessoa que der causa a um fato gerador de tributo, tem capacidade contributiva ou econômica
C – O Estado quando cria um Tributo deve levar em consideração o poder de contribuição da população economicamente ativa
D – O Estado deve levar em consideração as condições econômicas e sociais da população economicamente ativa
E – O Estado leva em consideração as dificuldades enfrentadas pelo contribuinte com relação ao mercado de trabalho

**18 – O Fato Gerador significa:**

A – É o poder dever do Estado de arrecadar e ficar com o produto da arrecadação para fazer face as suas despesas de custeio e investimentos
B – É o lançamento tributário elaborado pelo fisco (federal, estadual ou municipal)
C – É a previsão legal para a incidência do tributo com relação ao contribuinte
D – É a situação de fato ou de direito que dá ensejo à obrigação tributária incidindo o tributo. É a situação necessária, pois sem ela não nasce a obrigação tributária
E – É previsão legal para cobrança do tributo

**19 – O princípio da Uniformidade Geográfica constante no artigo 150, I da CF no âmbito tributário significa:**

A – Define a maneira pela qual a União pode diferenciar a lei tributária em diferentes regiões do País
B – Tratar igual os iguais perante a lei e diferente os diferentes na medida de suas diferenças
C – Impede a União de instituir tributo que não seja uniforme em todo o território nacional, ou ainda, que implique em distinção ou preferência entre os respectivos membros federativos
D – A definição das regras de isenção e imunidades tributárias
E – A padronização da legislação tributária federal, estadual e municipal

## 20 – O princípio da Imunidade Tributária deve ser aplicado exclusivamente no âmbito:

A – Estadual
B – Municipal
C – Constitucional
D – Civel
E – Federal

## 21 – Podemos definir como imposto proporcional:

A – Aqueles que o produto da arrecadação tem uma determinação direta com o fim social da sua arrecadação
B – É o imposto pago pelo contribuinte responsável pelo tributo, que não se vincula diretamente com o fisco
C – Tem alíquota fixa e o que modifica é a base de cálculo
D – É o exigido decorrente de atividade estatal exercida pelo Estado para o contribuinte de forma específica e divisível
E – Aquele que é calculado de forma não cumulativa para fins de pagamento do tributo

## 22 – Em 01.01.2017 é efetuada a fusão da Batiatus Ltda. com Marcos Crassus Ltda., surgindo a Cia. Júlio Cesar. Ocorre que em 01.12.19, após mais de dois anos do processo de fusão, a Receita Federal do Brasil efetuando uma inspeção nos livros da Batiatus efetua um AIIM relativo ao exercício 2010 relativo ao IPI devido que não foi declarado pela empresa. Pergunta-se: Considerando que este AIIM é efetivamente indevido, qual o fundamento jurídico que a empresa deverá alegar?

A – Prescrição
B – Moratória
C – Remissão
D – Remição
E – Decadência

23 – A Cia. Metamorfo é uma empresa brasileira fabricante de maquinas industriais na cidade de São Paulo. Ocorre que para reduzir sua carga tributária a referida empresa transferiu suas atividades industriais e administrativas para a cidade de Manaus – AM. Pergunta-se: Considerando que o procedimento adotado pela empresa é correto, qual o fundamento que a empresa poderá alegar em caso de fiscalização?

A – Evasão Fiscal
B – Remissão
C – Remição
D – Transferência fiscal de créditos e débitos fiscais
E – Elisão Fiscal

24 – A Cia. Metatron é uma empresa brasileira prestadora de serviços de manutenção de maquinas industriais na cidade de São Paulo. Ocorre que para reduzir sua carga tributária a referida empresa transferiu sua sede administrativa para a cidade de Barueri para reduzir o ISS de 5% para 2%, porém, o serviço continuaria a ser prestado na cidade de São Paulo. Considerando que o procedimento adotado pela empresa é incorreto, qual o fundamento jurídico que a empresa está incorrendo?

A – Evasão Fiscal
B – Remissão
C – Remição
D – Transferência de créditos e débitos fiscais
E – Elisão Fiscal

25 – Na substituição tributária de uma venda de indústria para comércio (ST) do ICMS-SP, podemos afirmar que:

A – A indústria recolhe o ICMS somente pelo regime de apuração, portanto, somente aplica-se a ST no IPI que é um imposto federal

B – A indústria recolhe o ICMS pelo regime de apuração e também da fase superveniente (ST), ou seja, do seu cliente
C – A indústria, comércio e prestadores de serviços recolhem o ICMS apuração e o ICMS-ST – Substituição Tributária
D – Somente o comércio recolhe o ICMS substituição tributária, ficando a indústria com o encargo do ICMS apuração
E – Na Substituição tributária a indústria não recolhe o ICMS apuração, sendo o mesmo transferido para o comerciante adquirente da mercadoria para revenda

**26 – A responsabilidade pessoal dos sócios e administradores de uma sociedade limitada em caso de simples inadimplemento do ICMS é:**

A – Ilimitada
B – Limitada ao valor do capital social integralizado
C – O sócio responde com os bens particulares para cumprir sua obrigação junto ao fisco
D – Somente o sócio responde com os bens particulares, porém, o administrador estatutário não possui responsabilidade nenhuma, pois não é sócio
E – Sócio e administrador respondem solidariamente perante o fisco com os seus bens particulares

**27 – No período de graça para o fisco, a contagem do prazo de 5 anos se inicia:**

A – No momento da ocorrência do fato gerador
B – No exercício seguinte a ocorrência do fato gerador
C – No mês seguinte a ocorrência do fato gerador
D – Não existe o período de graça pro fisco
E – Após 30 dias corridos do fato gerador da obrigação tributária principal

## 28 – No direito tributário a natureza jurídica da Obrigação Tributária Acessória significa:

A – O fato do contribuinte efetuar o pagamento do tributo
B – É a penalidade atribuída a um tributo de forma complementar
C – É a obrigação de fazer ou não fazer onde o Fisco deverá prestar seus serviços exclusivamente para o contribuinte
D – É a obrigação de fazer ou não fazer. São deveres administrativos por parte do contribuinte
E – É o AIIM imposto pela administração tributária ao contribuinte

## 29 – De acordo com o artigo 126 e 121 CTN a capacidade tributária passiva (sujeito passivo) significa:

A – É o processo legislativo para criação de um tributo
B – Delegação, e pode ser atribuída para a outra pessoa política ou não política (para fiscalidade).
C – Que o contribuinte pratique o Fato Gerador para torna-se o sujeito passivo
D – Que o sujeito ativo pratique o Fato Gerador para tornar-se sujeito passivo
E – As alternativas "A" e "B" estão corretas

## 30 – O princípio da Isonomia constante no artigo 150, II da CF no âmbito tributário significa:

A – Tratar todos igualmente sem levar em consideração eventuais diferenças econômicas e sociais
B – Tratar igual os iguais perante a lei e diferente os diferentes na medida de suas diferenças. Garantia de tratamento uniforme
C – No âmbito tributário tais diferenças não devem ser levadas em consideração
D – Somente são levadas em consideração as diferenças sociais
E – Todas as alternativas acima estão incorretas

**31 – O princípio da Anterioridade Tributária significa constante no Código Tributário Nacional, via de regra:**

A – A lei que instituir ou majorar tributo entra em vigor no mesmo exercício financeiro
B – A lei que instituir ou majorar tributo só entra em vigor no próximo exercício financeiro
C – A lei que instituir ou majorar tributo entra em vigor no mesmo exercício financeiro, porém não pode retroagir
D – A lei que instituir ou majorar tributo entra em vigor no próximo exercício financeiro, podendo inclusive retroagir
E – A lei que instituir ou majorar tributo entra em vigor na data de sua publicação

**32 – Podemos definir como impostos não vinculados:**

A – Aqueles em que o produto da arrecadação tem uma determinação direta com o fim social da sua arrecadação
B – É o imposto pago pelo contribuinte responsável pelo tributo, que não se vincula diretamente com o fisco
C – São os exigidos de forma divorciada de qualquer atividade estatal que se relacione com o contribuinte
D – São os exigidos decorrentes de atividade estatal exercida pelo Estado para o contribuinte de forma específica e divisível
E – São os tributos que tem a arrecadação vinculada com uma atividade social do Estado

**33 – A Fiscalidade consiste:**

A – Na função do Estado em estimular ou incentivar determinada região
B – Na função essencial do tributo. Trazer receita aos cofres públicos
C – Na função de estimular ou desestimular o consumo de determinado bem

D – Na função de criar incentivos fiscais para determinadas atividades empresariais
E – Na fiscalização do recolhimento dos tributos por parte do Estado

**34 – No direito tributário a Obrigação Tributária Principal consiste:**

A – No fato do contribuinte efetuar o pagamento do tributo
B – No fato do contribuinte preencher e entregar os formulários exigidos pelo fisco
C – No cálculo efetivo do montante tributário devido pelo contribuinte para o fisco
D – É um dever administrativo em função da fiscalização e discricionariedade
E – Somente a alternativa "C" e "D" estão corretas

**35 – Com relação à responsabilidade tributária por SUBSTITUIÇÃO, podemos citar como exemplo:**

A – Imposto de Renda Pessoa Jurídica – IRPJ
B – Programa de Integração Social – PIS
C – Imposto de Renda Retido na Fonte sobre Salários – IRRF
D – Imposto Predial Territorial Urbano – IPTU
E – Imposto sobre grandes fortunas

**36 – O EMPRÉSTIMO COMPULSÓRIO é tributo e deve obedecer ao regime jurídico tributário. É de competência privativa da União e pode ser efetivado em caso de:**

A – Queda da arrecadação tributária
B – Concessão de benefícios sociais
C – Em caso de divergências no orçamento fiscal da União

D – Despesas extraordinárias e investimento público relevante em caráter urgente de interesse social
E – Calamidade financeira decretada

**37 – A legislação do Imposto de renda pessoa jurídica admite três tipos de opção de tributação por parte do contribuinte que deve optar no mês de janeiro de cada ano de acordo com o seu critério e conveniência, são eles:**

A – Lucro real, lucro presumido, simples nacional
B – Lucro, arbitrado, lucro exploração e lucro fixo
C – Lucro real, lucro presumido
D – Lucro real, lucro presumido e sem fins lucrativos
E – Lucro real, lucro presumido e imunidades

**38 – Marcos Crassus possui um único imóvel em que reside, mas encontra-se com a saúde debilitada em fase terminal não lhe restando muito tempo de vida. Atualmente é divorciado e possui um único herdeiro que é seu filho. Pensando no futuro Marcos Crassus decide doar seu único imóvel para seu único herdeiro. Pergunta-se: qual o tributo que irá incidir sobre a transação:**

A – ITCMD
B – ITBI
C – IRPF
D – IR SOBRE GANHO DE CAPITAL
E – IMPOSTO SOBRE HERANÇA DE PESSOA VIVA

**39 – A sistemática de cálculo do PIS e COFINS cumulativo, via de regra deve ser utilizada em que tipo de apuração do IRPJ:**

A – Lucro Real
B – Lucro Presumido
C – Simples Nacional

D – Lucro Variável
E – Lucro arbitrado

**40 – Entendemos o lucro fiscal como:**

A – O lucro contábil apurado no balanço patrimonial e as compensações
B – O lucro apurado no balanço patrimonial que deverá ser recolhido ao fisco
C – O lucro apurado no balanço patrimonial que será oferecido a tributação
D – O lucro contábil apurado no balanço patrimonial, acrescido das adições, exclusões e compensações
E – O lucro contábil apurado no balanço patrimonial, acrescido das adições, exclusões

**41 – No lançamento tributário por Homologação, o contribuinte:**

A – Recolhe o tributo sem o lançamento, ou seja, o valor é antecipado aos cofres públicos
B – Após a inscrição na dívida ativa, o contribuinte efetua o recolhimento do tributo
C – Presta informações à Fazenda para que ela, com base nestes dados, apure o montante devido, realize o lançamento e notifique o contribuinte
D – Recebe de ofício a notificação da Fazenda para efetuar o pagamento com base no banco de dados estatal
E – Simplesmente declara as informações para o Fisco

**42 – O Imposto de Importação é:**

A – Não Cumulativo e extrafiscal
B – Cumulativo e extrafiscal
C – Fiscal
D – Não cumulativo e fiscal
E – Cumulativo e Fiscal

43 – A empresa Spartacus Ltda. recebeu um AIIM do ICMS – São Paulo, porém, não concordando com o respectivo ingressou com recurso administrativo no TIT – Tribunal de Impostos e Taxas do Estado de São Paulo. Decorrido um ano, e, após, findo o trâmite e julgamento do processo administrativo a empresa sagrou-se vencedora, portanto, ficou determinado que o AIIM é nulo e a Secretaria da Fazenda deveria providenciar o cancelamento do respectivo. Pergunta-se, qual o recurso que a Fazenda pode impetrar?

A – Apelação
B – Recurso de Ofício
C – Não cabe recurso
D – Recurso para o STJ
E – Embargos

**44 – Assinale a alternativa correta:**

A – No lucro presumido o IRPJ e a CSLL são calculados com base no faturamento da empresa
B – No lucro real o IRPJ e CSLL são calculados baseado no lucro contábil, efetuando-se as adições, exclusões e compensações fiscais
C – No lucro arbitrado o IRPJ e CSLL são arbitrados e calculados pela autoridade fiscal com base na receita bruta Conhecida e Não Conhecida
D – No Simples Nacional os tributos são calculados de acordo com as tabelas do Simples baseado no faturamento e atividade da empresa
E – Todas as alternativas acima estão corretas

**45 – Podemos definir a Restituição de Indébito como:**

A – É a compensação fiscal realizada pelo contribuinte entre os débitos vencidos e a vencer

B – É o pagamento indevido realizado pelo fisco, o qual não pode ser restituído devido ao fato do tributo ser um bem indisponível
C – Um débito fiscal que foi cancelado após sentença judicial transitada em julgado
D – É o pagamento indevido do tributo realizado pelo contribuinte, e o mesmo pode pleitear sua restituição
E – Todas as alternativas acima estão incorretas

**46 – Com referência a PARAFISCALIDADE, podemos afirmar que:**

A – São os Tributos vinculados que, porém, não pertencem diretamente ao Estado
B – Que o Estado arrecada para satisfazer as necessidades da sociedade e custear os seus gastos e investimentos
C – É a Interferência no domínio econômico incentivando ou restringindo determinadas atividades ou consumo de produtos
D – Aquele tributo que é pago por um terceiro que substituiu o contribuinte original na relação jurídico tributária
E – É a terceirização da arrecadação tributária

**47 – Qual o imposto da União que não se sujeita ao princípio da anterioridade, mas esta sujeito a noventena ou anterioridade nonagesimal:**

A – Imposto de Renda Pessoa Física
B – Contribuição INSS empregador
C – ICMS
D – IPI
E – Imposto de Renda Pessoa Jurídica

**48 – A CONTRIBUIÇÃO DE MELHORIA, é:**

A – Um tributo vinculado, cujo gerador é a valorização do imóvel do contribuinte, decorrente de obra pública.

B – É um tributo cujo fato gerador é a renda obtida com a utilização do imóvel do contribuinte
C – É a diferença a ser paga pelo contribuinte entre o valor de mercado e o valor constante no registro público
D – É a contribuição obrigatória do contribuinte nas obras públicas do município em que estiver localizado
E – É a contribuição obrigatória realizada pelo contribuinte nas obras públicas realizadas pelo município no tocante a recapeamento de vias públicas e manutenção de galerias pluviais

**49 – Assinale a alternativa correta – A imunidade tributária abrange os seguintes IMPOSTOS:**

A – IR, IPI, ICMS, PIS
B – IR, IPI, ICMS, IPTU
C – IR, IPI, ICMS, IPTU, TAXAS
D – IR, IPI, ICMS, IPTU, TAXAS E Contribuição de melhoria
E – IR, IPI, ICMS, PIS, COFINS, IGF

**50 – Na substituição Tributária (ST) do ICMS, via de regra;**

A – A Fábrica (substituto tributário) é obrigada a calcular, cobrar e recolher o imposto que será devido nas operações posteriores para o Atacadista (contribuinte substituído), portanto, a indústria arca com o ICMS apuração e o ICMS ST
B – A Fábrica (substituído tributário) é obrigada a calcular, cobrar e recolher o imposto que será devido nas operações posteriores para o Atacadista (contribuinte substituto), portanto, a indústria arca com o ICMS apuração e o ICMS ST
C – A Fábrica recolhe para o Fisco somente o ICMS ST, pois o tributo já abrange toda a cadeia produtiva
D – O Atacadista que recebe o produto de uma fábrica fica obrigado ao recolhimento do ICMS ST
E – O recolhimento do ICMS ST deve ser feito exclusivamente pelo Atacadista e o ICMS pela Fábrica (indústria)

51 – O cidadão Tong Po reside na cidade de São Paulo e exerce suas atividades profissionais no mesmo município. Adquire um veículo novo marca Toyota Corolla ano modelo 2017 no valor de R$ 70.000,00. Para reduzir a carga tributária com relação ao IPVA do seu veiculo, transferiu o veículo no ano seguinte para o município de Palmas no Estado de Tocantins onde o custo do IPVA é 70% menor que o da cidade de São Paulo.
Decorridos 3 anos desde a transferência recebeu um AIIM da Secretaria da Fazenda do Estado de São Paulo, efetuando a cobrança retroativa do IPVA dos últimos 03 anos, acrescido de multa e juros. Analisando o caso em questão, o cidadão Tong Po cometeu:

A – Elisão Fiscal
B – Evasão Fiscal
C – Um ato lícito, pois o tráfego de coisas e pessoas é livre em todo o território nacional, é o princípio constitucional da liberdade de tráfego
D – Transferência regular de domicílio
E – Utilizou o princípio da isonomia tributária

52 – São despesas dedutíveis em termos de Imposto de Renda Pessoa Jurídica na sistemática do Lucro Real:

A – Provisão de Férias, Provisão de 13º Salário, Provisão para devedores duvidosos dentro do limite estabelecido pela RFB, multas de trânsito e brindes em geral
B – Provisão de Férias, Provisão de 13º Salário, Provisão para devedores duvidosos dentro do limite estabelecido pela RFB, Multas de trânsito, doações para instituição de fins religiosos
C – Provisão de Férias, Provisão de 13º Salário, Provisão para devedores duvidosos elaborada pelo Contador
D – Provisão de Férias, Provisão de 13º Salário, Provisão para devedores duvidosos dentro do limite estabelecido pela RFB
E – Todas as alternativas acima estão incorretas

**53 – A empresa Meca Ltda. é uma indústria nacional localizada em São Paulo, tributada pela sistemática do lucro presumido. Baseado no fato de que o IRPJ é pago com base no faturamento e não sobre o resultado do balanço patrimonial (receita menos despesa), o sócio decidiu retirar mensalmente determinada quantia para seu uso pessoal sem qualquer comprovante, e ainda, sem recolher nenhum tributo. Neste caso o procedimento adotado pela empresa é:**

A – Correto, pois o IRPJ já foi pago com base no faturamento, não havendo necessidade de comprovar nenhuma despesa
B – Incorreto, pois qualquer despesa deve ser comprovada apesar de não haver tributação adicional
C – Correto, o sistema de lucro presumido determina somente uma forma de tributação
D – Incorreto, pois qualquer despesa deve ser comprovada, além do mais a empresa deveria recolher o INSS sobre pró-labore e eventualmente IRRF
E – Correto, a RFB permite qualquer tipo de retirada, pois o imposto já foi recolhido

**54 – A empresa Crassus Ltda., efetuou a distribuição de lucros para os seus acionistas. Este lucro:**

A – Deve ser tributado exclusivamente na pessoa física do sócio
B – Deve ser tributado quando do pagamento da empresa para o sócio, devera ser aplicada a tabela progressiva do Imposto de Renda Pessoa Física
C – A empresa é obrigada a recolher Imposto de renda sobre os pagamentos a título de dividendos
D – Deve ser tributado pelo sócio, como também pela empresa
E – Não há tributação na pessoa física do sócio, nem retenção de imposto de renda na fonte

**55 – A empresa Comercial Castiel Ltda. foi vítima de furto em seu estoque de material para revenda conforme boletim de**

ocorrência e respectivo laudo pericial. A empresa é contribuinte do ICMS, PIS e COFINS, e tributada com base no lucro real. Sabendo-se que os tributos que a empresa recolhe são não cumulativos e a empresa contabilizou o valor da perda do estoque como despesa deduzindo do respectivo lucro apurado. Pergunta-se: com relação aos tributos incidentes sobre a venda das mercadorias furtadas, qual o procedimento a ser adotado?

A – Manter os créditos das compras e compensar com os débitos das vendas futuras
B – Efetuar o diferimento tributário
C – Os tributos devem ser levados a conta de prejuízo
D – Devem ser estornados
E – Compensar o Imposto com o IRPJ

56 – A Empresa Metatron Ltda., que é uma comercial atacadista de produtos eletrônicos, durante o mês de Janeiro de 2017 está planejando seu orçamento para o próximo exercício. Esta prevendo um faturamento anual de 97.000.000,00, com uma rentabilidade muito elevada (lucro líquido superior a 15% do faturamento anual). Pergunta-se: qual o sistema de tributação de IRPJ mais favorável que ela poderá adotar?

A – Lucro Presumido
B – Lucro Arbitrado
C – Lucro Contábil
D – Lucro Real
E – Simples Nacional

57 – É o fato gerador do Imposto de Renda:

A – É a aquisição de disponibilidade econômica ou jurídica, ou seja, é a obtenção de renda, ou seja, um conjunto de bens, valores ou títulos por uma pessoa jurídica passíveis de serem convertidos ou transformados em numerário.

B – É a aquisição de disponibilidade financeira do contribuinte pessoa jurídica
C – A movimentação bancária e de caixa da pessoa jurídica, como também, a pessoa física dos sócios ou acionistas
D – Todas as alternativas acima estão incorretas
E – Todas as alternativas acima estão corretas

**58 – A empresa Batiatus Ltda., que possuiu tributos em atraso e pendências fiscais devido a problemas na sua escrituração, decidiu temendo ser fiscalizada, simular um incêndio em seus escritórios destruindo todos os documentos contábeis financeiros. Ocorre que após 90 dias depois do incêndio a empresa foi visitada pelo fisco para fins de análise da documentação contábil financeira, porém em consequência do incêndio a fiscalização não pode apurar o imposto devido em virtude da falta de documentos e registros contábeis. Pergunta-se qual o procedimento que o fiscal deverá adotar?**

A – Conceder prazo para o contribuinte refazer a escrituração mediante notificação
B – Elaborar um auto de infração e imposição de multa AIIM
C – Adotar a sistemática do lucro presumido
D – Tributar a empresa pela sistemática do lucro arbitrado
E – Tributar a empresa pela sistemática do lucro real e impor um AIIM

**59 – Representa a tributação do IRPJ pela sistemática do lucro real:**

A – O cálculo do faturamento da empresa multiplicado pelo fator de presunção e lucro ou prejuízo
B – É o lucro apurado contabilmente pelo Contador
C – É uma forma simplificada de apuração do IRPJ
D – É o lucro ou prejuízo contábil apurado com os ajustes adicionados, exclusões e compensações permitidas pela legislação.
E – É o lucro calculado com base na receita bruta de vendas

60 – A empresa O Cozinheiro Ltda. não efetuou o pagamento dos seus tributos federais no prazo legal fixado em lei. Referidos tributos foram regularmente lançados pela autoridade administrativa competente. Neste caso, qual a providência que o fisco deverá adotar:

A – Reconhecer como restos a receber
B – Reconhecer como restos a pagar
C – Inscrever o débito tributário na dívida ativa
D – Inscrever o débito como indébito tributário
E – Negociar diretamente com o contribuinte um parcelamento incentivado – PPI

61 – Uma obrigação tributária acessória não cumprida pelo contribuinte, pode transformar-se em:

A – Restituição de indébito
B – Remição
C – Remissão
D – Parafiscalidade
E – Obrigação principal

62 – A empresa Krakatoa Limitada, esta participando de uma licitação de obras públicas para o governo do Estado de São Paulo. Ocorre que a respectiva empresa recebeu um auto de infração e imposição de multa (AIIM) do ICMS que foi lavrado pela autoridade fiscal devido a alíquotas utilizadas incorretamente (a menor) pela empresa. A Krakatoa recorreu em Juízo, efetuando o depósito do valor da dívida até a decisão final. Sabendo-se que para participar de um processo licitatório torna-se necessário a certidão negativa de débitos tributários (CND), qual o procedimento que a empresa deverá adotar:

A – Providenciar uma certidão positiva
B – Providenciar uma certidão positiva como efeitos negativos

C – Providenciar uma certidão de indébito tributário
D – Providenciar uma compensação de créditos e débitos tributários pendentes
E – Providenciar um mandado de segurança

**63 – A imunidade tributária pode ser concedida:**

A – Somente nos casos previstos na Constituição Federal
B – Somente nos casos previstos na Constituição Federal e Estadual
C – Somente nos casos previstos na Constituição Federal, Estadual e Lei Orgânica do Município
D – Mediante lei ordinária
E – Exclusivamente por ato administrativo vinculado da autoridade administrativa

**64 – A Bitributação no Brasil pode ocorrer:**

A – É vedada a bitributação no Brasil
B – Nos casos de impostos extraordinários, como, por exemplo, guerra externa
C – Somente para verbas suplementares do orçamento público
D – Para pagamento dos títulos da dívida pública
E – Para suprir o Plano Plurianual

**65 – A competência para estabelecer alíquotas máximas internas do ICMS pertence ao:**

A – Governo do Estado
B – Presidência da República
C – Senado Federal
D – Câmara dos Deputados
E – Congresso Nacional

**66 – A empresa Comercial Atacadista Black Box Ltda., efetuou a importação de material para revenda (material elétrico), pa-**

gando no desembaraço aduaneiro os seguintes tributos: Imposto de Importação, IPI, ICMS, PIS, COFINS.

Sabendo-se que a Black Box é uma empresa comercial, pergunta-se, quais os tributos que devem incidir sobre a venda destes mesmos produtos importados para as empresas comerciais varejistas:

A – II, ICMS, PIS, COFINS
B – II, ICMS IPI, PIS, COFINS
C – II, ICMS
D – IPI, ICMS
E – ICMS, IPI, PIS, COFINS

67 – Com relação ao novo Simples Nacional, a partir de Janeiro de 2018 os serviços advocatícios podem ser tributados por qual tabela?

A – Tabela III
B – Tabela II
C – Tabela V
D – Tabela IV
E – Este tipo de serviço não pode ser tributado pelo Simples Nacional

68 – Determinada empresa industrial possui uma conta credora do ICMS. Em termos contábeis tributários, o que significa esta conta:

A – Crédito oriundo de clientes
B – Crédito da empresa com o governo
C – Débito da empresa com clientes
D – Crédito da empresa com clientes
E – Débito da empresa com o fisco estadual

69 – A empresa Dembe Ltda., é uma fábrica de equipamentos de áudio e vídeo, comprando peças no mercado local e também efetuando importações de componentes eletrônicos. Para fins de classificação do IPI, qual o tipo de operação em que ela se enquadra?

A – Acondicionamento
B – Recondicionamento
C – Montagem
D – Beneficiamento
E – Comercialização

70 – A Indústria eletrônica Karakurt Ltda. efetuou uma venda para a comercial Cozinheiro Ltda. no valor de R$ 10.000,00, sendo R$ 9.000,00 relativo ao produto e R$ 1.000,00 de frete e seguro. Sabendo-se que a alíquota do IPI neste caso é de 10%, pergunta-se, qual o valor do IPI que será calculado na nota fiscal de venda?

A – R$ 1.000,00
B – R$    900,00
C – R$    850,00
D – R$ 1.100,00
E – R$    800,00

71 – A Indústria Oenomaus Ltda. registrou as seguintes operações comerciais no mês de dezembro de 2022. Compra de matéria-prima para industrialização no valor de R$ 2.000.000,00, com a alíquota de IPI de 10%. Neste mesmo mês efetuou venda de produtos no valor de R$ 4.000.000,00 com alíquota de IPI no valor de 20%. Sabendo-se que a empresa não possui saldo de IPI nos meses anteriores, pergunta-se qual o valor do saldo da conta de IPI no mês de dezembro/22?

A – Saldo Credor de    R$ 800.000,00
B – Saldo Devedor de   R$ 800.000,00

C – Saldo Credor de    R$ 200.000,00
D – Saldo Devedor de   R$ 200.000,00
E – Saldo Devedor de   R$ 600.000,00

72 – A Indústria Crixus Ltda. irá vender para a Comercial Crassos Ltda. O produto XYZ no valor de R$ 10.000,00, levando-se em conta que para fins de apuração (RPA) a Crixus não possui créditos anteriores de ICMS e ambas as empresas estão localizadas em São Paulo onde a alíquota do RPA é 18% e a alíquota do MVA deste produto é 10%. Pergunta-se, qual o valor da base de cálculo do ICMS-ST que será agregado na nota fiscal de venda emitida?

A – R$ 1.980,00
B – R$ 1.800,00
C – R$ 1.100,00
D – R$ 2.800,00
E – R$ 1.000,00

73 – São princípios constitucionais tributários aplicáveis ao IPI:

A – Seletividade e não cumulatividade
B – Seletividade e cumulatividade
C – Anterioridade e não cumulatividade
D – Cumulatividade e anterioridade
E – Anterioridade e Cumulatividade

74 – Em caso de uma empresa realizar a dispensa sem justa causa de um empregado, qual o valor total da multa do FGTS que efetivamente será pago pela empresa nas verbas rescisórias?

A – 40,0%
B – 50,0%
C – 20,0%
D –  8,0%
E –  8,5%

75 – São impostos que não são abrangidos pelo Simples Nacional:

A – IOF, Imposto de Importação
B – IRPJ e CSLL
C – ISS e ICMS
D – IPI
E – INSS

76 – A Comercial varejista Cracatoa Ltda. localizada em São Paulo efetuou a venda dos seus produtos que são objeto de substituição tributária por um preço acima da margem de lucro definida em lei pelo MVA. Pergunta-se, que imposto a empresa deverá recolher:

A – a empresa deverá recolher a diferença do ICMS
B – a empresa não terá que recolher a diferença do ICMS
C – a empresa não poderá vender os produtos acima da MVA
D – a empresa receberá um AIIM da Secretaria da Fazenda
E – Nenhuma das alternativas acima está correta

## DIREITO FINANCEIRO

77 – São Pessoas Jurídicas de Direito Público Interno:

A – INSS, RFB, IBAMA, BNDES
B – União, Estado, Município e Distrito Federal
C – BNDES, Petrobrás, Cia. Vale do Rio Doce
D – Empresas Privadas e Empresas Estatais
E – Poderes: Executivo, Legislativo e Judiciário

78 – Podemos entender a Fundação Pública como:

A – Entidade dotada de personalidade jurídica de direito privado, com patrimônio próprio e capital exclusivamente governamental, criado por lei para exploração de atividade econômica ou industrial

B – Parceria público privada para a realização de atividade econômica

C – Entidade pública criada para cumprir determinado objetivo econômico não explorado pela iniciativa privada

D – São serviços sociais autônomos criados pela iniciativa privada para suprir a falta de participação do Estado na execução de atividades sociais

E – Entidade cuja criação é autorizada por lei, com patrimônio público ou misto, para realização de atividades, obras, ou serviços de interesse coletivo, sob normas e controle do Estado

**79 – Compõe o processo de planejamento do Estado:**

A – Planejamento, Execução, Controle
B – Poderes: Executivo, Legislativo e Judiciário
C – Estabelecimento de metas e sistema de avaliação e controle
D – Poder Executivo e os Tribunais de Contas
E – Plano Plurianual, Lei de Diretrizes Orçamentárias, Lei do Orçamento Anual

**80 – O princípio da anualidade do orçamento consiste em:**

A – No equilíbrio entre as receitas e despesas
B – No orçamento devem ser incluídos todos os atos e fatos administrativos previstos para o orçamento
C – Efetuar as previsões de receita e despesa para o período de um ano
D – Efetuar a autorização para efetuar os pagamentos e prever as receitas
E – No Sistema do duplo binário

**81 – O patrimônio público é o conjunto de bens, direitos e obrigações avaliáveis em moeda corrente das entidades que compõe a administração pública. Dentro deste conceito po-**

demos citar como exemplo de **BEM PÚBLICO DE USO ESPECIAL**:

A – Prédio da Receita Federal do Brasil
B – Praça da Sé em São Paulo
C – Rios e mares
D – Estradas e Ruas
E – Todas as alternativas acima estão corretas

**82 – São exemplos de Empresa Pública e de Economia mista, respectivamente:**

A – OAB e Cia. Vale do Rio Doce
B – Petrobrás e Empresa Brasileira de Correios
C – Estácio Participações e Petrobrás
D – Empresa Brasileira de Correios e Petrobrás
E – Cia. Vale do Rio Doce e Petrobrás

**83 – A fiscalização financeira orçamentária do governo federal é feita pelos seguintes órgãos:**

A – Congresso Nacional e Tribunal de Contas
B – Receita Federal e Tribunal de Contas
C – Poder Judiciário e Tribunais de Contas
D – Tribunais de Contas e Auditorias Externas
E – Comissão de Constituição e Justiça e Tribunal de Contas

**84 – Podemos classificar a execução das despesas públicas como:**

A – Débitos extrajudiciais e judiciais
B – Despesas correntes e despesas de capital
C – Dívida Pública
D – Precatórios, despesas públicas
E – Empenho, liquidação, ordem de pagamento, pagamento

**85 – São fases do processo legislativo para aprovação do orçamento anual:**

A – Envio do projeto pelo chefe do poder executivo, analise pela comissão mista, emendas, votação no Senado Federal, sanção ou veto e publicação

B – Envio do projeto pelo chefe do poder executivo, analise pela comissão mista, emendas, votação nas duas casas do congresso, sanção ou veto e publicação

C – Envio do projeto pelo chefe do poder executivo, analise pela comissão mista, emendas, votação na Câmara dos Deputados, sanção ou veto e publicação

D – Envio do projeto pelo Ministro da Fazenda, analise pela comissão mista, emendas, votação nas duas casas do congresso, sanção ou veto e publicação

E – Todas as alternativas acima estão incorretas

**86 – Com relação aos Precatórios Judiciais, podemos afirmar que:**

A – Em caso de condenação judicial transitada em julgado da fazenda pública, o juiz da causa mandará expedir um precatório, remetendo para o Presidente do Tribunal de Justiça, e este o enviará a entidade devedora para que o valor do débito seja incluído no próximo ano

B – Em caso de condenação judicial ou extrajudicial, o juiz da causa mandará expedir um precatório, remetendo para o Presidente do Tribunal de Justiça, e este o enviará a entidade devedora para que o valor do débito seja incluído no próximo ano

C – O Juiz da causa após o trânsito em julgado, emite e envia o precatório para a entidade devedora para que o valor do débito seja incluído no próximo exercício

D – Em caso de condenação judicial ou extrajudicial, o juiz da causa mandará expedir um precatório, remetendo para o Presidente do Tribunal de Justiça, e este o enviará a entidade devedora para que o valor do débito seja pago de imediato

E – Em caso de condenação judicial ou extrajudicial, o juiz da causa mandará expedir um precatório, remetendo diretamente a entidade devedora para que o valor do débito seja pago de imediato

**87 – Na administração pública, entendemos como restos a pagar:**

A – A despesa que não foi reconhecida no exercício e que será paga no exercício seguinte
B – A despesa que foi empenhada, liquidada, com ordem de pagamento autorizada, porém o pagamento será efetuado no próximo exercício
C – A despesa que foi paga parcialmente durante o exercício
D – A despesa que não foi autorizada, porém ocorreu
E – A despesa paga sem autorização orçamentária devido a fato novo

**88 – A dívida pública abrange todos os compromissos do governo, podendo ser de curto e longo prazo. Com referência a conta de Restos a Pagar, podemos afirmar que:**

A – Restos a pagar é uma dívida de longo prazo, portanto uma dívida consolidada
B – Restos a pagar são créditos do governo
C – Restos a pagar é uma conta de despesa corrente
D – Restos a pagar é somente um empenho
E – Restos a pagar é uma dívida de curto prazo, portanto uma dívida flutuante

**89 – As diretrizes, objetivos e metas da administração pública para as despesas de capital e outras delas decorrentes e para as relativas aos programas de duração continuada serão estabelecidas em qual lei?**

A – Plano plurianual
B – Lei orçamentária
C – Lei de diretrizes orçamentárias

D – Lei de responsabilidade fiscal
E – Lei das quotas orçamentarias

90 – A prefeitura da cidade de Araçariguama – SP, previu no orçamento dotação de R$ 1.000,00 para a aquisição de um computador. Durante a execução orçamentária foi efetuado o empenhamento de R$ 800,00 para essa compra. Todavia, o comprador municipal, no ato da compra, optou por um modelo mais caro, com dispositivo de maior capacidade. Assim, a Prefeitura efetuou o pagamento de R$ 877,00. Essa operação configurou falha na fase da despesa denominada:

A – Pagamento
B – Empenho
C – Liquidação
D – Conferência
E – Ordem de pagamento

91 – A Lei de Responsabilidade Fiscal – LRF estabelece normas de finanças públicas voltadas para a responsabilidade na gestão fiscal dos administradores dos órgãos públicos, o que inclui o governo do Estado de São Paulo. Nos termos da legislação vigente, a despesa objeto de dotação específica e suficiente, ou que esteja abrangida por crédito genérico, de forma que somadas todas as despesas da mesma espécie, realizadas e a realizar, previstas no programa de trabalho, não sejam ultrapassados os limites estabelecidos para o exercício, é considerada adequada com que lei?

A – Plano plurianual
B – Lei de diretrizes orçamentárias
C – Lei do orçamento anual
D – Lei de responsabilidade Fiscal
E – Lei de quotas

92 – Recentemente o governo federal reduziu a alíquota do IPI de diversos produtos, porém, alguns governadores estão reclamando do ato do executivo federal. Pergunta-se: qual a motivação desta reclamação?

A – Inconstitucionalidade
B – Repartição para Estados e Municípios
C – Princípio da anterioridade
D – Noventena não obedecida
E – Quebra da isonomia

93 – Quais são as fases da execução da despesa pública?

A – Empenho
B – Liquidação
C – Ordem de pagamento
D – Pagamento
E – Todas as alternativas acima estão corretas

94 – São fases do processo legislativo para aprovação do orçamento anual:

A – Envio do projeto pelo chefe do poder executivo
B – Analise pela comissão mista, emendas
C – Votação nas duas casas do congresso
D – Sanção ou veto e publicação
E – Todas as alternativas acima estão corretas

95 – Entendemos a atividade financeira do Estado como:

A – Busca do dinheiro e a sua aplicação para consecução das necessidades públicas primárias, que são aquelas de interesse geral, satisfeitas exclusivamente pelo processo do serviço público
B – Transações financeiras entre aplicação e captação de recursos
C – Exclusivamente pagamento das despesas orçamentárias

D – Exclusivamente recebimento dos tributos
E – Administração financeira regida pelo Banco Central do Brasil

**96 – Podemos definir o Requisitório como:**

A – Ofício que o juiz da execução requisita o pagamento de débitos de pequeno valor da fazenda pública
B – É a solicitação do juiz de primeiro grau faz ao presidente do tribunal para que este requisite a verba necessária para o pagamento de crédito de algum credor
C – São as requisições de empenho realizadas pelo administrador público
D – São as requisições de compras orçamentárias realizadas pelo administrador público
E – São as inserções realizadas pelo poder executivo na lei orçamentária

**97 – Em determinado exercício financeiro, a lei orçamentária anual fez reserva de quantia suficiente para cobrir despesa com material de limpeza dos órgãos da Administração Direta. No curso do exercício financeiro houve um aumento expressivo no valor do material de limpeza utilizado pela municipalidade, tornando-se a dotação orçamentária insuficiente. Neste caso, poderá ser providenciado:**

A – Abertura de crédito suplementar
B – Abertura de empenho
C – Adiamento da despesa como restos a pagar
D – Compensação de despesas
E – Retenção da despesa

**98 – São fontes de Receitas Públicas:**

A – Decorrentes do patrimônio estatal
B – Tributos

C – Crédito Público
D – Outras fontes eventuais
E – Todas as alternativas acima estão corretas

**99 – O que são os atos de Improbidade Administrativa?**

A – São aqueles que, possuindo natureza civil e devidamente tipificados em lei federal, não ferem direta ou indiretamente os princípios constitucionais e legais da administração pública, independentemente de importarem enriquecimento ilícito ou de causarem prejuízo material ao erário público.
B – São os atos praticados por servidor público que eventualmente podem ser objeto de questionamento por parte da administração pública
C – São os atos administrativos praticados pela administração pública
D – São os atos discricionários do administrador público
E – São aqueles que, possuindo natureza civil e devidamente tipificados em lei federal, ferem direta ou indiretamente os princípios constitucionais e legais da administração pública, independentemente de importarem enriquecimento ilícito ou de causarem prejuízo material ao erário público.

**100 – O município de Itupeva – SP, efetuou a venda de um edifício situado no centro do município através de um leilão, tudo conforme previsto no orçamento anual e lei municipal. Pergunta-se, de acordo com da lei 4.320/64 alterada pela lei complementar 101/2000, como será classificada esta entrada de recursos financeiros para o município?**

A – Receita de capital
B – Receita tributária
C – Receita extra orçamentária
D – Receita corrente
E – Receita transferida

# BANCO DE QUESTÕES – DIREITO TRIBUTÁRIO E FINANCEIRO – GABARITO

| QUESTÃO | QUESTÃO | QUESTÃO | QUESTÃO | QUESTÃO |
|---|---|---|---|---|
| 1 – B | 21 – C | 41 – A | 61 – E | 81 – A |
| 2 – C | 22 – E | 42 – B | 62 – B | 82 – D |
| 3 – A | 23 – E | 43 – C | 63 – A | 83 – A |
| 4 – B | 24 – A | 44 – E | 64 – B | 84 – E |
| 5 – D | 25 – B | 45 – D | 65 – C | 85 – B |
| 6 – C | 26 – B | 46 – A | 66 – E | 86 – A |
| 7 – B | 27 – B | 47 – D | 67 – D | 87 – B |
| 8 – C | 28 – D | 48 – A | 68 – B | 88 – E |
| 9 – A | 29 – C | 49 – B | 69 – C | 89 – A |
| 10 – E | 30 – B | 50 – A | 70 – A | 90 – B |
| 11 – A | 31 – B | 51 – B | 71 – E | 91 – C |
| 12 – C | 32 – C | 52 – D | 72 – C | 92 – B |
| 13 – D | 33 – B | 53 – D | 73 – A | 93 – E |
| 14 – E | 34 – A | 54 – E | 74 – A | 94 – E |
| 15 – B | 35 – C | 55 – D | 75 – A | 95 – A |
| 16 – C | 36 – E | 56 – D | 76 – B | 96 – A |
| 17 – B | 37 – A | 57 – A | 77 – B | 97 – A |
| 18 – D | 38 – A | 58 – D | 78 – E | 98 – E |
| 19 – C | 39 – B | 59 – D | 79 – E | 99 – E |
| 20 – C | 40 – D | 60 – C | 80 – C | 100 – A |

# REFERÊNCIAS

ABRAHAM, Marcus. **O planejamento tributário e o direito privado**. São Paulo: Quartier Latin, 2007.

ANDRADE FILHO, Edmar Oliveira. **Planejamento tributário**. São Paulo: Saraiva, 2009.

ANDRADE FILHO, Edmar Oliveira. **Imposto de renda das empresas**. São Paulo: Atlas, 2011.

ARAÚJO, Alberto David e NUNES, Jr. Vidal Serrano. **Curso de direito constitucional**. São Paulo: Saraiva, 2002.

ARAÚJO, Inaldo da Paixão. **Introdução à auditoria operacional**. Rio de Janeiro: FGV, 2008.

BAPTISTA, Ezio Carlos S. – Autor, ALMEIDA, Marcos Elidius Michelle de – Coord. **Aspectos Jurídicos da Sociedade Limitada**. São Paulo: Quartier Latin, 2004.

BARROS, Flávio Augusto Monteiro de. **Direito penal**. São Paulo: Atlas, 1999.

BARROS, Flávio Augusto Monteiro de. **Manual de direito processo processual civil**. São Paulo: Editora MB, 2016.

BASTOS, Celso Ribeiro. **Curso de direito financeiro e de direito tributário**. São Paulo: Saraiva, 1991.

CALÇAS, Manoel Queiroz Pereira. **Sociedade limitada no novo código civil**. São Paulo: Editora Atlas, 2003.

CALÇAS, Manoel Queiroz Pereira. **Revista do advogado**. São Paulo: AASP, v. 81.

CARNEIRO, Claudio. **Curso de direito tributário e financeiro**. São Paulo: Saraiva, 2012.

CAROTA, José Carlos. **A Sociedade em conta de participação e o lucro presumido. Revista autônoma de direito privado**. Curitiba: Juruá, 2008.

CAROTA, José Carlos. **A função social das sociedades empresárias e o planejamento tributário federal.** São Paulo: Allprint, 2013.

CAROTA, José Carlos, DOMANICO FILHO, Roberto. **Gestão corporativa – teoria e prática**. Rio de Janeiro: Freitas Bastos, 2015.

CAROTA, José Carlos. **Planejamento tributário & Incentivos fiscais empresariais**. Curitiba: Juruá, 2018.

CARRAZA, Roque Antonio. **Curso de direito constitucional tributário**. São Paulo: Malheiros, 2002.

CARVALHO, Cristiano. **Breves considerações sobre elisão e evasão fiscais**. São Paulo: Quartier Latin, 2004.

CARVALHO, Paulo de Barros. **Curso de direito tributário**. São Paulo: Saraiva, 2007, 2010.

COELHO, Fabio Ulhoa. **Curso de direito comercial**. São Paulo: Saraiva, 2007.

COMPARATO, Fábio Konder. **Ensaios e pareceres de direito empresarial**. Rio de Janeiro: Ed. Forense, 1973.

COMPARATO, Fábio Konder. **A reforma da empresa. Direito empresarial – estudos e pareceres**. São Paulo: Saraiva, 1995.

COSTA, Regina Helena. **Curso de direito tributário**. São Paulo: Saraiva, 2013.

CREPALDI, Silvio Aparecido. **Planejamento tributário – teoria e prática** – São Paulo: Saraiva, 2014.

DI PIETRO, Maria Sylvia Zanella. **Direito administrativo**. São Paulo: Atlas, 2003, 2022.

ESTRELLA, André Luiz Carvalho. **A norma antielisão revisitada**. São Paulo: Quartier Latin, 2004.

FILIARDI, Luiz Antonio. **Dicionário de expressões latinas**. São Paulo: Atlas, 2002.

FIUZA, Ricardo/ LUCCA, Newton de (Autores), SILVA, Regina Beatriz Tavares da (Coord.). **Código civil comentado**. São Paulo: Saraiva, 2010.

FIUZA, Ricardo. **Novo código civil comentado**. São Paulo: Saraiva, 2003.

GRAU, Eros Roberto. **A ordem econômica na constituição de 1988**. São Paulo: Malheiros, 2005, 2006, 2007.

GUITMANN, Lawrence J. **Princípios de administração financeira**. São Paulo: Pearson, 2012.

HARADA, Kiyoshi. **Direito financeiro e tributário**. São Paulo: Atlas, 2015.

HIGUCHI, Hiromi; HIGUCHI, Fabio Hiroshi; HIGUCHI, Celso Hiroyuki. **Imposto de renda das empresas – interpretação e prática**. São Paulo: IR Publicações, 2011, 2016.

JUSTEN FILHO, Marçal. **Desconsideração da personalidade societária no direito brasileiro**. São Paulo: Editora RT, 1987.

KOHAMA, Heilio. **Contabilidade pública – teoria e prática**. São Paulo: Atlas, 2014.

MACHADO, Hugo de Brito. **Curso de direito tributário**. São Paulo: Malheiros, 2016.

MACHADO SEGUNDO, Hugo de Brito. **Primeiras linhas de direito financeiro e tributário**. São Paulo: Atlas, 2014.

MALAQUIAS, Claudemir Rodrigues. **O direito tributário no contencioso administrativo fiscal federal – Legitimidade do planejamento tributário – Direito tributário monografias premiadas 2010 – I prêmio CARF**. Brasília: Valentim, 2011, p. 393.

MARION, José Carlos. **Contabilidade empresarial**. São Paulo: Atlas, 2009.

MARTINS, Ives Gandra da Silva. **Planejamento tributário**. Coordenador Marcelo Magalhães Peixoto. São Paulo: Quartier Latin, 2004.

MARTINS, Ives Gandra da Silva; RODRIGUES, Marilene Talarico Martins; MELLO, Gustavo Miguez; ROMITA, Arion Sayão; FERRAZ, Sérgio. **O tributo – reflexão multidisciplinar sobre sua natureza**. Rio de Janeiro: Editora Forense, 2007.

MARTINS, Sérgio Pinto. **Direito do trabalho**. São Paulo: Atlas, 2007.

MARTINS, Sérgio Pinto. **Manual de direito tributário**. São Paulo: Atlas, 2005.

MARTINS, Sérgio Pinto. **Instituições de direito público e privado**. São Paulo: Atlas, 2015.

MATARAZZO, Dante Carmine. **Análise financeira de balanços**. São Paulo: Atlas, 2003.

MEIRELLES, Hely Lopes. **Direito administrativo brasileiro**. São Paulo: Malheiros, 1993.

MIGLIAVACA, Paulo N. *Business dictionary*. São Paulo: Edicta, 1999.

MIRANDA, Jediael Galvão. **Direito da seguridade social**. Rio de Janeiro: Campus/Elsevier, 2007.

MORAES, Alexandre de. **Direito constitucional**. São Paulo: Atlas, 2015, 2017.

MORAES, Luiza Rangel de – autora, WALD, Arnold – Coord. **Revista de direito bancário e mercado de capitais**. São Paulo: RT, 2004.

NEGRÃO. Ricardo. **Manual de direito comercial de empresa**. Saraiva, 2011.

NEVES, Silvério das; VICECONTI, Paulo E. V. **Curso prático de imposto de renda e tributos conexos**. São Paulo: Frase, 2007.

OLIVEIRA, Regis Fernandes de HORVATH, Estevão. **Manual de direito financeiro**. São Paulo: Revista dos Tribunais, 2002.

PÊGAS, Paulo Henrique. **Manual de contabilidade tributária**. Rio de Janeiro: Freitas Bastos e Atlas, 2014, 2017.

Sá, Antonio Lopes de; Sá, Ana Maria Lopes de. **Dicionário de Contabilidade**. São Paulo: Atlas, 2009.

SABBAG, Eduardo. **Manual de direito tributário aplicado**. São Paulo: Saraiva, 2011.

SCHOUERI, Luis Eduardo. **Direito tributário**. São Paulo: Saraiva, 2011.

SILLOS, Lívio Augusto de. **Planejamento tributário – aspectos teóricos e práticos**. São Paulo: Leud, 2005.

SILVA, Bruno Matos e. **Direito da empresa**. São Paulo: Atlas, 2007.

SILVA, De Plácido E. **Vocabulário jurídico**. São Paulo: Forense, 1994.

TORRES, Ricardo Lobo. **Curso de direito financeiro e tributário**. Rio de Janeiro: Renovar, 2013.

VAZ, Paulo Cesar Ruzisca. **Planejamento fiscal**. São Paulo: Quartier Latin, 2005. Coordenação de Pedro Anan Jr.

# WEBGRAFIA

http://normas.receita.fazenda.gov.br/sijut2consulta/link.action?idAto=81268&visao=anotado – acesso em 29.07.2017.

http://www.fazenda.sp.gov.br/fecoep/ - acesso em 29.07.2017.

https://idg.receita.fazenda.gov.br/noticias/ascom/2017/fevereiro/empresas-optantes-do-simples-sao-beneficiadas-pelo-procedimento-simplificado-de-exportacao - acesso em 28.07.2017.

http://normas.receita.fazenda.gov.br/sijut2consulta/link.action?idAto=81268 – acesso em 21.10.2019.

http://www.planalto.gov.br/ccivil_03/_ato2015-2018/2018/decreto/D9580.htm - acesso em 21.10.2019.

http://www.planalto.gov.br/ccivil_03/_Ato2019-2022/2019/Decreto/D9661.htm - acesso em 21.10.19.

https://www.opetroleo.com.br/confira-a-nova-tabela-de-contribuicao-do-inss-2020 - acesso em 08.01.2020.

https://www.inss.gov.br/confira-as-principais-mudancas-da-nova-previdencia/ - acesso em 06.01.2020.

http://stf.jus.br/portal/cms/verNoticiaDetalhe.asp?idConteudo=433114&caixaBusca=N – acesso em 09.01.2020.

https://receita.economia.gov.br/noticias/ascom/2020/abril/comite-gestor-do-simples-nacional-aprova-prorrogacao-dos-tributos-dos-estados-e-municipios - acesso em 04.06.2020.

https://www.gov.br/inss/pt-br/saiba-mais/seus-direitos-e-deveres/calculo-da-guia-da-previdencia-social-gps/tabela-de-contribuicao-mensal - acesso em 07.11.22.

## APÊNDICE A – QUADRO SINÓTICO – PRINCIPAIS TRIBUTOS FEDERAIS E SUA BASE DE CÁLCULO E ALÍQUOTA

O quadro a seguir demonstra a modalidade de tributo federal, sua base de cálculo e alíquota incidente na sociedade empresária.

| ITEM | TRIBUTO FEDERAL | ALÍQUOTA | BASE DE CÁLCULO |
|---|---|---|---|
| 01 | Imposto de Renda Pessoa Jurídica (IRPJ) – Alíquota básica | 15% | Lucro real, estimado, presumido e arbitrado |
| 02 | Idem – alíquota adicional | 10% | Sobre a parcela do lucro que exceder R$ 20.000,00 – base mensal |
| 03 | Contribuição Social sobre o Lucro Líquido (CSLL) | 9% | Resultado do período de apuração do lucro excluída de computar seu próprio pagamento |
| 04 | Programa de Integração Social (PIS) | | |
| 04.1 | PIS – folha de salários | 1% | Sobre a folha de pagamento |
| 04.2 | PIS – faturamento cumulativo | 0,65% | Receita bruta |
| 04.3 | PIS – faturamento não cumulativo<br>PIS sobre Receita Financeira<br>PIS Importações | 1,65%<br><br>0,65%<br><br>2,10% | Receita bruta e importações |
| 05 | Contribuição para Financiamento da Seguridade Social (COFINS) | | |

| ITEM | TRIBUTO FEDERAL | ALÍQUOTA | BASE DE CÁLCULO |
|------|-----------------|----------|-----------------|
| 05.1 | COFINS – bancos | 4% | Receita bruta |
| 05.2 | COFINS – faturamento cumulativo | 3% | Receita bruta |
| 05.3 | COFINS – faturamento não cumulativo<br>COFINS – Importações<br>COFINS sobre Receita Financeira | 7,60%<br><br>9,65%<br><br>4,0% | Receita bruta |
| 06 | Imposto sobre Produtos Industrializados (IPI) não cumulativo | Variável | Variável em virtude da essencialidade do produto ou do desembaraço aduaneiro. – Extrafiscal |
| 07 | Imposto de Importação (II) cumulativo | Variável | O valor do produto ou desembaraço aduaneiro. Alíquota variável em virtude da extrafiscalidade |
| 08 | Imposto de Exportação (IE) cumulativo | Variável | O valor do produto ou desembaraço aduaneiro. Alíquota variável em virtude da extrafiscalidade |
| 09 | Imposto sobre Operações Financeiras (IOF) Cumulativo | Variável | Operações de crédito, seguros e câmbio – extrafiscalidade |

# APÊNDICE B - QUADRO SINÓTICO - FUNDAMENTAÇÃO LEGAL DOS PRINCIPAIS TRIBUTOS FEDERAIS

O quadro a seguir fundamenta a base legal dos principais tributos federais aplicáveis às sociedades empresárias.

| ITEM | TRIBUTO FEDERAL | FUNDAMENTAÇÃO LEGAL |
|---|---|---|
| 01 | Imposto de Renda Pessoa Jurídica – alíquota básica | CTN 43, 44, 45 – Decretos, leis e Instruções Normativas 9.430/96, 9.065/95, 9.249/95, 9.580/18 10.637/02, IN 1.700 RFB |
| 02 | Idem – alíquota adicional | Idem |
| 03 | Contribuição Social sobre o Lucro Líquido (CSLL) | CF 195, IN 390/04 SRF Lei 7.689/88, 8.034/90, 9.326/96, 10.637/02 |
| 04 | Programa de Integração Social (PIS) | LC 7/1970, CF 239, Lei 10.367/02, IN 2.121/22 |
| 04.1 | PIS – folha de salários | Idem |
| 04.2 | PIS – faturamento e importações – cumulativo | Idem |
| 04.3 | PIS – faturamento e importações não cumulativo | Idem |
| 05 | Contribuição para Financiamento da Seguridade Social (COFINS) | LC 70/91, DEC 4.524/02, IN 247 e 594 Lei 10.833/03, 10.865/04, 10.925/04 e IN 2.121/22 |
| 05.1 | COFINS – bancos | Idem |
| 05.2 | COFINS – faturamento e importações – cumulativo | Idem |
| 05.3 | COFINS – faturamento e importações - não cumulativo | Idem |

| ITEM | TRIBUTO FEDERAL | FUNDAMENTAÇÃO LEGAL |
|---|---|---|
| 06 | Imposto sobre Produtos Industrializados (IPI) não cumulativo | CF 153, parágrafo 3 CTN 46 a 51 |
| 07 | Imposto de Importação (II) cumulativo | CF 153, CTN 19 a 22 |
| 08 | Imposto de Exportação (IE) cumulativo | CF 153, CTN 23 a 28 Lei 4.543/02 e 9.716/98 |
| 09 | Imposto sobre Operações Financeiras (IOF) Cumulativo | Dec. 4.494/02 e 6.306/07 CTN 63 a 67 CF 153 |

## APÊNDICE C - QUADRO SINÓTICO - DESTINAÇÃO SOCIAL DOS PRINCIPAIS TRIBUTOS FEDERAIS

O quadro a seguir informa a destinação social dos principais tributos federais aplicáveis à sociedade empresária.

| ITEM | TRIBUTO FEDERAL | FUNDAMENTAÇÃO LEGAL |
|---|---|---|
| 01 | Imposto de Renda Pessoa Jurídica – alíquota básica | Intervenção pública no domínio econômico. Redistribuição de renda. Desenvolvimento de regiões menos favorecidas |
| 02 | Idem – alíquota adicional | Idem |
| 03 | Contribuição Social sobre o Lucro Líquido (CSLL) | Atende programas de seguridade social |
| 04 | Programa de Integração Social (PIS) | Custeio da seguridade social. Financia o seguro desemprego. Abono anual dos empregados |
| 04.1 | PIS – folha de salários | Idem |
| 04.2 | PIS – faturamento e importações – cumulativo PIS – Receita Financeira | Idem |
| 04.3 | PIS – faturamento e importações não cumulativo | Idem |
| 05 | Contribuição para Financiamento da Seguridade Social (COFINS) | Financia a seguridade social |
| 05.1 | COFINS – bancos | Idem |
| 05.2 | COFINS – faturamento e importações – cumulativo | Idem |

| ITEM | TRIBUTO FEDERAL | FUNDAMENTAÇÃO LEGAL |
|---|---|---|
| 05.3 | COFINS – faturamento e importações – não cumulativo<br>COFINS Receita Financeira | Idem |
| 06 | Imposto sobre Produtos Industrializados (IPI) | Seletivo em função da essencialidade<br>do produto – extrafiscal |
| 07 | Imposto de Importação (II) cumulativo | Instrumento de política monetária<br>Extrafiscal |
| 08 | Imposto de Exportação (IE) cumulativo | Instrumento de política econômica<br>Extrafiscal |
| 09 | Imposto sobre Operações Financeiras (IOF) | Instrumento de política monetária<br>Extrafiscal |

# APÊNDICE D - CÁLCULO DA TRIBUTAÇÃO PELA SISTEMÁTICA DO LUCRO REAL - PRIMEIRA OPÇÃO

Este tópico aplicará a legislação tributária federal relativa ao lucro real, efetuando os cálculos da sistemática de apuração e demonstrando o total de gastos com tributos nesta modalidade.

PIS não cumulativo
Faturamento - 1,65% x R$ 80.000.000,00     R$ 1.320.000,00
(-) Custo da mercadoria vendida 1,65% x     R$   660.000,00
R$ 40.000.000,00
PIS devido     R$   660.000,00

COFINS não cumulativo
Faturamento — 7,6% x R$ 80.000.000,00     R$ 6.080.000,00
(-) Custo da mercadoria vendida 7,6% x     R$ 3.040.000,00
R$ 40.000.000,00
COFINS devido     R$ 3.040.000,00

Cálculo da contribuição social sobre o lucro e imposto de renda
Lucro previsto no período     R$ 26.000.000,00
(-) Despesas com PIS     R$   660.000,00
(-) Despesas com COFINS     R$ 3.040.000,00
= Lucro apurado antes do imposto de     R$ 22.300.000,00
renda e CSLL
(-) CSLL devida - 9%     R$ 2.007.000,00
Lucro após a CSLL     R$ 20.293.000,00

Cálculo do imposto de renda devido
(-) Alíquota de 15% sobre R$ 22.300.000,00     R$ 3.345.000,00
(-) Adicional de 10% R$ 22.300.000,00     R$ 2.206.000,00
- 240.000,00
Lucro líquido após os tributos     R$ 14.742.000,00

De acordo à sistemática de apuração pelo lucro real, os tributos apresentaram os seguintes valores:

| PIS | R$ 660.000,00 |
|---|---|
| COFINS | R$ 3.040.000,00 |
| CSLL | R$ 2.007.000,00 |
| IRPJ | R$ 5.551.000,00 |
| **TOTAL** | **R$ 11.258.000,00** |

Portanto, de um lucro líquido esperado no valor de R$ 26.000.000,00, restará para a empresa R$ 14.742.000,00, ou seja, 43% do lucro previsto será consumido pelos tributos federais.

# APÊNDICE E - CÁLCULO DA TRIBUTAÇÃO PELA SISTEMÁTICA DO LUCRO PRESUMIDO - SEGUNDA OPÇÃO

Este item aplicará a legislação tributária federal relativa ao lucro presumido, efetuando os cálculos da sistemática de apuração e demonstrando o total de gastos com tributos. Porém, é preciso considerar o limite de faturamento anual estabelecido pela legislação tributária.

PIS cumulativo
Faturamento - 0,65% x R$ 80.000.000,00    R$    520.000,00
PIS devido                                R$    520.000,00

COFINS cumulativo
Faturamento - 3,0% x R$ 80.000.000,00     R$  2.400.000,00
COFINS devido                             R$  2.400.000,00

Cálculo da contribuição social e imposto de renda
Faturamento com revenda de mercadorias    R$ 80.000.000,00
Alíquota CSLL lucro presumido 12%         R$  9.600.000,00
CSLL devida 9%                            R$    864.000,00
Alíquota lucro presumido 8% sobe o        R$  6.400.000,00
faturamento
Alíquota do imposto de renda devido 15%   R$    960.000.00
Adicional imposto renda 10% R$ 6.400.000,00   R$  616.000,00
- 240.000,00
Lucro líquido após os tributos            R$ 20.640.000,00

De acordo à sistemática de apuração pelo lucro presumido, os tributos tiveram o seguinte consumo.

| PIS | R$ 520.000,00 |
|---|---|
| COFINS | R$ 2.400.000,00 |
| CSLL | R$ 864.000,00 |
| IRPJ | R$ 1.576.000,00 |
| **TOTAL** | **R$ 5.360.000,00** |

Portanto, de um lucro líquido esperado no valor de R$ 26.000.000,00, restará para a empresa R$ 20.640.000,00, ou seja, 21% do lucro previsto será consumido pelos tributos federais, porém, deve-se atentar ao limite anual de faturamento imposto pela legislação tributária, que é de R$ 78.000.000,00 por ano. Consequentemente, a empresa não poderá adotar a sistemática, pois excedeu o limite previsto em lei.

# APÊNDICE F - DESENVOLVIMENTO DA NOVA SISTEMÁTICA DE APURAÇÃO - LUCRO PRESUMIDO PARA A MATRIZ EM SÃO PAULO E PRESUMIDO PARA AS FILIAIS DE CURITIBA E GOIÂNIA - TERCEIRA OPÇÃO

Este item aplicará a legislação tributária federal de uma forma não convencional, sendo demonstrado de maneira clara e objetiva quando adotamos a sistemática do lucro presumido para a matriz e também para as filiais. Nesta ocasião, será constituída uma Sociedade em Conta de Participação para as filiais, com a finalidade de aproveitar a vantagem do lucro presumido e permanecer dentro do limite estabelecido em lei. Por consequência, será gerada uma economia substancial de tributos, pela criação de uma sociedade com conta de participação para as filiais, conforme se demonstra ao final.

## A - Demonstrativo de cálculo lucro presumido para a matriz São Paulo

PIS cumulativo
Faturamento 0,65% x R$ 40.000.000,00      R$ 260.000,00
PIS Devido                                 R$ 260.000,00

COFINS cumulativo
Faturamento – 3,0% x R$ 40.000.000,00     R$ 1.200.000,00
COFINS devido                              R$ 1.200.000,00

Cálculo da Contribuição social e imposto de renda
Faturamento com revenda de mercadorias    R$ 40.000.000,00
Alíquota CSLL lucro presumido 12%         R$ 4.800.000,00
CSLL devida 9%                            R$     432.000,00
Alíquota lucro presumido 8% sobe o faturamento   R$ 3.200.000,00
Alíquota do Imposto de renda devido 15%   R$     480.000.00
Adicional Imposto de renda 10%            R$     296.000,00

**Em síntese, os tributos devidos pela matriz totalizam:**

| | |
|---|---|
| PIS | R$ 260.000,00 |
| COFINS | R$ 1.200.000,00 |
| CSLL | R$ 432.000,00 |
| IRPJ | R$ 776.000,00 |
| **TOTAL** | **R$ 2.668.000,00** |

## B - Demonstrativo de cálculo lucro presumido para as filiais: Curitiba e Goiânia

### Abertura de uma Sociedade em Conta de Participação para as Filiais

PIS cumulativo
Faturamento – 0,65% x R$ 40.000.000,00     R$ 260.000,00
PIS Devido     R$ 260.000,00

COFINS cumulativo
Faturamento – 3% x R$ 40.000.000,00     R$ 1.200.000,00
COFINS devido     R$ 1.200.000,00

Cálculo da Contribuição social e imposto de renda
Faturamento com revenda de mercadorias     R$ 40.000.000,00
Alíquota CSLL lucro presumido 12%     R$ 4.800.000,00
CSLL devida 9%     R$ 432.000,00

Alíquota lucro presumido 8% sobre o faturamento     R$ 3.200.000,00
Alíquota do Imposto de renda devido 15%     R$ 480.000.00
Adicional Imposto de renda 10%     R$ 296.000,00

**Em síntese, os tributos devidos pelas filiais totalizam:**

| | |
|---|---|
| PIS | R$ 260.000,00 |
| COFINS | R$ 1.200.000,00 |
| CSLL | R$ 432.000,00 |
| IRPJ | R$ 776.000,00 |
| **TOTAL** | **R$ 2.668.000,00** |

C - Total dos tributos devidos pela matriz e filiais

| | |
|---|---|
| **PIS** | R$ 520.000,00 |
| **COFINS** | R$ 2.400.000,00 |
| **CSLL** | R$ 864.000,00 |
| **IRPJ** | R$ 1.552.000,00 |
| **TOTAL** | **R$ 5.336.000,00** |

Portanto, utilizando-se esta nova modalidade de tributação, a empresa terá um gasto total com tributos no valor de R$ 5.336.000,00. Logo, para um lucro líquido esperado no valor de R$ 26.000.000,00, restará para a empresa R$ 20.664.000,00, ou seja, os tributos consomem 20,5% do lucro previsto.